JN197302

中学校・高等学校
スポーツ指導叢書

① チーム・スポーツ

解説　**祖山　桜・石井　隆憲**
協力　民和文庫研究会

クレス出版

『中学校・高等学校 スポーツ指導叢書』（全3巻）刊行にあたって

日本体育大学教授　石　井　隆　憲

　現在、我が国では、全国どこの地域においても一定の水準の教育を受けることができるシステムが確立されている。このシステムを可能にしたのは、学校教育法などに基づいて、教育課程を編成する「学習指導要領」という基準が示されているからであり、各学校ではこれをバイブルとしてそれぞれの学校の状況にあわせたカリキュラムの編成が行われている。

　このような学習内容の基準となる学習指導要領が登場するのは、戦後まもなくのことで、昭和22（1947）年には「学習指導要領一般編」のほか、いくつかの教科の学習指導要領が発表された。学校体育においては、同年「学校体育指導要綱」が公布され、昭和24（1949）年には「学習指導要領小学校体育編（試案）」が出され、昭和26（1951）年には小学校編とほぼ同じ内容の「中学校・高等学校学習指導要領保健体育科体育編（試案）」が公表された。その後、これら体育編は改訂がおこなわれるが、昭和33（1958）年には現在のような大臣告示の形として学習指導要領が発表されることで、国家の方針のもとでの教育の普及と機会均等が担保されるようになった。そして、その後はおおよそ10年に一度のペースで改訂が加えられ、今日を迎えている。

　さて、学習指導要領が国の教育指導方針として示されるようになる昭和30年代前半は、戦後10年を経過し、まさに神武景気に沸いていた時代で、高度経済成長が始まろうとしていた。この時期、体育・スポーツにも実に様々な動きがあった。昭和30（1955）年には昭和天皇が戦後はじめて大相撲を観覧され、プロ野球ではビクトル・スタルヒンが日本初の300勝を達成した。また東京都議会では第18回夏季オリンピックを東京に招致することを決定した。さらに全国中学校体育連盟の発足もこの年であった。昭和31（1956）年には、第7回コルチナダンペッツォ・オリンピックで猪谷千春がスキー回転競技で

日本人初となる銀メダルを獲得し、また第1回世界柔道選手権で夏井昇吉が優勝した。昭和32（1957）年になると選抜高校野球では王貞治が投手をつとめた早稲田実業が東日本勢として初の優勝を果たし、東京六大学では長嶋茂雄の活躍で立教大学が戦後2度目4年ぶりに優勝している。また大相撲も秋場所で栃錦と若乃花が優勝を争い、いわゆる「栃若時代」の幕開けとなった。さらにプロレスの興行においても力道山とルーテーズの世界タイトルマッチがおこなわれ日本中を熱狂させた。昭和33（1958）年には大相撲の若乃花勝治が横綱に昇進し、また長嶋茂雄がプロ野球でデビューし、新人王を獲得した。文部省には体育局が設置され、第3回アジア大会も東京で開催された。さらに昭和34（1959）年にはオリンピック開催地に東京が決定したのである。このように昭和30年代前半は、まさに体育・スポーツが国民の生活の中へと浸透していく時代であり、日本社会そのものが終戦後の混乱を乗り越え、活気に満ち溢れた時代であった。

　昭和32年から33年にかけて刊行された『中学校・高等学校スポーツ指導叢書』全3巻も、時代の勢いに後押しされた筆者らの新たなスポーツ教育への試みであり、スポーツ教育の幕開けに先鞭をつけた成果でもあった。まだ手探りの段階にあったスポーツ教育に一石を投じただけではなく、現在のスポーツ指導の在り方にもつながる資料として、その価値も高く評価できるのである。

中学校・高等学校
スポーツ指導叢書

Ⅰ

チーム・スポーツ

東京大学教授 加藤橘夫
東京教育大学教授 前川峯雄 監修

世 界 書 院

は　し　が　き

　学校の体育授業において，支配的地位を占めていた体操が後退して，スポーツが新しく主役として登場したことは，なんと言っても体育の大きな変革であろう。理念から言えば，身体の教育から身体を通しての教育への発展拡大であり，方法から言えば，教師中心の訓練主義から生徒中心の開発主義への移行である。

　体育の指導は，このような転換に伴って，非常に難かしく且つ複雑なものになってきた。最早，終戦直後におけるように，生徒を放任してスポーツの試合をさせておくといった方法では済されないし，また曾ての体操指導のごとくに，一々動作を分解して反復訓練するといった形式的指導に終始するようなことがあってもならない。スポーツ中心の新しい体育は，生徒が一体どのような要求をもっているか，体育内容として用いるスポーツのもつ意味すなわちスポーツの本質はどのようなものか，そして体育の終局の目標はなにかといった全体的視野に立って，日々の指導が行われることが望ましいのである。

　スポーツ指導の基本となるものは，生徒の自発的興味であろう。興味をおこさせないような指導ならば，むしろ体操を指導した方がもっと効果がある。また，興味といっても，それが瞬間的に終るものならば，なんの教育的効果ももたらさない。スポーツに対する興味が，活動における自己表現であり，よりよいプレイへの努力に向けられるならば，われわれの予期する教育的効果をもたらすであろう。すなわち，よいスポーツ指導は，生徒のスポーツへの自発的興味を喚起し，工夫と努力によって自己のスポーツ技術の向上と，チームの完成に向って進ませることによって達成することができるのである。

　スポーツは長い歴史をもっており，競技として技術的に高度に達している。しかしながら，このような高度の技術を直ちに初心の生徒達に教えることは不可能であり，生徒の興味をさえ失う結果となる。体育指導者が，スポーツ指導の計画をたてる際，最も困難に感ずる点はおそらく，どのように指導を始め，どう展開してゆくかと言う点であろう。従来，各種のスポーツの技術解説書は

多く出版されており，また体育の指導に関する全般的な解説書もでゝいるが，個々のスポーツ毎にそれぞれのスポーツの持ち味を生かしてそれを系統的に指導してゆく方法について記述されたものは見当らない。ところが，体育指導者が現実の指導において，最も欲しいと思うものは個々のスポーツの具体的指導法であろう。

　本書を編集するに当って，最大のねらいとした点は，以上のことである。こゝではバレーボール，バスケットボール，ハンドボール，サッカーの4種目を選び，初級，中級，上級別に進度を示した。特に重点を置いたのは初級に関する項目で，こゝでは生徒の興味をひきつけるために，素朴なリードアップ・ゲームを最初におき，このゲームを通じてそのスポーツの一つの基本技術を習得するといった具合で授業を展開するように，詳細な指導計画案とその解説を試みてみた。おそらく，このような記述は始めてゞあろう。各種目を担当された方々も，この始めての企てに賛成されはしたが，殆んど参考書とてなく，執筆に当って非常に苦心されたようである。このような意味でできあがったものは，いずれも指導法に関する立派な研究論文となっていて，編集者として誇りに思っている次第である。

　最後に以上のようなスポーツ指導書としての最初の試みに，敢て出版の労をとられた世界書院主木村誠氏に深く謝意を表し度い。

　　昭和 32 年 10 月 31 日

加　藤　橘　夫

前　川　峯　雄

西　尾　貫　一

目　　次

中学校・高等学校
スポーツ指導叢書
I

チーム・スポーツ

総　　　論

I　学校体育とチーム・スポーツ

　学校体育は二つの目標をもっている。その一つは，生徒の身体的，知的，社会的方面の能力をできるだけ発達させることであって，これを発達的目標とよんでいる。その二は，スポーツなどの身体活動を身につけて，生活を豊かに楽しくすることであって，生活的目標とよばれるものである。

　このような目標を達成するために，学校では，身体活動を手段として必要な学習をさせようとする。そしてこの学習の指導を通じて，生徒が，このような目標に近づくことを期待している。ところが，この身体活動の中には，体操，巧技，競技（陸上競技），ダンスなどとならんで，球技とよばれるものがある。そして，この球技を構成している運動は，チーム・スポーツとよばれるものをもって構成されている。このチーム・スポーツは，球をゴールに入れたり，（サッカー，バスケット，ハンドボール）球を相互にうち合って相手方を失敗させたり（バレーボール）するものと，野球やソフトボールのようなホームをふんだ回数で勝敗を決したりするものを含み，人類の生活の間に生れてきた「文化」であり，一般にこのようなものを「運動文化」とよんでいる。したがって，チーム・スポーツは，球をなかだちとして，勝敗を争う運動文化である。人々はこのような文化をもって生活をする。それを「運動生活」とよぶ。この運動生活は，現代人の生活にとって，もはや欠くことのできない分野となり，ことにチーム・スポーツをもってする運動生活は，多数の愛好者によって行われているのである。

　学校の体育科においては，このスポーツ文化を手段として，さきのような目標にいたらせることをねらいとしているので，

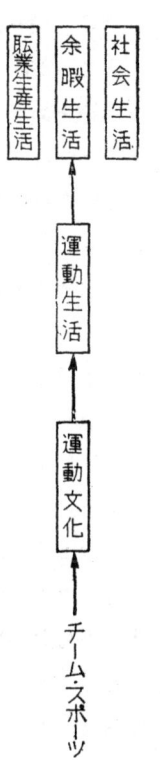

普通のスポーツマンが行っているような運動生活とは多少ちがっている。それは，学習とよばれる活動として展開され，その文化がもっている可能性としての価値を身につけさせようとするのである。

　チーム・スポーツの学習は，したがって，一方ではどこまでも，そのスポーツの体系（技術的なものと精神的なものの両体系をもつ）を身につけるように方向づけようとする。すなわち，一方ではこれらのチーム・スポーツが上手にでき，そのしくみがよく判り，またそれを味うことがねらいとなる。多くの生徒は，このようなスポーツを求め，それをマスターしようとしている。このような学習は，技術を中心とするので，「運動学習」(motor learning)ともよばれている。結局，スポーツ場面に出て勝敗を争い，レクリエーションとして生活を充たしていくために行っているのである。運動の練習が技術の取得であり，技術の上達をめざしているのは，このような場合においてである。

　ところが，これらのチーム・スポーツの学習によって，生徒は，技術の獲得や上達をめざして，熱心に練習をはげんでいるのであるが，その間に，この学習にともなって，それ以外のものについても学習したり，心身の上にさまざまな影響を与えたりする学習の面をもっている。　これを随伴学習 (concomitant learning)という。例えば，運動の正しい練習を通じて健康の水準を上げたりからだの働きを高めるのもその一つであり，チームの正しい活動を通じて，人間にとって必要な社会性を養うのもそれに当る。このような観点からすれば，技術の上達は手段となり，技術の学習を媒介として，人間性を育てあげるところに重点がおかれる。丈夫なからだや，へこたれないからだをつくり，他人との人間関係を正しくし，集団生活の能力をつくることなどは，その代表的なものである。

　このようにみてくると，体育は，チーム・スポーツの学習を通じて恰も二つの違った方向に向う学習の指導のようにとられるが，実際においては，この両者は不可分のものである。何となれば，技術の上達をめざして，正しい練習を重ねることによって身体発達も期待できるし，技術学習の場が人間関係を理解するなかだちとなるのであって，これなくしては，人間関係の学習の場を失うことになるというのは，上の事実をさしているのである。これまで，技術の上

達に，他のもろもろの発達的目標がともなわないといわれたのは，技術の学習の二重性を考えなかったためである。

　以上は，運動文化の学習一般についていえることであるが，チーム・スポーツの特色は，スポーツ一般のほかに「チーム」としての学習の機会をもつところにある。これは，他の運動種目といちじるしくちがった点である。もちろん個人的な種目においても，集団生活に必要なものを学習することができるが，このようなものを学習するためにはこのチーム・スポーツが最もよい機会をもっているといえるであろう。たとえば，チームの意識をもち，チーム内における成員間の関係，チームと成員との関係，チーム対チームの関係，ルールに対する自己のあり方までを体験し，その体験を通じて，民主的社会生活のあり方をつかんでいくには，この上もない機会をもっているといえよう。

　しかし，このことはチーム・スポーツをすれば，直ちに身体発達や健康，民主的社会生活のあり方などをつかめるというのではない。これらのスポーツのいろいろな場面において，何を正しいとし，何を正しくないとするかという基本の筋道を知りながら，自分の身体を通じてこの道を実現していくように学習してはじめて，この目的を達成することができるのである。

　そうはいっても，これは決して固ぐるしく考えすぎてはならない。本気になって，スポーツを正しく楽しく行っている間に，それらをつかんでいくようにしなければならないであろう。スポーツの学習では，「説教」がさきにあるのではなくして，真にやり度いと思うことに向って，懸命に努力していく間に，人間生活にとって必要なものを，一つ一つつかみとるようにしなければならないであろう。やり度いと思うものにうちこんでいる間に，上述のような随伴学習の機会をつかんで指導していかなければならない。したがって，運動の技術学習の場をよくみ守りながら，時と所をえて，技術以外に必要な学習の内容をみつけて指導することが大切なのである。

Ⅱ　チーム・スポーツの種類

1.　身体活動の分類基準

　運動文化としてのチーム・スポーツの種類は極めて多い。中学校や高等学校では，そのうちでも，(1)　この時期に最もふさわしいもの（発達に即した種目）と，(2)　将来の生活においてひきつづき行われるようなもの（生活に即した種目）とが選ばれるわけである。このようにして選ばれた望ましいチーム・スポーツのリストは，一応学習指導要領に示されている。

　昭和31年の高等学校の保健体育科の学習指導要領では，さまざまな身体活動を，学校体育の目標によって，(1)　個人的目標に応ずる「個人的種目」，(2)　社会的目標に応ずる「団体的種目」，(3)　レクリエーション的目標に応ずる「レクリエーション的種目」に類別している。それは，運動の種目と目標との関連の度合が予想されるという前提に立っている。

　しかし，運動種目をこのように一義的に目標と関連させることには，かなりの困難があり，この指導要領の分類基準についても相当異論がある。

　そこで，この本では，このような目標による種目分類法を行わなかった。われわれは，運動が，個人を単位として行われるか，集団を単位として行われるかによって，個人的種目および団体的種目に大別することができると考えるのである。それは，個人的目標とか団体的目標とかのいずれかに関連する度合からではなくして，運動そのものの「仕組」によって立てた基準である。

	運動の仕組による分類	運動の利用による分類
個人を単位とするもの	個人的種目	レクリエーション
チームを単位とするもの	団体的種目	スポーツ（種目としてではなく目的として）

　このような仕組みによってチーム・スポーツをわけてみると，さらにいくつかの類型が考えられる。通常，極めて常識的には，(1)蹴球型，(2)籠球型，(3)野球型，(4)排球型などに分けられている。この程度の分類でもよいわけである。

　チーム・スポーツを，余暇を充す手段として考えるとき，レクリエーション

の立場がでてくる。しかし，これは，指導要領が示している個人的，団体的種目とならぶ基準ではなくして，余暇生活をみたすためのレクリエーションに適した種目であるか否かという基準である。ところが，厳密には，ほとんどの種目も，余暇活動として行いえないものはないのであるが，比較的だれでも余暇生活に利用することのできるものがあれば，それをもってレクリエーション種目とみることはさしつかえなかろう。そして，この立場からすれば，ラグビーやサッカーよりもバレーボールの方が，多くの人々のレクリエーションのために使われるであろう。しかし，それは相対的なみかたであって，ラグビーやサッカーをとく意とし，それをすることによって容易に喜びを見出することのできるものにとっては，このような種目もまたレクリエーション的種目といえよう。したがって，一生の運動をレクリエーション的種目とし，他をそうでないものとみることは正しくない。以上のことを前提として，もし，多くの人々が将来の生活にまでもちこみ，レクリエーションの手段として行われるものの順序のようなものを考えると，指導要領が示しているように，テニス，卓球，バドミントン，ソフトボール，軟式野球のようなものはもちろん，バレーボールのようなものもレクリエーションの手段として利用しやすい種目であるということができるであろう。また，年齢的にいって，たとえば壮年期までのものはバスケットボール，ハンドボールなどもレクリエーションとして，適している。しかし，この他に，その人のもっている体力によって，それに適した種目が考えられよう。しかし，最も一般的には，⑴　比較的多くの人々に楽しまれるものであり，また，⑵　運動自体がそうはげしいものでなく，⑶　さらに程度を高めることもできるが，もっと低い段階においても容易に楽しめる，というような性質をもっている種目が，レクリエーション種目といえよう。外国では，このようなものを軽スポーツ (light sports) とよび，重量感のする「はげしいスポーツ」(heavy sports) と区別している。しかし，それも相対的なものである。

2.　この本で選ばれたチーム・スポーツの種類

　この本では，一応「チーム」を単位として行われるスポーツをチーム・スポ

ーツとよび，特別な分類基準を立てないで，中学校や高等学校における体育科の教材として，最も普遍的に行われているものを選んだ。しかし，他の巻とも関係があるので，一応，(1)バレーボール，(2)バスケットボール，(3)ハンドボール，(4)サッカー（男）を選んだ。これらは，ほとんどの学校でも生徒に学習させており，またそのために可成り多くの時間をかけ，小学校から中学校，中学校から高等学校へと，順序をふんで系統的に学習されているものである。この本では，このように，小さいときから大きくなるまでの間に一定の順序をへて，つみかさねを行い，やがて，成人が行っている種目にたどりつくように考えられた種目を選んだわけである。したがって，ラグビーのように，大切な種目ではあっても，発展性や系統性の点から，むしろ高校以上の段階で取り扱われるのを至当とするものについては，割愛したのである。

3.　運動の発展性，系統性

　ポートボール，ゴールハイ，キャプテンボールなどは，バスケットボール型のチーム・スポーツであるといわれていた。バスケットボールができることを一つのねらいとして，それにいたるまでに，バスケットボールの要素のいくつかを学習しながら，さきに高い段階のプレーをへて，バスケットボールに至る方が無理なく学習をすすめていくことになる。

　このような意味で，いろいろの運動のうち，同じ技術的要素をもっているものを類型化して，一つのわくの中に入れるのは，運動の系統性を考えたことになる。

　そして，これらの技術的要素のうち，簡単なものから複雑なもの，やさしいものからむずかしいものなどのように，同一運動要素をやさしく，簡単なものから，困難なものや複雑なものへと学習を方向づけるときは，発展性が考えられているのである。

　このように，運動の系統性や発展性を考えるときには，ともすると，トップレベルのもののみに価値があり，それまでの過程にあるものは価値のないものというようように考えられ易い。

　教材が，学習者の学習能力に対応していなければならないというのは，発展

性・系統性の立場であって，ともすると，トップレベルのものに対する「準備」または「手段」と考えられ易い。たとえば，キャプテンボールは，バスケットボールの学習のための前段階であり，手段であるとすれば，それ自身はたいして意味のないものになる。果してこれでよいのであろうか。

これには，教育学上の「準備説」に対する反論が含まれている。子どもにとっては，キャプテンボールは，バスケットボールの準備でなく，それ自体に学習の目標がなければならない。興味の対象物がその中に含まれていなければならない。

この意味では，たとえ技術の系統性や発展性からいって，キャプテンボールがバスケットボールの準備や手段であるとしても，それぞれ独立の価値をもったものでなければならない。キャプテンボールは，バスケットボールと同じように，興味の対象となっていなければならない。この両者は，それぞれチーム・スポーツというユニットに含まれた活動として独自性をもっているのである。

しかし，キャプテンボールが，バスケットボールに通ずる共通の要素をもちこの学習が，バスケットボールの活動に対して準備になることを否定するものではない。したがって，この両者はそれぞれ学習者の興味の対象でありながら発展性や系統性の立場から関連をもっているとみなければならないであろう。

Ⅲ　チーム・スポーツの学習内容

　昭和31年に出された高等学校の学習指導要領[註1]によると，チーム・スポーツの学習内容として次のようなことを期待している。

　1　身体的目標に関連して

　　①　団体的種目の特性や方法を理解する。

　　②　よい体格をつくる。

　　③　筋力，持久力を強める。

　　④　ボール・ゲームに必要な諸技能を伸ばす。

　　⑤　正しい練習法を身につける。

　　⑥　技能の要点を評価できる。

　2　社会的目標に関連して

　　①　他人の健康や安全に注意する。

　　②　他人の立場を尊重して，礼儀正しく行動する。

　　③　正しい権威に従い，規則を守る。

　　④　勝敗に対して正しい態度をとる。

　　⑤　グループの一員として役割をもち，協力して責任を果す。

　　⑥　リーダーの能力を身につける。

　　⑦　集団行動が自主的にできる。

　　⑧　チーム・ワークを評価できる。

　3　レクリエーション的目標に関連して

　　①　体力に応じてレクリエーションとして活用する。

　　②　競技会に参加する。

　　③　規則をつくり，運用する。

　　④　競技会を計画し，運営できる。

以上は，それぞれの目標に対して，チーム・スポーツで何を学習するかを示

註1　文部省　高等学校学習指導要領　保健体育科編，昭和31年，pp. 10〜11

すものである。しかも，多くは，経験のかたちでいいあらわしたものである。学習指導要領では，おそらく，高等学校で学習することを期待してる運動の一つ一つにおいて，このような内容の学習を期待し，それを通じて，体育科の目標にいたらせようと考えたのであろう。

　しかし，この内容は，すでに述べたように，体育目標との関係で表わしているので，学習内容を経験的につかまえていくには困難なものもある。たとえば，身体的目標の②，③のように，「よい体格をつくる」，「筋力，持久力を強める」といっても，経験的に学習するには困難なものがある。

　してみると，学習内容は，「学習目標」をたて，それに対して学習するための内容を考えなければならない。それには，どのようなことを考えなければならないであろうか。これは，たしかに一つの新しい問題であるといわなければならないであろう。

　これに対してコウェルなどの考え方[註2]は一つの示唆を与えるように思われる。

7～8学年の学習内容

単　元	活　動　例	発　達　的　目　標		
		理　　解	社　会　性	体力および技術
チーム・スポーツ	1. タッチ・フットボール 2. バレーボール 3. バスケットボール 4. サッカー 5. ソフトボール 6. キャプテンボール 7. スピードボール	1. ゲームのルールやテクニックを知る 2. からだのはたらきを知る 3. ゲームの原理を新しい場に応用する 4. 用具の手入れの必要なわけを知る 5. 基本練習としてリードアップ・ゲームの重要性を学ぶ 6. 現状に適するようにゲームを変化する能力を発展させる	1. ゲームの場面で情緒をコントロールする 2. よき勝者，立派な敗者を認める 3. ルールや役員の決定を認める 4. 結果に対して余りこだわらず試合を楽しむ 5. チーム・ワークの重要性を認める 6. 審判の立場を理解する	1. 力，持久力，正確さ及び正しい反応時間などを発達させる 2. 基礎技能を発達させ，それをゲームの場に融合することができるようにする 3. 力を抜く能力をもつ

註2　C. H. Cowell and H. W. Hazelton; Curriculum Designs in Physical Education, 1955. pp. 210～11.

コウェルなどによって示された学習内容は，主として発達的目標に対するものであったが，なおこの他に「生活的目標」に対する学習内容のようなものも考えられよう。

それは，⑴生活技術と⑵生活の知慧とでもよばれるものである。例えば，

1　健康の維持，増進について

① 運動練習を自己の体力に応じてすすめていく。（過労を防ぎ，除々に疲労に対する抵抗力を高める。）

② 運動練習に応じて，睡眠，栄養などを調整する。

2　安全については

① 運動する場所をととのえる。

② 運動用具を安全にたもつ。

③ 無理をしない。

3　チーム・スポーツをするための機会をつくる。

① 校内競技，クラブ活動などを計画して，正課で学習したことを発表させる。

② 正しく計画し，運営する方法を知る。

4　生活一般との関係について

① 生活時間をよく計画し，勉強と運動とを調和させる。

② 学校や地域の生活を改善する。

などの如き内容も考えることができよう。

したがって，正課のチーム・スポーツの学習が，単なる技術学習に終ることなく，知的，情緒的，社会的な面について予想しうる内容の学習をするように用意することが必要であろう。しかし，このような面については，一般的にみのがし勝ちであるから，指導者は，計画の中にそれを入れることを忘れないようにしなければならない。

Ⅳ チーム・スポーツの学年別
配当とコース制

1 時間配当の基準

高等学校の指導要領[註1]では，男子全日制の場合，バレーボール，バスケットボール，ハンドボール，サッカー，ラグビーなどの団体的種目に各学年約35％の時間を割り当てるように示唆している。女子はこれより少しへって，30％となっている。

さらに，各運動種目の望ましい指導時数[註2]として，次のような時間数を示唆している。

	種　　目	指導時間数
男 子	バ レ ー ボ ー ル	18〜27
	バスケットボール	18〜27
	ハ ン ド ボ ー ル	18〜27
	サ ッ カ ー	18〜27
	ラ グ ビ ー	18〜27
女 子	バ レ ー ボ ー ル	27〜36
	バスケットボール	27〜36
	ハ ン ド ボ ー ル	18〜27

中学校においては，チーム・スポーツに割り当てられる時間数の比率を大体高等学校と同じぐらいにすると，各学校段階では凡そ次のような時間になる。

年　間　　中・高校における総週数

保健体育の週数　　35週　　105週（中学校）　105（高校）

	毎 週 時 数	延 時 間 数
保　　健	1（2ケ学年）	70時間
体　　育	2（2ケ学年） 3（1ケ学年）	……{140時間} ……{105時間} 245時間

註1　文部省，高等学校指導要領　保健体育科編，昭和31年，pp. 39〜40
註2　同上，pp. 44

体育の245時間の1割を体育理論にふりあてるとすれば，220時間が実技のためはに使われる時間となるのである。したがって，チーム・スポーツのためには，

　　　男　子　　220×0.35＝76時間
　　　女　子　　220×0.30＝66時間

この76時間を5種目に均等配分すると，一種目15時間というのが，最少限度のものとなる。

　女子は3種目とすれば，一種目22時間となる。これは学校行事や祝祭日を考えていないので，それぞれの種目に割り当てられる時間はもっと少なくなるであろう。したがって，指導要領が示している「望ましい時間数」は245時間（7単位）ではなくして，315時間（9単位）として計算したものであるとみればよいのである。

　以上の計算を念頭において，男子5種目をどのように配当するか。施設，指導者の数などで一様にいうことはできないが，いくつかの種目は，2ケ学年にわたり，他のいくつかの種目は1ケ学年だけしか学習できないことになる。

　この本では，学校の事情によって，二ケ学年に配当しても1ケ学年に配当してもよいように，それぞれの種目の配当時間を予想して説明しているので，いずれかを選ぶように希望する。

2　能力別のコース

　この本では，一応学年や学校段階によって，学習者の能力が高まっていくものと考えて，あるスポーツの種目の入門的なものを対象とするものをAコースとし，可なりすすんだもので，ことによると，クラブ活動においても学習出来るようなものをCコースとし，中間のものをBコースとした。

　したがって，それぞれのコースを学校種別によって配当してみると，Aコースは中学校で，はじめてその種目の学習をするもののために用意したものとみることもできよう。Bコースは，ところによっては，中学校の後期，高校の前期に当る場合も考えられよう。Cコースは，やや高い水準をねらったものであって，多くの場合は，高校期がそれに当るであろう。

　しかし，高校では著しい能力差があって，同時にB，C，の両コースを平行
して行わなければならない場合も予想される。したがって，この本にでてくる
ところの各コースの内容は，自由に利用してよいし，またそれは参考であるか
ら，おしつけるわけではない。しかし，それぞれの執筆者は，定められた時間
内に，できる限り能率的に学習ができるように配列をしているので，そのまま
踏襲してもさしつかえはないのである。

　各コースを一つの unit と考えた。例えばバスケットボールをA，B，Cの
三つの unit にわけ各 unit には，小単元をつくってある。これは基本練習→
総合練習→試合というかたちではなく，小単元ごとに一つのまとまりをもち，
それが発展していくように考えている。それぞれの小単元には，学習の中心の
ねらいがあり，それをもとにして学習者にとって興味のあるようなものをもっ
て一つのまとまりのあるものを構成し，次の小単元では，この中心は他のもの
に移行するが，しかし，既習のものが次の段階で生きいきと融合的に学習され
るように配慮している。これはチーム・スポーツの学習としては新しい試みで
ある。初心者が無味乾燥な基本練習にのみ悩まされないようにしようとする意
図からである。換言すれば，どの小単元をとっても，学習者にとって魅力のあ
る活動が含まれるように配慮しなければならないと考える。しかし，Cコース
にもなれば，すでに，ユニットの全体的な構成がわかりそれぞれの基本練習が
総合段階において如何に必要なものであるかをよく理解しているわけであるか
ら，興味の中心を技術の上達においたわけである。

Ⅴ　チーム・スポーツの指導

チーム・スポーツの指導においては，これらのスポーツに習熟することも大切であるが，それとならんで，チーム・スポーツがもっている特有の学習場面を利用して，それに外の体育の目標を達成しようとする。

それには，まず「チーム」をつくって学習することを何よりもさきに考えねばならないであろう。

(1)　チームの編成

正課時間のチームは，少なくとも，各コースが終るまで固定することが望ましい。

チームは，種目によって人数が違っているが，詳しいことは，スポーツの種目ごとにでているので，ここでは原則的なことを述べる。学級の人数がきまっているので学級の生徒とスポーツの種目に応じて人数を配分する。

この場合のグループ構成の原理として，「同質グループ」にするか，「異質グループ」するかは重要な問題となるべきものであるが，われわれは正課の学習指導は，クラブ活動のそれとは違うので，「異質グループ」編成の立場をとることにした。すなわち，能力のいろいろ違っているものを集めて，グループを作る。ただしグループ間の平均的な力が，あまり差のつかないようにすることが望ましい。したがって，そのためには，学級の全員を能力別にわけ，この中から均等に配分する方がよろしい。

よく，すきなもの同志でグループを作ればよいではないかという意見もあるが，少なくとも

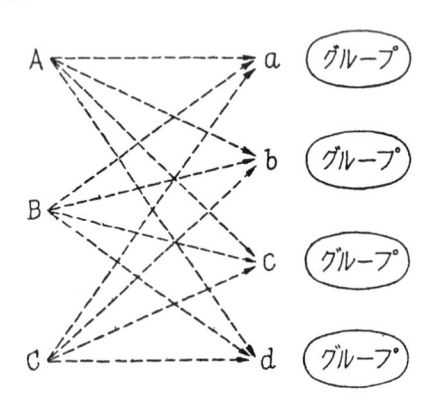

能力別

グループを作って，グループで学習することをねらいとする学習集団の編成であるから，すきなもの同志でない方がかえってよいわけである。

(2)　グループのリーダーを選ばせる。

(3)　グループのプランを立てさせる。

この場合，一応教師のプランがあるのでそのプランを示し，この範囲内でグループの自主的な学習を促すようにする。グループになれてくると，プランニングの範囲を次第に拡めていく。

したがって，教師は各単元ごとにグループ学習を前提にしたプランを，前もって，学習者，グループ・リーダーに示しておく必要である。

(4)　共通の事項や共通の欠点は全員を集めて指摘し指導するが，他はできる限りグループ内での学習にゆずるようにする。

(5)　教師は，リーダーと，グループ全体の動きに注意する。したがって，必要なことは，各グループに即して指導する。

(6)　グループ学習では，各成員の役割についてもはっきりさせる。それは，グループの主体性によってきめる。

(7)　評価は，グループを評価するようにする。したがって，評価基準を前もって示しておく必要がある。

ただし，グループ内の各メンバーについては，個人的に評価する。この評価基準や方法については，各スポーツ毎に説明してあるので，それをみてほしい。

Ⅵ 体育の施設

1 施設の重要性

チーム・スポーツがどんなに価値のあるにしても，また，それらのスポーツ技能を身につけることがどんなに大切であるといっても，それを学習する場を設定することなしには，画餅にすぎないのである。

したがって，これらの種目を学習させようとすれば，何よりもさきに，十分な施設を用意するようにしなければならない。今や学校は，単なる学習学校であってはならない。教室が十分にととのっていると同じように，運動場の設備を十分にそなえなければならない理由については，もはや説明する必要がないであろう。

それでは，学校はどの程度の施設をもっていなければならないであろうか。それはもちろん，学校の大きさによる。学級数の大きいところでは，同時に数クラスの体育の時間を予想しなければならないので，それだけ広くなければならないことになる。しかし，規模の小さい学校でも，チーム・スポーツをしなくともよいわけではないので，そこに一定の基準が必要になる。

2 屋外運動場の基準

まず，屋外運動場については，文部省が発表している「校地面積基準案にもとづく学級数別屋外運動場面積一覧表」は，一応参考にしなければならないものといえよう。（次表参照）

この基準では，18学級以上の学校において，いわゆる球技専用コートをもつようになっているが，クラブ活動を同時に行うには，18学級以下のところでも専用コートをもつことが望ましい。また正課時には，専用コートでなくとも，兼用コートをいつでも作れるようにしておく必要がある。一学級50人とすれば同時に全員がチーム練習ができるように用意しておかねばならない。

しかし，基準に達しないから，チーム・スポーツをしないというのは，決してよい方法ではない。コートの大きさを，最小限度に狭めても，必要な経験を

もたせるようにしなければならないであろう。

校地面積基準案にもとづく学級数別屋外運動場面積一覧表

（単位m²）

区　　　分	3 cl 150人	6 cl 300人	9 cl 450人	12cl 600人	15cl 750人	18cl 900人	21cl 1050人	24cl 1200人	27cl 1350人	30cl 1500人
中 学 校	4,800	6,600	8,400	9,300	10,200	11,100	12,000	12,900	13,800	14,700
高等学校	8,400	8,400	10,050	11,700	13,350	15,000	16,650	18,300	19,950	21,600

屋 外 運 動 場

中 学 校 $\begin{cases} 3学級以下……4,800m^2 \\ 3～9学級……4,800m^2+600m^2 （学級数-1） \\ 9学級以上……8,400m^2+300m^2 （学級数-9） \end{cases}$

高 　 校 $\begin{cases} 6学級以下……8,400m^2 \\ \text{〃 以上}……8,400m^2+550m^2 （学級数-6） \end{cases}$

（註）

中 学 校 　6学級以下では，運動器具スペースのほか，60m直線コース（地形によっては80mコース）がとれる。
9学級以上では，100m直線コースがとれるが，200mトラックがとれるのは，地形にもよるが15学級以上になる。
18学級以上では，このほかに，バスケット，バレーのコート各1～2面と25m水泳プールをとることができ，配置をうまく考えれば200mトラックを兼用して野球場がとれる。

高 等 学 校 　6学級以下では100mコースがとれるが，200mトラックはとれない場合が多い。
9～15学級では，以上のほかバスケット，バレーのコート各1～2面とれる。
18～21学級では，さらにテニス・コート1～2面と25m水泳プールがとれる。
24学級以上では，300mトラックとそのフィールドに重ねてサッカー・コートがとれる。
野球場はトラックに重ねて配置すれば，12学級以上ではとれるが正規の試合はできない。

3　屋内運動場（体育館）の基準

　昔は，屋内運動場は寒冷積雪地帯に限られていたが，屋内スポーツが普及するにつれて，これらの地帯以外でも，体育館をもつような傾向になりつつある。冬季霜柱がたち，または砂ぼこりのするところでは，屋外運動に適しない。しかし，冬季の運動練習を中止することは望ましくないので，体育館に対する要求は益々高まりつつある。また雨天のときには，いつも教室で講義をするというのもあまりよい方法ではない。青年期にはできるだけ，雨天でも，冬

季でも，運動に対する欲求を十分にみたすことができるように用意することは学校の任務であり，したがって体育の教師はそのために努力しなければならない。

戦後二部教授を行わなければならなかった時代は止むをえないが，校舎も一応整ってきた今日では，水泳プールとともに，屋内運動場は是非とも作らねばならない学校施設といってよいであろう。

体育館の広さの基準については，次のよう文部省基準案がある。これから作ろうとするところでは，参考にしてよいものである。

屋内運動場の最低及び適正面積基準案の算定礎表

（単位m²）

学　　級　　数		3		6		9		12	
生　　徒　　数		150		360		450		600	
		最低	適正	最低	適正	最低	適正	最　低	適　正
中	体育館兼講堂	224	225	294	330	416	468	480	540
学	付属室・廊下 etc	34	51	43	64	60	92	72	108
	小　　　　　計	258	302	337	394	476	560	552	648
校	1 人 当 り　m²	1.72	2.02	1.12	1.31	1.06	1.24	0.92	1.08
高	体　育　館	280	315	432	486	440	496	532	600
等	付属室・廊下 etc	42	63	64	97	66	99	81	122
学	小　　　　　計	322	378	496	583	506	595	613	722
校	1 人 当 り　m²	2.15	2.52	1.65	1.94	1.12	1.32	1.02	1.20

学　　級　　数		15		18		21		24	
生　　徒　　数		750		900		1050		1200	
		最低	適正	最低	適正	最低	適正	最　低	適　正
中	体育館兼講堂	496	496	558	612	630	700	630	700
学	付属室・廊下 etc	182	302	216	302	260	346	352	453
	小　　　　　計	678	798	774	914	890	1,046	982	1,153
校	1 人 当 り　m²	0.90	1.06	0.86	1.02	0.85	1.00	0.82	0.96
高	体　育　館	628	708	720	814	814	920	908	1,028
等	付属室・廊下 etc	95	140	108	162	124	184	140	205
学	小　　　　　計	723	848	828	976	938	1,104	1,048	1,333
校	1 人 当 り　m²	0.96	1.13	0.92	1.08	0.89	1.05	0.87	1.03

屋内運場適正及び最低基準案によった場合
設けることのできる球技コートの種類と数

体育館の型式				ステージを設けた場合						ステージを設けない場合					
				バドミントン		バレー		バスケット		バドミントン		バレー		バスケット	
				シングル	ダブルス	女子	男子	女子	男子	シングル	ダブルス	女子	男子	女子	男子
高等学校	2	150	最低基準	△	1 ①	—	—	—	—	△	1 △ 1	①	—	—	—
			適正	△	2 ①	—	—	—	—	△	2 △ 1	①	—	—	—
	6	300	最低	△ 3	△ 2	△ 1 ①	—	—	—	△ 3	△ 3	△ 1	△ 1	①	—
			適正	△ 3	△ 3	△ 1 ①	—	—	—	△ 4	△ 3	△ 1	△ 1	①	—
	9	450	最低	△ 3	△ 2	△ 1 ①	—	—	—	△ 3	△ 3	△ 1	△ 1	①	—
			適正	△ 3	△ 3	△ 1	△ 1	①	—	△ 4	△ 3	△ 1	△ 1	①	—
	12	600	最低	△3~4	△ 3	△ 1	1	①	—	△ 4	△ 4	△ 1	△ 1	①	①
			適正	△3~4	△ 3	△ 1	1	△ 1	△ 1	△ 4	△ 4	△ 1	△ 1	△ 1	①
	15	750	最低	△3~4	△ 3	△ 1	1	①	—	△ 4	△ 4	△ 1	△ 1	①	—
			適正	△3~4	△ 3	△ 1	1	△ 1	—	△ 4	△ 4	△ 1	△ 1	①	—
	18	900	最低	△3~4	△ 3	△ 1	1~2	①	—	△ 4	△	△1~2	△ 1	①	①
			適正	△3~4	△ 3	△ 1	1~2	△ 1	—	△ 4	△ 4	△1~2	△ 1	△ 1	①
	21	1050	最低	△3~4	△ 3	△ 1	1~2	①	①	△ 4	△ 4	△1~2	△ 1	①	①
			適正	△ 4	△ 3	△ 1	1~2	△ 1	①	△ 4	△ 4	△1~2	△ 1	△ 1	①
	24	1200	最低	△ 4	△ 3	△ 1	1~2	△ 1	①	△ 4	△ 3	△1~2	△ 1	△ 1	①
			適正	△ 4	△ 3	△ 1	1~2	△ 1	①	△ 4	△ 3	△1~2	△ 1	△ 1	①
中学校	3	150	最低							△ 1	①				
			適正							△ 1	①				
	6	300	最低	△ 1	①					△ 1	△ 1	①			
			適正	△ 1	△ 1	①				△ 2	①				
	9	450	最低	△ 3	△ 2	①				△ 3	△ 3	①		①	
			適正	△ 3	△ 2	①~②				△ 3	△ 3	△1~2		①	
	12	600	最低	△ 3	△ 3	△ 1		①		△ 4	△ 3	△ 1		①	
			適正	△ 3	△ 3	△ 1~2		①		△ 4	△ 3	△ 1~3		①	
	15	750	最低	△ 3	△ 3	△ 1		①		△ 4	△ 3	△ 1		①	
			適正	△ 3	△ 3	△ 1~2		①		△ 4	△ 3	△ 1~3		①	
	18	900	最低	△ 3	△ 3	△ 1~2		①		△ 4	△ 4	△ 1~3		①	
			適正	△ 3	△ 3	△ 1~2		①		△ 4	△ 4	△ 1~3		①	
	21	1050	最低	△ 3	△ 3	△ 1~2		①		△ 4	△ 4	△ 1~3		①	
			適正	△ 3	△ 3	△ 1~3		①		△ 4	△ 4	△ 1~3		①	
	24	1200	最低	△ 3	△ 3	1~2		①		△ 4	△ 4	△ 1~3		①	
			適正	△ 3	△ 3	1~3		①		△ 4	△ 4	△ 1~3		①	

○内の数字は設けることのできる最大コートの数量。

△印の数字は○印のものに重ねてとることができるコートの数量。

　チーム・スポーツのうち，バスケットボール，バレーボールなどは，従来屋外で行われていたが，次第に屋内むきのスポーツに変りつつあるので，体育館には，これらの運動練習をすることができるように用意しなければならない。

　体育館内にチーム・スポーツのための施設をつくる場合には，前頁の基準案表が参考となるであろう。

4　体育科におけるチーム・スポーツのための用具の基準

　チーム・スポーツのために必要な用具数量は正課時と課外時とではちがっている。正課外の自由時活動やクラブ活動については，学校の方針によって，用具整備の基準がちがうので，それぞれの学校できめるべきであろうが，正課時の指導のためには，学校の特殊事情よりも，むしろ，文部省の基準を参考にすることが望ましい。23頁の基準は，学級の授業をするのに必要な最小の数量を示しているものとみてよい。

　したがって，いずれの学校でも，このような基準に達し，さらにそれ以上の数量をもちうるよう予算措置を講じ，生徒の学習の障害にならないようにしなければならない。

5　施設用具の管理

　運動場，体育館の施設ならびに，そこで使用される用具については，学校で十分な管理方針を定め，その使用をできる限り能率的にすることが必要であろう。すなわち，できるかぎり，これらの施設用具が十分に使用されることを第一の原則としなければならない。

　しかし，この原則とともに，使用の公平ということも忘れてはならない。小数のもの，または限られたものだけが公共施設を独占するというのは，望ましいことではない。そのために，週間の使用計画をはっきり立て，生徒達が，それにしたがって公平に使用できるようにしなければならないであろう。

　これらの施設用具はいずれも公共施設であるから，その使用については，私物以上に大切に取り扱うような習慣をつけさせる必要がある。ところが，中・高校期は，公共物の使用については，余りにも無関心であるのが現状である。

体育科用器具基準

	5学級以下		6～17学級		18学級以上		備　考	
	中学校	高等学校	中学校	高学等校	中学校	高学等校		
バスケットボール	5	5	5	10	10	10		
バスケットゴール	1	1	1	2	2	2	（組）	
バレーボール	5	5	5	10	10	10		
バレー用ネット	1	1	1	2	2	2		
バレー用支柱	1	1	1	2	2	2	（組）	
ハンドボール	2	5	2	5	3	5		
サッカーボール	2	5	4	10	6	10		
サッカー・ハンドボール用ネット	1	1	1	1	1	1	（組）	
〃　　ゴール	1	1	1	1	1	1	（組）	
ソフトボール	4	5	4	—	8	—		
バックネット	0	1	1	2	1	2	移動式を含む	
バット	4	5	4	10	8	10		
グローブ	8	8	8	16	16	16		
ミット	1	1	1	2	2	2		
野球用ベース	4	4	4	—	8	—		
ラクビーボール	2	5	2	7	3	7		
テニス用ラケット	4	—	8	—	12	—		
〃　　ネット	1	—	1	—	2	—		
〃　　支柱	1	—	1	—	2	—		
ピンポン台	1	4	1	5	2	6		
〃　　ラケット	4	10	4	12	8	14		
〃　　ネット	1	4	1	5	2	6		
バトン	6	—	6	—	12	—		
高跳用支柱	1	1	1	1	1	1		
砲丸	1	3	1	6	1	9		
跳箱	3	2	4	4	4	4		
跳板	3	2	4	4	4	4		
跳切	3	6	4	8	4	8		
マ棒	6	4	8	8	8	8		
高鉄	5	4	5	5	8	5		
平均台	4	4	4	5	4	5		
笛	2	5	5	5	10	5		
メガホン	2	—	4	—	4	—		
体育用腰掛	10	—	20	—	30	—		
審判台	0	1	1	2	1	2		
巻尺	—	2	—	2	—	3	球技用 20～50m	
ストップウォッチ	—	2	—	2	—	3		
チラき	—	1	—	1	—	1		
ライン引	1	2	1	2	2	3		
ボール用ひもとおし	1	2	1	2	2	4		
ボール用空気入	1	2	1	2	2	4		
実技用掛図	4	5	1	5	4	5		
スラコド	3	5	3	5	3	5	（組）	
レコード	5	20	10	20	10	20	主にダンス用	

＊中学校は，指定統計第74号学校設備調査報告書（文部省調査局統計課；29年10月現在）による各器具の基数。

＊高等学校の各器具の基数は，指定統計第74号を参考に，文部省初等中等教育局中等教育課において作成されたもの。

したがって，生徒達に，これらの施設用具の手入れをさせ，また，実際的要求
の手助けをさせるような組織をつくるのも一つの方法であろう。

　なお，小さなことであるが，教師は，これらの一切の施設用具が，いつでも
安全に，かつよろこんで使用できるように用意しておくように心がけねばなら
ない。つねにコートのラインをはっきりと引くとか，こわれたものを機を逸す
ることなく修理すること，使用できなくなったものの処分をすばやくすること
など，教師の管理活動は，体育指導とならんで重要な任務といわねばならない
であろう。

バレーボール

東京都立桜町高校教諭

池 田 光 政

I バレーボールの歴史と特徴

1 バレーボールの歴史

創案者はウィリアム・ジー・モルガン（William G. Morgan），アメリカの
ホーリョーク市（Holyoke）のY・M・C・Aの体育部長であった。つくられ
た年は1895年である。

（1） モルガン氏の着想とその影響

彼は老若男女が行うことの出来る，そんなに荒々しくない室内で楽しめるス
ポーツをつくる必要に迫られた。そこで，最初テニスにヒントを得て，ネット
を頭の高さに張り，バスケットボールのチューブ（バスケットボールは1891年
に考案されている。）を用いて打合いをさせたが，余りに軽くて速度が遅すぎ
た。次にバスケットボールで試みたところが，今度は重くて大きすぎた。その
結果，スパルディング（A. G. Spalding）兄弟に依頼して現在のようなバレ
ーボールを製作し，満足する結果が得られた。アメリカのバレーボールが何時
から6人制となったかは明かでない。けれども，6人制のゲームが，見るスポ
ーツとしてよりも，楽しく行うスポーツの性格を包蔵しながら発展して来たと
ころに，モルガン氏の意図の躍如たるものがある。

（2） わが国のバレーボール

伝来の時代については諸説がある。一般にはアメリカのY・M・C・Aから
派遣されたブラウン（F. H. Brown）によって，大正2年に東京の中華Y・M
・C・Aで公開されたのが始めであると云われている。

何れにせよ，国内に芽生えたバレーボールは，先ず神戸高商によって育てら
れ，極東大会によって幹を伸ばし，明治神宮大会によって枝を張り，今日の盛
況を見るに至っている。

極東大会はバレー技術に東洋独自の競技的性格を盛り上げて行ったから，こ
れに関連した技能やルールが作られたことは当然である。今日，わが国で行わ
れている9人制のバレーボールは，極東大会を中心に歩んで来たものの結実し
た姿と見ることが出来よう。次に，斯技を取扱うための参考の意味で9人制ル

ールの変遷に触れておく。

（3）　9人制ルール（わが国を中心とした）の変遷

A　大正6年の競技規則（極東ルール）

① コートの大きさ──縦 60呎以上 90呎以下，横 30呎以上45呎以下

② ネットの高さ──コートの中央において7呎6吋（2m28cm）

③ 人数──適宜に相談して定めるが正規は16人，尚室内では9人と規定してある。

④ 得点の方法──サーブ権を持っている側だけが得点となる。サイド・アウト制，点数は15点制である。

〔註〕 第1回極東大會は大正2年で，この時既に16人制である。

B　大正12年第6回極東大會──12人制採用。

C　大正14年に出來た明治神宮大會バレーボール規則。

① コートの大きさ──〔男子〕縦 21m，横 10.5m，〔女子〕縦 17m，横 8.5m.

② 人數──男・女ともチームは9人。

〔註〕 極東ルールは昭和3年から9人制。

D　昭和5年の改正規則（極東ルール）

　　昭和6年の改正規則（日本排球協會ルール）

① 従來のフィート制をメートル制に改定。

② コートの大きさ──縦 22m，横 11m

③ ネットの高さ──中央で2m30cm

④ 従來のサイドアウト制を廢し，ポイント・アンド・サイドアウト制に改める。

E　昭和16年の改正規則（日本排球協會ルール）

① コートの大きさ──縦 21m，横 10.5m

② ネットの高さ──2m25cm

〔註〕 普及と戦法を向上させる目的で改正。終戦後はこのルールで發足する。昭和26年に男は中學（新制）のネットの高さを2m 10cmに引きあげた。（従來は2m）

F　昭和30年の改正規則（日本バーレボール協會ルール）

① コートの大きさ──縦 22m，横 11m

② ネットの高さ──2m30cm

〔註〕 技能の向上と長身者の数が多くなったため，残存せる極東式ルールとの調整も圖っている。

2　バレーボールの現状

　終戦以来，バレーボールは当時の国情と大衆の心性にアピールして大躍進をとげ，現在は高校以上の協会登録チーム数だけでも5000を突破しようとする段階にある。しかしながら，これで円熟しきったわがバレーボール界も一つの難門に逢着した。それは昭和26年に国際バレーボール連盟（ルールは6人制）に加盟したことを契機として，国際試合への参加が行われるに及んで，新たに9人制と6人制との間をどのように調整するかと云う点である。一応国際的な立場は別にしても，何らかの形で6人制がもつ長所を，取り入れて行くことは必要であろう。

3　バレーボールの特徴

　①　適度の運動量を持った全身的なボール・ゲームである。――ネットによって隔てられているので余り過激にわたらず，しかも全身的なプレイが多く含まれている。

　②　規則が簡単であり，取りつきやすく，誰でも出来る。――パスだけでもゲームになるから，誰でもすぐに行える。だが，取つきやすい反面，次の段階へ進歩しにくい点は一つの特異性と言えよう。

　③　助け合いの活動が行いやすい。――比較的狭い場所でまとまったプレイが行われるので，協力しやすく，また自他の長短を指摘し合うのにも都合がよい。

　④　傷害をまねく機会が少ない。――とくに身体的な接触から起る傷害は稀である。

　⑤　上方を仰ぎながらプレイをする機会が多い。

　⑥　楽しく，気軽に行える。――大勢のものがボールを囲んで愉快に活動でき，そのリズミカルな動作にも興味が湧く。また特別な服装をしなくともプレイが出来る。

　⑦　施設や用具が簡単であり，比較的狭い場所でも一度に大勢のものが行うことができる。――経費も少くてすむので普及的要素を具えている。

Ⅱ　バレーボールの性格と指導目標

1　性　　格

　ボールを地上に落さないように打合うことが既にバレーボールであるが，元来，バレーボールには遊戯的側面（レクリエーション的）と競技的側面を具えている。つまりネットを境として上方を仰ぎながら大勢でボールを打合う点が遊技的な面であり，強い跳躍力と打力，そして筋肉と神経の円滑な調整力や，密接な協力によって果敢なプレイを展開する点が競技的な面と云えるであろう。従って，バレーボールを学校体育に役立てるためには，斯技の性格や特徴をよく知り，生徒たちの発達段階と関連づけて，正しい指導の目標を設定することが必要である。

2　指　導　目　標

　前述したバレーボールの性格を考慮し特徴を活用して教育的な効果をあげるためには，どのような指導のねらいを設定したらよいであろうか。先ずこれを体育の目標と対応させて，個人的な側面と社会的な側面からそれぞれのねらいを導き出し，更に個人的な側面を身体的発達・技能的発達・健康安全などの角度から設定し，また社会的な側面は社会性・生活化などの角度から設定することにする。

（1）身 体 的 発 達

①　胸廓を広め，跳力，打力などを強め，全身的な発育を助長する。

②　筋肉と神経の働きを調整して，刺戟に適応できる身体的機能を高める。

（2）技 能 的 発 達

　ゲームに必要なパス，トス，タッチ，キル（スパイク），サーブなどの基本的技能と，基本的な攻撃や防禦の方法などを身につけさせる。またそれらの技能を上達するに必要な技能の要点や練習の仕方についても理解させる。

（3）社　　会　　性

　練習やゲームにおけるグループ内の活動やグループ間の活動を通して人間関

係を広め，協力の仕方を身につけさせ，責任感，自制心，公正，積極性などの社会的態度を育成する。

〔註〕　バレーボールでは，狭い場所に多人数が相寄ってプレイする関係上，いろいろな意味で集團意識が高まるので，このような場と関連させながら 前述した社會的目標を具体化する必要がある。

（4）健　康　安　全

①　出来るだけ戸外へ出て外気に当らせる。

②　不良姿勢の予防をはかる。

〔註〕　学生は室内における座学習が多く，前かがみの姿勢になり勝ちであるから，上方を仰ぎながらプレイすることによって不良姿勢の防止に役立てる。

③　巧緻的な諸プレイによって敏捷性を養い，安全の能力を高めることに役立てる。

（5）生　活　化

生活化には二つのねらいを持っている。

①　現代社会におけるレクリエーションの価値との関係を理解し，レクリエーションとして正しく生活に取り入れる能力を育てる。

図1　晝休みのひととき　　　　図2　農村のバレーボール

②　痼癖の予防に役立てる。

〔註〕　將来の社会生活において，前かがみの姿勢が多い関係上，前かがみの姿勢や腰まがりに陥ることを豫防するように，バレーボールの活用法を理解させる。

図3　工場の作業（前かがみ）　　　　図4　バレーボールの實施

　さて，以上掲げた指導のねらいを総合すると，それぞれのねらいは，中学生や高校生の発達に関するものと生活に関するものに，大別することが出来る。その中，発達については当然現在における課題に属するが，「生活」においては現在と将来にかかわる二重的な性格を持っている。つまり，正課の授業で習得した技能やゲームの仕方などを自由時間に活用させることと，レクリエーションとして将来の社会生活に取り入れる能力と習慣を身につけさせることである。そして自由時間の活用と云うことは将来の生活化への一過程と考えたい。

3　知的学習のねらい

　そのためには唯，漫然と学習させるのでなく，前述した指導目標を具体化するに必要な理論的な裏づけを教師が持つと同時に，生徒たちにもかれら自身の目標として学習の効果をあげるための知的理解をさせる必要がある。そのねらいをあげると価値の理解と学習方法の理解とに分けられる。

　①　現代の社会生活における運動の生活化の必要性と関連づけて，バレーボールの価値を理解させる。

　②　バレーボールを生活化するには自主的に行う能力が必要であることを理解させる。

　③　自主的に行う能力を身につけるには，次のことがらについて理解しなければならない。

　i　学習内容を理解し，計画の立て方（生徒たちの）を知る。

　ii　グルーピングや役割のきめ方を知る。

iii　競技場のつくり方や，用具の準備や整理の仕方について知る。

iv　技能の要点，チーム・ワークのつくり方やそれに関連したルールを知り，その練習方法についても知る。

v　バレーボールに適した準備運動や整理運動のつくり方を知り，危険の防止や保健上のことがらについても理解する。

vi　審判の仕方や規則のきめ方（発達段階に適した規則をつくる），記録のとり方を理解し，ゲームの行い方を知る。

vii　いろいろなゲームの計画や運営の方法を知り，ゲームに参加する仕方についても理解する。

以上のことがらは生徒の学習すべき内容と言うことが出来るのである。

Ⅲ　バレーボールの指導計画

1　指導計画の立て方

指導計画とは，その単元の学習内容を，生徒の発達段階に応じて学年別に配当し，それを実際の指導の順序に従って並べ，更にそれを分節して，分節ごとに配当時間を示したものである。従って具体的な手順としては，①先ずバレーボールの各学年におけるねらいを決め，それに基いて学習内容を学年に応じて配当して配当時間をつける。②次に各学年のねらいに応じて発展できるように学習内容を指導の順序に従って縦に並べる。③そして指導の効果をあげるため配列した内容を幾つかに分節して，それに対する配当時間を附ける。

2　時　間　配　当

バレーボール全体の指導時間数をきめる場合にも，年間計画とにらみ合わせて他の教材とのバランスを考えることが必要である。勿論各学校の施設用具，指導者，その他の特殊事情によって多少の相違はあろうが，3年間を通じて27時間～30時間ぐらいが適当と思われる。この場合，全体の時間数を3学年に平等に割当てる方法と，1年に多く，2・3年には時間数をへらす方法とがある。何れにしても，校内大会との関連などを考えると3ケ年に分けて配当することが望ましい。一方，2年間にまとめる場合には，中学は2年と3年に配当し，高校では男子は1年と2年，女子については2年と3年に配当することがよい。また季節的には春か秋が適当であり，同時に校内大会など行事との関連もよく考慮して位置づけるべきである。

3　指導のねらいに対応する学習内容

（1）　身体的・技能的発達に関連した内容

次の諸技能により，均斉な身体を作りとくに跳力，打力，巧緻力を強める。

　　i　基本的技能——パス，トス，タッチ，キル，サーブ，ネット・プレイ，ストップ（以上9人制），パス，トス，キル，サーブ（以上6人制）

ⅱ　応用的技能──　①パスを主とした攻撃法，②前衛を中心とした攻撃法，③中衛を中心とした攻撃法（三段戦法，遅攻法），④早タッチを主とした攻撃法（速攻法），⑤フェント戦法，⑥攻撃のシステムとコンビ，⑦レシーブのコンビ，⑧防禦の一般的隊形，⑨防禦のシステムとコンビ（以上9人制）

①　前衛のキルによる簡単な攻撃法とコンビ　②　レシーブの簡単なコンビ（以上6人制）

ⅲ　ゲーム──　①　簡易なルールによるゲーム（6人制を含む）②　正規のルールに準じたゲーム（9人制）

ⅳ　ルール──これは反則やゲームの仕方に関するものと，自分たちの手で工夫するものとに大別できる。これらの中，ルールを作ることは生活的なことがらに属するが，反則とかゲームの仕方を知ると云うことは個人的であり，しかも技能の学習とともに理解させるべきである。従ってここではホールディングとかタッチ・ネットなどの反則と，ゲームの仕方を対象とする。

（2）　知的理解に関連した内容

知的理解は個人的な発達に属するものである。この学習内容については前に述べたのでここでは要点だけに止める。

①バレーボールの特性と歴史　②社会生活とバレーボールのレクリエーション的価値　③練習計画の立て方や練習方法──これは自主的に学習させることが狙いであって後述するグループ学習を進める上に大切なことがらとなる。④健康安全。適正な練習量，戸外での実施傷害の予防などである。

（3）　社会性に関連した内容

実際における学習の場を考えて，人間関係と，態度と云う角度からあげる。人間関係に属するものはグルーピングや役割をきめることとか，また実際の活動を通してグループ内やグループ間の人間関係のあり方などがあげられる。また態度と人間関係とは不離のものである。その内容としては，協力性，責任感，自制心，積極性，公正などである。なかでも協力性はチーム・ゲームにおいては最も重要な内容と云える。協力は学習の場を民主化するだけでなく，技能に対する助け合いによって技能の進歩に貢献すること大である。

（4）　生活化に関連した内容

　生活化の内容とはバレーボールを現在ならびに将来の生活に取り入れるに必要なことがらである。

① クラスの計画やグループの計画をたてる。

② 用具の取扱い，競技場の準備や仕末が正しくできる。

③ ルールをつくることができる。

④ 審判をする。

⑤ クラスのグループ対抗試合を計画し運営する。

⑥ バレーボールに適した準備，整理運動をつくる。

⑦ バレーボールを自由時の活動に取入れることができる。

⑧ 将来のレクリエーションとして活用する能力が具わる。

4 学 習 の 段 階

　主要な学習内容の分節とそれに対する時間配当を示すと同時に，学習の順序をも示した計画の内容である。学習の順序は　(1)はじめの段階，(2)中の段階，(3)まとめの段階に分けることができる。はじめの段階は，中の段階で生徒たちが助け合いによる自主的学習ができるようにするためのものである。

　（1）　はじめの段階

　はじめの段階の中心的なしごとは，教師の計画を生徒の計画に移すことである。この計画を移すと云うのは勝手に生徒た計画を立てさせることではない。先ず教師の計画が あり（これは教師自身のもの ばかりでなく，学習内容や学習の仕方の要点が生徒にも理解できることが必要），それに基き，中の段階以後の計画が生徒の手で作れるようにすることである。つまりはじめの段階は，中の段階以後の学習が自主的協力的になされるための準備であると云えよう。この段階に含まれることがらを具体的にあげると，次のとおりである。

① 教師が学習内容を説明して理解させる。

② グループの分け方や数について指導し，グループをつくらせる。

③ グループの役割をきめさせる。（出来るだけ全員に分担させること がよい。）

④ 学級やグループの練習計画をつくらせる。

　学級の計画は一般的には，学習内容と時間の予定に重点がおかれるが，バレーボールの場合は学級に共通なかなり細かい学習の仕方まで及ぼすことがよい。然し，単元全体を一度に計画に移すことは無理と思われるので，必要なだけ（分節）を小刻みに計画させるように指導する。またグループの計画ではグループの取りきめ，グループ間の協定，学習の場における実際的な人間関係，技能の要点などを重点にする。はじめの段階の配当時間は，単元全体の配当時間とのバランスを考慮することも大切であるが，下級学年では2時間は必要である。この時間を節約すると，爾後における生徒の学習が円滑に流れなくなる。（なれて来れば1時間でもよい。）事情が許せば下級学年では予備テストを行うことがよい。予備テストの結果一般的に云える点は，バレーボールにおいても，小・中・高の関連性が薄いことと，社会の普及率の高い割合に知的にも技能的にも水準が低いと云うことである。知的にはとくに用語や練習の仕方に関する理解が不足し，技能的には個人差が甚だしく，最も基本的な技能が出来ていない。そこで小学校では殆んどバレーボールを行っていない筈だから，中学校初期における計画はとくに導入面を考慮すべきである。また，中学校期における生徒たちの経験の度合いは学校によってかなりの差異があるから，高校初期の計画にはこの差異を縮める意図が織込まれなくてはならない。

　（2）中　の　段　階

　はじめの段階で教師の計画が学級やグループの計画に移行しているので，生徒たちには技能の上達やゲームを直接の目標におかせ，助け合いによるグループごとの自主的な学習を活潑に展開させる。ここでいう「助け合いによる自主的な学習」とは，バレーボールに経験を多く持っている生徒が経験の少ない生徒を助けることによって，技能の上達やゲームの充実に役立たせることであり，これがまた協力と云う社会的な目標に合致するわけである。

図　5

　この段階には配当時間の大半を当てる。各時間の終りに学習の結果を反省させ，問題点を次時の計画に織込ませる。

　（3）　まとめの段階

　この段階はこれまでの学習を整理し，評価する段階である。つまり学年のねらいに応ずる学習内容を，主に中の段階で具体的な学習活動に移し，その成果をこの段階においてゲームと言うかたちで結集させて，まとめるわけである。換言すれば学年のねらいを具体化して最後の結果を反省する段階である。

5　グループ編成

　グループ編成はボール・ゲームを学習する上には欠くことの出来ない要件であるばかりでなく，とくにグループ学習によって指導の効果をあげるために重要であるから，ここに取り出してやや詳細に述べる。1グループは9人～10人の異質的なグループをつくることがよい。この人数は1チームのポジションの数と同じくなることを狙ったものであり，グループの人数がポジションの数を越す時には，いきおい下手なものとか気力のないものが練習やゲームからはみ出されてしまう。従って出来れば9人と限定したいところであるが，グループ別の練習とか，多少の見学者の生ずる場合も（とくに高学年女子）見越して9人～10人としたのである。また各グループを異質的（能力の異ったものを集めてグループをつくる）に編成することがよい。その理由は，各グループの技術的水準を大体平均させることと，能力のすぐれたものが劣っているものを助ける活動を可能とするためである。グループ編成の適，否は指導の結果に大きな影響を与えるものであるから，慎重に行わねばならない。

　（1）　異質に分ける方法

　先ず異質に分ける条件としては――①　技能の程度（バレー部員と非部員，運動神経の発達したものと未熟なもの）②　身長の大小　③　運動能力検査の結果（走力，または垂直跳と投力）④　ソシオメトリーによる調査の結果――などである。

　以上のうち，機械的にクラスの順序をつけられるものは②と③であり，①の中，運動神経の発達の度合いについては順序をつけにくい面を持っている。

そこで手順としては最初にバレー部員とか明らかに上手なもの（少人数でよい）を引抜いてグループ数に応じて平等に配当する。

次に残りの全員を身長順に１から最後までナンバーをつける。同じく残りの全員を運動能力順に（走力か垂直跳だけでもよい）１から最後までナンバーをつける。そして両方の数を合計した数字によって順位をきめ，グループ数に応じて順次に配当して行くようにする。教師はグループ編成について直接，間接に指導すべきである。放任しておくと友達の好き嫌いに左右されたり，身長だけで機械的に分けてしまう結果（面倒なので），グループが片寄って，はかばかしい活動が望めなくなる。

（2）役　　　割

　A　グループの役割

役割の数を多くし，出来るだけ多くのものに責任を自覚させることがよい。

①　リーダーの選出方法にはグループを決めてからグループで選び出す場合と，先にリーダーを決めてしまう（そのリーダーを中心としてグループ編成をさせる。）場合とがある。

何れにしても選定の条件としては，技能の優れたもの，世話ずきのもの，積極性のあるものなどがあげられるであろう。

②　リーダー以外の役割には，副リーダー１人，記録２人，ボール係(用具)１人，コート係（施設）１人，指導係１人を設ける。

③　副リーダーはリーダーを補佐してグループの計画や活動の推進者となりリーダーが事故あるときは代る。

④　記録係はグループの記録（グループの反省事項などを記入する。）を担当するが，とくに仕事の過重を防ぐ意味で２人にしてある。

⑤　ボール係は自グループのボールの準備や始末，手入などを行う。とくに管理と空気の入れ具合に注意させる。

⑥　コート係は他のグループの同係と協力して，ラインを引いたりネットを張ったり，時には審判台，点示板なども用意する。

⑦　指導係はとくに技能のすぐれたものが当り（いなければ設けなくともよい），主として技能面の面倒を見させる。技能のすぐれたものが必ずしもリー

ダーに選ばれるとは限らないので，その長所を活用させるためである。

　　B　チームの役割（ポジション）

　各人にポジションを与えることは，矢張りグループ内における自己の責任を自覚させ，技能の進歩に役立つわけである。然しながらポジションの決定にはいろいろと問題が起きるようである。要するに多くのものが納得の出来るような公平な（能力に応じた）きめ方が必要である。

　ポジションを決めさせる時機は各学年が一様でない方がよい。下級学年では全員にいろいろのポジションを経験させたり，またそれに基いてポジションを決定する材料を附与する意味で始めからの固定は避ける。これに対して上級学年では一応基本的技能や各ポジションの経験も持ち合わせているから，最初からポジションを固定して行わせた方が効果があがるようである。

6　施　設・用　具

　施設や用具もまた，指導計画をつくるうえに重要である。幾ら指導の効果をあげようとしても，貧困な施設用具では手の施しようがない。

　しかし，余り理想的な施設用具を望むわけにも行かないが，1クラスを50人前後と見て，最低3面のコートと各グループにつき2個あてのボールは必要である。

　（1）施　　　設

　コートは比較的風当りの少いところを選んで，3面並んだ専用コートをつくることが望ましい。また，運動場の片端とか，中庭のような余りボールが四散しないところが適当である。支柱は木製と鉄製がある。木製の場合は下部をコンクリートで固定しておくことがよい。鉄製の場合は移動の出来るものが便利である。支柱の高さは，6人制バレーボールのことも考慮して高め（正規のネットの高さは男子2m43，女子2m24であるが，それ程でなくともよい。）にし，ネットが3段階ぐらいに張れる穴をあけておく。

　専用コートが取れない時には，前述した移動式の鉄製支柱がよいけれども，従来からある木製のはめ込み式の支柱でも差支えない。はめ込式の場合には地中の箱をコンクリートで固めるとか，また穴が土で埋まらないように工夫する必要がある。ネット巻はよく紛失するので，ネット巻に固着させるように工夫しておくと便利である。

　バレーボールを教材として取上げるためには，施設面では以上の施設は是非必要であるが，やむを得ない場合について触れておく。

（A）　テニス・コートを利用するとき

テニスの支柱に丸太（バレーボールの高さの）をしばりつけ，丸太の上に薄い溝を彫ってネットのワイヤーを通しテニスのネット巻で張る。

（B）　丸太を利用するとき

2本の丸太を地に埋め，上部に薄い溝をつけてネットを引張り，丸太に結びつければよい。

（C）　固定物体を利用するとき

例えば立木と立木の間とか柱と柱の間にネットを結びつけるような方法であり，縄を高く張るなどの方法とともに便法である。

　　〔註〕正規の場合支柱はコートの中央區畫線の外方1mの位置に立て，その支柱

　　間にネットを水平に張る。ネットの高さは中央部で計測する。從つて簡式に作つ

　　た時にはネットの中央部がゆるむがやむを得ない。

コートの面積とネットの高さは次のとおりである。

〔9　人　制〕

種　　　別	コート の 面 積		ネットの高さ（m）
	長　さ（m）	幅　（m）	
一　般　男　子	22	11	2.30
高　校　男　子	21	10.5	2.20
中　學　男　子	18	9	2.10
一　般　女　子	18	9	2.00
高　校　女　子	18	9	2.00
中　學　女　子	16	8	1.90
小　　學　　校	14	7	1.80

種　　　別	コート の 面 積		ネットの高さ（m）
	長さ（m）	幅（m）	
一　般　男　子	18	9	2.43
一　般　女　子	18	9	2.24

（2）用　　具

（A）ネ　ッ　ト

①　9人制の場合は幅65〜75cm以下であり，ネットの上端に幅5〜8cm以下の白布を縫いつける。

②　6人制の場合は，ネッとの幅は1m，長さは9.5mであり，ネットの上端に幅5cmの白布を縫いつける。（正課の指導では特別に6人制用のネットを用意する必要はない。）

（B）審　判　台

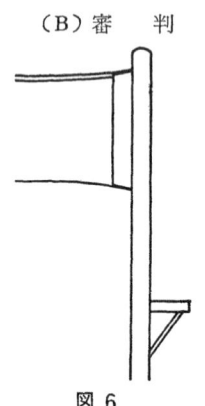

胸から上がネット上に出る高さの台が必要である。支柱が強ければ，図6のような簡便な方法も構じられる。鉄製の支柱では先に輪状（支柱の太さの）のついた鉄盤を支柱にはめ込めばよい。

(c) ボ　ー　ル

公式のボールの大きさと重さは下表のとおりである。9人制においては，コートの場合と同様に発達段階に応ずるよう考慮が払われている。

図6

種　　　　　　別	周　囲（cm）	重　さ（gm）
一　般・高　校　男　子	66〜67	300〜320
一　般・高校女子・中學男子	62〜63	240〜260
中　學　女　子・小　學　校	58〜63	200〜220

〔6　人　制〕

種　　　　　　別	周　囲（cm）	重　さ（gm）
一　　般　　男　　子	65〜68.5	250〜300
一　　般　　女　　子	65〜68.5	250〜300

ボールは学校においては縫いボールより皮張りのものを使用した方が便利である。触感が軽く，変形が少なく，水に対しても支障が少ない上に針を使用して簡単に空気を入れることが出来る。空気入れも固定式の大型のものを準備すると，時間と労力が軽減出来る。

7　本指導計画について（附表参照）

（1）　段階別教材配当表（附表1のⅠ，附表2のⅠ，附表3のⅠ）

　附表1，2，3の各Ⅰは技能を中心とした教材の段階別配当表である。技能の内容を把握したり，指導計画を立案するのに便利なために作成したものである。

　Aコースは初心者向きにバレーボールの遊技的競争の場からその基本的技能を習得させることをねらった。Bコースはやや経験者向きに基本的な攻撃や防禦を用いて一応ゲームが出来るための諸技能を身につけさせることを狙った。またCコースは一般的な戦法や策戦を用いてゲームが行えるための総合的な技能を習得させると共に簡易な6人制ゲームが楽しめることをねらいとした。

（2）　指導計画表（附表1のⅡ，附表2のⅡ，附表3のⅡ）

　(1)に習って矢張り A〜C の段階別のコースとした。そして，A・B・Cコースのそれぞれに10時間と15時間の場合と両方の配当時間を考えた。15時間の場合には原則として10時間に学習した内容を深めることにしてある。学習内容は目標との関連を重点とした角度から打出し，それに対応した技能的内容を「主教材」の欄に割当てることとした。

　A　Aコースについて

　（a）　はじめの段階

　下級学年はグループ学習になれていないから，この段階に2時間または3時間（15時間とれる場合）を配当する。学習内容の概要を理解させ，望ましいグループ編成を行わせ，適当な役割をきめ，グループの計画のたて方を指導するなど，生徒たちの学習活動を滑り出させるためには相当に手数がかかる。

　（b）　中　の　段　階

　グループの計画は，教師の導指によって週間ごとに刻んで立てさせることがよい。そしてグループの計画は技能による助け合いの活動が中核となるが，技能ばかりでなく自主的にゲームを行うことの出来る諸要素，例えばコートの作り方，ルールのつくり方（きめ方），審判の仕方なども具体的な姿をとって順次に盛られて来ることが必要である。

　態度は，始めから固定化したものを織り込むことは困難である。実際の学習

活動の場から生起した諸問題について反省させ，次時の計画の中に取り入れさせるようにする。

　次に，実際の学習の場で生起し勝ちな問題について掲げるが，これらの総てがAコースに於て起るものではない。

　㈠　施設用具に関するもの

　ボールを蹴る。むやみにネットにさわったりぶら下る。失敗した時にボールを地面にたたきつける。石灰でいたずら書きをする。ボールを使い放して四散させておく。

　㈡　自グループに関するもの

　失敗をとがめたり，いやな顔をする。時には相手を押したり打ったりする。我先にと打つ，ふざけながらプレイする。ひとりよがりのプレイをする。すぐにあきらめたり他人に依存する。ゲームを途中で投げ出したり，やけ気味のプレイをする。ボール拾いを怠る。

　㈢　他のグループとも関連するもの

　相手をけんせいするようなかけ声や動作をする。練習の場所などを独占する。試合の挨拶をおろそかにする。相手の失敗を喜んだりやじる。自グループ以外のものに冷たく当る。

　㈣　審判に関するもの

　審判をけんせいしたり抗議する。

　㈤　応援に関するもの

　コートに接近しすぎてプレイを邪魔する。サーブの動作中大声を張りあげる。審判の判定を妨げるような言動をする。

　（c）　まとめの段階

　まとめの段階の配当時間が少ないが，中の段階をそのまま横すべりさせればよい。パスを中心とした簡単な作戦と簡単ながらゲームの運営も出来ることをねらいとしてある。

　B　Bコースについて

　バレーボールの基本的攻撃や防禦に必要な諸技能と，それを応用したゲームの仕方を協力的活動によって身につけさせることをねらったものである。

従って10時〜15時でこれをまとめるには多少時間不足の箇所が出て来るかも知れない。

（a）　はじめの段階

この段階に2時間とりたいのであるが，時間が不足勝ちのためと多少グループ学習にもなれて来たと思われるので，1時間を配当した。そこで指導の能率をあげるために，次のようなプリントを用意したい。先ずグルーピングの基準を書き，それに応じて姓名や役割が記入できる一覧表をつくって（グループの数だけ），体育委員とかルーム長に配布すること。また，学級の計画をつくらせる便宜上，指導計画をプリントして各リーダーに渡す（リーダーが寄って学級計画をつくらせる。）ようにする。

（b）　中　の　段　階

この段階の第3週までは，個人的な基本技能を全員に体験させることを重点とする。そこで始めから個人のポジションを固定せず，種々のプレイを順次に学習させて行く。従って，グループの計画もこのような方向にそったものとなる。第4週以後はポジションを固定させ，既習した基本的技能をチーム・プレイに生かすことを重点とする。

（c）　まとめの段階

2時間〜3時間の範囲内で既習した諸学習内容を活用して，グループ相互のリーグ戦の計画や運営を行わせるとともに，リーグ戦の参加の仕方にも習熟させる。そしてそのねらいを校内大会の計画や運営をしたり，大会に参加したりする能力をつくることに置く。換言すれば，目標を校内大会の計画や運営と参加し得る能力の育成において，もろもろの学習を展開させるわけである。

C　Cコースについて

Cコースでのねらいを，個人や各グループの能力に応じてその長所を伸ばすことと，将来のレクリエーションとの関連も考慮した生活化においてある。

（a）　始　の　段　階

教師の全体計画に参加すると云う意味は，教師がこの指導計画をつくる時に生徒の代表も参加させて，生徒たちの希望や意見も加味して立案することである。この結果は学級の計画やグループの計画をつくる際にもより円滑に運び得

ることになる。またこの段階では，役割の決定と共に各人のポジションもきめ
させておき，始めから固定したポジションで学習させるようにする。

　(b)　中　の　段　階

　ここでの問題は6人制バレーボールをどの時期にどのように扱うかと云うこ
とである。出来れば中の段階で，9人制も6人制も一通り学習内容を終了して
から共に総まとめを行いたいのであるが，時間が許さないので，次のようにし
た。つまり，中の段階の前半で9人制を一応まとめてしまい，後半はレクリエ
ーション的な角度からゲームを中心として6人制バレーボールを一応まとめ，
他のレクリエーション的仕方（9人制の変形）をも理解させて総まとめとした
わけである。

　6人制バレーボールは，純競技的に扱えばむしろ9人制よりも困難であるか
ら，この限りにおいては，（9人制の場合でも 同様であるが）僅少な時間と数
多い生徒を対象とする正課の教材としては不適当であろう。けれども9人制か
ら導入して，これをレクリエーション的な角度から取上げれば，2時間〜3時
間の短時間でも，その持ち味だけは経験させることができる。9人制の分業的
プレイによるチーム・ワークの重要性を認識させた後に，6人制のローテーシ
ョンによる機会均等のプレイへ移行させるところに妙味がある。

年 間 学 習 指 導 計 画 案

1. Ａコース（初心者……中学初級程度）

Ⅰ Ａコース教材配当表

主	教　材	主教材に応じた諸技能	10時	15時	指 導 の 着 眼 点
1	リードアップ・ゲーム	頭上球送り競争／円形内への送球競争	2	3	1. ボールになれさせる。 2. 上方へ押し上げる要領を習得させる。
2	円形パス、円形移動／2円間のパス・ゲーム	チェスト・パス／アンダーハンド・パス	2	3	1. 全身を使って送球させる。 2. 競争を利用して協力させる。
3	サーブ　塁球	アンダーハンド・サーブ／サイドハンド・サーブ	2	3	1. 重心の移し方と腕の振り方に重点をおく。 2. 打力を育てる。
4	少人数のゲーム／パッシング・ゲーム／ワンバウンド・ゲーム	スピード・パス／オーバーヘッド・パス／レシーブ／ネット・プレイ	2	3	1. よく動き、前進力を利用して、スピードをつけさせる。 2. スピード・ボールに対し十分に腰を落として上方へあげさせる。
5	簡易な方法によるトーナメント戦	既習教材の活用	2	3	1. パスによるアタックの仕方と、簡単なカ 2. 自主的に簡易なゲームを行えるようにする。

Ⅱ Ａコース指導計画表

段階	学 習 教 材	学 習 内 容		主 教 材	備 考
始め	第1週	導入	（1）バレーボールの特徴や、本案におけ る学習内容を知り、全体の見通しを持たせる。 （2）グループを行ない、役割をきめる。 （3）グループの計画をたてる。 1. 練習の仕方を相談する。 2. 準備整理運動を考える。	1. 教師の説明や、参考書、スライドなどにより知的理解。 2. グループの計画の立てかた。 3. 指先・手首・膝・腰などを中心とした準備運動をつくる。	（1）経験の度合いを知り、経験を活用すればどうか。 （2）グルーピングは教師の助力により行なうか。 （3）1グループ9名の異質グループをつくるべく多く設けるか。 （4）グループなるべく多くの役割を設ける。
	第2週		○計画のすすめ方と、パスの基本に重点をおいたグループ別の練習 （1）用具の準備と始末。 （2）ボールを押し上げる基礎的能力をつくる。 （3）協力によってボールを打ち続ける仕方を身につける。	1. チェスト・パス、アンダーハンド・パス、オーバーヘッド・パス。 2. 各種の円形パスを利用して競争的に実施させる。（一定時間内に続けられた数を比較する。） （イ）円形的パスの移動競争 （ロ）2つの円形でパス・ゲーム。 3. 一列縦隊で要領を体得させる。	（1）グループ・ワークがよくとれるか。 （イ）仲間はずれはないか。 （ロ）積極性のかけているものはないか。 （2）計画的に実施されているか。 （3）基本的技能が正しく行われているか。 （4）実状に即してホールディングやドリブルの基準がきめられているか。 （5）ラインの引き方やネットの張り方、たたみ方、ボールの取扱い方などが正しくできるか。 （6）場所の協定の仕方が適当であるか。
中	第3週		○サーブの基本に重点をおいたグループ別の練習 （1）サーブの練習 （2）サーブの基礎的能力をつくる。 （3）サーブに関連したルールを知る。	1. アンダーハンド・サーブ、サイドハンド・サーブ。 2. 各種の競争を利用して実施させる。 （イ）サーブを打ってダイヤモンド型の競争 （ロ）サーブを遠方へ飛ばすことの競争	
	第4週		○簡易なゲーム （1）パスやサーブを中心として攻撃と防禦の仕方をつくる。 （2）ゲームの仕方をそれに関連したルール、コート、マナー （3）審判の要領を知る	1. スピード・パス、オーバーヘッド・パス、レシーブ（サーブ・プレイプを含む）、ネット・プレイ 2. 少人数のゲーム 3. 簡単なコンビ （イ）パスによる攻撃法とその方禦法 （ロ）ゲーム 4. パス・ゲーム （イ）ワンバウンド・ゲーム	
まとめ	第5週		○グループのトーナメント戦開催を中心としてまとめる。 （1）トーナメント戦の計画と運営の仕方について知る。 （2）トーナメント戦に参加する。 （3）評価と反省	1. 既習した諸技能の活用 2. 各グループの技能的欠点の発見と対策	1. 既習したことがらがトーナメント戦にどう役立つか。 2. 各係り分は責任を果しているか。 3. 問題点の提示や各人の意見が活ぱつに開陳されるかどうか。

2. Bコース（やや経験ある者……中学上級または高校初級程度）

I Bコース教材配当表

	主 教 材	主教材に応じた諸技能	10時	15時	指 導 の 着 眼 点
1	パッシング	チェスト・パス，アンダーハンド・パス，オーバーヘッド・パス 方向を変えるパス（3角形パス，4角形パス）	2	3	1. 各種の方法で正確さを重点として習得させるとともに，協力してボールをあげさせる。 2. 方向を変えるパスは，流しトスへの発展をも狙って実施させる。
2	トスとタッチ	シングル・タッチ トス（短かめに流した） 早タッチ（遅めの）	2	3	1. 手首をよく使ってボールをひっかけ，頭上で腕をかぎ形にしてタッチさせる。 2. 全員にタッチを経験させるようにする。
3	トスとキル（スパイク） サーブ	直トスと直キル 流しトスと流しキル オーバーハンド・サーブ	2	3	1. 助走と踏切の時機に留意する。またよく手を引いてから打たせる。 2. 前衛のキルから中衛のキルへと発展させる。
4	コンビネーション・プレイ	前衛攻撃を中心としたコンビ 中衛攻撃を中心としたコンビ レシーブ（シイート・レシーブ） 基本的な防禦法（防禦の隊形，ストップ，カバー，ネット・プレイなど） サーブ・レシーブと球捌き（おもにセカンド・サーブの）	2	3	1. 前衛の攻撃に重点をおく。 　出来るだけ3回を有効に使って攻撃させる。 2. レシーブでは相手が攻撃する地点に対して，中後衛が重らないように動く。 　レシーブしたサーブ球を何とか攻撃に移すように努めさせる。
5	ゲーム	試合前の練習の仕方 サーブ順のきめ方 策戦（バック・アタックとフェイント） グループ・リーグ戦の開催	2	3	1. 学級内のグループ対抗のリーグ戦が，自主的に開催できるようにさせる。 2. 校内バレーボール大会の出場チームを決定させる。

II Bコース指導計画表

段階		学 習 内 容		主 教 材	備 考
始め	第 1 週	（1）バレーボールの特長や歴史を知る。 （2）学級の計画をたてる。 　　学習内容を知り，全体の見通しをたてる。 （3）グルーピングを行い，役割をきめる。 （4）グループの計画をたてる。	2時 〜	1. 学習内容と学習の要点を把握させる。 2. グルーピングを行わせる。 3. 班の約束や役割を簡単に成文化させる。	（1）学習内容をプリントして配布する。 （2）グルーピングは生徒の手で行わせる。 （3）教師の指導によって学級の計画をつくらせる。
		○計画のすすめ方と，パスに重点をおいた練習。 （1）意志的なパスが一応身につく。 （2）円形パスの発展の仕方を知る。	3時	1. チェスト・パス，アンダーハンド・パス 2. 各種の隊形でパスの機能に重点をおいて練習させる。 3. 方向を変えるパス（3角形パス，4角形パス）	（1）基本的技能を練習する意味を理解しているか。 （2）基本的技能が応用的技能の中に生かされて行くか。 （3）自分の技能の欠点を知り，向上しようと努めているか。また注意されたら素直に受け入れるか。
中	第 2 週	○前衛の基本的攻撃技能を中心としたグループ別の練習。 （1）シングル・タッチ，早タッチ（遅目の） 　　前衛のキルなどの基本的技能を身につけ，それぞれに関連したルールを知る。 （2）（1）の諸技能の練習方法を理解する。（1）の諸技能を伸ばす。 （3）危険の防止法について知る。	2時 3時	1. パスとシングル・タッチ （イ）送球の方法 （ロ）タッチの要領 2. トス （イ）ボールの捕え方 （ロ）高く短かめの流し方 3. 早タッチ（遅目の） （イ）踏み切りの基本 （ロ）手のあて方 4. 前衛のキル （イ）廻り込み　（ロ）打つ要領	（4）前衛を中心とした攻撃法が乱打やゲームで使えるか。 （5）協力による効果があらわれているか。
	第 3 週	○中衛の基本的攻撃技能を中心としたグループ別の練習。 （1）中衛のキルとサーブ（オーバーハンド）の基本的技能を身につけ，それぞれに関連したルールを知る。 （2）（1）の諸技能の練習方法を工夫する。（1）の諸技能を伸ばす。	2時 3時	1. トス （イ）直上へのあげ方と身のかわし方 （ロ）サイドへの流し方 2. 中衛のキル（直キル，流しキル） （イ）助走とジャンプ （ロ）打ち方 3. オーバーハンド・サーブ （イ）トスのあげ方 （ロ）腕の振りとボールを当てる位置	
	第 4 週	○攻防のチーム・ワークと戦法に重点をおいた練習。 （1）前衛中心の攻撃，中衛中心の攻撃が一通りできる。 （2）防禦の基本的隊形，レシーブ・ストップ，カバーなどが一応できる。 （3）ポジションの決め方を知る。 （4）チーム・ワークのつくり方を知る。 （5）審判の仕方を身につける。 （6）グループ・リーグの相談をする。	2時 〜 3時	コンビネーション・プレイ （A）攻撃 （1）前衛中心の攻撃 （イ）遅目の早タッチを主軸としてシングル・タッチや前衛のキルを加味する方法 （ロ）前衛における攻撃主力の決め方と使い方 （2）中衛中心の攻撃 （イ）前，中衛の衝突の防ぎ方 （ロ）悪いトスの処理法 （B）防禦 （1）ストップ，ネット・プレイ，レシーブ（基本的技能） （2）シート・レシーブ（動きとカバー） （3）防禦の基本的隊形（ストップをつけて） （4）サーブ・レシーブと球捌き（攻撃につなぐ）	
まとめ	第 5 週	○校内バレーボール大会との関連に重点をおいたグループ・リーグの開催 （1）グループ・リーグの計画と準備をする。 （2）グループ・リーグ戦を運営する。 （3）リーグ戦に参加する。 （4）記録をまとめる。 （5）評価と反省，校内バレー大会の代表を選出する。	2時 〜 3時	（1）グループ・リーグに参加 （イ）サーブ順のきめ方 （ロ）試合前の練習の仕方 （ハ）策戦（バック・アタックとフェイント） （2）グループ・リーグの計画と運営 （イ）リーグの組合せをつくる。 （ロ）ゲームの進行をつかさどる。 （ハ）審判をする。	（1）秩序正しくゲームが進行しているか。 （2）ゲーム中やかましすぎることはないかか。 （3）競技のルールが適切にきめられているか。 （4）よく出来た点と，出来ない点との判断が明確になされたか。

附表 3

3. Ｃコース（経験者……高校上級程度）

Ⅰ Ｃコース教材配当表

主教材	主教材	教材に応じた諸技能	10時	15時	指導の着眼点
1	パッシング・サーブ	遅めのパス、早めのパス、ジャンプ・パス、サーブ（ドライブ・サーブ、スライド・サーブ）	2	3	1. 手首でボールをコントロールさせる。状況に即応したパスへと発展させる。 2. ドライブとスライドの原理を理解させる。
2	トスとタッチ、トリック的プレイ	トス（ジャンプ・トス、バックトス）、早めのタッチ、簡易なトリック的プレイの計画をたてる。	2	3	1. 早めのパスをよく指先で押えながらトスさせる。 2. 早タッチのタイミングを会得させる。
3	攻撃法と防禦法	自チームに適した攻撃法、攻撃と防禦の連繋	2	3	1. 動作後の体のたてなおしを敏捷にさせる。 2. チャンスのつかみ方を習得させる。
4	ゲームの計画と運営（審判法を含む）	相手チームの研究と対策、公式試合に準じた競技会の計画と運営（審判法を含む）	2	3	1. 審判や記録の仕方と要点をおく。 2. 校内バレーボール大会を計画し運営できる能力をつけさせる。
5	6人制バレーボール	6人制における基本的技能の要点、簡単な6人制ゲーム	2	3	1. 9人制から導入し、段階的に進める（ルールを基準として）。 2. 楽しく実施させて最後に総をまとめる。

Ⅱ Ｃコース指導計画表

段階		学習内容		主教材	教材	備考
始 め	第1週	(1) 学級の計画をたてる。 (イ) 教師の全体計画に参加する（代表が全体の見通しをたてる。 (ロ) グループの役割をたてて、役割をきめる。 (2) グループの計画をたてる。	2時 ～ 3時	1. 学習内容と学習の要点を把握させる。 2. グループの役割とポジションをきめさせる。	計画のすすめ方とバスの用い方を知る。	(1) 1グループ9名の異質グループをつくる。 (2) 6人制の場合には1グループ6名の異質グループとする。
中	第2週	○速攻的技能に重点をおいたグループの練習 (1) 速攻のトスや早タッチの基本的技能を身につける。 (2) (1) の諸技能の練習方法を理解する。	2時 ～ 3時	1. 遅目のパス、早目のパス、ジャンプ・パス 2. サーブ（ドライブ・サーブ、スライド・サーブ） 3. トス（ジャンプ・トス、バックトス）、早タッチ、簡易なトリック的プレイ（前中衛のコンビを含む。）		(1) 目的に応じたバスがどの程度できるか。 (2) 乱打において、どの程度早タッチが使えたか。 (3) ゲーム内における自己の坐を自覚しているか。 (4) 相手をみてすべてプレイできたか。 (5) よく出来た点と、出来なかった点とその判別が明確になされたか。
	第3週	○個人やグループの特性を生かすことを重点としたグループの練習 (1) 自チームの長所を生かし、弱点を自チームの長所が具わる。 (2) 先ダーの取り方を理解する。 (3) 他のグループと合同して攻撃をしかけられる（乱打）。	2時 ～ 3時	1. 自チームに適した攻撃法 (イ) 攻撃のシステム (ロ) 攻撃主力と防禦の基本的 2. 早タッチ・ボールを受けて攻撃 (イ) チャンスのいかし方（チャンス (ロ) 攻撃球を受けて攻撃のつかみ方か。 (ハ) 相手の弱点のつきかた		
	第4週	○9人制のまとめをする。 (1) 公式試合に準じた競技会を開催する。 (2) 状況に応じた策戦をたてて活用する。 (3) 9人制のまとめ。	2時 ～ 3時	1. 戦法 2. 策戦のたて方、策戦タイムの活用法 3. 公式に準じた競技会の計画と運営（審判技術と記録のとり方）		
まとめ	第5週	○簡易な6人制のゲームを重点に、レクリェーションの種々のゲームの取り入れ方を示唆してまとめる。 (1) 簡易な6人制のゲームの行いか。 (2) 6人制の要点を把握する。 (3) 各種のレクリェーション的ゲームに参加する。気軽に (4) バレーボールのレクリェーションについて理解する。との関連に (5) 記録の整備と反省。	2時 ～ 3時	1. 簡単な6人制ゲームの要領と審判 2. バス、レシーブ、ブローター・サーブ攻撃の基本 3. 各種のレクリエーション的なゲーム（理解程度） 4. ゲームの仕方 5. 総まとめ		(1) 9人制から円滑に導入出来たか（6人制へ）。 (2) 6人制と9人制のおもな相異点が理解できたか。 (3) 6人制を中心として、少人数のゲームが楽しく行えるか、気。 (4) どのグループへ入っても、軽に協力できるか。 (5) 教師の手を離れても、一切の活動が自主的に行えるか。

Ⅳ 単元の展開とその方法

（1） 展 開 の 方 針

本来ならば指導計画の中にあげた学習内容全般に渡ってグループ学習の指導と云った形で展開すべきであるが，ここでは，技能の指導に重点をおいて展開させることにする。従って，指導計画表中の「主教材」欄に基いて展開することになるが，実地指導の際には，絶えず「学習内容」欄との関連を考慮して，他の技能以外の学習内容を落さないように留意すべきである。

（2） 展開の方法とその扱い方

1週を2時間～3時間単位として，各時間まで展開させる。時間計画は，本時のねらい，指導の方法，注意事項の3項目から構成してある。「本時のねらい」は矢張り技能を中心とした角度から打出すことにした。また「指導の方法」は指導の進め方と技能の要点とに分けてある。そこで，以下の展開例をグループ学習の指導に利用する場合には次のように扱えばよい。

即ち，以下展開する各時間計画は指導計画の 「中の段階」 と 「まとめの段階」に該当する。従って「本時のねらい」と「指導の進め方」はこれを横すべりさせて生徒の計画（学級の計画）に移すことができる。差当り Aコースは主に指導者自身の計画として用いるだけであるが，B・C コースは教師の計画に用いると同時に，学級の計画をつくらせるために活用するわけである。未だ，B コースの段階では相当に教師の直接的指導を必要とするから，出来上った学級の計画もここにあげた時間計画の内容と大差ない（「させる」の文体が「する」に書き代える）ものになるであろう。しかしグループ学習になれた C コースの段階では，この時間計画を参考に生徒達の手で（教師の助言は必要）つくらせるので，本計画とは多少変化したものとなるであろう。

次に時間計画中の「技能の要点」も，教師の計画であると同時に生徒の計画に移すことが出来る。ここに云う生徒の計画とは グループ の計画であって，「技能の急所はどこであるか」，「如何にして その急所をとらるか」 が主要なる部分を占めることになる。「技能の要点」は 弾力性を持つと同時に，個人の

活動にも直接関係があるから，生徒自身の計画に移しやすい面がある。そこでAコースでは教師の直接的指導によってグループの計画に織り込ませるが，B・Cコースでは教師の助言を得てグループごとに工夫させることがよい。

（3）注　意　事　項

①　時間計画は，実際の指導の順序に従って出来るだけ詳細にあげ，このまま学習活動に移せるように考慮してある。

②　特別の場合を除いては，毎時教材を重点的に扱うと共に系統的な発展を意図している。

③　6グループ（5グループでも可），コート3面，ボールは1グループにつき2個～3個に基いた計画である。

1　Ａ　コ　ー　ス　（初心者……中学初級程度）

第1週・第 1，2，3 時限　　省略

第1週・第4時限

（1）　本時のねらい

頭上球送り競争や，ボールの押し上げ競争などによってボールをはじき上げる運動能力をつける。

（2）指　導　の　方　法

図7　グループ毎の準備体操

A　指導の進め方

（a）　準備運動——とくに指先，手首，足首，膝，腰を入れる体操を念入りに実施させる。

（b）　対列パス——2つのグループを組合わせて対列パスをさせる。

①図8の如くバスケットボールにおける要領でショルダー・パスとオーバーヘッド・パスを行わせる。片足を前方へ踏み出し

て軽く投げ捕球者はボールの正面へ体を入れ足をやや前方に開いて捕球させる。

② なれたら捕球の代りに軽くはじき上げさせる。

(c) 順送球──3グループを合せて，図9の如く，2列に並べて実施させる。

図8 ショルダー・パス

① はじめは普通の順送球の要領でボールを持って後方へ送らせる。

② 次第に後方へはじき上げる動作を加えさせる。

③ 途中でボールを落した場合にはボールを始めの線まで戻してから続けさせる。

④ 時間的な競争から落球数の多少による競争へと移行する。この時は後尾と旗との距離を縮少した方がよい。

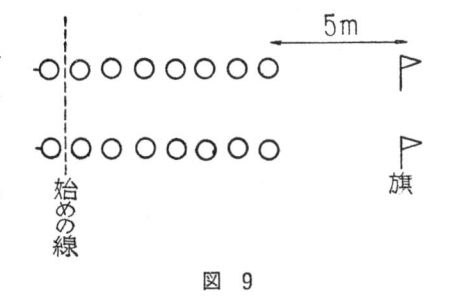

図 9

(d) 押上げ競争──コートは2面使用し各グループを図10の如く配置する。

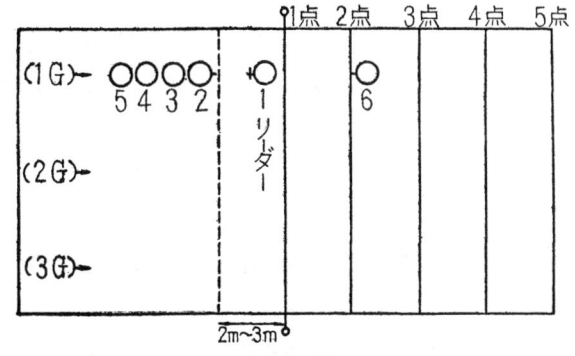

図 10

① 先ずリーダーがボールを下手に持って，軽く②の胸に投げる。②はそれをリーダーの方へはじき上げて⑤の後につかせる。

② 次にリーダーから送られたボールを，ネットを越して出来るだけ遠方へはじき出させる。この時平手で打ち上げさせてはいけない。終ったら②→⑥，⑥は⑤の後につく。

③ 更に遠方へ飛ばすことの競争を，グループで行わせる。ネット・インは1点に数え，線上に落ちた場合は高い方の点数で計算させる。

B 技能の要点

① 送球や捕球の時には必ず足をやや前後に開く。捕球の際は腕をひき，手首を後方へ折り曲げてボールを体へひき寄せる。

② ボールを遠方へ弾き出す（パス）要件は先ず高くあげることにある。それには充分膝を曲げ体を縮めて，その伸びる力を利用すればよい。次にはボールが逃げやすくなるから，指を曲げボールをつかむようにして押し出すこと。

C 注意事項

① 準備運動は，成員が揃ったグループから随時に実施（正確に）する習慣をつけさせる。

② 余り細々とパスのフォームなどを説明せずに，その要点だけを示し，どんどん実施させながら除々に注意を与えて行く。

第 2 週 ・ 第 1 時 限

（1） 本時のねらい

円形パスを連続する競争を利用してボールになれさせ，同時にチェスト・パス，アンダーハンド・パスの要領と，協力によるプレイの仕方について理解させる。

（2） 指導の方法

A 指導の進め方

（a）円形のランニング・パス——動きを利用して斜のボールをパスすることになれさせる。

① 図11の如くリーダーを中心に円形をつくり，右（左）に一定の調子を以

って駈歩で廻る。（速度はゆっくり爪先で）

②　リーダーは走るものの1，2歩先へボールを軽く投げて，バスケット式のパスで返球させる。

③　少しなれたら，図12の如くバレーのパスで返し，リーダーもまたバレーのパスを送ってリズミカルに連続する。

（b）円形パス——円形パスを長く続かせることに重点をおく。そのためには個々の基本的技能を向上させることと，対人的な関係も考慮させて指導する。

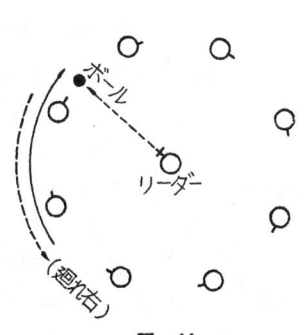

図　11

①　各グループとも円形をつくってパスさせる。始めは小さい円で行い，次第に広げるようにする。なれない間は，中央にリーダーなどを入れて実施させてもよい。

②　適当な時機に，グループ単位でパスを続ける競争をさせる。時間は3分〜5分

図12　円形のランニング・パス

間とし，その時間内に続けられた最高の数を比較させる。規則は1人が続けて2回以上ついた場合には無効とする。

③　競争によってパスへの要求が起ったところで，円形隊形でチェスト・パス，アンダーハンド・パスの要領を指導する。そしてまた実施させる。

④　チェスト・パスは，よく動きできるだけ高くあげさせるようにする。とくに男子はよく腰を落し，両手で慎重に行わせる。

⑤　アンダーハンド・パスは，出来るだけ地面に近い点でボールを捕え，指先に力を入れて体とともに前上方へあげさせる。

B　技能の要点

（a）動きの基本

①　ボールが飛来すると予測されたら踵を少しあげて構える。

②　その時の球質にもよるが，出来るだけ前進してボールを捕える。

③　ボールを捕えたら，体が向いている方向へ素直に押し上げる。

④　常にボールの動いている方向へ体を向けるようにする。

（b）　チーム・プレイの基本

①　パスが続かない対人関係的な面としては，図13の如く，互にパスを低めて次第に地面に接近してしまう場合がある。このように惰性で低くなりかけた時には，その調子を破るために誰かが思い切り高くあげること，このようにすればボールにゆとりが出来るので安定した調子に復し得る。

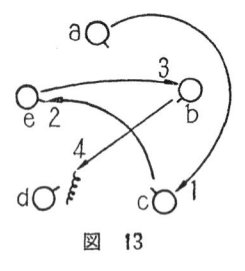

図　13

②　また図14の如く，aが短か目のボールを受けてパスする場合には，相対する側c，dは早く後退して構えることが大切である。この時には，飛来するボールは大低長目となるからである。これとは反対に，長目のパスを後退しながら体が伸びて受ける場合には相対するものは予め前進して構えるようにする。飛来するボールを見てから動作を起すのでは間に合わない。

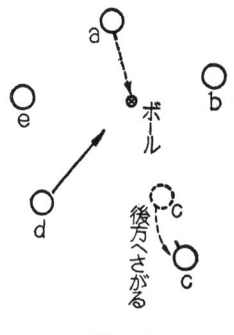

図　14

③　したがって，円形隊形は何時も定位置に固定しているものではない。パスの長短により，円形全体が定位置を中心として四方に移動しながら定位置に復する動きが連続するわけである。

④　とは言うものの，はずみと云うことも無視できない。幾度繰返えしてもじきにボールを落してしまうのが，ふとしたことからはづみがつくと粘り出し，困難なボールも夢中であげて気勢があがり，回数も伸びる。このはずみは誰かのファイン・プレイ（難球の処理）に端を発し，積み重さなる回数が全員の気力を盛りあげるから面白い。

（3）　注　意　事　項

①　要するにパスを動的に扱ってボールを高く遠くえ飛ばす能力をつけるようにする。

②　「技能の要点」における円形パスはかなり進んだ面（とくに対人的技能）まで触れてあるが，便宜上爾後の分をもここにまとめたわけである。

③　とくにパスは，少量でも毎時間練習させる必要があるから，とりつきやすい円形パスを活用して，有意的無意的に身につけるようにさせたい。

④　円形パスを行っているところを見ると単調に思われるが，やっているものは案外面白いのである。その理由は，第1に円形パス自体が競技的性格を具えているからである。つまり落球することがゲームの1点につながり，落さぬようハラハラしながら皆で興ずるわけである。第2に技能が上達すると打つ動作を加えられる。打つ時には敵となり，次の瞬間は全員が一致して捕球に向うので，攻・守のプレイが同時に行うことができる。また円形パスはボールの数も少くてすむから，これの持つ長所を考え，幅を持たせて活用すべきである。次にそのおもな点をあげると。──a　導入に役立てる。b　パスの上達に役立てる。c　攻撃的動作やレシーブ動作の練習に役立てる。d　コンビの練習に役立てる。e　図15の如く余暇の活用に役立てる。

⑤　最初は5分間行っても最高が5〜6回程度であるが，2回目からは急激に上昇する。50回以上続けられればこの段階では上の部に属する。

第2週　・　第2時限

（1）　本時のねらい

さらに変化した円形パスを用いて，弾力性のあるプレイをさせることによって，パスの意欲や適応力を高めてからパスの基本的な要領を習得させる。

図15　自由時間に円形パスを楽しむ。

（2）　指　導　の　方　法

A　指導の進め方

（a）　円形的パスの移動競争

各グループを図16の如く並ばせ，合図とともに，パスをしながら前進し，なるべく早く前方の旗を廻って戻って来させる。

①　はじめ出発線内に待機して，誰か1人にボールを持たせる。出発の合図とともに，ボールをパスしながら駈歩で前進させる。

②　途中でボールを落したら，その組は必ず出発線内へ戻ってから再出発さ

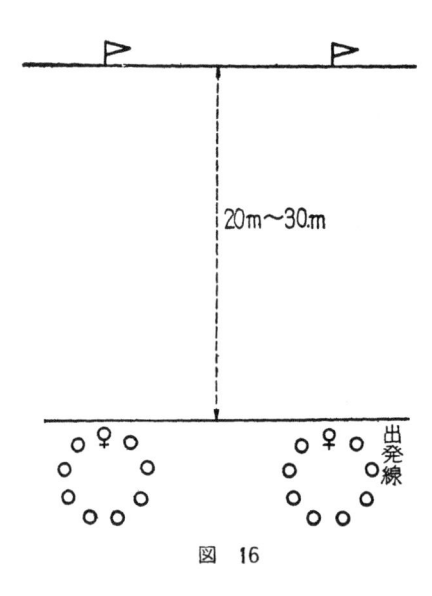

20m～30m

出発線

図 16

③ ゴール（出発線）に接近すると誰か1人がゴール内に入り，早くそのものにボールをパスし，完全にボールを捕持したグループを勝者とする。

④ 廻らせる物体は勿論旗でなくてもよい。生徒を立たせたり，ネットの両面を廻らせたり，またはサッカーのゴールなどを廻らせる方法 な ど が あ る。サッカーのゴール下をくぐらせると一層複雑になる。

⑤ 技能の程度に応じて，ホールディング・ドリブルなどの基準を決めて行く。

(b) 2つの円形でパス・ゲーム

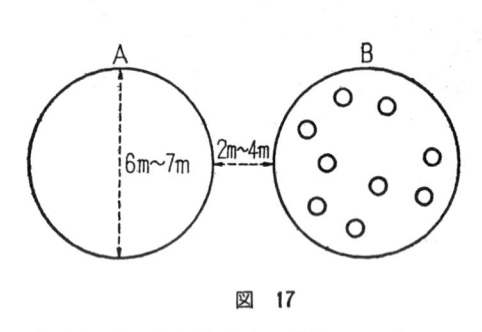

6m～7m   2m～4m

図 17

① 図17の如き2つの円形の中に2つのグループを分れて入れ，互に相手の円内へボールをパスさせる。

② なれたところで，次の規定を設けて競争させる。a 送ろうとしたボールが相手の円内に入らなければ一点を献ずる。但しこのボールが相手に触れた場合はこの限りでない。b ラインに少しでも掛ったボールはグッドである。c 円外へ出てプレイをしても差支えないが，相手に送球する場合には必ず自円の中から行わねばならない。d なれない間は何回で返してもよいが，次第に4回～5回に制限する。明かなドリブルも反則と見做す。

(c) チェスト・パス，アンダーハンド・パスの基本に焦点を絞った練習

① 各グループを図18の如く1列縦隊に並べて，チェスト・パスの練習をさ

せる。

②　図18のイの如く，リーダーがボールを下手に持ち両手で軽く投げ，列中の先頭のものにチェスト・パスで返球させ，列の後部につかせる。

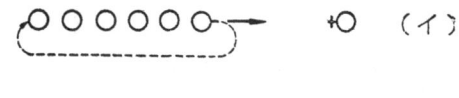

（イ）

（ロ）

図　18

③　次に前進する力を加えさせるため，図18の(ロ)の如く，パスした後，リーダーの後方を廻って列の後部につかせる。

④　なれるに従って，短か目に投げたボールをパスさせたり，やや斜に投げてパスさせる。

⑤　返球する目標をリーダーにおき，できるだけ正確に返球させる。そして悪い点をリーダーになおさせる。

⑥　同様にして，リーダーが低目に投げてアンダーハンド・パスで返球させる。なれて来たら，リーダーもまたパスで送って連続させる。

⑦　リーダーと列員との距離は2mぐらいから始めて，次第に遠ざけるようにさせる。

B　技能の要点

(a)　円形パス

図19　全身の力を抜き，足をやや前後に開く。

図20　少し片足を出し，両手をあげ始める。

　①　円形移動の場合は腰を落して送球し，小刻みに前進し，旗を廻るときには
ゆっくりと少し大きめに動作する。

　②　2つの円のパス競技では相手からのパスが大きい時には，前方にいるも
のは捕球者の方へ体を向ける。

図21　両腕をよく曲げ，掌は前上方に向け，拳背を顔面に近づける。この時指は少し曲げて軽く開き，手首をやや節の近くに曲げる。

　（b）　チェスト・パスの基本

　先ずチェスト・パスから述べるが，アンダーについても基本的な原理は変らない。つまり既に述べたように，両膝をよく曲げ腰をおとしボールを出来るだけ体に接近させて押し上げればよいわけである。
（図19～23参照）

　①　同じくチェスト・パスを横から見ると図24～28のとおりである。

図22　そして両手を僅か押し出したところでボールを捕える。

図23　体と手をボールの飛ぶ方向へ一致させるように押し上げる。

　②　チェスト・パスの手と腕を中心に示す。

　③　図29，30のように，体を低めてパスできれば申分ない。低目のボールでも，出来るだけチェスト・パスで行うことがよい。

　（c）　アンダーハンド・パスの基本

　チェスト・パスが行えないような低いボールに対して使用する。大事なもの

図24　腰を低めてボールをよ
　　　　く見る。

図25　ボールを押し離そうと
　　　　するところ。

図26　ボールが飛んだ！　掌に
　　　　注意。

図27　手首を折り指先を開き，肩の力を
　　　　抜いてボールを囲うようにする。

を地上からすくい上げるような気持で行う
こと。

　①　図31の如く短か目のタッチ攻撃を受
けた場合などに用いる。

　②　その動作を分解して示すと図32～34
ようになる。

（3）　注　意　事　項

　①　円形移動パスは，基本的な規則だけを確
認させて，後は存分プレイをさせ，その結果を

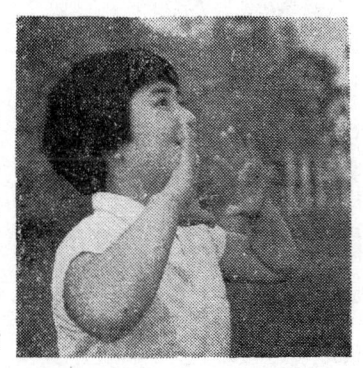

図28　悪いフォームである。

図29　ゆうずうの利く構えをする。

図30　よく腰をおとしてボールを引き寄せる。

図31　このボールはチェスト・パスが困難である。

図32　低く飛来するボールに対し，前進して捕球する構えをする。

見守ること。暫くは面白半分の粗雑なパスを連続するが，次第にセルフ・コントロールを行って，真剣にプレイを工夫するようになる。

②　パスのまずいものに共通する点は，ボールを恐れることである。それは両肩をあげ体をこわばらせたり，体を半ば横に開いて逃げ腰の構えなどに現われている。従って，ボールを軽く投げ真正面からぶつかって取らせるように指導すべきである。

③　ボールをこわがるものの大半は突指でこりたか，またはそれを恐れるものである。逃げ腰で捕球したり，中途半端なプレイをすると，却って突指の機会を招くことを認識させるべきである。同時に漸進的な指導法やボールの空気を少々抜くなどの配慮も当然必要である。

④　またいろいろの原因でパスの時片方の肩が下っているものがある。この場合は，両手が揃わないからパスが片寄るばかりでなく，ロング・パスが出来ないし，またドリブルを引起しやすくなる。そこで，先ず姿勢を直し，ツウ・

図33 体を低めてボールに向って　　　　**図34** すくい上げるようにして送
進み，　　　　　　　　　　　　　　　　　り出す。

ハンドのオーバーヘッド・パス（バスケットの方法で）から入れて徐々に矯正する。

　⑤　とにかく，基本的なパスの指導では全員にその正しい要領を体験させると共に能力に応じた個別的な指導も必要になる。

<h3 style="text-align:center">第 2 週・第 3 時　限</h3>

（1）　本時のねらい

　おもに，前時の学習内容を反覆させることによってパスの自信を高め，未熟なものの技術的水準を引上げる。

（2）　指 導 の 方 法

　A　指導の進め方

前時の指導内容の順序を逆にして実施する。

　①　1列縦隊で，チェスト・パス，アンダーハンド・パスを復習させる。

　②　2つの円形パスのゲームをさせる。

　③　円形移動の競争をさせる。

　B　技 能 の 要 点

　①　遠方へのパスと足の動作——ここではパスにおけるボールと足の動きと云う点から図 35～37 について考えてみよう。

　②　斜のボールに対しては図 38.39 の要領でチェスト・パスやアンダーハンド・パスを行う。

図35　飛来するボールに対して僅か踵をあげて，どちらへでも動ける姿勢をとる。

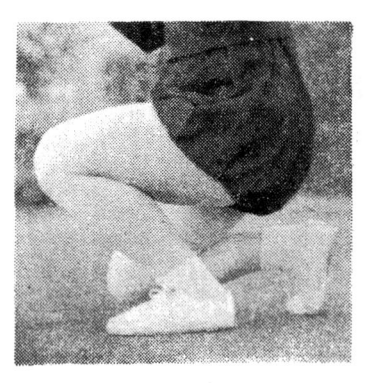

図36　ボールが接近したら，前足の踵をつき，ボールを引き込み，前足裏に力を入れ，そのバネを使って押し上げる。（高目のボールに対してはこれ程膝を曲げる必要はない。）

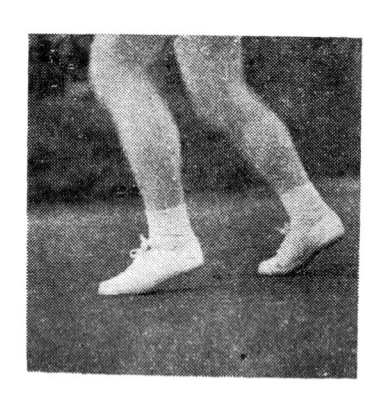

図37　押しはなす時には足首のバネも使って前爪先を立てて重心をのせる。

図38　チェスト・パスである。この場合は左手を軸にボールを押し出し，右手は添えてボールをコントロールする役をさせる。

　③　低いボールを高くあげるにはアンダー・パスを用いればよいが，正確に上方へあげるには図 40 の如き挾みパスが便利である。

（3）　注　意　事　項

　①　パスの基本的練習の結果がパスの諸競争に役立ったかどうかに ついて 反省させる。

　②　矢張り基本的な正面のパスを重点として指導し，挾みパスなどはその要領を説明

する程度にとどめておく。

図39　この場合はやや体を左へ捻って送球することが自然である。

図40　右手でボールを支えて腰を伸ばす。

第3週・第1時限

（1）　本時のねらい

　サーブを遊戯的に競争化して，おもにアンダーハンド・サーブの要領を会得させ，打力の向上をはかる。

（2）　指導の方法

　A　指導の進め方

　（a）　アンダーハンド・サーブの要領

　①　図41の如き隊形で交互に軽くアンダーハンド・サーブを打たせる。

　②　始めは軽く，次第に腕の振りを使って強くさせる。

　（b）　サーブ塁球

14m～18m

図　41

　蹴塁球に準じて，図42の如き競技場をつくる。以下の規則で，ボールを蹴る代りにサーブによって進塁させる。

　①　A・B両組に分けて，先攻の第1打者が打席に入り，サーブ・ラインの内側から自分でトスしたボールを打って塁を走る。

　②　サーブはアンダーハンドまたはサイドハンドとし，オーバーハンドは禁

ずる。

　③　打つ時にサーブ・ラインを踏んだり，踏み越した場合はファール。但し

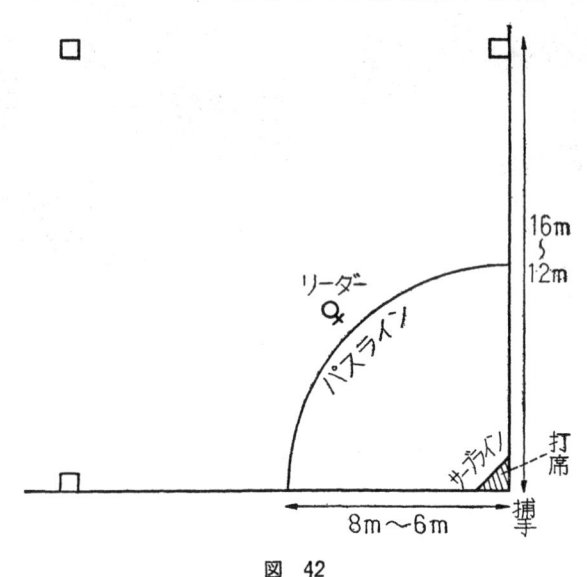

リーダー

パスライン

16m
〜
12m

サーブライン

打席

捕手

8m〜6m

図　42

ボールが手に当った後ならば反則としない。また打ったボールは地に触れない
でパス・ラインを越さねばならない。空振りもファールに数える。

図43　体の重心を後足（右足）
　　　　乗せる。

　④　走者にボールをぶつけてもアウトに
はしない。但し塁間の走者にボールを保持
してタッチすれば，その直後落球してもア
ウトとする。

　⑤　ボールがパス・ライン附近に位置す
るキャプテンかまたは捕手に戻ったら，塁
を離れることはできない。

　⑥　打者が3〜2ファールした場合は，
アウトとする。

　B　技能の要点

　球心を打つ方の手のつけ根（ふくれた部分）にあてて，体の力を十分に加え
られるように打つ。打った後は上体と打った腕はボールの飛ぶ方向にむく。

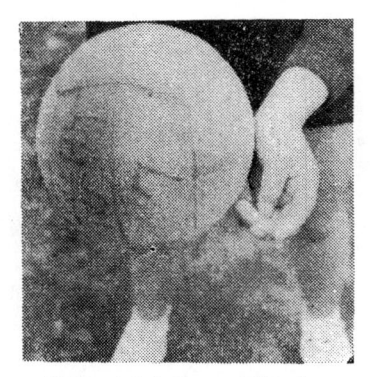

図44　球心を手のつけ根にあて
　　　る。

図45　重心を前（右）足に移し
　　　て打ち出す。

（3）　注　意　事　項

　①　セカンド・サーブが飛ばない生徒は，体力（とくに打力）が足りないものと，要領がまずいものとに分けられる。何れにしても，サーブが入らなければ正規（準じた）のゲームが出来ないわけであるから，この時機からその基礎的能力を養っておく必要がある。

　②　サーブ塁球では攻と防のバランスに注意すること。

第 3 週・第 2 時 限

（1）　本時のねらい

　バレーボール・コートにおいて競争を利用してアンダーハンド・サーブの基本的技能を身につけさせる。

（2）　指　導　の　方　法

　A　指導の進め方

　（a）　空　振　り

　①　ボールを持たずに両方のエンド・ラインの後方へ1列横隊に並ばせる。

　②　空振りの要領を理解させ，「1！」「2！」の合図で，空打を幾回も反覆することによって，重心の移行の仕方と打つタイミングを会得させる。（図46, 47 参照）

　（b）　コート内に入ってサーブ

図46 膝を曲げ，ボールの支持手を斜前方に腰の高さにあげて構え，「1！」で左手を上方へ伸ばしながら，右腕を後方へ振る。

図47「2！」で重心を左足に移すと同時に右手を振り戻し，左膝のやや上方（腰より下。ここでボールを捕える気持で）を通して斜上方へ振り出す。

① 図48の如くコート内に3本の線をひき，先ず一番ネットに近い線からアンダーハンド（セカンド）・サーブを打たせて，フォームを矯正する。教師だけでなくリーダーなどを起用して互に欠点を是正させるようにする。

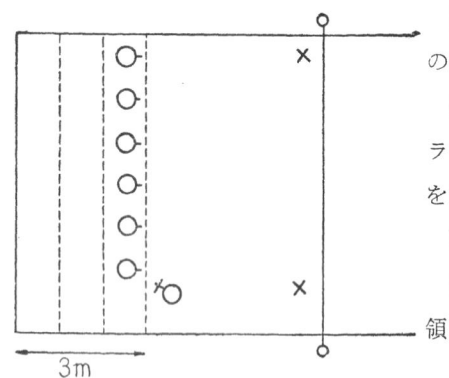

図 48

② そして完全にネットを越せたものから次第に後方の線へさげて行く。

③ 時間の終りに，何人がエンド・ラインまで来たかグループごとに人数を計算させる。

B 技能の要点

（a） アンダーハンド・サーブの要領

トスと打つタイミングが重要である。その他の動作も含めて，前時よりは詳細に写真で説明して行くことにする。

（b） 打法の種類

① 手をあてる箇所は，ボールの真下から打つ方法とやや斜横から打つ方法とがある。前の写真のフォームで打ち終った時掌が上空を向いていないのは斜横から打ったためである。一般に初心者や腕力の弱いものにはボールの下部を

図49　ボールを斜前方に持ち，左手後方へひいて重心を左足にのせる。

図50　トスをあげる。ボールは頭よりも高くあげてはいけない。

図51　ボールをあげると同時に，左手を振り戻して来る。

図52　腰を回転させ重心を右足に移しつつある。

図53　掌をボールの下部にあてて，少し押しあげたところ。

図54　ボールが手を離れようとしている。

図55　ボールは離れ腕もボールの
　　　方向へ伸びている。

図56　重心が完全に左足に移り，体
　　　はネットに面する。

打たすようであるが，却って斜横から打たせた方がよい。理由は腕が振りよい
ことと，ボールを押えやすいためで ある。（真中だとボールが左右に逃げやす
い。）写真は左手利の打者であることは注意する。

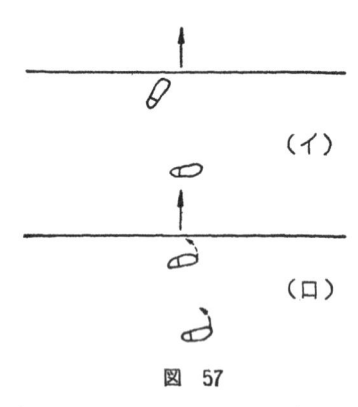

（イ）

（ロ）

図　57

②　足の置き方にも，図の如く2通りあ
る。図57の(イ)は左足先は大体打つ方向を向
け，右足を横たえておく。ボールの真下を
打つ場合にはこのような位置をとり勝ちで
ある。これに反して，図57の(ロ)は始めから
両足をほぼエンド・ラインに平行におき，
従って体もネットを横に見るように位置す
る。そして両足先をネットの方へ廻し乍ら
ボールを打ち，打ち終った時に体を正面に
向ける。これはボールを斜横から捻るようにして打つ場合に用いられる。初心
者では左足先（エンド・ラインに近い）を，少しネットぎわへよせて（約45度
ぐらい）打たせた方がよい。

（3）注　意　事　項

　①　トスは低目に直上へ引っ張るようにあげさせる。打つことをあせって早くはなす
とくるいやすい。

　②　一方のグループを反対側コートに入れて，サーブ・レシーブの練習をさせること

もよい。

第 3 週・第 3 時　限

（1）　本時のねらい

　アンダーハンド・サーブの打力を更に向上させるとともに，技能の劣るもの
の指導に重点をおく。またボールをコントロールする仕方についても，一応理
解させる。

（2）　指　導　の　方　法

　A　指導の進め方

　（a）　サーブの得点競争

　①　反対側コート内にエンド・ラインから内側へ，ネットと平行に2m刻み
の線を3本ひく。

　②　そして，他方のエンド・ラインからアンダーハンドで打たせ，飛んだ距
離を点数にあらわして，グループで競争させる。

　③　この間に能力の劣るものは，別コートで個別指導を行う。

　（b）　一　斉　打　法

　興味をそそり，一応まとめる意味で次のように実施する。

　①　1グループの全員にボールを持たせ，一方のエンド・ラインに並べ，笛
の合図で一斉にサーブをさせる。

　②　同じく，みなにボールを持たせてエンド・ラインに並べ，一方の端から
一定のリズムでポンポンと打たせて行く。

　③　その結果，グッドの球を数えさせて，グループの競争をさせてもよい。

　B　技　能　の　要　点

　①　ボールを打つ瞬間，息を吐き，手首をしめる。

　②　方向の調節は，手首を捻ったり指先の力の掛け具合によって行う。

（3）　注　意　事　項

　ボールがよく飛ばないものには，次の点に留意する。

　①　腕を伸ばして楽に振らせる。腕が曲るのは，トスが高すぎたり，余りかたくなり
すぎるためである。だから，こぶしを握って打たせるようなことはまずい。（非常に手

首の弱い者は仕方がないが。）

　②　空振りにより，腕の振りと重心の移行を，リズミカルに反覆させる。その直後，ネットの近くからボールを打たせて，自信をつける。2回ネットを越すと，直ぐ後へ下りたがるが下げてはいけない。入れようとして不必要に緊張し過ぎ，かえってフォームを崩すからである。従って競争に加える場合には，ハンディキャップをつけることがよい。

第4週・第1時　限

（1）　本時のねらい

　攻撃的要素を持ったパスや，それに対するレシーブの仕方を習得させ，チーム・ワークの素地をつくらせる。

（2）　指　導　の　方　法

　A　指導の進め方

　ここに言うスピード・パスとは，チェストやオーバーヘッドの方法を用いて，両手でボールを押してボールに速度と長さを加えることにより，送球と同時に攻撃的要素を帯びたパスをすることである。

（a）　円形パス利用の方法

　先ず円形パスによって，スピード・パスとそれに対するレシーブの仕方を練習させる。

　①　パスの能力に応じて出来るだけ円形を広め，スピード・パスを送って，それをレシーブさせる。ボールが低くなった時には，一度高くあげてからスピード・パスに移させる。

　②　次に円形を縮めて，オーバーヘッドのパスをさせる。この場合はややスピードを加えて普通にパスするとともに，図58の如く両手の指先でボールを斜下に落す動作を交え，それをレシーブさせる。

　③　オーバーヘッドで落すボールは鋭く落ちるから，図59の如く速かに落下点へ寄ってあげさせる。但し相当熟練を要するから，要領だけ示して，徐々に練習させるようにする。

（b）　少人数のゲーム

図58　両手でボールを落してレシーブさせる。

図59　鋭く落したボールのレシーブ。

① 図60の如く，正規のコート内に2つの小さなコートを作ってゲームを行わせる。

② 1チームの人数を6人とし，先ず両グループで乱打をさせる。

③ 乱打の結果，基本的な規則をきめさせてゲームに入れる。反則はタッチ・ネット，オーバー・タイム，ドリブル（軽度のものは

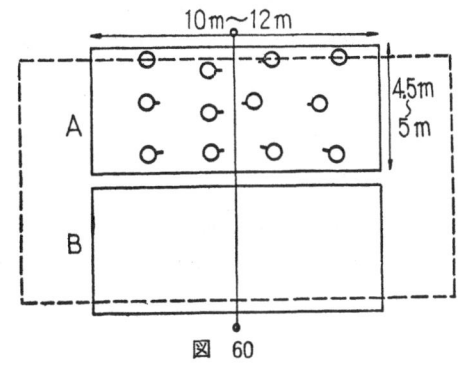

図　60

とらない。），サーブ（フット・フォールト，ダブル・フォールト）ぐらいとする。またセット数と1セットの点数を決めさせる必要がある。セットは点数で限る必要はない。一定の時間中（5分とか10分）に得た点数の多少によらせてもよい。

④ クラスの人員が少なかったり，コート数が多い場合は，図61,62のように実施させることもできる。実際には困難であろうが，自由時への活用と云う意味も兼ねて理解させておくとよい。

B　技能の要点

（a）　スピード・パス

① 手首でしゃくい上げずに，前方へ押し出せばスピード・パスになる。ま

図61　2人制の場合（パスの上達に　　　図62　4人制の場合
　　　効果的である。）

た，高目のボールを両手で上から叩くように押せば，タッチ性の ボ ー ル とな
る。叩く時に両手首を後方へ引いて，ボールを入れ指先でおすようにする。

　②　直線的に来るボールをレシーブする時は，腰を入れてボールを体にひき
つけて，上方へこすり上げるようにする。また鋭く落ちるボールに対しては，
ボールの下へ早く低く入り，腰を上方へ伸ばす惰力で上げるようにする。

　（b）　ゲ　ー　ム

　①　自陣内における低目のボールは，高くロング・パスで安全に返球する。
胸から頭ぐらいのボールは，スピード・パスで衝く。またネット近くの高目の
ボールは，両手で上から叩くようにして入れる。

　②　相手から入れられた低目の鋭いボールに対しては，地面にはうようにし
てこじあげる。

（3）　注　意　事　項

　①　スピード・パスやそのレシーブを学習する意味について理解させる。（乱打やゲ
ームにおける実戦的な効果）

　②　初歩のゲームの進め方をあげると，

　i　始めはボールを落さないように，互にパスを続け合わせることに重点をおく。

　ii　次に，来たボールをあわてて1回で相手に返さないで，許容されている回数（3
回〜4回）を有効に使わせる。

　iii　更に既習した諸プレイなどを用いて，攻め そして守るにはどうすればよいか……
と云ったかたちで進めて行く。

第 4 週・第 2 時　限

（1）　本時のねらい

　パスの応用による攻撃的技能，防禦的技能を中心にコンビのつくり方を習得させ，パス・ゲームへと発展させる。

（2）　指　導　の　方　法

　A　指導の進め方

　（a）　簡単なコンビ——グループを2つずつ組み合わせる。

　① 大まかにポジションを決めさせる。前衛はボールを1個持ち下手で中衛に投げ，中衛が返したパスを後向きの姿勢で相手方コートへ入れさせる。また，高目のパスは少しジャンプして行わせる。

　② 次には中衛と後衛を交代して，後衛からのパスを実施する。後衛からのパスは短かくなりやすいので，その場合には前衛が前へ出て動作させる。

　③ 中衛を少し右または左へ寄せたり，また図63の如く，⑥→②，⑥→③と斜めのパスを体を捻って相手方コートへ押し込ませる。

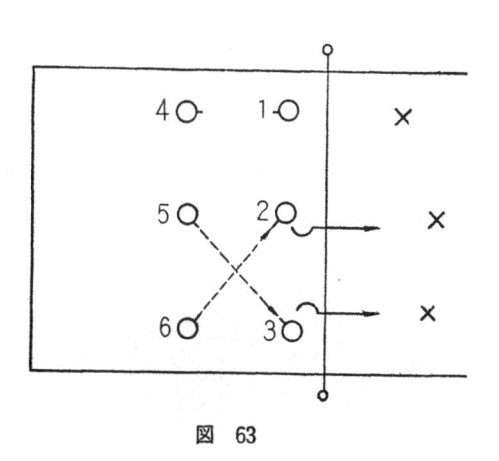

図　63

　④ 今度は中衛の練習である。図64の如く，前衛の高く真上にあげたボールを，中衛が小刻みに走り寄って跳躍し，両手で押し込ませる。

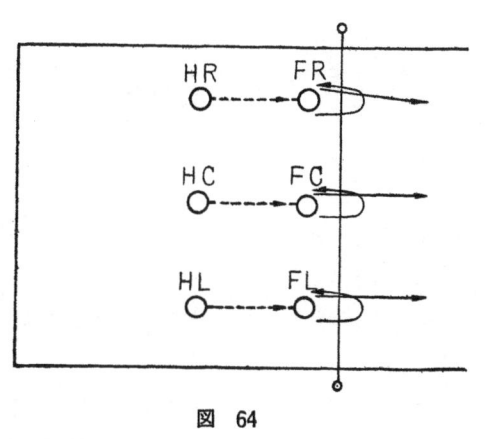

図　64

　⑤ 更に，前衛の押し込みと中衛の押し込みのコンビを練習させる。即ち，

１グループを前・中・後衛の定位置につけ，反対側コートのネット近くから，軽く投げ入れたボールを，前記の要領で前・中衛に押し込ませる。

⑥　この時に，後衛からの短いパスを中衛が仲継ぎする方法や，ネットに掛ったボールの処理法についても指導する。

⑦　そしてなれるに従って，次第に遠い位置からボールを投入させる。

⑧　Aグループがコートを専用して練習している時，Bグループはコート外で，円形パスとかボールを落してレシーブする練習などを行わせ，適当な時機に交代させる。

⑨　時間の余裕があれば，A・B両グループを同一コートに入れて乱打を行わせる。

（b）　パス・ゲーム

①　ゲーム前後の整列の仕方は，主審の方にならいキャプテンを先頭として身長順に並ぶ。そしてしっかりと挨拶を交わさせる。

図65　この整列は余り良好とは云えない。

②　サーブを用いずパスによってプレイを開始させる。即ち，図66の如く，ネットから３〜４ｍの距離にラインを引き，味方前衛がライン上のサーバーに投げ，図67のようにサーバーが相手チームへパスで入れることによってサーブとさせる。

③　サーブ代りのパスは，なるべく相手のバック線へスピード・パスで送るようにさせる。

④　チェンジ・コートの時には，図68の如く，向って左側の支柱を廻って迅速に交代させる。

もし支柱の外側を廻る余地がない場合は，左側支柱に近いネット下をくぐればよい。

⑤　なれて来たら，サーブ（パス）と関連した策戦を工夫させるがよい。例えばサーブで，大きく相手のバックを衝いて後退させて置き，返球されたボール

図66　F・Cがボールを持ち，中央　　図67　パスで相手コート内へ送り
のサーブ・ラインにいるもの　　　　込む。
に軽く投げる。

を捕えて間へポロリと落したり，
反対に短いサーブで相手を前方に
引きつけておいて，次のボールで
出すぎた相手のバック線をつくよ
うにさせる。

　B　技能の要点
　便宜上，スピード・パスとオー
バーヘッド・パスを分けてその要
領を述べよう。

図68　チェンジ・コート

　（a）　スピード・パス

図69　前進し，跳躍しながら強く前　　図70　体と足首のバネを利用して送球す
方へ押し出す。　　　　　　　　　　　る。少し高いようであるが，正確
　　　　　　　　　　　　　　　　　　　に遠くへ飛ばすことが先ず大切で
　　　　　　　　　　　　　　　　　　　ある。

　①　前方へ送る場合には，図69，図70の如く，手首をよく利かし，体全体の前進する力を加えて低く強目に押し出す。

　②　後方へパスする（バック・パス）には十分にボールの下に入り，体を上

方へ引上げるようにして上体を後に曲げ（胸後屈の徒手体操のような要領で），肘を曲げて後方へ掻きあげる。

　腹から急激に反ったり，肘を曲げ過ぎたり，余り指先で掻くとボールは短く低く地上にめり込むのでまずい。

図71　バックのプッシュ　　　　　（b）　オーバーヘッド・パス

　図72の如く，ボールを高いところ，つまり額の上に見る位置で捕えてパスする。体や肘のバネが余り使えないから，素早くボールを摑んで手首と指先のスナップで投げ出すような気持で行う。

図72　ボールを高い位置で捕えて
　　　送り出す。

図73　やや低い位置で捕えること
　　　から始める。

（c）　レ　シ　ー　ブ

　意志が送る相手よりもボールを受けとめる動作に集中した場合がレシーブである。

　①　チェストでレシーブする場合，パスと違う点はボールにスピードがある

から，写真の如く，小さく機敏な動作でボールにタイミングを合わせる。

図74　機敏にボールのコースに入り，下半身を安定させてボールを受とめる。

図75　次いで，体の反りと共に手を上方へ小さく丸める（顔前で）ようにして押しはなす。そしてボールの早さに応じて丸める動作も早める。

②　アンダーハンドでレシーブする場合，やはりチェストの時と同じく機敏に構え，早く強目に手首をしめるようにあげる。

（d）　攻撃の方法

①　パスは前衛を目標として，前衛の胸からネットの白帯ぐらいの高さに送る。それが真正面のボールであったなら，前衛は（ネットを背にしている。）やや胸を反らして後方（相手コート）へ掻き込む。もし斜からのパスならば，ボールに正対し，ネッ

図76　アンダーハンドのレシーブ

トに近い方の手を軸として，体を捻りながら相手コートへ押し入れる。

②　また前衛に2回目の好パスが来たなら，直ぐに相手コートへ返さずに真上へ高くあげて（トス・アップ），中衛に両手で押し込ませる。このようなプレイを織込むと，相手のレシーブのタイミングがくるうばかりでなく，相手守備の手薄なところをつくことが出来る。

なれて来たら，斜に相手のサイドをつくようにする。

③　図77の如く相手が前方へ詰めすぎていた時には，その後方を衝き，反対

図77　前方へ詰め過ぎた場合。

に後方へさがりすぎていた時には
その間隙に落せばよい。

（e）　防禦の方法

①　防禦の場合には，図78の如
く，先ず全員が相手の攻撃地点へ
体を向ける。

②　そして皆で協力して，味方
の攻撃しやすいパスを送れるよう
に努力する。

図　78

図79　難球に対しては，最初の者はと に
角ボールを上げることに努め，次
のものが攻撃しよいパスに持って
行く。

③　高く上ったアンダーハンド・サーブのレシーブは，落下する加速度がつ
くので，案外むずかしい。図80, 81の如く腰をよく落し，腕と体の伸びる力を
利用して，大切に押し出すような気持で行う。

（f）　ネット・プレイの方法

ボールがネットに掛ると，あきらめてしまったり，あわてて失敗することが
多いがもったいない。

①　ボールがネットの下部へ掛った場合には，図82の如く，ネットがふくら
み，多少振動してから戻って来る。だから図83のように約1mぐらいネットか
ら離れて構え，落下して来るボールに合せ，手を下げてすくい上げる。

図80　先ず十分に腰を落して構える。高いボールにつられて，出すぎたり，体が早くのびてしまってはいけない。

図81　そしてボールを慎重に送り出す。

図82　少し斜に構える。ネットに近すぎるとボールにぶつかってしまう。

図83　ゆっくり落下するところを待って捕える。

（3）　注　意　事　項

①　準備運動後，直ぐに2つのグループを同一コートに入れて乱打をさせ，乱打によって攻，防の仕方を指導してもよい。

②　ゲームが軌道に乗ってからも，必要に応じて中断させて説明することがよい。

③　グループが未熟なものをどう扱うかに気をつける。

第4週・第3時限

図84　レシーブしたボールがネットに掛って落ちるところ。ネットプレイの構えをしている。

（1） 本時のねらい

前時に引続き簡易なゲームを行うことによって，ゲームに必要な基本的，応用的な諸技能を伸ばし，ゲーム自体の内容をも向上させる。

（2） 指 導 の 方 法

A 指導の進め方

（a） アンダーハンド・サーブの練習

① 両エンド・ラインの後方に分れて行わせる。

② なるべくバック線へ届くように大きく打たせる。

③ 一通り打ったら，一方のグループをコートに入れてサーブ・レシーブの練習をさせる。

（b） ワン・バウンド・ゲーム

折角サーブの練習をして来たのだから，正規に近い距離からサーブも打ってゲームを行わせたい。けれども図85のようなサーブ・レシーブが出来ないためにゲームが屢々中断されて興味をそぐ。そこでサーブ・レシーブの

図85 アンダーハンド・サーブのレシーブ

時に限り，特別の規則を設けて行わせる。

① ゲームに先立って，乱打により打球のコースを変える練習をさせる。

② 次に以下の規則を設けてワン・バウンド・ゲームに入る。

i サーブを受け損じて地上に落しても，他のものが，ワン・バウンドの中に打ち上げれば続けることができる。

ii 従って，ネット・プレイを含めると最高5回の触数が許容される。サーブ以外のボールを落したり，2バウンド以上になった場合は勿論相手に1点を献ずる。

〔註〕 場合によっては，サーブ球を直接（身体に触れることなく）地上に落したものをあげさせてもよい。この方がリズミカルに続けられるけれども，サーブをさがって取る習慣がつきやすいことが欠点である。

B 技 能 の 要 点

①　相手のコートを斜方向に衝く方法。図86の如く，スピード・パスやオーバーヘッドのプッシュ・パスで斜めに衝くとレシーブしにくい。

また，図86の(イ)方向及び(ハ)方向へは，高めのボールを上から落す場合に成功する。しかし低目のボールを強く(イ)方向へ押すとアウトになりやすいから，此の場合には，(ロ)方向を衝つことが安全である。

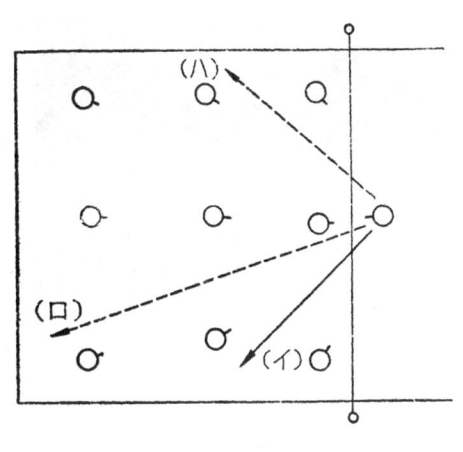

図　86

②　相手が漸く返球したようなネット上のゆるいボールは，前衛がジャンプし両手で軽くはらえば，図86の(イ)または(ハ)線よりももっと斜に落ちて，捕球しにくい。図87はきれいに斜を抜かれたところである。

③　防禦の場合には，9人がコートの中央部へかたまり勝ちとなるので，動いたら直ぐに定位置へ戻らねばならない。図87でレシーブの悪い点は次の2点である。第

図87　斜方向へ攻撃する。

一に，中へ寄りすぎている（反対に右肩をあげるようにしてボールに向う必要がある）。第2は，H・C（中衛・中）とH・L（中衛・左）がボールの方を見ていない。この姿勢ではもしボールが上ってもカバーすることが出来ない。

（3）注　意　事　項

①　ゲームの時サーブが届かない特殊のものは，ややコートの内側から打たせる。

②　初歩の中はサーブ・レシーブの際に前衛が後方へさがりすぎて構える傾向があるから注意する。図88のように前衛がさがっていると，サーブを受け，ネット際へ送られ

図88　前衛が下りすぎているため，却って中・後衛もレシーブしにくい。

たボールを処理するものがいなくなる。従って原則として，前衛はレシーブを中・後衛にまかせ，その後のトスとか攻撃に専念させることがよい。

第5週・第1時限，第2時限

（1）　本時のねらい

　グループ対抗のトーナメント戦を行わせて，既習した諸学習内習について評価反省を行い，グループごとに新な問題点を発見させる。

（2）　指 導 の 方 法

　A　指導の進め方

　①　6グループでトーナメント戦の組合せをつくらせる。コートは2面使用する。

　②　組合せと予定の一例を次に示す。

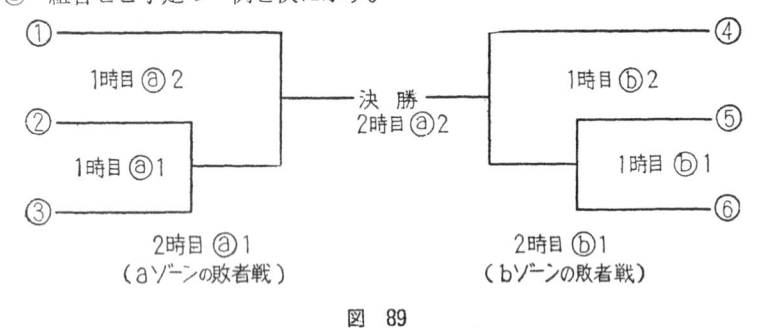

図　89

　2時間目には，ゾーンの敗者戦をa・b両コートで行い，決勝はaコートで行わせて，皆で観戦，評価させる。

　③　第1試合の審判は，試合に当っていない2つのグループに担当させ，第2試合は負けたグループに行わせる。

　④　ゲームはパス・ゲーム，またはワンバウンド・ゲームで実施する。そして，21点1セットか，15点1セット・ゲームを行わせる。ゲームでは，セット・オールになった時の処置を考えておく必要がある（時間が不足するから）。

ワンバウンド・ゲームの場合は，時間がよけいかかると見ておかねばならない。

　⑤　1時間で行う時には，1，2回戦を行い，3回戦は，a・b両コートを使って，決勝と3位決定戦をさせるとよい。また，時間の関係上，1，2回戦を15点1セット・ゲームとし，時間の余裕があったら，決勝戦だけを21点1セットか，15点3セット・ゲームにさせる。

　⑥　観戦者には，評価の仕方について具体的に指導する。

B　技能の要点

　①　サーブはよく相手チームの布陣を見て打ち，打ち終ったら早く定位置に戻ってレシーブに備える。

　②　スピード・パスやオーバーヘッド・パスで攻撃する時は，送られたパスの球道や，球勢を利用して押す。

　③　ネット際のボールを両手でまっすぐに相手コートへ落す時は，図90，図91のように，オーバー・ネット（タッチ・ネットも）を犯しやすい。従って此の場合は横に払う方が安全である。

　　〔註〕　ボールが手を離れてから，ネットを越した時は，オーバー・ネットの反則にはならない。このような点は，審判にも徹底させておく必要がある。

図90　完全にオーバー・ネットの反則である。

　④　レシーブやパスがくずれて，小さく低くなったら，あわてておさずに相手コートへやんわりと返す。

　⑤　相手から来た強目のボールに対しては原則として，その方向へパスする。無理にパスの方向を変えようとすると失敗する。

　⑥　また，レシーブのモーションを起した場合は，極力そのものがとるようする。図93の如く，途中で急にやめると，他のものが取りにくい。

（3）注意事項

　①　行動を敏速にさせる。

図91　矢張りオーバー・ネットである。相手からの弱いボールに指先を伸ばして突き出した時に犯しやすい。

図92　オーバー・ネットの可能性はあるが，オーバー・ネットではない。指先の曲げ方とボールに注意。

図93　モーションを起し急にやめると，他が迷惑する。

② コートの周囲が広いところでは後方にボール拾いをおいて，ゲームの進行を円滑にさせる。

③ 審判の笛がなるまでプレイを続けさせる。途中で反則したと思って，勝手にやめる習慣を是正する。

④ 技能と態度，ゲームの運営（おもに審判）などの諸角度から総合的に評価，反省させる。

2　Ｂ　コ　ー　ス（やや経験ある者……中学上級または高校初級程度）

技能的な主なねらいは，パス，トス，タッチ，キル（スパイク）など攻撃的技能の基本と，それらの簡易なコンビの取り方及びそれに対応した防禦の仕方などを習得させて，それらをゲームに用い得るようにすることである。

第1週・第1時　限　省略

第1週・第2時　限

（1）　本時のねらい

意識的にチェスト・パスやアンダーハンド・パスを行えるようにすることにより，パス自体の向上ばかりでなく，トスへの導入を容易にさせる。

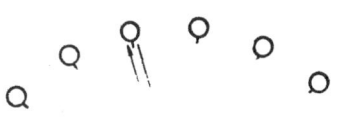

(2)　指 導 の 方 法

A　指導の進め方

（a）　扇 形 パ ス

①　図94のような隊形で実施する。始め

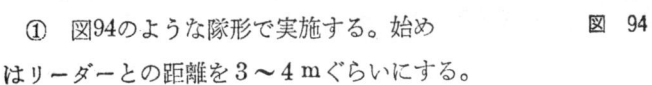
図　94

はリーダーとの距離を3～4mぐらいにする。

②　図95の如く，一応パスの基本的フォームを復習したり，矯正したりさせる。

図95　リーダーが悪いフォームについて示している。

図　96

③　図96の如く，リーダーの位置へ，彼が返球しやすいようにパスさせる。リーダーが余り動かないで返球出来ることを目標として。

④　同様にして低目に送り，アンダーハンド・パスをさせる。

⑤　この隊形は，バックしてパスさせるに都合がよいから，ロング・パスを送り後退して返させる。この時，返球が短かすぎたら，隣のものに中継ぎをさせる。

（b）　チェンジ・パス

①　図97の如く，前進して交互にパスを行い，終ったものは走って反対側の

図97　チェンジ・パス

列の後部につかせる。

② 前進する惰力がついているから，手首でおさえてあげさせる。

③ 同じような要領ではあるが，図98の如く，パスをしたら相手の列へ走らずに自分の列の後部につかせる。このように相手との距離を長くすれば，走って体を浮

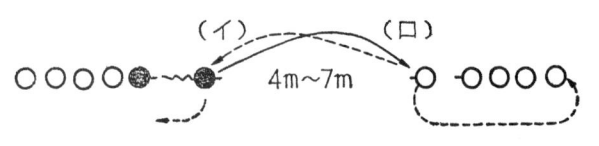

図　98

かしていてはパスが届かない。走り出て一度腰を落してからパスさせるようにする。②がはずんで楽に出来るから③も容易と思われるが，③はかなりむずかしいので近距離からはじめること。

図99　3角パス　体を捻って送る。

（c）　3角パス

① 字の通り三角形をつくってパスさせる。

② 図99の如く，このパスはトスにもなるので，よく練習させる必要がある。

③ ボールのコースを変えるところがむずかしい。矢張り近距離からはじめて，5mぐらいに伸ばすこと。

B　技能の要点

（a）　よいパス——よいパスとは味方が扱いやすいパスのことである。つま

り，味方が爾後の動作をするのに都合のよいパスである。

①　そのためには膝のばね，腰，手首などでボールを調節しながら正確に送球することが必要である。

②　パスの弾道は一般に，図100 の如く，$\frac{2}{3}$ a b の地点で頂点に達し，ボールのスピードは次第に弱まって落ちるものがよい。

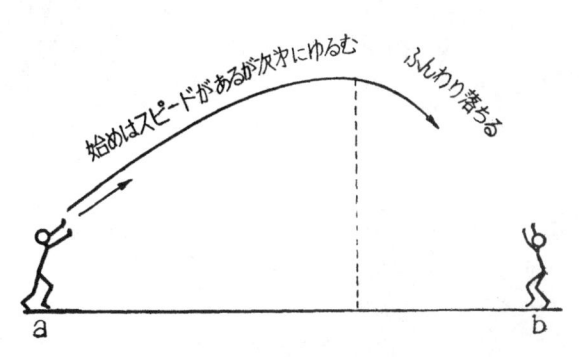

図　100

③　やんわりとパスするには手首と指先のバネを使って，ボールを押えるようにして離すこと。

④　図 101の如く，近距離へパスする場合には，余り膝とか肘を伸ばさずに送る。

また遠距離の時は，図102, 103, 104 のように，腰，足，腕を十分に伸ばして押し出す。

図101　近距離へのパス

（b）　方向を変えるパス

①　b が，a から来たボールを c にパスするためには，左足の爪先を c の方向にむけてボールを近づけ，右腰と右腕を c の方へ回転させて送球する。遠方へパスする場合には，両足の間を広め，腰を落すようにする。パスし終った時には，右足の爪先も c 方向をむく。

②　図106 は，左からのパスを右方へ送ろうとしているところ。左足先が早

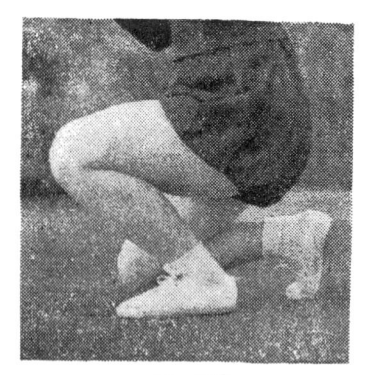

図　102

図104　この場合にも多少の調節は必要であるが，大切な点は相手の方に正しく面して行うことである。パスの距離が長いから少し角度がくるうと大きな誤差ができるから。

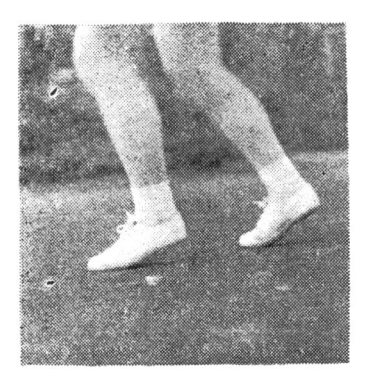

図　103

く右方を向きすぎているため，腰がくだけ如何にも苦しそうである。

③　少し斜方へ送る場合には，図107 の如く，腕と掌で調節すればよい。左手に力を入れ右手は横から添えるようにする。

(3)　注　意　事　項

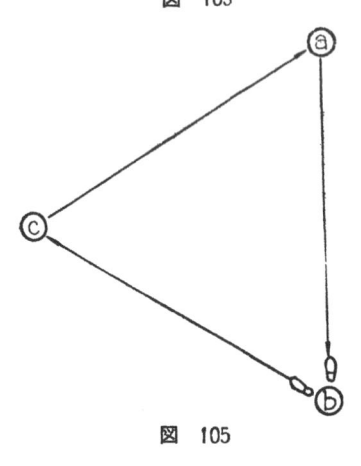

図　106

図　105

① チェンジ・パスや，3角パスが何回続け
られるか競争させる。

② 近い距離の場合には，かげんしてなるべ
く高めにあげさせる。

③ また相手の体勢とか，能力を考えて送球
させること。

第1週・第2時　限

（1）　本時のねらい

図　107

前時に引続いてパスのコントロール力を高め，球捌きの技能の伸長に役立て
る。

（2）　指導の方法

A　指導の進め方

（a）　対　列　パ　ス

① 図108 の如く，2列に向い合わせて実施さ
せる。

② 送球するものをきめて順次にパスさせた後，

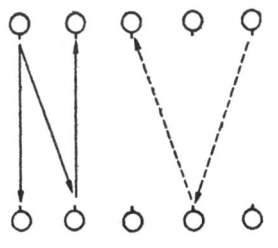

図　108

誰にでも（向い合った列の）自由に送らせる。

（b）　四角形パス

① 図109 のような隊形で，
既習のチェンジ・パスと三角
形パスとを応用して行わせる。

② 先ず，aはbへ送ると
同時に走って列の後部につく。
bは斜め（対角線）にcへ送

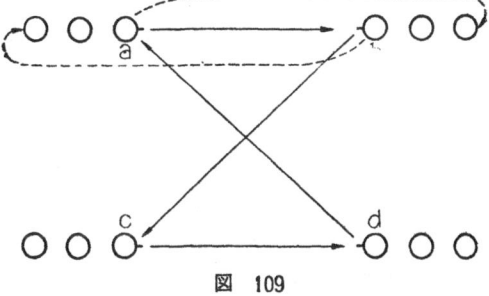

図　109

ってa列の後部につく。同様にしてc→d→aと送って繰返えさせる。1名対
角線パスとも呼んでいる。

③ 次に，図110 のように，四角形にパスさせる。これは体を90度回転しな
ければならないので，かなりの熟練を要する。

図110　四角形パス

B　技能の要点

①　四角形パスで斜に送球する場合には，少し外側から廻りこむようにしてパスすると楽にできる。

②　とくに四角形に送る場合に，ボールを捕えて一気に90度回転することは困難である。そこで先ず図111の如く，両足を約45度向けて構え，ボールを手に入れながら後の45度回転して両足先を揃え，矢印の方向へ送り出す。後の45度を廻る時に，左足は爪先で廻り右足を前方へ出すことになる。

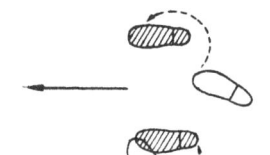

図　111

(3)　注　意　事　項

①　三角形パス，四角形パスを練習する意味を，はっきり理解させておくこと。漫然と行ったのでは効果があがらない。

②　横へのパスは，前衛の流しトスの基本となるから，活動はやや単調となるけれども，しっかりと要領を体得させねばならない。

第 2 週・第 1 時　限

(1)　本時のねらい

簡単な方法でシングル・タッチを反覆練習することによって，タッチの要領を会得させる。

(2)　指　導　の　方　法

A　指導の進め方

シングル・タッチとは，中衛又は後衛の位置にある者からネット際へ高めにパスされたボールを，前衛が（おもに）直接タッチする攻撃的プレイのことである。まずタッチの要領を能率的に体得させるために，次のような方法から進めて行く。

①　2つのグループを一緒にして図112 の如く配置し，cラインのものにボールを1個ずつ持たせる。

②　cラインのものは写真の如くボールを下手に持ち，両腕を伸ばしながら静かに，ネットより少し高目のボールを送る。

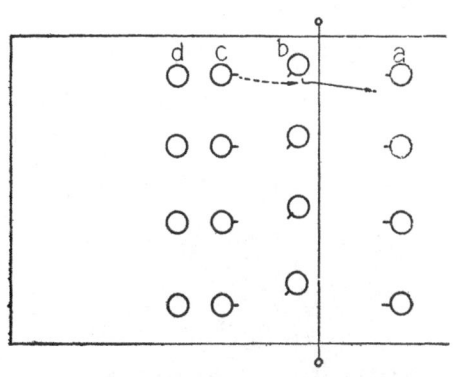

図　112

③　bは図113，114ののようにジャンプしてそのボールをタッチする。

④　bの行う回数をきめて（きめさせる）交代させる。交代の時

図　113　　　　　　　　　図　114

は，bがaの位置へ，cはbの位置へ，そしてaがdの後へつく。

⑤　なれて来たなら，bがボールを下手に持ってcに投げ，cがパスしたボールをbにタッチさせる。

⑥　さらになれたら，図115 の如く，aからcに投げたボールをcがパスしてタッチさせる。

⑦　次には，cラインを次第に

図115　捕球者の少し手前に投げてやる。

エンド・ラインの方へさげて実施させる。

　B　技 能 の 要 点

　①　先ず，タッチのタイミングが大切である。(イ)ネットとほぼ直角になるよ
うに構え，(ロ)ボールが送球者の手を離れたら，膝を曲げて跳び上れればボールが
弧を描いて迫って来るから，(ハ)指先でボールの飛ぶ方向へひっかけばよい。

　次に，タッチの要領を写真で示す。

図116　膝を曲げ腰をおとし，両腕を
　　　　後方にひいて構える。

図117　腕の振り上げを利用し，肩を
　　　　十分引上げてジャンプする。

図118　腰をややひねりながらボールを
　　　　見る。指の開いている点に注意。

図119　腕を伸ばしてボールの後部を
　　　　指にひっかける。

　②　腕の振りにもいろいろあるが，図122〜124の如く顔の上方でかぎ形に振
って（バスケットボールにおけるフック・パスの要領で）ひっかけることがよ
い。ボールは出来るだけ腕の伸び上ったところ（高い位置）で捕えるようにす
る。

図120　ボールを掻き落す。ジャンプ
の時機は早すぎるとボールが
よく指にかからないし，また
遅すぎても失敗する。

図121　ジャンプが遅すぎたため，ボ
ールが下ってしまうからこの
ようにネットに掛る。

図122　ジャンプするとボールが迫
って来る。

図　123

図　124

図　125

図123, 124, 125——腕をかぎがたに振ってボールをひっかける。

③ 図125 は，斜方向へタッチする場合である。やや拇指と食指に力を入れて（外方へ），ひっかける。パスが少し高くないと行いにくい。

図126 斜にタッチする。　　　図127 誰でもこうは出来ないが，ボールがネットの真下へ鋭く落ちる点に注意。

④ 図127 の如く，よくジャンプし，腰を捻り，体重を十分ボールに乗せて掻き落す。

(3) 注 意 事 項

① 身長が低かったり，ジャンプ力が不足してネットを越し得ないものに対しては，次のように指導する。

　i　パスを少し高くゆっくりとあげさせ，落下するところを指先にちょっと触れてとにかく入れさせる。

　ii　または，図128 の如く，低く送球させ，早目にタッチのモーションを起し，上昇しつつあるボールを捕え，ボールを押し上げるようにして，フック型にひっかけさせる。特殊のものだけでなく皆にもこの方法から始めさせることがよい。

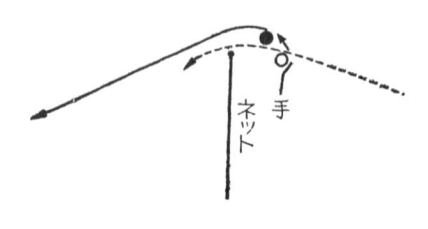

図　128

　ボールがよく手に掛るようになるとホールディングになるから，この時機には前述した次の段階へと進める。

② 身長の長短，ジャンプ力の有無によって，パス（または投げ方）をかげんさせる。

③ 出来るだけ球勢を利用し，とくになれないうちはパスの飛ぶ方向に合せてタッチさせる。

④　ジャンプの時に息を吸い込みはじめ，タッチする瞬間急激にはかせる。

⑤　タッチしたボールの半数以上が，ネットを越して一応反対側コートに入ればよい。

<h2 align="center">第 2 週・第 2 時　限</h2>

（1）　本時のねらい

　遅目の早タッチと，それに必要なトスの要領を身につけ，前衛のキルへと発展させる。

（2）　指 導 の 方 法

　ここに言う遅目の早タッチとは，前衛が他の前衛に高いトスをあげて，それをタッチさせる一連の動作のことである。シングル・タッチだけを用いた攻撃コンビや，乱打を行わせると，横の前衛にボールを上げて攻撃する動作が自然に必要になって来る。低目のパスはシングル・タッチが出来ないから，勢い他のものへボールを廻すわけである。このように，遅目の早タッチはゲームの利用価値が高いから，シングル・タッチ同様よく練習させることが必要である。

　A　指導の進め方

　①　トス・アップは後廻しとし，タッチの動作から始めて，繰返し練習させる。

　②　図129 の如く配置させ，図130 のように，下手でネットの上方へ，1.5～2 m ぐらいにあげたボールを，図131の如く，タッチ（キルを行っているものもいる）させる。

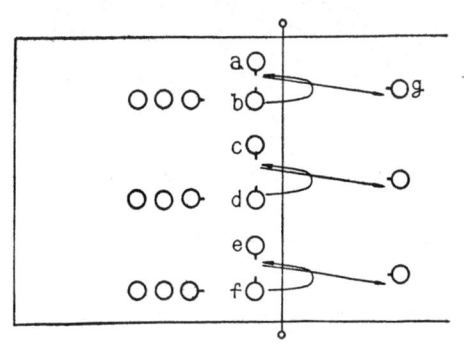

図129　〔備考〕コート数が足りない時には，写真の如く4組同時に実施させる。

　③　ボールは2人のプレヤーの中間に投げあげ，タッチするものをボールの落下する下へ踏み込ませてタッチさせる。

　④　交代はd→a→gと位置を1つずつ順次にずらす。

図130　ボールを下手で上げる。2組　　　図131　一番遠い組はキルを行ってい
　　　目のものは左利である。　　　　　　　　　　　る。

　⑤　次には，図132 のように，a（前図参照）がボールを下手で軽く b に 投
げ，b は a にトスしてタッチさせる。

図132　遅目の早タッチの練習方法

　⑥　さらに図133 の如く，b が
ボールを下手に持って h へ投げ，
h が b にパスして b がトスしたも
のを a にタッチさせる。

　⑦　b のトスがネットから離れ
た時とか，指の弱いものはタッチ
の代りに打たせるようにする。そ
して，他のものにもキルを経験さ
せる。キルの場合には，図134 の

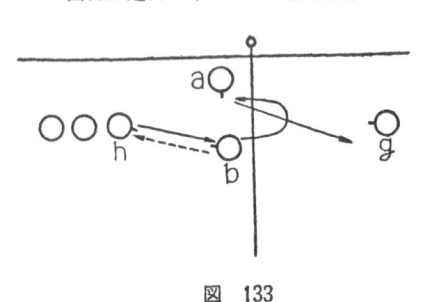

図　133

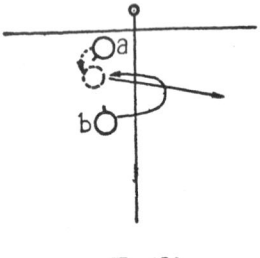

図　134

如く，少し廻り込んで打たせることがよい。

　⑧　今度は反対側コートから g の投げたボールを，h が b にトスさせて a が

タッチまたはキルを行うように進める。

B　技 能 の 要 点

（a）踏 み 込 み

　先ず踏込む時には，①　最後の1歩が大切である。あとの助走はトスの傍へ
早く体を引きよせ，この最後の1歩を如何に有効に踏切るかにかかっている。
最後の1歩は右足を出し，左足を図136の如くひきつけて，膝をまげ左足にや
や重心をかけて踏切る（右手利きの場合）。①
すると右肩が早く上昇するので，攻撃的な動作
がしやすい。なお地をはなれる時には重心を踵
から爪先へ移す。図135の〔イ〕は斜方向へ，
〔ロ〕は真直ぐに攻撃する場合である。

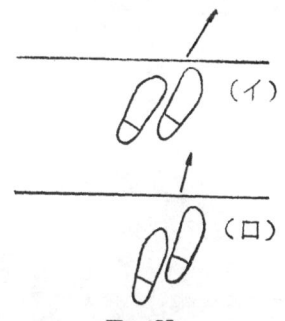

図　135

（b）タッチ（遅目の）

　いよいよタッチする時には，ボールの落下す
る力をよく利用して，図138,139の如き要領で

図136 腰を落してボールをよく見る。
やや重心が左足にかかってい
る点に注意。

図137 ジャンプしてトスをタッチし
ようと構えているところであ
る。

タッチする。ネット際へボールが落ちて来た時は，相当の加速度が加っている
から，余り大きなモーションを取らずに，ボールをよく見て早く手を触れる。
指先が少し当っただけでも鋭く落ちる。

（c）ト　　　ス

　トスには真上へあげるもの（直トス）と，横へ（短かくあるいは長く）流す
ものとがある。

図138　トスを見て踏切り地点を定める。

① 直トスの場合は早く体をパスのコースに入れて構え，全身を正しく上方へ伸ばして，図141 の如くボールを押しあげる。

② ボールをあげるとき，図142 のように両手の指先でボールを押えないと，後方へ逃げてしまう。また上体を反りすぎてもいけない。頭だけを上方へむけて，押

図139　ジャンプし，落下するスピードに合わせて指をひっかける。

図140　試合中のタッチ。左足に重心がかかっている点と，全員が緊張して構えている点に注意する。

しあげるようなつもりでよい。

③ 横へのトス（流しトス）は前述した三角形パスの応用である。これについては前にかなり詳しく述べておいたから，写真で説明する。（図143〜147参照）

④ 短か目に流す時は，両腕を上方へ伸ばし，長く流す時には，図148 の如く両腕を斜上方へ伸ばす。

図141　真上のトス

（ｄ）　前衛のキル

①　前衛がキルする場合に，ネットと平行に踏み込むと打ちにくいから，図149 のように，小さく廻りながら，前方へ踏み込んで，図150 の如く，ジャンプして打つ。

②　打つ時は，肩を引き，図151 のように，手を一度ボールから離さなければ十分に打てない。タッチの場合はこれと反対に，なるべく早く手をボールに接近させる。

図142 ボールの逃げるのを押える。

図143 パスが飛んで来る。

図144 約45度（ネットと）に体を向ける。

図145 肘を曲げてボールを捕え，

図146 左手と腰をやや右側に廻しながら腕を伸ばし，

図147　体をネットと直角に向けて
　　　　流す。

図148　流しトス

図149　前衛がキルする場合には廻
　　　　り込み，

図150　キルする。

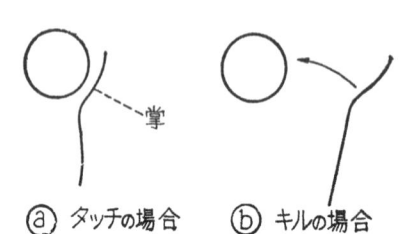

ⓐ タッチの場合　　ⓑ キルの場合

図151　手をボールから離す。

③　前衛のキルは，図152 の如く，出来るだけモーションを小さくして，鋭く打つことがよい。

（3）注　意　事　項

①　本時は，とくに内容が豊富であるから，要領よく授業を進めないと時間が不足する。

②　要するに，前衛の早タッチ（遅目の）から入り，前衛のキルへと進め，その間にトスを加えさせることである。何れも同じ隊形で指導できるから，軌道に乗れば滑かに流れて行く。トスだけの練習を取り出して実施させなくてもよい．その基礎は先週に習得している筈だから――。

③　練習中，不用意にボールをネット附近へ転がすと，その上に乗ることがあり危険だから注意させる。

④　1時間ではあるが，うまく運べば案外進歩するものである。兎に角，タッチやキルが試みた数の半分以上ネットを越して相手コートに入ればよい。

第 2 週・第 3 時 限

図152　小さいモーションで打つ。

(1)　本時のねらい

前時に行った遅目の早タッチや前衛のキルの向上をはかり，乱打によって，その結果をためす。

(2)　指 導 の 方 法

A　指導の進め方

①　図153 の如く，ネットの傍で1人のトスをさせ，ネットより

図153　1人トスの練習

高いトスを続けて何回あげられるか競争させる。

②　図154 の如く，前時の隊形通りに配置させる。（2つの グループを合流させる。）（ i ）先ずbがhに投げhはbにパス，bがaにトスしてタッチさせ

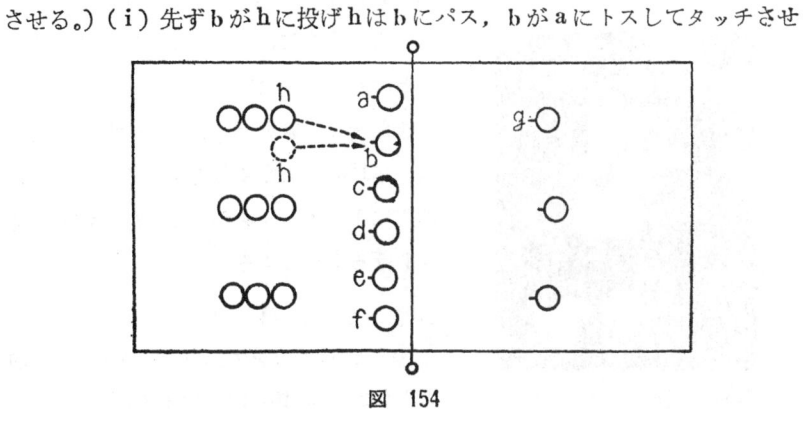

図　154

る。(ii)　同様にしてaにキルさせる。(iii)　同様にしてaにキルとタッチを交ぜて練習させる。この時ネットに近い比較的低いボールはタッチ，またネットから遠い高目のボールは打たせる。

　トッサーはなれたものが専門に当り交代しない。従って位置の交代は，b→a→gとなる。またh線をbの垂直線に寄せるとトスがむずかしくなる。

　③　さらに，gからhにボールを投げて，aにタッチやキルをさせる。

　④　同様にして，gからhにセカンド・サーブを打って，aにタッチやキルをさせる。

　⑤　次第にgならびにhをネットから遠ざけて同様に実施させる。

　⑥　トスしにくいような高目のボールは，bにシングル・タッチをさせる。それが無理であったら，両手で反対コートへ押し込ませる。

　⑦　今度は，ポジションを決めさせて乱打を実施する。出来るだけトスして3段で（遅目の早タッチやキル）攻めさせる。

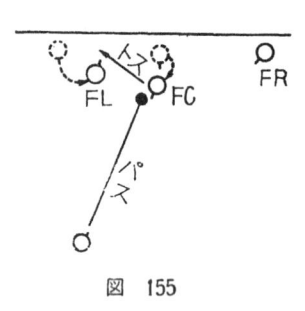

図　155

B　技能の要点

　①　遅目の早タッチの際，廻り込んでタッチすればボールのコースは真直となり，ネットと平行に走ってタッチすれば，ボールは斜方向へ飛ぶ。

　②　乱打の時に，図155のようにパスが短かかったら，前衛は前進してトスをする必要がある。この場合には，腰を捻ってやや斜後方へあげねばならない。

　また速くて低いパスをトスする場合には，図156のように腰を出来るだけ低め，指先によくボールをかけて，思い切り上方へあげるようにする。

（3）　注　意　事　項

　①　よいコンビを作るには，位置を決めて練習することの必要性を理解させる。

図156　低目のパスをトスする。

②　基本練習の時にトスをあげていたものに，乱打時の前衛をつとめさせる。

③　乱打になると，Ｆ・Ｒ（前衛右）にトスがあがるとＦ・Ｒはまごつくであろう。（右利の場合）左手が中側に来るからである。ボールを右目まで引入れて右利で何とか処理させるか，または両手で相手のバックを衝かすことがよい。

④　乱打において，遅目の早タッチや前衛のキルに移そうとする動作があらわれて，時折遅目の早タッチや前衛のキルが出来ればよい。

第 3 週・第 1 時　限

（1）　本時のねらい

中衛におけるキルの要領を習得させ，それと関連したトスの仕方にもなれさせる。

（2）　指 導 の 方 法

　Ａ　指導の進め方

　（a）　直　　キ　　ル

①　2 グループを合流して，図157 の如く配置させる。

②　前衛は，ネットを右横にして立ってボールを下手に持ち，図158 の如く前衛がほぼ真上へ高く投げ上げたボールを，中衛にまっすぐ走り寄らせて打ち込ませる。

③　投げ上げる高さは 2 m ぐらいがよく，図159，図160のようによく反って打たせる。

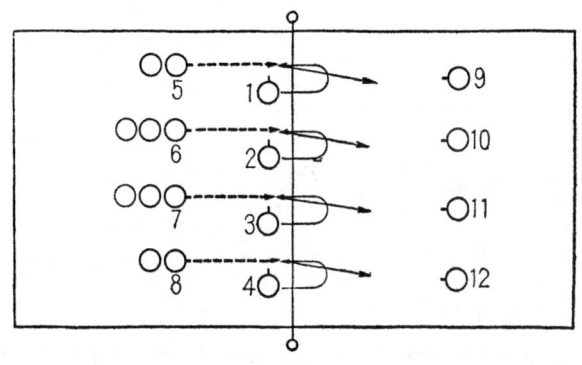

図　157

図158 直キルの練習方法

④　1人の打つ回数をきめさせるか，又はとにかく，打ったボールがネットを越したら交代させる。

⑤　前図の練習を適度に行ったら，図161 の如く右側へ（打者の）あげたトスを打たせる。

⑥　次は，図161 と同じ隊形で①が図162 の如く⑤に投げ，⑤が

図159 肩をひいて十分に反る。

図160 肩をひいて腕が伸び始める。

①にパスし，①が図163 の如く直上にトスしたボールをに打込ませる（直線的に助走して）。

⑦　前衛はトスし終ったら，図164 の如く体を向けさせる。正面を向いたままでいると，図165 のように，中衛が打ちにくい。

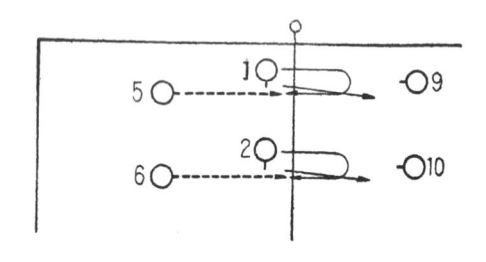

図　161

⑧　今度は，コートの反対側から，各中衛に軽く投げさせたボールを，中衛がパスして自分でキルさせる。

図162 始めの姿勢

図163 真上のトス・アップ

図164 トス後前衛は体を横に開く。

図165 あげたままの姿勢でいると中衛がこまる。

（b） 流 し キ ル

① 図166 の如く配置させる。①がボールを③に軽く投げ，③が①にパス，

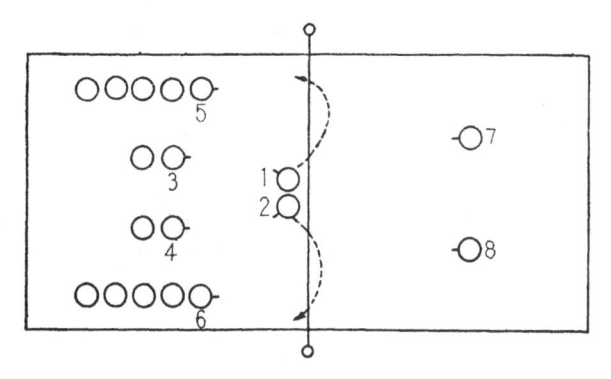
図 166

①の流しトスを⑤に打たせる。

図167 右方は短いトスを打ったところだ
が，始めとは云っても，これでは
短かすぎる。

②　始めは，トスを少し短かめに流して打たせ，次第に伸ばさせる。

③　図168，図169は，それぞれ長くトスを流して打たせたところである。待機しているものも，自然にサイド・ラインの方へ寄っている点に注意。

④　次は，反対側コートから軽く投げ入れたボールを，中央部に

図168 H・L（中衛・左）のキル
練習

図169 H・R（中衛・右）のキル
練習

いる中衛が，それぞれの前衛へパスし，両サイドへ流して両翼中央に打たせる。

　B　技 能 の 要 点

　（a）直　キ　ル

①　トスは，体を安定させてあげる。早く打つもののコースをあけてやるため，ボールが手を離れないうちに動くと，トスが引き込まれて狂う。確実にあげてから体を横に開く。

②　普通のトスに対しては，打つ瞬間に手首を鋭く内側か，外側へ捻るようにする。

③　ネットから離れたトスは真すぐに打つ方がよい。

（b）流　し　キ　ル

①　H・LとH・Rとでは違う点もあるが，共通的に言えることは，(イ)低く小刻みに助走し，(ロ)トスの方向に面して，足の裏全体で踏み切り，(ハ)よく反って打ちおろす…点である。

図170　ネットに近目のトスを腕を伸ばしたまま振り下すと失敗する。

②　そこで，写真でその要点を分解して述べると次の通りである（利用度の高いH・Lについて）。

図171　パスがF・Lの手に入った時は，1，2歩スタートしている。

図172　踏み込んでジャンプの構えをする。

図173　ボールが落ち始める時，右足を軸として踏切って右肩をひく。

図174　飛び来るボールを狙って空中で構える。

図175 右肩を前方へ出し，右腕を伸してボールに近づける。

図176 左肩をひき，右手を外側へ絞って打ち込む。

図177 ジャンプして腕をひき，手首を後方へ折る。

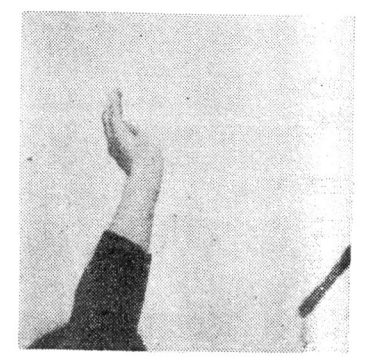

図178 腕を伸して手をボールに近づける。

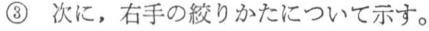

③　次に，右手の絞りかたについて示す。

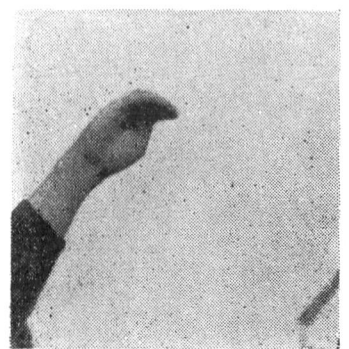

図179 拇指側に力を入れ，ボールを掌（ふくれた部分が中心）にあてて外方へ捻る。

④　また踏切る時に，右足に力をかける場合（左足に右足をひきつけて踏込んだ時に多い。）と，左足に力をかける場合（右足に左足をひきつけて踏込んだ時に多い。）とがある。前者はジャンプ力と肩力の強いもの（とくに男子）に適し，後者は弱いものに適している。従って一般に正課時では，左足に力を入れ早く右肩を上昇して打たすことがよい。

⑤　なお，トスはH・Lには少しネットから離して高く短かめにあげ，H・Rには比較的ネットにつけて低く長目にあげることがよい。図180はH・Rのキルである。

（3）注　意　事　項

①　キルは練習では一応行えるが，乱打やゲームに使用させることは中々困難である。この段階では，むしろ少し横に流した直キル的な打法が実用的である。

②　女子の場合は，腕の振りを十分に利用させた方がよい。

図180　支柱ぎわでネットに近目のトスを打っている。

③　流しキルを意図した時には，F・Cのトス・モーションに釣られて中衛が内側に入りすぎる傾向が強いから，つとめて外側から廻り込ませること。

④　短身者とかジャンプ力の乏しい者には，ボールを引つけて，手首で巻き上げるように打たせること。

⑤　トスにもよるが，球質は弱くとも，キルの形で何とか打込むことができればよい。

第 3 週・第 2 時　限

（1）本時のねらい

ファースト・サーブ（オーバーハンド）の要領を把握させることに重点を置くが，前時の隊形でキルを反覆させて，その上達もはかる。

（2）指　導　の　方　法

A　指導の進め方

前時のキル練習の方法を重点的にどんどん進めて能率をあげる。

（a）キ　　ル

①　直キルは，前衛から中衛に投げたボールを前衛にパスして，中衛が打つ動作を繰返させる。

②　後に，反対側コートから軽く中衛に投げたボールを，同様にしてキルさせる。

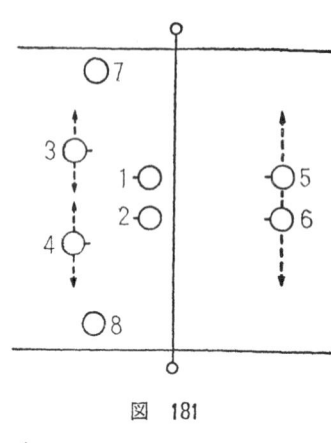

図　181

③　中衛に打つことにのみ心が奪われて，不用意なパスをさせないようにする。

④　次に，直トスを少しずつ流させ，トスが長くなったら中の2列の打者を（前時の練習隊形図参照）それぞれ両サイドの列に合流させて，流しキルの隊形へと切りかえる。

⑤　なれて来たら，図181 の如く，⑤および⑥から，それぞれ③，④へ軽く投げたボールを，①，②へパスし，⑦，⑧へ流して打たせる。

⑥　さらに，図182 のように，③，④および⑤，⑥の位置を変えて（横に動かす。）実施させる。

（ｂ）　オーバーハンド・サーブ（ファースト・サーブ）

先ず，空振りで基本的なフォームと打つタイミングとを会得させてから，打たせる。

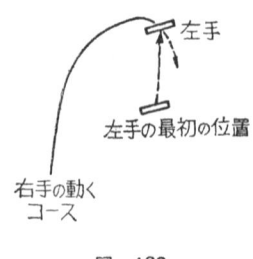

左手

左手の最初の位置

右手の動く
コース

図　182

①　エンド・ラインの少し後方に並ばせる。腕を曲げ手を顔の斜前にあげ（手首を外側に折る。）て構える。(イ)「1！」で，図183 の如く，右膝を曲げ重心を後に移し，右腕を後方に引いて，左腕を上方へ伸ばし，(ロ)「2！」で，図184 の如く，左腕を後方へひくと同時に右腕を図のように振り上げておろし重心を前足（左）に移させる。

図の如く前方に振りあげる右手は，先に上方へ伸ばした左手の地点を通過するように振らせる。

②　以上の如く，ボールを持たずに，「1！」，「2！」と何回も，リズミカルに空振りを反覆させる。

③　一応フォームができたとこ
ろで，図185 の如く，ボールを持
って打たせる。

④　強さよりも，よく腕を振っ
て相手コートへ入れさせることを
ねらう。

⑤　隊形は両エンド・ラインに
分れて，少し外方から交互に打た
す。能力に応じてエンド・ライン

図183　「1！」の動作

図184　「2！」の動作

図185　オーバーハンド・サーブ

の少し内側から打たせることも必要である。

B　技 能 の 要 点

図186　エンド・ラインから少し離れ
　　　て，ラインと約30〜45度ぐら
　　　いの角度で立ち，

図187　ボールの支持手をあげて，体
　　　重を右足に移し，

① サーブは，図186～196の如く，右足から左足へ重心を移しながら右肩を

図188 手を少し下げ，そのはずみで
ボールを上方へ押しあげ，

図189 右腕を後方へひいて，左足を
斜前方へ踏み出す

図　190

図　191

右腕を振り出し，重心を左足へ移し始める。

図192 右肩と共に右腕を振り上げ
（腰を捻る），

図193 腕を伸ばした儘垂直線上で
ボールを捕えて（ボールは
手首附近に当てる），

②　女子は一般に，肩と腹筋が弱いか
ら，一応オーバーハンドの原理をのみこん
だならば，次の仕方で打たせることがよい
（勿論前の打法がよいものはそれを続けさ
せる）。

（3）注　意　事　項

①　腕の力などが弱くてボールがネットを越
さないものに対しては，ボールを右腕の近くへ
あげて，ボールの後部にあてて打ちあげるよう

図194　肩を前方にかけて打ち放し，

図　195

図　196

体重が左足に移り切る。打った後は上体がネットに面する。なおボールが手に
当った瞬間にラインを踏んでいなければフット・フォールトにはならない。

にさせる。そして先ず，ネットを越すことによ
って自信を持たせることが大切である。

②　また，サーブが大きすぎてエンド・ライ
ンを割る者には，サーブのトスを幾分ネットに
近づけてあげさせることがよい。

③　体とエンド・ラインまたはネットとの角
度に注意させる。打ち終った時に体が向いてい
る方向へボールが飛ぶから。

④　ボールの個数を出来るだけ多くして能率
をあげること。またサーブが不意に顔や眼鏡な
どに当ると危険であるから注意させること。

図197　トスを体の中央部でしかも
体から少し離してあげ，

図198　右腕を斜前に振りあげて，　　　　図199　打ち放つ。

⑤　オーバーハンドのフォームで打数の約4分の1反対コートに入れられればよい。

第 3 週・第 3 時　限

（1）　本時のねらい

直キルや流しキルにおける欠点を是正し，チーム・プレイとの関連も考慮しながら進め，またサーブの技能の上達もはかる。

（2）　指 導 の 方 法

A　指導の進め方

（a）　　オーバーハンド・サーブ

①　2つのグループを両方のエンド・ラインの後方に分けて交互に打たせる。

②　始め肩の力を抜いてやんわり打ち，次第に力を加えさせる。そして相互に欠点を矯正させる。

③　次に打つサイドを交代して練習させる。

④　なお，腕の振りと，ボールのコントロールをつける練習には，図200の如く，ネットの近くへ寄って（1m〜2m），ボールを力一杯ネットに打ちつける（オーバーハン

図200　オーバーハンド・サーブの練習方法

ドのフォームで）方法がある。

（b）キ　ル。

①　キルのタイミングと反って打つことにな
れさせる意味で，図201 の如く配置させ，

②　Ａコートのものがボールを持ち，図 202
のように，漸くネットを越すぐらいの高くゆる
目のボールをＢコートへ投げ，そのボールを Ｂ
コートのものに（ネットから約 50cm〜1 m 離
れた）少し踏み込んで打たせる。

③　図203 の如く配置させ，前時間と同じく
①が③に投げたボールを③が①へ
パスし，①がトスして⑤に打たせ
る。

④　前と同じ方法であるが，③
が①へパスした後，③も助走して
①のあげた直トスを打たせる。従
って①には直トスと流しトスを交
互にあげさせる。

⑤　反対コートの⑦，⑧からボ
ールを軽く投げ入れたり，
セカンド・サーブを打たせ
て同様にキルさせる。

⑥　③，④の位置をエン
ド・ラインに近づけて実施
させる。（この場合，勿論③
④の直キルは出来なくな
る。）

Ｂ　技能の要点

（a）オーバーハンド・

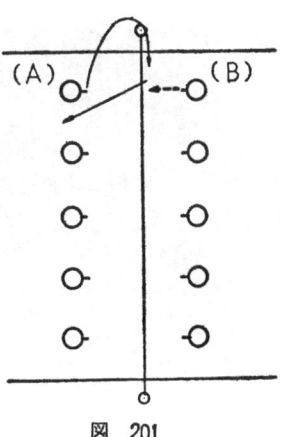

図　201

図202 ダイレクト・キル

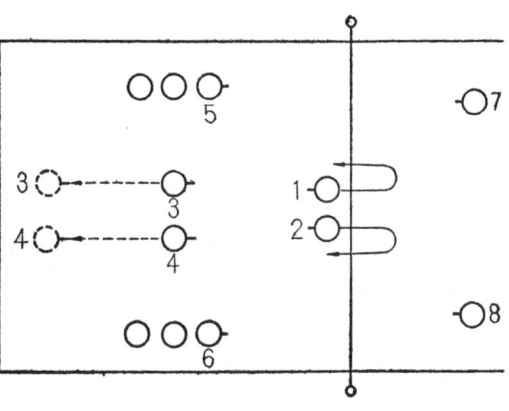

図　203

図204　サーブのトス

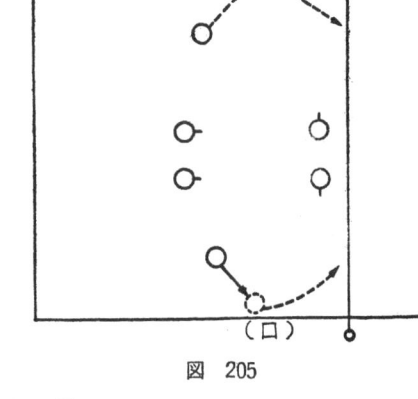

図　205

サーブ

① サーブのトスをあげるときには，支持手で静かにボールを押し上げ，なるべく高い位置で離すことがよい。早く離すとトスが狂いやすい（とくに初心者の場合）。

② トスをあげる時に息を吸い込み，打つ時に急激にはき出す。

③ 打つ方の腕を伸ばして振る。

（b）キ　ル

① 両翼の中衛の廻り込みには三つの方法がある。

図205 の(イ)は，定位置から廻り込んで打つ方法であり，(ロ)は，パスがF・Cの方へ飛ぶのを見るや直ぐに1，2歩横へ寄り，そこから廻り込む方法である。もう1つは，始めから横に出て待機していて，斜に入り込む場合である。

② 一般に，トスがネットから離れた場合は，真直ぐに打ち，ネットに近い時には，斜方向に打つことがよい。

③ 助走のスタートは，遅れるよりも早すぎるぐらいがよい。早すぎた場合には，ボールに釣られて直ぐに飛び上らないで腰をおとし，ボールをよく見てジャンプする。

④ ジャンプする時には，十分に肩と腕を使って体をひきあげ，右肩を後方へ引いてボールを打ち落す。参考に正面から見たキル・フォームを掲げておく。（図206〜212）

（3）注　意　事　項

① 流しキルを実際のゲームに活用させることは困難であるが，練習時における人間関係をつくり，キルの壮快さを味わせ，運動機能を高める意味で実施させる。

図206 斜に踏み込んで両腕を後から
　　　前方へ振りあげる。

図　207

図208 体を上昇させながら，

図209 右手を後方へ引き，

図210 右手をボールに近づけ，

図211 腕を伸してボールを捕え，

図212 上体をボールに乗せて
打ち落す。

② キルの際，腕を振り上げながら助走する
ものがあれば矯正する。

③ サーブのトスを正確にするため，トスを
あげ直して打たすことはよいが，ゲームの時に
は反則になることを理解させておく必要があ
る。またサイド・ラインの想像延長線の外から
打てば反則となる。

④ いきなり強くキルやオーバーハンド・サ
ーブを打たせると，肩をいためることがあるか
ら注意すること。

⑤ キルは前時よりもなめらかに強く打つことが出来，サーブも前時よりスピードを
増し，打数の3分の1が相手方コートに入ればよい。

第4週・第1時　限

（1）本時のねらい

　前衛攻撃を中心とした基本的なコンビネーション・プレイと，それに対応し
たレシーブの仕方を習得させる。

（2）指 導 の 方 法

　A　指導の進め方

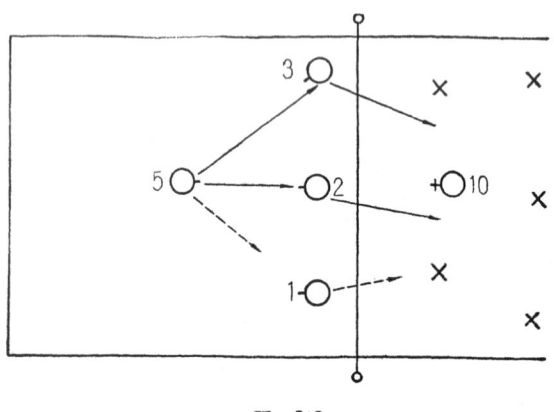

図　213

　2つのグループを組ませるが，一方のグループにコートを占有して攻撃練習をさせ，他のグループは，コート外においてレシーブの練習をさせる。

（a）　前衛を中心とした攻撃の方法

　① ⅰ　先ず，図213 の如く，⑩がボールを持ち，H・C⑤に軽く投げ，⑤はおもに②又は③へ高目のパスを送ってシングル・タッチさせる。⑤が定位置よりも左寄りに捕球した時には，②へのシングル・タッチの送球をさせない。①は左手が利かない場合が多いから余り送らなくてよい。

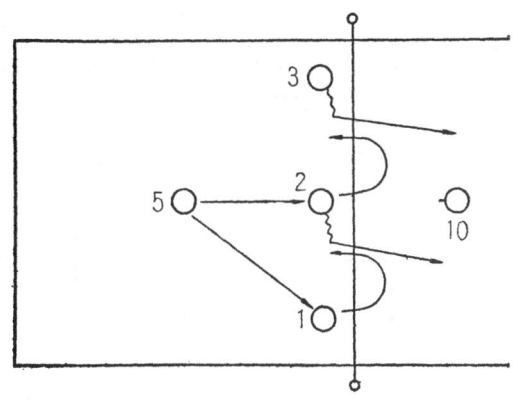

図　214

　ⅱ　同様にして，図214の如く，⑤→②→トス，③のタッチまたはキル，⑤→①→トス，②にタッチまたはキルをさせる。

　図215, 216は，⑤→①→②キルを示したものである。

図　215

図　216

　ⅲ　図213,214 の方法を一緒にして行わせる。高めのパスをシングル・タッチし，低目のパスを流させる。

　② ⅰ 図217 の如く，④，⑥を入れて⑩から投入したボールをシングル・タ

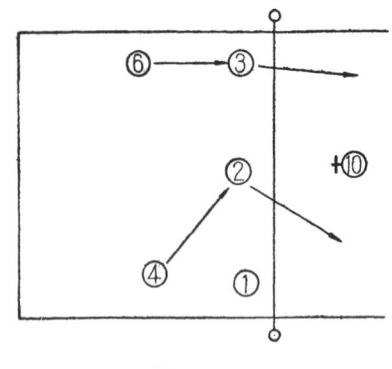

図 217

ッチさせる。

ii 同様に図218 の如く，矢方向にパスしたボールをトスして②または③にタッチとかキルをさせる。

iii 図217と図218の方法を合して，シングル・タッチと遅目の早タッチ及びキルを実施させる。

③ i 次に図219 の如く，バック⑦⑧, ⑨, を入れて，矢方向へパスしてシングル・タッチをさせる。

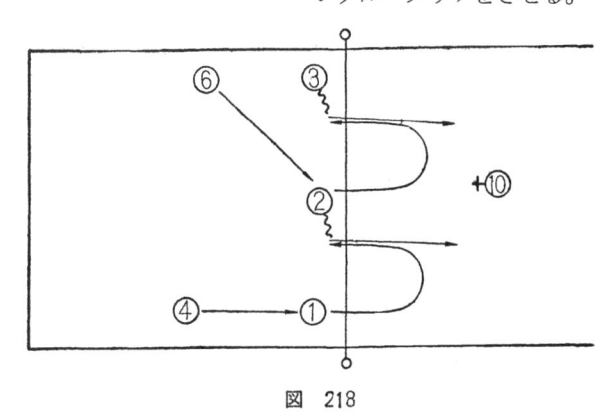

図 218

図 219

ii　この他に⑦→③　⑨→③も可能ではあるが，初歩の中は失敗が多いので省略する。

iii　同様に図220の如く　⑨→②トス　⑧→②トスして③のタッチまたはキル，⑧→①トスして②にタッチまたはキルをさせる。

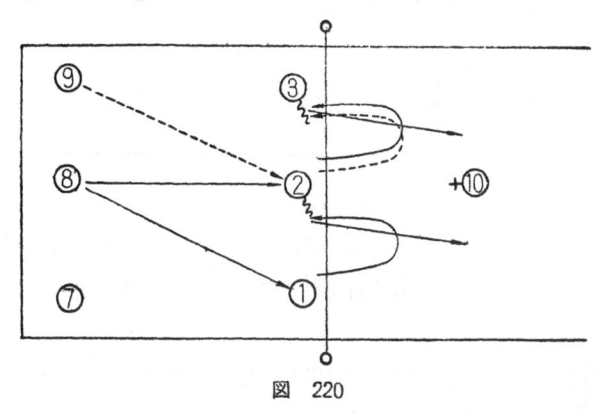

図　220

iv　図219と図220の方法を合して，シングル・タッチと遅目の早タッチ及びキルとを行わせる。

v　バックのパスは距離が長くなるので困難な場合には　⑩から投入する代りに②が軽くバックへ投げて始めさせるか，バックの位置を少し前進させて置くことがよい。

④　さらに図222の如く，ボールを送り中継によるシングル・タッチを練習させる。この方法は主として，前衛までパスが届かない場合に用いるべきことを理解させる。

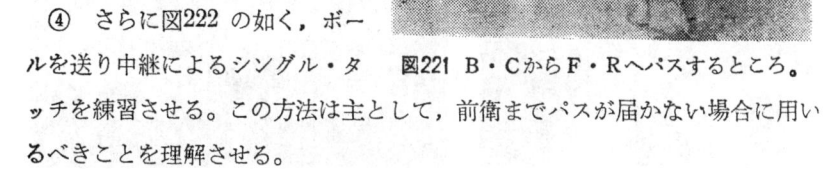

図221　B・CからF・Rへパスするところ。

⑤　時間の余裕があれば本時の攻撃方法を総括して実施させる。

（b）　送球とレシーブの方法

一方のグループの攻撃練習と平行して他グループをコート外で実施させ，時間を決めて両グループを交代させる。

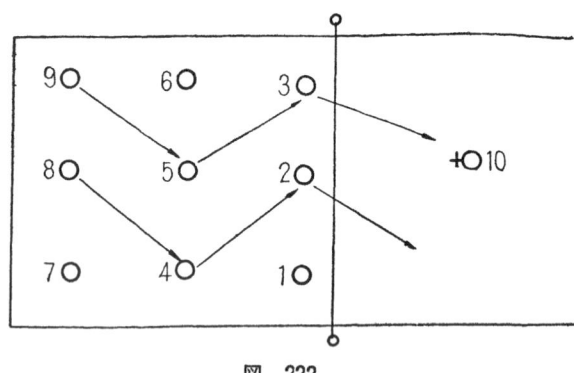

図 222

① i 図 223 の如く位置し，ボール 1 個でパスを廻す練習をさせる。中衛は前衛にトスしやすいパスを送り，前衛はトスも行う。

ii 同様の隊形で前衛が中衛へ両手で軽く落したり，図224の如く両手の腹で横振りに打ったりして，レシーブさせる。

② i 図226 (イ)の如く位置し前と同じくボール 1 個でパスを廻させる。

ii 同じ隊形で前衛が後衛へボールを落すようにさせる。

FL HR
FC HC
FR HL

図 223

図224 このように手を組んで，両手の面にボールを当て，図225の要領で打つ。

図225 手前は横振りに打つ。3番目は両手でおし落す。

③ i 図226 (ロ)の如く全員を正規のシィートにつけて，ボール 1 個でパスを廻させる（シィート・パス）。

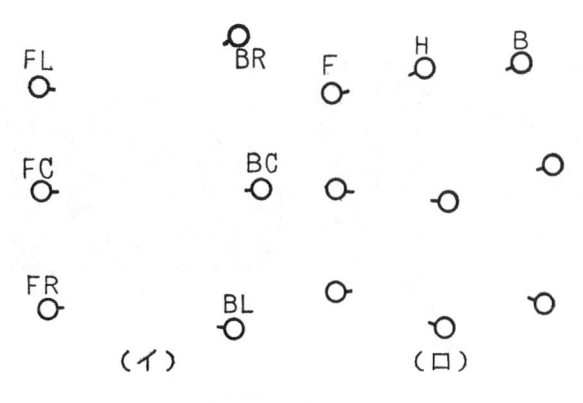

図　226

i　同様の隊形で，写真（図227）の如く（本時はコートには入らないで），前

衛が中・後衛へボールを落してレ

シーブさせる（シィート・レシー

ブ）。

図227　シィート・レシーブ

B　技能の要点

どんなに上手に基礎的な技能が

行えても，チームとしての約束的

な行動になれないと，自分がプレ

イすべきところをしなかったり，

反対に余計な動作をして邪魔をし

たりして，結集したチーム力を発揮することができない。

（a）　前衛の攻撃について

①　パスやトスを目標に対して正確ていねいに送る。

i　図228 の如く目標に正対して行い，送球の方向（意図）を他のものに知

らせる。

ii　前衛両翼にパスする時には幾分中側へ送ること。図229 のように支柱寄

りに出すと，トスが不正確となるばかりでなく，F・Cとの間隔が開き過ぎる

ので，F・Cが攻撃しにくい。

iii　反対側コートから，H・Cに来た短かめのボールは早く前進し，腰を入

れて左または右の前衛へパスを出すこと。図230 のように出足がおくれ，低く

図228　B・CからF・Lへシングル・タ
ッチの送球をするところ。H・C
が右に開いて，送球しやすくして
いる点に注意する。

図229　余り支柱ぎわへ送球しないこと。

強いボールを送ると，その処理がしにくい。

図　230

図231　本時はH・Rへはトスをあげること
になっていない。その上，F・Rが
F・Cの位置を犯しているのでなお
更具合が悪い。

　iv　攻撃者の位置を考えてトスをあげる。図231 の如く攻撃者のいない処へ
漫然とトスしても無駄である。

　②　前衛の誰かへパスが行ったら，図232，図233の如く他の前衛はその方へ
寄ること。図234 のような場合がしばしばある。

　③　F・CとF・Rとの間に来たパスはF・Rがトスをあげ，また，F・C
とF・Lの間に来たパスはF・Cがトスすること，雙方が見合わせて落さない
ようにする。

図　232　　　　　　　　図　233

パスの方へ他の前衛もよる。

④　また，図235 の如くパスが悪くとも
トスをがんばり，トスが悪くとも攻撃する
よう努力し合う。

（b）　防禦について（レシーブを中心と
した）

①　ⅰ　相手からの短かいボール（タッ
チ）に対しては前進して捕球し，長目いボ
ール（キル）は余り定位置を動かずに正対
して捕球する。

図234　F・CからのトスをF・Rが
攻撃できないばかりかカバ
ーすることも不可能である。

ⅱ　しかしボールをよく見て前
進すること，がむしやらに前進す
ると，出た後へボールが落ちる。
とくに中・後衛の両サイドは早く
内側へ寄りすぎてはいけない。

ⅲ　動いてプレイをしたら，早
く定位置に戻る。

ⅳ　強いボールの場合は捕球し
て，来た方向へ返球すること。

図235　前・中衛の呼吸が一致したところ

②　ⅰ　互に守備の範囲を協定しておく。普通中央部の広い部分はセンター

図　236

が守り，両翼に位置するものはお互にも，サイド・ライン寄の範囲を守る。図236 はH・Lが中央に寄りすぎた結果H・Cの邪魔となったところである。

　ii　中衛は後衛にまかせるべきボールを早く判断して，後衛が捕球しやすい よう に，体を横に開き，ボールのコースをあけてやる。

　iii　後衛は3人が揃って前方に出ることなく中の1人がカバーのため後方に残る（なるべくB・Cが残るようにする）

　iv　後衛は打たれる地点が見える位置をとり（前にいる中衛と重ならない）捕球すること。

図　237

　v　中間に来たボールで誰が捕球するか分らないような場合には，普通早くボールへ直角に入れる位置のものがレシーブに出る。例えば図237 のような場合には，図238 の如くH・Rが出て捕球する。これがバックの場合だったら勿論 B・Rである。

（3）　注意事項

　①　コートの内とコート外で行う練習には，関連性のあることを理解させとくにコート外で行う練習の意味をよく把握させること。

図　238

　②　コートを使った練習では，要するに，反対側コートから中衛や後衛に入れられたゆるいボールを前衛まで送って，何とかタッチや前衛のキルで攻撃できることを狙ったものである。

　③　またコート外における練習で，一応パス・ワークと 対人関係を考慮したレシーブが行えることが狙いである。ボールを打ってレシーブさせるものは，余り強すぎたり無

理な落し方をしないこと

第 4 週・第 2 時　限

（1）　本時のねらい

　中衛攻撃を中心とした基本的なコンビネーション・プレイと，中衛線のレシーブ，後衛線のレシーブ及びチームの防禦隊形を重点に習得させる。

（2）　指　導　の　方　法

　A　指導の進め方

　前半は前の時間と同様に一方のグループはコート内で攻撃練習を行い，他のグループはコート外においてレシーブの練習をさせる。後半は 2 つのグループを同一コートに入れて，ストップ防禦の隊形について指導する。

　（a）　中衛を中心とした攻撃の方法

　①　前衛と中衛を位置につかせ，前衛がボールを 1 個ずつ持ち軽く中衛に投げて中衛の返球をトスして，中衛に直キルをさせる。後衛は反対コートでレシーブする。

　②　i　次に図239のように7人を位置につかせ，反対側コートの 3 人が各ボールを 1 個宛持ち，真直ぐに反対側コートに投げ入れ，図の如く各中衛に直キルをさせる。⑧か

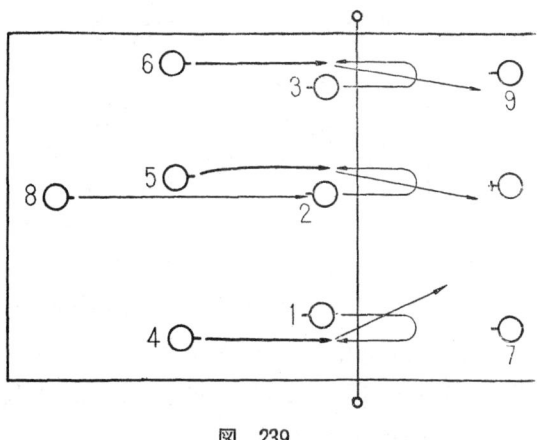

図　239

らのパスは⑤が打つ。今度は⑦，⑨も定位置につけ，反対コートから投入したボールを直キルさせる。

　ii　⑨，⑦の場合は②に送球して⑤に打たせる。図240 はF・Rの直トスをH・Rが打つところである。

　③　i　ボールを 1 個にし，反対側コートからH・Cやバックに投げたボー

図240　H・Rの直キル

ルはF・Cが中衛の両サイドへ流して打たせる。⑨の場合は，⑨→②→⑥と打ち，⑦の場合は，⑦→②→④と打たせる。また⑤，⑧のパスはどちらへ流すことも出来るが，⑤，⑧がレフト側に寄ってパスした時には中衛左へ流し，またライト側の時には中衛右に流させるようにする。

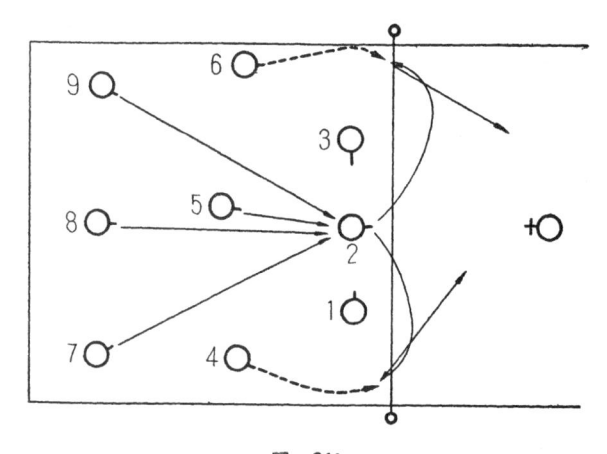

図　241

ii　また場合によっては中衛の両サイドからF・Cに送ってF・Cからの流しトスをパスした中衛（自分で）に打たすこともできる。始めは前衛のキルの要領で，ネットの近く（2，3歩後方）に位置して短か目の流しトスを打たせる。そして徐々に中衛の定位置へ近づけ，トスも長目に流して打たせる。

④　余裕があったら図241の如く直キルと流しキルを交ぜて打たせて見る。但しよく協定させて打たないと困乱する。

（b）　中衛線並びに後衛線のパスとレシーブを重点とした練習方法

中衛と後衛に分れて別々の場所で同時に実施させる。

①　一方は，図242の如く配置させ，前衛が中衛にやや強めのボールを送っ

て，返球させる。ボールの飛来する地点を早く向かせ，横の
連繋をはかる。

② 他方は図243 の如く配置させ，F・Cがボールを打っ
てレシーブさせ，返球をF・Cに集中させる。後衛の距離や
間隔が狭まったならばなるべく早く開かせる。とくにB・C
は前方へ出すぎないように。またF・Cにはハーフ・ライン
より後方へボールを落させる。

（c） ストップとチームの防禦隊形

① i 両グループをコートに入れ，図244 の如くネット
を挟んで配置し，笛の合図で図のように揃ってストップに跳
ぶことを反覆させる。垂直に跳んで腹をひかせな
いと相手と衝突することがある。

ii 時間の余裕があれば，図246 の如く，キル
やタッチを実際にストップさせることも出来る。

② i 2つのグループの全員を両面のコート
に入れて定位置につかせる。そして両サイドと中
央の攻撃地点を予想して防禦の隊形を実際につく
らせる。図247 は相手のH・Lのキル攻撃に対す
る防禦の基本的隊形である。H・RとF・Cがス
トップに跳び，F・Lがややネットから離れて腰
をおとして，レシーブの体勢をとったところである。H・R
のキル攻撃に対してはこの反対に動けばよく，またタッチ攻
撃の場合には全員が少し前方につめればよい。

ii また相手の中央部からの攻撃に対する場合としては，
図248 の如く配置させる。

③ i 次に，一方のチームAの前衛は図249 のようにネ
ット際で投げてボールを往復させ（ボールが動く度に相手の
チームBはそれに応じた防禦の隊形を取って行く。）適当な
時期にジャンプして（誰か一人が）Bチームへ投入させる。

図 242

約3m～3.5m

図 244

図245 ネットに相対してストップの
　　　練習

図246 直キルとストップの練習

それを捕球したBチームが攻撃
し，Aチームに防禦の隊形をとら
せる。もしAチームが捕球できな
かったり，チャンス・ボールで返
球した場合には中止して，前の通
りAチームにボールをネットぎわ
から投入させて続行する。

ii　一定の時間後前衛が投げ入
れる側をBチームと交代させる。

図247 ストップが少し右サイドに寄り過ぎ
　　　ている。踵をあげて動きやすく構え
　　　ている点に注意する。

B　技能の要点

（a）　キル攻撃

①　レシーブをした時などで
中衛のからだがくずれている場
合には，その中衛に打たせるこ
とは困難である。それでもトス
をあげる時には，出来るだけゆ
っくり高くあげること。

②　また，自分でパスして打
つ場合は，攻撃をあせってパス
がおろそかになるからあせらな

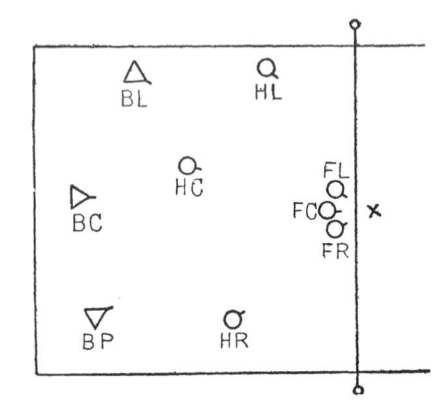

図　248

と。

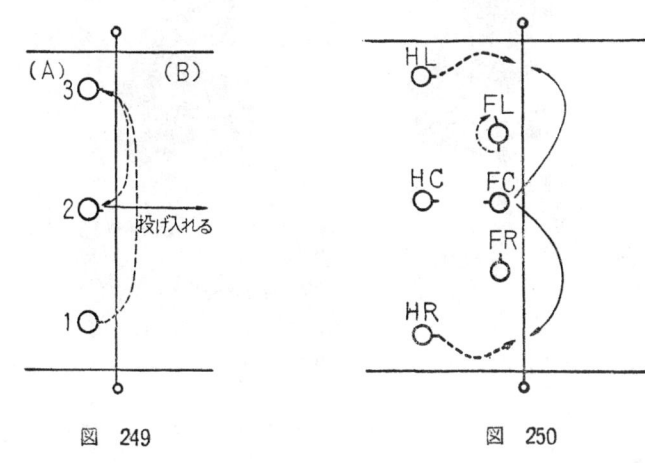

図　249　　　　　　　　　　　　　図　250

③　攻撃動作が終った後は，ボールの方を見ながら早く定位置に戻る。

④　誰に打たせるのかチームの意図をはっきりさせる。

⑤　中衛両サイドへ流して打たせる場合には，図250 の如く，前衛両サイド
は内側（F・C）に寄って中衛の走路を広め打ちやすくする。またトスが自分
の頭上を過ぎると同時に，中衛の方へ体を向けてカバーの構えとなる。

⑥　中衛の両サイドは，自分が
レシーブする必要がないと判断し
たら，図251 の如く横へ出て攻撃
体勢をとる。

（b）　送球と防禦の方法

①　後衛から前衛への送球は距
離が長いから，図252 の如く後方
から前進してボールを押し出すこ
とが必要である。（かぶっていて
は遠くへ飛ばせない。）

②　ⅰ　ストップはネットの近
くで垂直に跳び上り，両手をネッ

図251　H・Cが相手の鋭いタッチを食い
止めてF・Cの方向へあげ，前衛
両翼は中へ寄って早タッチの構え
をなし（中衛の走路が広められ
る）H・Lは外側へ出てF・Cか
らのトスを待機している。

ト上に伸ばして相手の攻撃球をとめる。先ず跳躍の時に急激に息を吸い，両手

図252 腰を低め両手を腰の辺から出
　　　す。

図253 腰と腕を「グゥン！」と前上方
　　　へ押し出す。

図254 アンダーハンドのボール
　　　との関係を示す。

は顔の近くを通ってネット上にあげ，同時
に息をとめてやや腹をひき，体を安定させ
ることが必要である。また，図255 の如
く指を開いて手首を顔の方へ曲げるように
する。指先を前方へ突き出すとオーバー・
ネットになりやすい。図256 のように跳ぶ
と，ボールがネットとの間に吸い込まれて
失敗する。

図255 ストップにおける手の動作

図256 不良なストップ

ii　攻撃されたボールがネット上を通過する地点へ，ストップを合わせること。そうすれば図257と図258のように1人でもとまるものである。

図　257　　　　　　　　　図　258

反対に図259 と図260 は，ストップの位置が悪いため，タッチで簡単に抜かれたところである。

図　259　　　　　　　　　図　260

iii　一般に相手のトスがネットから離れている時は，攻撃者に正対してストップし，トスがネットに近い場合には，相手の手の振りを見て斜横をとめればよい。

iv　タッチ攻撃に対しては，両手を胸から鋭く押し出してボールに合せてとめ，キル攻撃の場合には，幾分ゆっくり充分に跳んで出た腕（または手）にボールが当るような調子で行う。

　ⅴ　相手の攻撃が強力で，かつ空中でコースを変えて打つ場合には，図255のようにその地点へ2人～3人が寄って食い止めねばならない。この時は，相手攻撃者に最も近い前衛がストップの基準となり，他のものは基準に寄り，基準に合わせて跳ぶ。そして腕を基準の方へ斜にあげて，間隙（ストップ間の）の出来ることを防止するようにつとめる。

　③　防禦の隊形をとったとき，踵を少しあげ膝を柔めてどの方向にも直ぐ動き得る姿勢で構えることが必要である。図261は相手のF・Lのキルに対してF・Lがさがり，H・L及びH・Cとともにレシーブに構えているところである。

図　261

（3）　注意事項

　①　H・Cからのキル攻撃は今日では余り使われていないが，正課時においては攻・守に優れたものがH・Cに位置する場合が多いので（そのものが中衛のサイドへ行ってもトスが廻らない。），大いに活用させるべきである。

　②　ストップは1人のストップを重点として指導し，余裕があったら寄らせるようにする。また攻撃も2人以上でとめる必要のあるものは少いであろう。

　③　練習中，自分たちのグループに適した攻・防の仕方はどれかについても考えさせる。

第4週・第3時　限

（1）　本時のねらい

　乱打を利用して前衛を中心とした攻撃のコンビを強め，自グループに適した攻撃の方法を研究させる。また防禦ではおもにサーブレ・シーブとカバーの仕方を習得させる。

（2）　指　導　の　方　法

　A　指導の進め方

　前半はAグループがコートを使用して，攻撃のコンビとファースト・サーブ

のレシーブを行い，Bグループはコート外でカバーを中心とした防禦のコンビを練習させる。後半は両グループを同一コートに入れ，乱打をさせる。

　（a）　前衛を中心とした攻撃コンビとサーブ・レシーブ

　①　ⅰ　Aグループをコート内の定位置につかせ，反対側コートの中央附近からセカンド・サーブを打って，攻撃で返させる。

　ⅱ　なれるに従ってサーブする位置を次第に後退して打たせる。

　②　ⅰ　反対側コートの中央附近から，軽くファースト・サーブを打って，攻撃で返させる。

　ⅱ　同附近からやや強いファースト・サーブを入れる。攻撃が殆んど出来なくなったところで，特別にサーブ・レシーブの練習を実施させる。

　ⅲ　前衛3，中衛3，後衛3の配置は常に決っているが，レシーブ陣を強化する意味で，図262の如くF・Rが中衛に線に下り，2・4・3の隊形を作らせる。先ず強いサーブをレシーブして返球させ，次になれて来たら，出来るだけF・Cにパスを集め，図262の如くF・LとH・C（キル）に攻撃させる。場合によりF・LとF・Cのシングル・タッチを加える。またF・Rが打てると

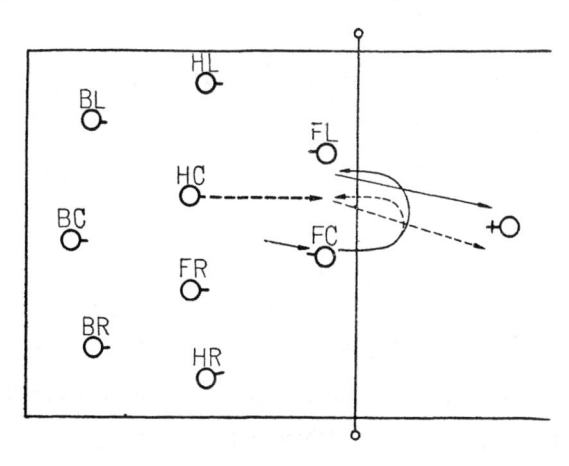

図　262

きはF・Cのトスを僅か右へ流してキルさせてもよい。F・Rがさがる代りにF・LがH・LとH・Cの間にさがって守る場合も大体前と同じである。

　ⅳ　次に後衛から前衛までのパスが困難な場合について指導する。図263の

如く中衛ラインにいるものが中継ぎをして前衛にタッチさせる。思う通りに行かない時は，とにかく相手のバック・ラインに返球させる。

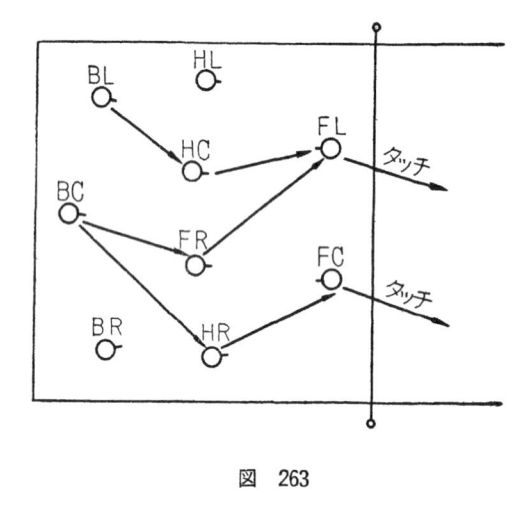

（b）　カバーを中心とした防禦のコンビ

Bグループがコート外において，シィート・レシーブによって練習する。

①　軽くシィート・パスをさせる。

②　シィート・レシーブを行い，中衛または後衛がはじいたボールのカバーの仕方を練習させる。

図　263

③　同じくシィート・レシーブにおいて他の位置（動いて位置があいたところ）のカバーについて練習させる。

（c）　乱　　　打

A・B両グループを両方のコートに入れて定位置につかせて実施する。

①　i　一応攻撃できる位置にあるものは誰にでも攻撃させてみる。

ii　攻撃するもの（攻撃主力）を限定させて，そのものに攻撃させる。攻撃者には思い切ってプレイさせる。

iii　攻撃の主力を変えさせる。

②　i　防禦の際に，先ず1人だけは確実にストップに跳ばせる。それは攻撃地点に最も近い位置にいる前衛である。

ii　パスやトスは落ちついて高くあげさせる。ボールが高ければプレイに余裕ができ，また多少くるっても何とか処理できるからである。

iii　ネットに掛ったボールを無駄にせずしっかりとあげさせる。

B　技　能　の　要　点

（a）　シィート・レシーブ

①　中衛や後衛が強いボールを受け，後方へはじいた場合の処置から進めよ

う。

　i　中後衛は難球に対しては，無理に前方へ送ろうとせず，受止めて高くあげることに専念する。そのボールは当然附近のものがカバーする。図264 はH・Cが受止めたボールをB・Cが前進してカバーするところである。

図264　BCのカバー

　ii　図265 はH・Lが後方へはじいたボールをB・Lカバーする動き方の1例である。H・Rが同様に右後方へはじいたボールに対しては，この反対に動いてカバーすればよい。

　iii　後衛は防禦における最後の線である。その後衛がボールを後方へはじいた場合は自分たちが協力してカバーするより他はない。図268 のように長目の

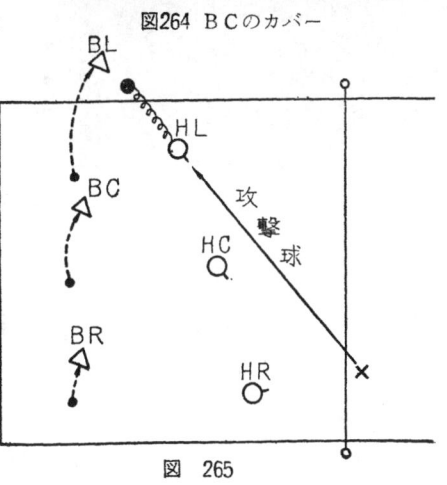

図　265

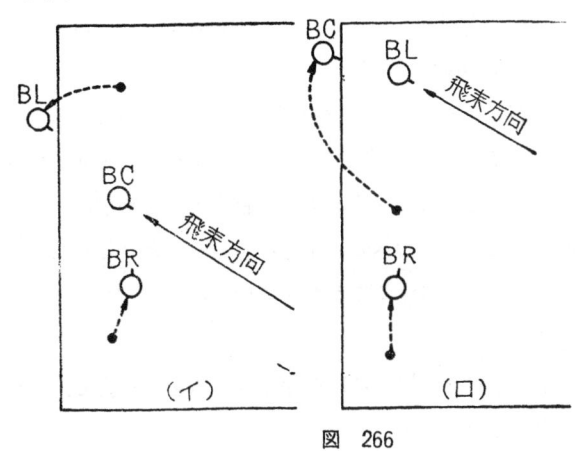

図　266

ボールとか，高目の打球がB・Cへ来る時には後衛の両サイドはカバーの体勢をとり，ボールをはじくと見るや図266 の如く動いてカバーする。若し逆サイドから飛来した場合にはB・Rが後へ廻ればよい。また，同様のボールがB・Lへ来た時はB・Cは図267 の如くカバーに動く。

図267 カバーに出ようとする構え。　　図268 相手のサーバーがエンド・ラインの右方に構えたところ。レシーブ側の中・後衛の位置に注意。

（b）　ファースト・サーブのレシーブ

①　i　レシーブの構えをする時は，図268 の如く，誰もが相手のサーバーが見える位置でなければいけない。とくにファースト・サーブは低目に来るので打点が分らないと捕球しにくい。

ii　前衛はネットを横にしてサーバーに注意し，ボールが打たれたら，なるべく早く（ボールのコースを察知してから）ネットを背にして（自チームの方を向く。)トス又は前衛攻撃の準備をする。

iii　図269 はH・Cがレシーブして攻撃を開始しようとするところである。

②　図270 は2・4・3のレシーブ隊形である。ファースト・サーブは，スピードと重みがあるから，充分に腰を入れて，手首をよくしめないとうまくあがらない。要は如何にしてボールのスピードを抜き，やんわりとした（トスやタッチがしやすいために）パスにするにかかっている。

（c）　乱　　　打

①　なかなかストップできない場合には攻撃のコースをよく見て，攻撃者の得意なコースだけを先ずとめること。

図269 打たれたボールをレシーブしたところ。B・LとB・Cはカバーの動きをみせている。F・CとF・Lはトスまたはタッチに構えている。

図270 2・4・3のサーブレシーブ・システム

② 攻撃のコースはなるべく斜めにすること。斜の場合はストップやレシーブがやりにくい。

③ 前衛は少し高すぎてトスできないようなボールをシングル・タッチすると効果がある。

④ 攻撃できない時には相手の主力攻撃者から遠い場所をパスで衝く。

⑤ ネットの上方部にボールが掛った時は早く「するする」と真下へ落ちるから，早目にネット下に寄り，体を低めて上方へ打ちあげる（下手で）。

（3）注　意　事　項

① ファースト・サーブを攻撃に移すことは中々困難である。けれども殊更にファースト・サーブのレシーブと意識させずに，近距離から軽く徐々に打って行けば思ったより出来るものである（強い攻撃ではないが）。

② シィート・レシーブの際，カバーについては一応取り出してその基本を示した方が効果的である。

③ 乱打ではとくに協力し合って（相談する。経験者が未熟者を助ける。）まとまったプレイをさせる。

④ 乱打数の約3分の1ぐらいが攻撃のかたちをとれればよい。

第　　5　　週

この週の学習内容である試合の計画と運営，審判法などはＡコースまたはＣ

コースとも重複するから，ここではゲームに直接関係のあることがらを箇条書きにする。

（1）　サーブ順のきめ方

勿論諸種の条件を考慮するわけであるが，ごく大まかに述べると次の通りである。

①　1番，2番，9番，とその中間ぐらいに1人の強打者をおく。

②　とくに前衛同志を続けて打たせない。

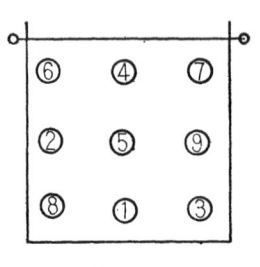

図　271

③　図271 は打順の1例である。この上に球質，球道の違いも交ぜ合わせるようにしたい。

（2）　試合前の練習の仕方，練習時間の長さとかチームの実情によって違うので一様には行かない。そこで5分間（ルールに規定された公式の練習時間でもある。）に行う練習の例をあげよう。

①　コートに入る前に他の場所でパス（レシーブも兼ねる。）を練習しておく。実際には休み時間とか準備運動で行うことになる。

②　サーブ……2分

③　i 定位置につかせ，反対側コートから軽くサーブを打って（軽いファースト・サーブを交ぜてもよい）攻撃のコンビ……3分

ii　または前・中衛を定位置につかせ，反対側コートから同様にサーブを打って6人の攻撃コンビを行い，同時にコート外で3人の後衛にボールを打ってレシーブさせる……3分

（3）　策　　　戦

①　相手の弱点，サーブに出たところ，後衛の出過ぎたところなどを衝く。

②　相手のストップが強かったら，その上または横からフンワリ落す（フェイント）。

③　相手の主力攻撃者を徹底的に衝く，そして攻撃して来る場合を予期して，その地点に守備を結集させる。

3　Cコース（経験者……高校上級程度）

　前半は新たに速攻的な技能を加味して総合的な技能を高めてチーム・ワーク
を向上させることをねらい，後半は簡易な6人制バレーボールに必要な基本的
技能やゲームの仕方を習得させ9人制とともに生活への取り入れ方を理解させ
ることに重点をおく。

第1週・第1時　限　省略

　但し，グルーピングの際，グループの役割をきめると同時にチームの位置も
決定させる。そして始めから位置を固定して，ポジション中心に進め，学習の
効果を高める。

第1週・第2時　限

（1）　本時のねらい

　遅攻や速攻に必要なパスの仕方を身につけ，スライド・サーブの要領も理解
させ，また乱打によって自グループの問題点を発見させる。

（2）　指　導　の　方　法

　A　指導の進め方

　（a）　パ　　ス

　①　2対2または2対3の隊形でグループになって遅目のパス，早目のパス
を行わせる。遅目のパスは上方へ
押しはなし，早目のパスは斜前方
におさえて出させるようにする。

　②　ジャンプ・パスの場合は距
離を縮めて（3m～4m）実施さ
せる。

　③　ボールが沢山あれば図 272
のように2人パスを行うと効果が
あがる。

図272　2人パスでは不正確に送ると直ちに悪
　　　いパスが返って来るので自分もつらい。

（b）サ　ー　ブ

①　A・B両グループを，両方のエンド・ラインに分けて，ドライブ・サーブ，スライド・サーブの練習をさせる。

②　何れかのグループを適宜コートに入れて，サーブ・レシーブの練習を兼ねさせてもよい。

（c）乱　　打

①　乱打をしながらコンビをつくらせる。

②　問題となる点を考えて，対策を講じさせる。遅目のパスと早目のパスの使い方についても研究させる。

B　技 能 の 要 点

（a）パ　　ス

図273　早目のパス。ジャンプ。パスにもなっている。

①　早目のパスはおもに速攻の時に用いる。ボールにスピードを加へ低目に送るが，トッサーの手元では幾分スピードがゆるむように送る。そのためには図273 の如くボールを十分手の中に入れて体でおし出すことが必要である。

②　ジャンプ・パスは速攻の時と，高目のボールをレシーブする場合に使われる。指先に力を入れること。

（b）サ　ー　ブ

①　ドライブ・サーブは図274 の如くトスをやや前方へ高くあげ，肩を十分に後方へひき，腕を振り上げ手をボールの上方にかぶせるように打って，前下方へ振りおろす。このサーブはボールに回転がついて急激に落ちる。

②　スライド・サーブは図 275〜9 の如くトスを低目にあげ，早く腕を振り上げ手をボールの腹にあてて前方で打ち放つ（手を打ちとめるように）。このサーブはボールが浮いて長目にとぶ。

（c）乱　　打

図274　ドライブ・サーブ

図275　トスの構え，重心は右足。

図276　腕を一度後方に伸ばす。

図277　早く振り上げる。

図278　ボールの腹に手をあてる。

図279　斜前方で打ち放つ。腰が回転し，重心が前足に移行されている点に注意する。

① 早目のパスに対しては対応する動作を機敏にとる。

② パスの使い方にはいろいろあるが，遅目のパスは味方の体がくずれた時とか，あわてている場合などに利用し，早目のパスはチャンス・ボールを待ち構えて取り，速攻に移す場合などに使用する。

（3） 注 意 事 項

① できるだけ2人パスを行わせることがよい。近距離から始めて次第に距離を伸ばし，終りに軽く打合いを交じえるようにさせる。

② 間題点はチームをサーブ，攻撃，防禦に分けて検討させる。

第 1 週・第 3 時 限

本時は既習した教材を反覆してグループの纏りを強めることに重点をおくからその要点だけを掲げる。

（1） Aグループはコートを使用して攻撃コンビの練習を行い，Bグループはコート外においてシィート・パス及びシィート・レシーブを行わせる。

① Aグループの前衛はボール2個を使用してシングル・タッチをさせる。中衛から送球した早目のパスをシングル・タッチする。前衛は早目に跳んで，鋭く指先でひっかけさせるようにする。または出来るだけ左手で行わせる。

② 次に，早目のパスを隣の前衛に高くあげてタッチやキルをさせる。キルの場合に限りF・Rは右手で打つか，H・Rに打たせる。

③ 9人が定位置につき反対側コートから軽く打たれたボールをレシーブして攻撃で返させる。

④ Bグループのシィート・レシーブでは，弱く前に落されたボールのレシーブにもなれさせる。

（2） ① A，B両グループを同一コートに入れて乱打させる。

② 乱打の後，両エンド・ラインに分れて，ドライブ・サーブ，スライド・サーブを打たせる。

第 2 週・第 1 時 限

（1） 本時のねらい

早タッチに必要なパスやトス，および早タッチの基本的技能を習得させて攻撃に変化を与える素地をつくる。

（2）指 導 の 方 法

　A　指導の進め方

　Aグループはコートを使用し，Bグループはコート外で練習させる。

　（a）　ジャンプ・トス

　① 　i　Aグループを図280 の如く配置させ，前衛がボールを持って（2個）点線の方向へ投げ返球させて直上へジャンプ・トスをさせる。

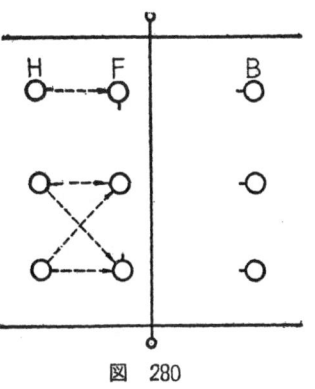

図　280

　ii　中衛へは幾分短かく投げ前進してパスさせる。パスは少し早目で図281 のような弾道がよい。

　iii　はじめはネットを背にしてあげるが次には空中で体を回転させて（ネットが側面になるよう）上方へあげさせる。中衛と後衛を交代させて行わせてもよいが後衛からの場合はむずかしい。

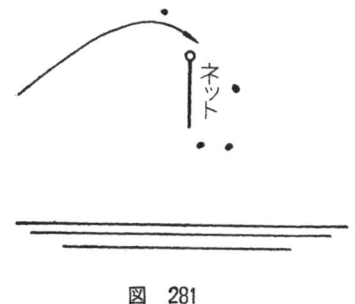

図　281

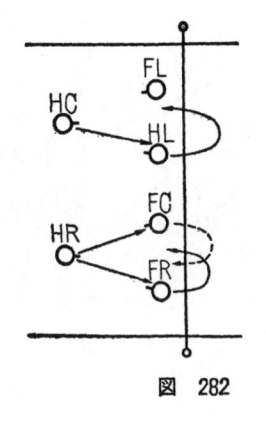

図　282

図283　早タッチの練習。女子の場合には一般にタッチのテンポが早い。

②　今度は反対側コートから中衛へ投げてトスさせる。

（ｂ）早　タ　ッ　チ

①　図282 の如く前衛が中衛に投げたボールをトスして隣の前衛に早タッチさせる。

②　タッチするものはトスが中衛の手を離れると同時にトッサーの方へ小刻みに走り，トスに合わせてジャンプさせる。

③　始めは少しトスを高目にあげ，トッサーの傍で少し待ってからタッチさせ，次いでトスを低めてタイミングを合わさせるようにする。

④　反対側コートから軽く中衛に投げて前衛に早タッチをさせる。

（Ｃ）　①　一方，Ｂグループはシィート・パスによって，早目のパスや前衛のジャンプ・トス，タッチの動作などを練習させる。

②　またシィート・レシーブの際も機会があれば出来るだけ前衛にジャンプ・トスをさせる。

Ｂ　技 能 の 要 点

①　ジャンプ・トスの時には早目にジャンプして空中に浮き，体が落ちかかったところでボールを捕え手首を利かせて押し上げることがよい。ジャンプが遅いと手とボールが衝突するので，柔かなトスが望めない。

②　タッチするものが踏み込む時は足の方から入る。上体が先に出ると，ジャンプした時に体が斜になるのでネットに掛ける率が多い。

図284 ネットを背にしてパスを待つ。前衛両翼の場合には幾分内側を向く。

図285 パスが頂点に達した頃跳んで，体を約45度回転させる。この動作からシングル・タッチも出来る。Ｆ・Ｌの足に注意する。

⑧　トスとタッチの関係は，写真（図284〜290）について述べる。

図286　ボールを捕えながら体をネットと直角になるまで回転する。F・Lの上体はよく起きてトスを見ている。

図287　体の下りぎわに手首を使ってトッをあげる。F・Lは踵から爪先へ重心を移して踏み切る。

図288　F・Lの空中姿勢が安定している。

図289　手首を利かせてボールにかける。

（3）注　意　事　項

①　ジャンプ・トスを早タッチする場合はなるべく早目にタッチのスタートを起すべきである。トスが高い位置から離れ（トスの上昇時間が少くなる。）しかも低めに上るからである。

②　早タッチとは云え，余りタイミングを早めないこと。早すぎると融通が利かないのでいざゲームとなれば全然使えない。

③　ジャンプ・トスはこの動作からシングル・タッチも出るので，防禦側にとっては

図290 腕をまいて下に落す。膝を
曲げたトッサーの姿勢にも
注意する。

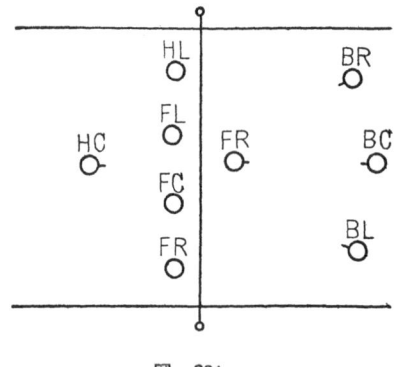

図 291

驚異である。

④　早タッチはパス，トス，タッチの緊密
な結合が必要であるから，かなり高度のプレ
イと云える。正課では少し遅目のプレイをさ
せて，弱くとも相手方コートへ入れられる程
度でよい（練習時において）。

第 2 週・第 2 時 限

（1）　本時のねらい

　早タッチの上達をはかると共に，バ
ック・トスや挟みトスを加えることに
よって球捌きを円滑にし，攻撃に変化
を与える。

（2）　指導の方法

　A　指導の進め方

　Aグループにはコートを使用させ，
Bグループはコート外で練習を行わせ
る。

　（a）　トスの練習

①　i　Aグループを図291 の如く
配置させる。4人のネットぎわのものはトスを廻し合い，適当な時にH・Cに
返球し，そのパスを受けて，またトスを続けさせる。

　ii　トスはジャンプ・トス，挟みトス，バック・トスなど自由に用いさせ
る。図292 はこの隊形でバックのジャンプ・トスを行っているところである。
バック・トスを用いないと球はうまく廻らない。

②　バックは反対側コートにおいて，F・Cの位置へ（F・Rに）パスを集
めたり，またレシーブなどの練習をさせる。

　（b）　早タッチを中心としたコンビ

①　図293 の如く配置させ前衛がボールを（1個で）中衛に投げ，矢の方向

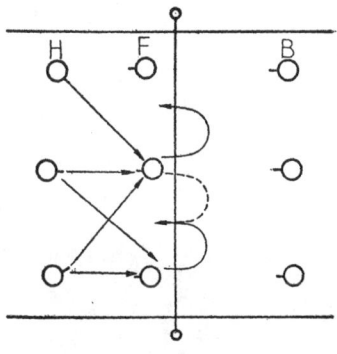

図292 ジャンプしたバック・トス　　　　　図　293

へパスして，早タッチをさせる。

②　次に幾分低目にパスさせて，挟みトス，手首のスナップを利かせたオーバーヘッドのトス（ジャンプせずに）などを用いた早タッチをさせる。

③　さらに，H・R（パス）→F・C（バック・トス）→L・L（タッチ），H・L（パス）→F・C（バック・トス）→F・R（タッチ）のコースでバック・トスによるタッチの練習をさせる。ゆるいパスを送りジャンプせずにバック・トスをさせる。

④　反対側コートから軽く中衛に投げたボールを早タッチさせる。

　（c）　コート外を使用した練習

①　一方BグループはAグループのトス練習の時，コート外に於てこれと同隊形をつくり，同じ方法で練習させる。

②　またAグループが早タッチの時には，図294 の如く他の位置のカバーを

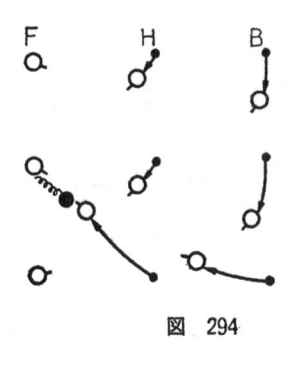

図　294

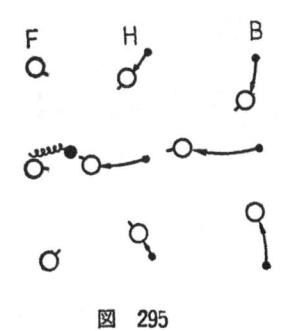

図　295

中心としたシィート・レシーブの練習をさせる。

　図294 はH・Lがフェイント・ボールなどの捕球のため前進した後をB・Lがカバーに動いた場合であり，同じく図295 は，B・CがH・Cのカバーに出た動きを示したものである。なお，H・Cが斜前（例へば斜左）に出た時にはバックのサイド（この場合はB・L）がカバーに出る方法もある。この時他のバックはカバーに出たバックの方へ（この場合は左方）少々寄らねばならない。

　B　技能の要点

　（a）　挟みトス並びにオーバーヘッド・トスとタッチ

　①　i　挟みトスはおもに低目のパス（胸からももの間）をトスする場合に用いる。ボールを楽に多方向へ捌き得ることが特長である。

　b　ボールを十分体に近づけ，写真（図

図296 両手を上下に開いてボールを挟む。

296～299）に示した要領であげる。

図297 下部の手でボールを押し上げ，上部の手でコントロールしながら放つ。

図298 上げ終った姿勢。側方へ強く放てば中衛への流しトスとなる。

　②　i　オーバーヘッドのスナップ・トスは胸から上方の短かめのパスに対して用いる。

　ii　ボールを十分，顔に近づけ手首を柔かにひいてボールを入れ，そのバネ

を使って「ポン」とはじき出す。

　iii　タッチするものは走り寄り，ボールがトッサーの手から離れた時にジャンプすればよい。

　（b）　バック・トス

　①　バック・トスはボールをあげにくい位置（パスの角度の関係で）にいる攻撃者へトスするための大切な方法である。また
このトスは相手の意表（防禦の）を衝くためにも
用いられる。

　②　後の前衛へトスする時には余り反ってあげ
ると大きく流れすぎるから，頭を後に曲げて両腕
を上方へ伸ばす程度がよい。

　③　とくに，F・Cは図299の如く中衛の両サイ
ドからの斜のパスをバック・トスすることが重要
である。この時パスに正対した儘バック・トスを
すると図299 の矢線のようにネットを越してしま

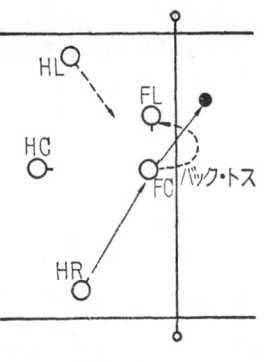

図　299

う。そこで，H・Rからのパスの場合について述べるならば，ボールが手に入ると同時に，右肘を前方に出し，その掌を軸としてボールを押し上げ，左手の指で横へ逃げる力をおさえながら後方へあげればよいわけである。

　④　次に写真（図300〜305）によりバック・トスを策戦的に用いる場合について説明しよう。

図300　F・Lへトスする場合　　　図301　ボールは明かにF・Lに上ったところ。

図302　これはF・Rにバック・トスをす
る瞬間である。ボールはどちら
えあがるか微妙である。

図303　F・Lは空ジャンプ（トリック）
をして相手を眩惑させる。トス
はF・Cの頭上を流れる。

図304　F・Rがジャンプした。

図305　そして左肩を十分あげて掻き落す。

（3）注　意　事　項

①　トスは親切，ていねいにあげさせる。また，攻撃者の体勢，位置，能力などにも注意させる。味方がとまどいするようなあげ方を慎しませる。

②　パスの来ない前衛はパスされる前衛の方へ1，2歩前進させる。

③　シィート・レシーブにおいてはカバーしない場所をつかせる。

④　技術的に相当幅を持った内容である。やり方によっては左程困難なものではない。バック・トスを除けば，これまでのプレイ中に無意識に行われて来た動作が多いからである。

⑤　いろいろの方法で一応トスが上げられそれが，弱くとも攻撃の形に移されればよい。

第 2 週・第 3 時　限

（1）　本時のねらい

前時に引き続いて簡易なトリック・プレイを加味した前衛と中衛の コ ン ビ
（攻撃の）を習得させる。

（2）　指 導 の 方 法

A　指導の進め方

Aグループはコートを使用し，Bグループはコート外で練習させる。

（a）　前衛のトリック・プレイを加えた前衛と中衛のコンビ

① 図306の如くF・Cと
H・Cが各ボール1個持ち
それぞれ，B・L，B・C
に軽く投げ，返されたパス
をF・CはH・Lに，H・
CはH・Rに打たせる。

② ボールがF・Cにパ
スされると同時にF・Lは
F・Cの方へ早タッチに寄
らせる（H・Cの場合はF
・Rが寄る。）然し写真（図

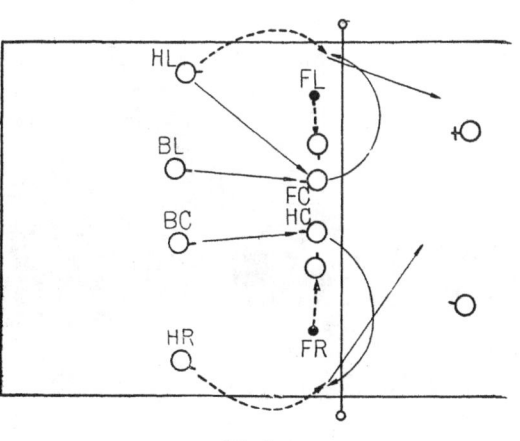

図　306

308）の如くボールはその頭上を越
えて流し，H・Lに打たせる。

③ 次は前と逆にF・CからH
・Lへ流すとみせ，小さくトスし
てF・Lに早タッチをさせる。

④ さらに反対側コートの2人
がB・L，B・Cへ軽く投げたボ
ールを，それぞれF・C，H・C
にパスして，前の要領でキルまた

図　307

は・タッチをさせる。

⑤　全員を定位置につけ（但しバックの1人は反対側コートに残る）前衛の人がボールを持ち中・後衛へ軽く投げF・Cにパスを集めて，同様にキルまたは早タッチをさせる。

⑥　今度は反対側コートから投げたボールをレシーブして同様の方法で攻撃させる。

（b）　Bグループはコート外でパス及びレシーブの練習をさせる。

（c）　A・B両グループを同一コートに入れ乱打を行わせる。

　B　技能の要点

（a）　前衛のトリック・プレイ

トリックに出る前衛はF・Cの近くへ低目に寄って何時でもタッチが出来るよ

図308 パスがF・Cの手に入った時には，F・Lはその傍に寄っている。

図309 ボールがF・Cの手を離れる瞬間，ジャンプして早タッチをしようとする。

図310 だがボールは頭上を越えて流れ，そのボールを走り出したH・Lがジャンプして打とうとしている。

うに構えること。レフト線のトリ
ック・プレイを写真（図308～311）
について説明しよう。

（ｂ）　乱　　打

①　速攻的なプレイはコートの
中央部附近へ来たチャンス・ボー
ルが行いやすい。

②　乱打やゲームになると攻撃
者の出足が遅れ勝ちとなるから，

図311　ボールがよく手にミイートして
いる。Ｆ・Ｌの姿勢に注意。

幾分パスを弱め，トスも高くあげることがよい。早タッチをストップする場合
には掌を上方へ向け，ネットにそって手をすりあげるようにする。

（３）　注　意　事　項

①　トスの場合にはトスするものに体を向けてあげさせる。また中衛へ流す時にはゆ
っくりと遅攻の調子であげる。

②　むやみに低く早目のパスを送らない。また攻撃者があわてるような無理なトスは
あげさせない。

③　高度のプレイであるから，直ぐに乱打で用いることを期待すべきではない。要す
るにその基本的な仕方を会得すればよい。

第 3 週・第 1 時　限

（１）　本時のねらい

自グループに適した攻撃の仕方を工夫させ，乱打によってその効果をためす
と同時に，相手の返球に応じプレイの仕方を習得させる。

（２）　指　導　の　方　法

Ａ　指導の進め方

Ａグループはコートを使用して攻撃コンビの練習を行い，Ｂグループはコー
ト外において，セカンド・サーブのレシーブを中心として練習させる。

（ａ）　自レシーブに適した攻撃

①　Ａグループをコート内の定位置につかせ，反対側コートからチャンス・

ボール（軽く投入したり，セカン・ドサーブで）を送って攻撃させる。

②　この時予め主力攻撃者をきめておかせて，そこから徹底的に攻撃させるようにする。それと同時に主力攻撃者の数を何人にし，どのように使い分けたらよいかなどについても研究させる。

　（b）　攻撃の補助的練習とレシーブ

①　i　Bグループはコート外において，先ず前・中衛が図312の如く向い合って，写真（図313）のようにボールを自分で上方へあげ，落上するところをタッチ又はキルの要領で地上にたたきつける。

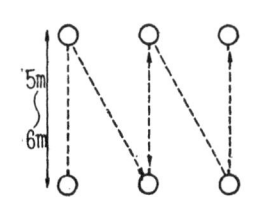

ii　ボールが1個しか使えないから 図312 の点線の方向へ順次に打たせる。斜の場合には次のものへ正しく体を向けて打たせること。

iii　この時，後衛は後衛同志でロング・パスの練習をさせる。

図　312

②　次にシィート・レシーブの隊形をつくり，8m〜11m後方から（前衛線より）セカンド・サーブを打ち，レシーブして前衛まで送球させる。

　（c）　乱　　打

①　A・B両グループを同一コートに入れ1方のグループからセカンド・サーブを打たせ他がレシーブして乱打させる。

図313　タッチとキルの補助練習

②　サーブが失敗したら入るまで行わせる。ボールが入り，次にデッドとなったならば，反対側コートのものにサーブさせる。

　B　技能の要点

　（a）　攻撃主力のきめ方と球の廻し方

①　ワン・マン・システム——ワン・マン・システムと云っも，普通はF・Cを除いてその他に1人の主力攻撃者がいる場合を指すわけである。然しF・

Ｃ１人の場合（ことに初歩的なチーム）もあるので，Ｆ・Ｃのワン・マンから述べる。

　ｉ　Ｆ・Ｃに攻撃させる方法には，Ｆ・Ｃにシングル・タッチの送球をする方法と，Ｆ・Ｒにパスを集めて，Ｆ・Ｒからのトスを攻撃させる方法とがある。図314 の如くＦ・Ｃの左手も利くと攻撃力は増すが，攻撃の幅の狭く，Ｆ・Ｃが過労になるのが欠点である。Ｆ・Ｃのワン・マン・チームを攻めるには相手のレフト線をつくこと。

図314　Ｆ・Ｃの左手のタッチ

　ｉｉ　Ｆ・ＣにＦ・Ｌが主力とし加ると攻撃力は急激に増大する。そしてこの型はやや進歩したチームが多く用いている。図315 の如くＦ・Ｌは及びＦ・Ｒからのトスを攻撃することが出来，自分のシングル・タッチも可能である。またＦ・ＲからのトスはＦ・ＬばかりでなくＦ・Ｃにもあげられるので相手にとっては脅威となる。同様にＦ・ＣはＨ・Ｌへのトスの合間に高目のパスをシングル・タッチすることも出来る。更に，Ｆ・ＣはＨ・Ｒからのパスをバック・トスでＦ・Ｌにあげられる。なお，Ｈ・Ｒが内側へ出て捕球した時にはＦ・Ｌえのシングル・タッチの送球もできる。他方この型のチームを攻める場合には相手のライト線

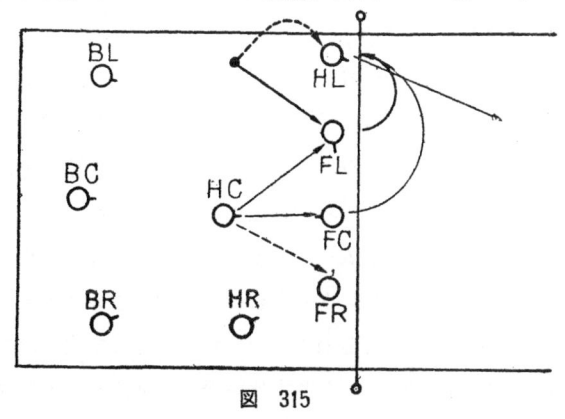

図　315

（とくにB・R）を衝くことがよい。

　②　ツウ・メン・システム——F・Lのワン・マンに中衛の何れかのサイド

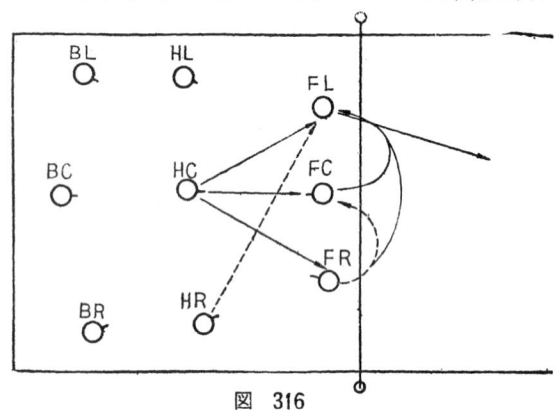

図　316

（普通はH・L）が加わった場合と，F・Rが加った場合とがある。

　i　H・Lが加ると図315 の攻撃の他に図316 のトスが行えるから攻撃は一層複雑になる。この他にF・Rが大きく左へ流してH・Lに打たせる方法もあるが，H・Lまでの距離が遠いため，F・Rが内側へ前進する惰力を利用してあげるか，F・Rの手首が強くないとトスが出来ない。従って茲では用いない方がよい。この型のチームを攻めるには矢張り相手のライト線を衝くか，またはH・Lを鋭く衝くことがよい。

　ii　またH・Lの代りにH・Rが加った場合は図316 の逆になればよく，F・Rが加って前衛３人の攻撃者の場合には新たに前衛のサイドからサイドへ流した攻撃が可能になる。このように両サイドに主力を持つ型のチームを攻めるには，最も得点力のある攻撃者から遠い地点をつくことがよい。

　③　オール・ラウンド・チーム——スリー・メン以上はオール・ラウンドと称してよかろう。オール・ラウンドの場合には主力の主力（攻撃の中心）を決めておく必要がある。そして自他のチームの状況に応じて攻撃の中心を変え，その効果を高めるようにする。だが基本的練習で一応オール・ラウンドの攻撃が出来ても，これを乱打やゲームに使うことは容易ではない。

　（b）　チャンス・ボールを受けて攻撃（乱打利用）

　①　セカンド・サーブはチャンス・ボールであるから，確実に捕球して攻撃

に移さねばならない。然し３回目のボールが攻撃に移せない時には，相手のバックのサイドか，レシーブの弱い地点へ返球する。

②　図317 の如くＦ・Ｃはボールを出来るだけ自分の体の近くへ引寄せてからトスすると，相手のストップや，レシーブは長くＦ・Ｃを見守らねばならぬので，次の守備えの切かえが困難となる。

③　ｉ　図 318 はサーブをレシーブしてＨ・Ｌにトスし，Ｈ・Ｌが相手のレフト線へ打ち込んだところである。このような場合には大概相手からチャンス・ボールで返球されるから，待機していて，タッチで再び相手の レフト線をつくか，体をひねって矢張りタッチでライト線をつくことがよい。（ライト線はがら空である。戻っても動揺している。）

図317　トスをあげようとするところ。前衛の両サイドが早タッチに寄っている。Ｈ・Ｌへトスを流されると相手は防禦しにくい。

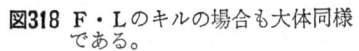

図318　Ｆ・Ｌのキルの場合も大体同様である。

図319　みな余裕を持っているから好いパス，トスができる。

ⅱ　前の結果，返球されたチャンス・ボールに図319 の如く攻勢的なパスをして常に先手をとって行くようにする。

④　また図320 のように相手のレシーブ陣が伸び切って返球して来た時には空いている場所を短かめに狙えばよく，逆に短か目のタッチで相手の中衛を前

へ釣り出した後は図321 の如く，中・後衛の間隙をつくようにする。

図　320　　　　　　　　　　　　図　321

⑤　一般に一方のサイドから攻め，相手から返球された場合は他のサイドへ廻して攻めた方がよい。

（3）注 意 事 項

①　オール・ラウンドの攻撃が理想であるが実際は攻撃が困乱したり，全員が攻撃を予期するため守備が弱くなるので非常にむずかしい。従って正課ではインフォメーションに止めておく。

②　チャンス・ボールをつかんだら常に先手を取って攻撃するように工夫させる。一度チャンスを相手に与えると逆襲されることを体験させる。

第 3 週・第 2 時　限

（1）本時のねらい

乱打を用いて，相手からの攻撃球を捕球して攻撃に 転ずる 方法を習得させる。

（2）指 導 の 方 法

A　指導の進め方

①　A，B両グループを同一コートに入れて暫時乱打させる。

②　次に，Bグループが攻撃し（前衛がボールを持ち自陣に投げて攻撃に移す。）Aグループにレシーブさせて乱打を行う。適時攻・守を交代させる。

③　さらにBグループからファースト・サーブを打ち，Aグループにレシーブさせて乱打をする。ファースト・サーブが入りサーブ・ポイントしたり，打

合いが終ったら交代してAグループにサーブをさせる。そしてファースト・サーブが入らない時は入るまで同一人が続ける。もしサーブのレベルが低ければ，上手なものを選定して打たせてもよい。

　B　技 能 の 要 点

　相手からの猛球は捕球が不可能な場合もあるが，先ず受止めねばならない。次にはボールのスピードを殺してトスやシングル・タッチが行いやすくすることが必要である。

　（a）　捕球の捌き方

　①　図322は前述したB・Cが後逸した球をB・Rがカバーするところ。B・Rは体が崩れているので左手で高く打上げることが先決問題である。

　　　図　322 カバー　　　　　　　　　　　図　323

　②　図323は相手のF・LのタッチをH・Cが美事にあげたところである。この場合B・Rが前進してF・Lにシングル・タッチの送球をするのがよい。

　（b）　ファースト・サーブを受けて攻撃

　①　ファースト・サーブを捕球する場合には相手が攻勢である上に図324の如く相手の安定したストップ陣がずらりと並んで待機している。（正課時には前衛の3人だけであるが気分的には同じである。）

　②　そこでサーブを受けて図325のように好パスしても，うっかり打つと相手のストップの好餌となってしまう。（正課の場合は大半は抜けるであろうが，ストップが合えば矢張りこの轍を踏む。）

　③　したがって　ⅰ　トスを高目にネットから離してあげ，図326の如く腕

図 324　　　　　　　　　　図 325

を伸して打つことによって，ストップのタイミングをはずしたり，その上から
打ち抜いて行く。そして先ず相手の気勢をくじいて攻撃の機会を窺う。

図326 トスをはなして，打たせる。　　　図327 タッチ・アウト・プレイ

　ii　別の方法としては相手のストップに思い切り打ちつけて，コート外へ叩
き出したり，図327 の如くネット際のトスを横へ払って コート外へ掻き出す
（タッチ・アウト）プレイなどがある。
　④　さて，相手のストップの上を抜いたり，また，ストップに当てて相手側
コートへ入れた場合，相手は余程攻撃しにくくなるが，それでも上手なチーム
は何とか攻撃して来る。そこでこちらも早く相手の攻撃地点を予想して，スト
ップに跳ぶことが必要である。
　⑤　ストップを抜けたボールで攻撃に移すことが無理ならば相手のバック線
を衝く。もし攻撃が出来るならば，攻撃された地点から攻める方法と，反対に

遠い場所から攻める方法とがある。この２つのうち，遠い場所から攻める方法
は普通に行えばよいので，次に攻撃された地点から攻める方法について述べ
る。

　（ｃ）　攻撃の切り返しとカバー

　①　以下の写真（図328〜332）は相手のタッチを受とめてその地点からシング
ル・タッチで攻める方法である。

図328 相手がタッチで攻めて来る。　　　図329 そのタッチがストップを抜ける。

図330 中衛が前進してレシーブする。　　図331 ボールが中衛の手を離れると同時
　　　　　　　　　　　　　　　　　　　　　に前衛は攻撃のモーションを起す。

　②　図333 の如く，もしそのタッチが相手のストップに当って自陣へはね返
ったら，そのボールをカバーしてあげ攻撃を繰返えす。（はね返ったボールは
新たに３回プレイ出来るから，カバーさえ正確に行えれば有利である。）

　Ｃ　注　意　事　項

　①　それぞれのグループに適した攻撃のシステムをつくらせる。どんなシステムでも

図332 ジャンプしてシングル・タッチを
する。この時，もしワン・タッチ
（前に前衛のストップに当る）し
ていなければタッチの代りに他へ
トスすることも出来る。

図333 中衛のカバーの動きに注意。

よいが，この段階では結局少数の攻撃者に徹底的に攻撃させた方が効果のあがることを
体験させる。

　② 相手からのファースト・サーブをレシーブして攻撃する場合は，一挙に決めよう
とあせらず，楽なフォームで確実に相手コートに入れ，返球されたボールを思い切って
打たせる。

　③ 各グループが意図したプレイが或程度実現できればよい。

第 3 週・第 3 時 限

（1）　本時のねらい

サーブを行う立場を中心として，前時の諸技能を高める。

（2）　指 導 の 方 法

A　指導の進め方

A・B両グループを同一コートに入れて，サーブを交互に打たせて乱打させ
る。

　（a）　セカンド・サーブの場合

　① 先ずセカンド・サーブを打たせて乱打に続ける。サーブはバックの両サ
イドとか，間隙とか，相手のウィーク・ポイントを狙わせる。

　② 次にサーブのコースと相手の守備体勢から大体相手の攻撃を予測して，
相手のパスをみながら防禦の隊形をとらせる。

③　そして相手の攻撃に対しては必ずストップに（たとえ，１人でも）跳ばせるようにする。

（ｂ）　ファースト・サーブの場合

これまでの練習の程度では未だファースト・サーブの入る率が少なく，また入っても相手の球さばきが思うように行かないと思われるので次のような方法をとらせる。

①　図334の如くＡ・Ｂ両グループをコートに入れ，サーブはＡグループからだけ順次に打たせる。ファースト・サーブが失敗したらセカンド・サーブを

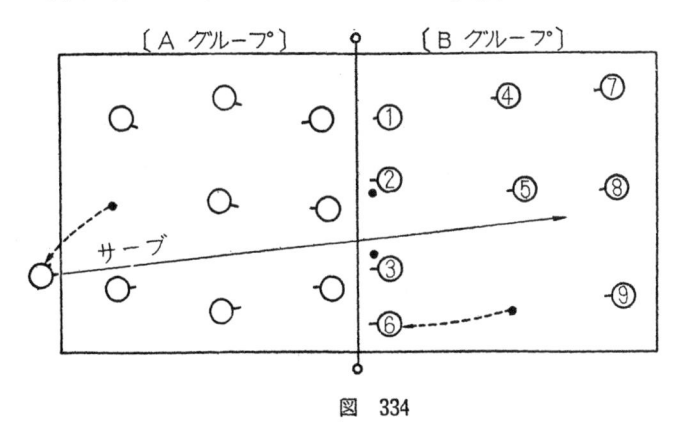

図　334

入れる。そのサーブがＢグループの誰かの手に触れたら，Ｂグループの②，③または⑥などが別のボールを持っていてＡグループに投入し（タッチまたはキルのつもりで）それをＡグループがレシーブして乱打をさせる。

②　実際には写真（図335）の如き隊形となるので，打ったサーブが長目なら，返されたボールは出来るだけタッチで攻撃し，反対に短か目の場合にはキルか足の長いボールで攻めさせる。

③　一応要領が会得できたら，

図335　相手の防禦は２・５・２のシステムである。相手のネットぎわが薄い点に注意する。

ボールを一個にし，交互にサーブを打たせて乱打をさせる。

④　相手のパスが長すぎたり，トスを弾いた結果，ネットを越してネット附近来へたら，前衛がダイレクトのタッチまたはキルをするか，或いは横にトスを廻して他のものに攻撃させるようにする。

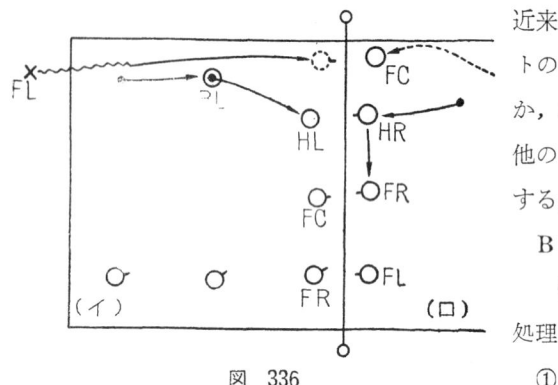

図　336

B　技能の要点

（a）　サーブに出た後の処理

①　前衛や中衛がセカンド・サーブに出た後には普通他のものが1時その位置をうめ，相手から衝かれる恐れのなくなった時に交代する。

例えば図336 の (イ) 如く，F・Lがサーブに出た時はH・Lがその位置へ出て，B・LがH・Lの場所へ詰める。そしてF・Lはサーブが終ったら，一先ずB・Lの位置で相手の様子を見てから定位置に戻り，H・LとB・Lも自分の位置に戻る。図336 の(ロ)はF・Cがサーブに出た場合である。この時には普通F・Rがセンターへ寄り，その後へH・Rが出る。F・Cは打ち終ったら前の要領で先ずH・Rと代り，機を見てF・Rと代って定位置に戻る。このカバーの仕方はファースト・サーブの場合にも適用する。

②　然し攻撃やストップが余り上達していない時には，①のようなことは必要ない。この際，サーブに出た前衛の位置はあけておき，前衛は高く大きくセカンド・サーブを打ち上げて素早く定位置に帰ればよい。

（b）　ネットを越して前衛の附近へ来たチャンス・ボールの処理

①　先ず高目のボールで，相手のストップがなかったら（弱い場合も）図337，図338の如くダイレクトのタッチかまたはキルを敢行する。

②　球質とか相手のストップのためダイレクトが困難な時には，写真（図339～342）のように，トスを廻す。とに角3回ボールの触数があるので相手は恐ろしいわけである。

図337　十分腰を落してボールをよく
　　　見る。

図338　空中に浮き，右肩をあげボー
　　　ルを捕えて落す。

図339　F・C体を横に捻りながらボー
　　　ルを捕えて隣の前衛にトスする。

図340　隣のF・Rはジャンプ・トス
　　　（タッチすることもできる。）

図341　ジャンプ・トスに対してF・
　　　Cがタッチに跳ぶ。

図342　けれどもボールはF・Cの頭上を
　　　越えてF・Lがタッチする。な
　　　お，初球をF・LまたはF・Rが
　　　捕えた時にはF・Cのバック・ト
　　　スを加えると効果があがる。

C　注　意　事　項

①　サーブに出た後の位置のカバーは正課の時間には殆んど無用である。けれどもその方法は一応理解させておくことがよい。

②　また，ネットぎわにおける前衛攻撃については，初球を1歩退って取らせ，ゆっくりトスを廻すように仕向ければジャンプ・トスを用いなくても指導ができる。

③　一般に乱打になると，漫然とプレイし勝ちになるから，問題意識を持たせて実施させること。

第4週・第1時，第2時，第3時

（1）　第4週のねらい

審判の仕方を中心として，ゲーム運営の要領を把握させ，ゲームを自主的に行える能力をつけることによって9人制のまとめとする。

A　準　　　備

①　役員を構成して計画をたてさせる。役割は庶務，施設，審判の各係に分け各グループから役員を出させる。計画は各係りが集まって作るべきであるが，その代表を集めてたてさせた方が能率的である。

②　試合要項の作製上大切な点は，試合の形式，組合せ，試合方法を，時間やコート数などとにらみ合わせて，立案させることである。

③　試合要項が出来たならば各係はそれに基いて，よく研究し打合せを行う。

図343 向って右側が主審である。記録の位置は主審の左側へ来ることが正しい。

B　審　判　の　仕　方

公式の試合では写真（図343）の如く配置する。

①　判定を明確に知らせるための方法として主審（副審もこれに準ずる）のサインを次にあげる。

②　線審は公式には4人で行うが2人でもよい。

i　2人の場合には図355の①

図344　「プレイ・ボール」片腕を横
にあげ，次いで上方へあげる。

図345　「ネット・ボール」ネットの
上端をたたく。

図346　「ホール・ディング」手を小
さく上下に動かす。

図347　「ドリブル」

図348　「オーバー・タイムス」

図349　「タッチ・ネット」ネットの
側方をたたく動作を繰返えす。

図350 「オーバー・ネット」

図351 「ワン・タッチ」

図352 「ポイント」

図353 「チェンジ・コート」両腕を
交錯したり，開いたりする。

図354 「タイム・アウト」

②が当り，それぞれ点線の範囲（ライン）を担当する。

　ii　また4人の場合はそれぞそ外側の→線を担当する。この中①と②は線審用紙を持っているから，チェンジ・コートの時には①と②のみが位置を交代する。

　iii　線審の主な任務は，サーブ順の監視フット・フォールトの判定（4人制の場合は主に③④）ラインぎわに落ちたボールの判定などである。

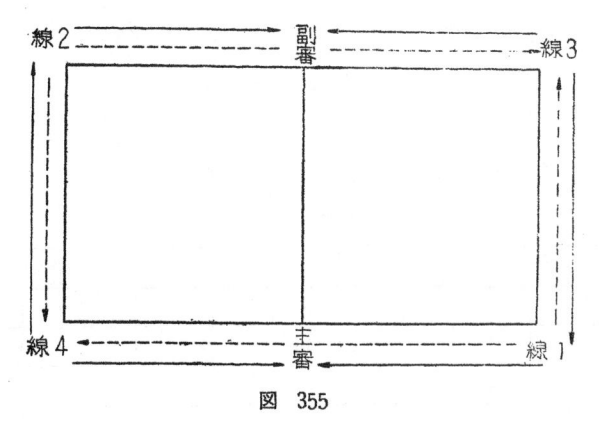

図　355

iv ラインぎわへ飛来するボールに対して線審は図356，図357の如くボールのコースと直角になる位置へ動いて（正確に見るため），グッドの時は両手をやや前下方に下げ（線審用紙を持っているものは片手），アウトの時には片手を伸ばして上にあげる。

図356 サイド・ラインのジャッジ　　　**図357** エンド・ラインのジャッジ

v またボールを2個以上使用する場合には，使用中でないボールは線審の足もとに置き（4人制の時は③④の）主審の指示で競技者に渡す。なおボールを反対側コートのサーバーに渡す時には，ネットの下をサイド・ライン寄りにころがす。さらにチェンジ・コート，タイム・アウトの場合にはボールを保持し，主審の指示で渡すこと。とかく線審が無責任になるのは，その仕方が分らない点にも原因があるから，実際についてよく指導する必要がある。

②　記録員は競技記録をつけると同時に，点示板のスコアーに誤りがないか

どうかを監視し，また競技者交代が正しく行われているかどうかについて注意する。次のような型式で記入させると比較的簡単である。

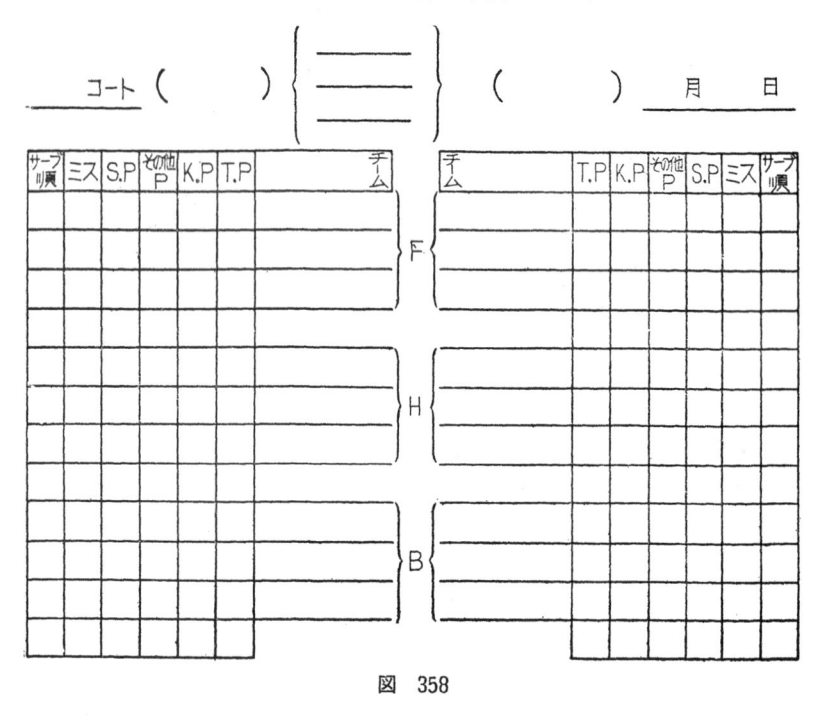

図　358

C　競技者交代と策戦タイムのとり方

これは競技者側のことがらに属するものであるが，競技者の交代ができ，策戦タイムが取れるのに，その手続きに自信のたいため，無為に過す場合が案外多い。

①　i　競技者交代を申出ることの出来るものは，監督，キャプテン，補欠競技者である。

ii　申し出る時機はボールがデッドの時である。然し第1サーブと第2サーブの間は許されない。

iii　申出る人は主審又は副審である。声を出したり，タイム・アウトのジェスチャーをしたり，分りにくい時は軽く審判の足をたたいてもよい。何れにしても「選手交代」と云う意味を明瞭に知らせる必要がある。

iv　交代が許されたら，交代する競技者はコート内に入る。この時，監督，キャプテンまたは交代される競技者は，両競技者の氏名（バック・ナンバーも）を記録に報告す

る。

② ⅰ 策戦タイムを申し出ることの出来るものは監督またはキャプテンである。

ⅱ 申出る人及び申し出る時機は競技者交代の場合と同様である。

ⅲ 策戦タイムが許されたら，タイム・アウトを要求した監督に限ってコートの中に入ることが出来る。策戦タイムの長さは30秒が限度であり，１セットにつき１回だけ要求することが出来る。なお策戦タイムの時には競技者はコートから出ることは許されない。

第　　5　　週

　ここで６人制に切りかえ，この週で簡易な６人制の行い方を経験させるとともに，バレーボールの生活化の方途についても理解させる。

　これまでのグループを一応解消して，１グループ６人の異質グループを作らせる。コートは矢張り３面使用し，３グループに対して１コートを割りあてる。人数が少い時には２グループが１コートでもよい。ボールの数も多いに越したことはないが，１グループにつき１個は必要である。

第５週・第１時　限

（１）　本時のねらい

　９人制の基本的技能を用いてゲームから導入し，またゲームによって，簡易な６人制バレーボールの行いかたの概要を習得させる。

（２）　指　導　の　方　法

　A　指導の進め方

　（a）　競技場の準備

図359 の如く簡易なコートを造らせる。

①　９人制との主な違いはネットの下にセンター・ラインを引くことと。

各コートのエンド・ラインの右側にサービス・エリヤを設けることである。

②　図359 の如くコートの広さは９人制より幾分狭ばめ，ネットの高さは９人制と同じくしておく。

（b）　予め理解させておくべき事項

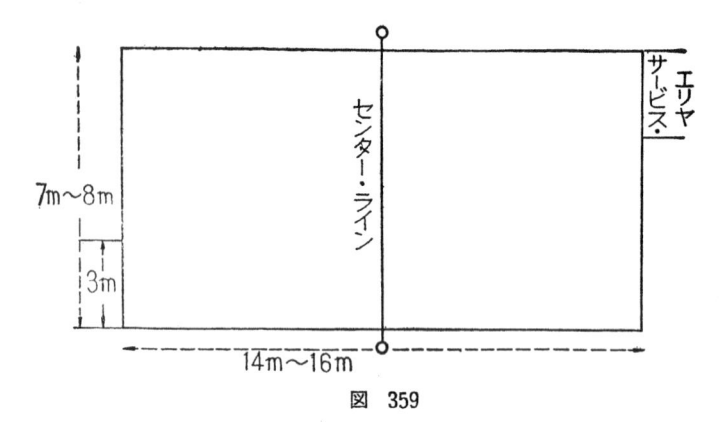

図　359

　簡単な準備運動の後すぐにゲームを始めるが，本時のゲームに必要な次の如きルールを説明する。

　ⅰ　言うまでもないが1チームの人数は6人。

　ⅱ　サイド・アウト制とローテーション制。

　ⅲ　サーブは1本。そのサーブがネット・インした時はフォールトとなる。サーブ以外のネット・インは続行する。

　ⅳ　1セットは15点で終り，セットの途中でコートを代えない。チェンジ・コートは次のセットの始めに行う。（但しセット・オールの場合に限り，最後のセットは8点でコートを代える。）

　ⅴ　ボールがネットに掛った時でも3回以内に返球しないと反則。

　ⅵ　イン・プレイ中に，センター・ラインを踏んだり，踏み越すと反則。

　ⅶ　ホールディングの限界を少し強める──とくにタッチの場合は指先にボールをかけるか，指を半分折ってボールに触れること──。

　②　すぐにゲームを行うので審判についても要点だけ理解させる。

　ⅰ　審判員は矢張り主審，副審は1人ずつであるが，線審は2人である。

　ⅱ　そして写真（図360）の如く副審は主審と反対側の支柱の後に腰掛させ，また線審もエンド・ラインの後方に腰掛ける。（広い場所では線審は立たせておいた方がよい。）

　ⅲ　主審のコールはポイントの時は「ポイント」でよいが，サーブ権だけが他方へ移る場合には「サイド・アウト！　ローテーション！」と呼ばせる。副

審はセンター・ラインの踏越しや
タッチ・ネットのの有無を監視す
るとともに，ハンカチなどを横に
あげてサービング・チームを指示
させておく。

（ｃ）　ゲームの進め方

① 　Ａ・Ｂ両グループをコート
に入れ，Ｃグループに審判をさせ
る。そしてセットが終るごとに審
判を交代させて行く。時間の都合
上１セットの点数は８点〜11点ぐ

図360 センター・ラインやマーカー（白帯）にも注意。マーカーはサイド・ラインの上方につける。（第２時限に使用する。）

らいが適当であろう。また８分間に得た点数の多少によって交代させる方法も
ある。

② 　ⅰ 　図361 の如くまず，サ
ーブ権を得たＡグループの①にサ
ーブ・エリヤからサーブをさせる。

ⅱ 　その後Ｂグループが失敗し
た場合はＡの１点となる。然しＡ
がサーブを失敗したり，Ｂからの
返球を失敗した時にはＢ側にサー
ブ権が移るだけでＢの得点とはな
らない（サイド・アウト）。この

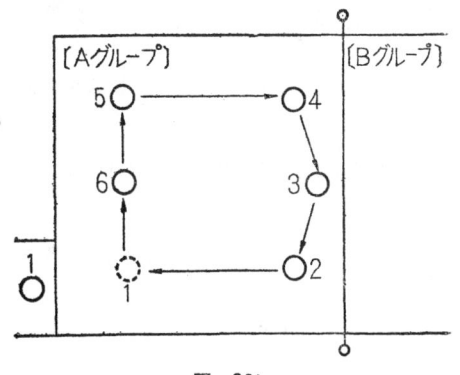

図　361

ようにサーブを持った側が勝った時だけ得点とさせる。

ⅲ 　Ｂにサーブ権があったが，Ｂ側の失敗によりＡにサーブ権が移った時は
図361 の如く矢方向に１つずつ位置を移動して（ローテーション）新にＢ・Ｒ
の位置に来たものが（この場合は②番）サーブを打つ。そこでこのようにサー
ブをしていない側が新にサーブ権を得た時には競技者の位置を一つずつ動かし
てサーブを打たせる。この時，反対コートの競技者も共に位置を移動してはい
けない。

B　技 能 の 要 点

①　サーブはアンダーハンドで相手の守備の間隙を衝く。

②　レシーブの場合はボールのコースをよく見て早くその下へ動き，写真（図362）のように腕と指を伸ばしてポンと弾き出す。

図362 体が後ろに残っている点に注意。体と共にボールを押し出すとホールディングになる。

③　低い3回目のボールはパスで相手の間隙をねらうか，バックを衝くようにする。

（3）注 意 事 項

①　取りつきにくいようであるが，簡単にルールの要点とか，審判の要領を説明しておけば案外スムースにゲームが始められる。

②　その中に不明の点も出て来るであろうから，その都度質問させたり，適宜に指示をする。

③　ホールディングなどについては理解程度に止め，始めからやかましく言わない方がよい。

④　正課時には，副審を置かなくともよいし，線審の数を4人にしても差支えない。

第 5 週・第 2 時 限

（1）　本時のねらい

6人制におけるパス，サーブ，攻撃などの要領を会得させることによって，ゲームの内容を向上し，6人制に対する興味を高めさせる。

（2）　指 導 の 方 法

A　指導の進め方

（a）　新たに加える規則

①　ネットの高さを9人制における正規の高さよりも5cm〜10cmあげる。しかしコートの面積は前時間の通りである。

②　写真（図363）の如くネットの両端で，サイド・ラインの垂直線上に白

帯（正規の幅は 5 cm）をつける。
そして両白帯の間を通過したボー
ルのみを有効とさせる。

（b）　パスとレシーブ

①　円形，又は対列の降形でチ
ェスト・パス，アンダーハンド・
パス，ワン・バウンド・パスなど
を行わせる。

②　A，B両グループは図 364
の如き隊形でコート内において，またCグ

図363　白帯に注意。フローター・サーブを打ったところ。

ループはコート外で同一隊形をとらせてレ
シーブをさせる。その練習の仕方をAグル
ープについて述べると，先ず④，⑤，⑥が
ボールを打って　①，②，③にそれをレシ
ーブさせる。そして適当な時にローテート
し，今度は③，④，⑤が打ち，⑥，①，②
にレシーブさせるようにして順次に繰返す。

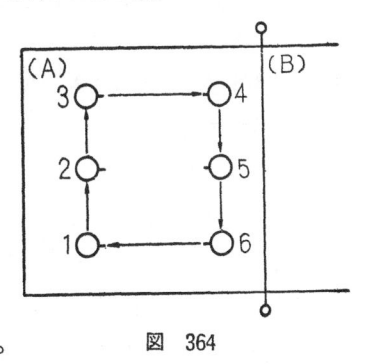

図　364

（c）　サ　ー　ブ

①　3つのグループを同一コートの両エンド・ラインに分けてセカンド・サ
ーブを行わせる。

②　次いで写真（図366の②参照）の如きフローター・サーブを練習させる。

（d）　簡易な攻撃と防禦

①　A，B両グループを同一コートに相対して入れ，始めにAグループが攻
撃しBグループが防禦，次ぎはBが攻撃，Aが防禦と交互に実施させる。

②　攻撃は，図365 の例1の如く⑤から後衛へ投げ，返球されたものを④あ
るいは⑥にトスして打たせたり，また例2の如く⑥から後衛へ投げ，返球され
たものを⑤あるいは④にトスして打たせるなどの仕方を交えさせる。

③　一方防禦側の前衛をストップ（ストップのことをブロッキングと言う。）
に跳ばせ，ストップ以外のものはボールを は じ き，あるいは打って捕球させ

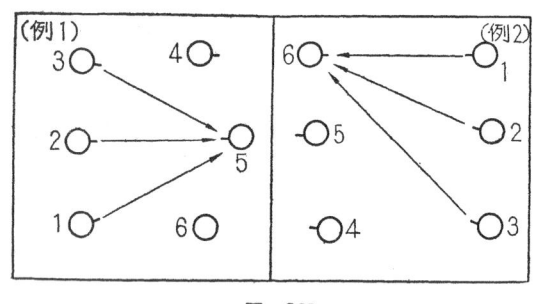

図　365

る。

④　攻撃と防禦の練習もできるだけローテートして行わせる。

（e）ゲ　ー　ム

時間の許す限り実施させる。

B　技　能　の　要　点

（a）　パスとレシーブ

前時で述べた通り，ホールディングの基準がきつく，スクリーピング（かき上げる），リフティング（持と上げる），フォローイング（押し進める）の動作は反則となる。

そこで出来るだけ機敏にボールの下へ動いて1時間目に述べた要領でチェスト・パスを行うべきである。然しながらチェストで扱えるボールばかり飛来するものではない。

①　先ず，低いボールに対して，9人制のようなアンダーハンドのパスは

図366 掌を合わせ，両拇指の甲を上向きにして揃えて並べて当てる。

図367 B・Rのワン・ハンド・レシーブ

すくい上げるので反則となる。そこで図366 の如く両腕を下方に伸ばし，両手を両手を合わせるか，または組んで，手首の部位にあててはねあげることが必要である。ボールが手首に入った瞬間に，手首を僅かしめあげることがよい。また強いボールは両手の掌（手のつけ根）で打ちあげてもよい。

②　今一つは横のボールに対する場合である。両手を横に出して捕球すると矢張りホールディングとなるから，テニスのボールを打つように体を横に開いて片手（ワン・ハンド）で打と上げる。

この時手は軽くにぎり，幾分手首を曲げ，ボールを脈部の附近にあてる。腕を伸ばしハーフ・スイングで打つような気持で行わせる。図367 は相手の豪球を左後方へスライディングしながらワン・ハンド（左手の）であげたところである。ワン・ハンド・パスは，一応簡単に取りつくことが出来るが（この程度でよい。），それ以上を望むことは困難である。

（b）　サ　ー　ブ

①　アンダーハンド・サーブ

相手の攻撃しにくい場所を衝く。できるだけボールを押しはなして回転を与えないようにする。

②　ボールを浮かせるのに都合のよいのがフローター・サーブである。このサーブは写真図368，図369（及び p. 175 参照）の如く，ネットに正対し，足を左右に開き，（打手の足を僅か後方にひいてもよい。）トスを僅か打手の手前にあげる。そして胸を反らしその反動を用いて，掌のつけ根でおしはなつ。このサ

図368 ネットに正対し，軽くトスをあげる。　　　　図369 胸を反らし後方へひいて打つ。

ーブは上体がネットに面し，腕をネットと直角に押し出すので，高ささえコントロールできれば最も確実なサーブと言うことができる。

　（c）　キ　　　　ル（スパイク）

　①　9人制と殆んど同じであるが，ネットが高くなると早目にジャンプしてボールの落とぎわを，手首で素早く巻き上げるようにして打ち落とすがよい。

図370 世界選手権大会（女子）アメリカ対ソ連である。 2 m24の高さで，スパイカーもストッパーも大分高く跳んでいる。

図371 バランス・スマッシュ。正規には前衛でなければこの位置からは打てない。

　②　バランス・スマッシュ（フック式キル）

むずかしそうな名前だが行い方によっては最も容易な打法である。つまり跳び上ってオーバーハンド・サーブの要領で打てばよいわけである。ネットからはなれたり，低目のトスに対して，ボールを直上か稍々後方に見る位置に跳び，後から弧を描くように振り上げて，斜め前上方で打ち放つ。腕を少し曲げて打ち，弱くともコート内に入れることが先決問題であり，次第に図371 の如く腕を伸ばして力を加えられるようになれば申分ない。

　（3）　注　意　事　項

　①　時間が不足するので基本的な技能は一応要領だけ理解させて，後はゲームを通して指導して行くことがよい。

　②　1時間目に示した以外の主な規則を掲げておく。詳細はルール・ブック参照のこと。

　以下の場合は反則となる。

　i　ボールは両白帯の外側から相手コートに入れたとき。

ii ボールを皮おびより下（9人制は膝より下）でプレイしたとき。

iii サーブが打ち放たれる前に定位置から動いたとき（なお，サーバーは主審の笛の合図でサーブを打つこと）。

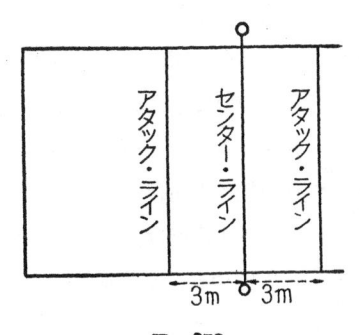

図 372

iv 図372の如くアタック・ラインが設けられ，後衛がそのアタック・ラインから前方に出て攻撃（キル）したとき。

v 後衛がストップに参加したとき。

iv ストップもれしたボールを他のものがストッパーの1m以内へ寄ってあげたとき。

vii 2人〜3人が揃ってストップした際，その中の1人にボールが当って，当人はネット・オーバーしていないが，他の誰かの手がネットを越していたとき（オーバー・ネットの反則）。

その他，反則ではないが2人の手に同時にボールが当ったときには2回の触数と見做される。サーブのトスのやり直しはできる。なお，以上の大部分の規則は参考にあげたが，余程上達した場合でないと適用は困難であり，かつ無意味である。

第5週・第3時限

（1） 本時のねらい

その場で生徒たちの好みに応じた方法でゲームを楽しく行わせ，終了後3年間の反省と総まとめを行い，将来の生活化への端緒を開く。

（2） 指導の方法と参考

① 9人制，6人制，4人制その他どんな方法でもよいから決めさせる。

② 組分けは誰とでもよいから，試合の形式に応じてなるべく早く行わせる。

図373 サンタモニカの海浜

③　規則や審判などについても気軽にきめて簡易に実施させる。

④　3年間の総まとめを行い，バレーボールの効果と将来の活用法について
の意見（抱負）を開陳させる。図373 はアメリカのサウンド・バレー，このよ
うな行い方についても研究する必要があろう。

⑤　4人制バレーボール

次に特別な規則をあげる。

i　サーブは1回だけ，ネット・イン・サーブはフォールト

ii　ゲームは15点，3セット

iii　ネットの高さとコートの面積

種　　別	ネットの高さ	コートの縦	コートの横
1　般　男　子	2.15m	13.00m	6.50m
高　校　男　子	2.10m	13.00m	6.50m
高校女子中学男子	2.00m	13.00m	6.50m
中　学　女　子	1.90m	12.00m	6.00m

⑥　家庭のバレーボール

図374　このように簡単に楽しめる。

V 評 価

1 評価の性格

評価は学習のねらいが具体化されたものである。つまり，学習のねらいが学習活動を通してどの程度実現し得たかを反省することである。従って，評価は常に学習活動につくものであって，時間ごとの評価，学習の区切り期における評価，まとめの評価など多様である。また評価の角度は目標（学習のねらいと云ってもよい。）に対応することが必要であって，これを知的理解，技能（以上個人的）態度，生活化（以上社会的）の諸角度からとらえるようにする。

評価には，短時間に話し合う程度のものから，問題を採点したり，試技を計測し，その結果を数量化して評価するなど，いろいろの方法がある。しかし評価のためだけに余り多くの時間をかけすぎないように注意せねばならない。

2 知的な評価

評価の対象となるおもな項目を次にあげる。

① バレーボールの歴史及び特性に関するもの

② 規則と用語に関するもの

③ 技能の要点に関するもの

④ 各ポジションの任務に関するもの

⑤ 練習法に関するもの

⑥ 審判法に関するもの

⑦ 試合の計画と運営に関するもの

⑧ バレーボールの価値と生活化に関するもの

3 基本的技能の評価

基本的技能の程度は最も客観的に計測できるもので，教師の評価，生徒たちの自己評価の雙方に重要な部分を占めるものである。行いやすいものの順を追ってあげて行く。

（1）　サ　ー　ブ

A　準　　備

（a）　ボール——男子は男子用公式用球（1コート6個），女子は女子公式用球（1コート6個）

（b）　コート——図375，376のように区劃したコート3面

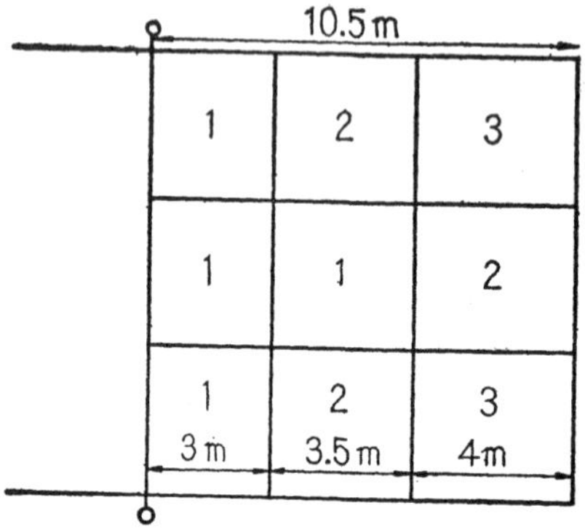

図375 高校男子のコート 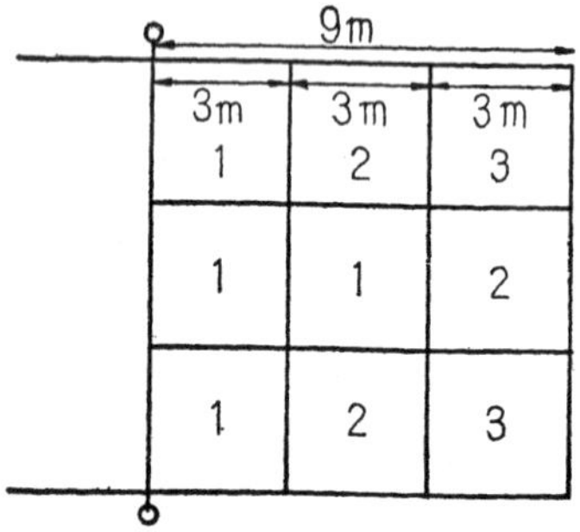　　　　**図376** 高校女子及び中学男子のコート
　　　　　　　　　　　　　　　　　　（中学女子もこれに準ずる。）

（c）　ネット——おのおの正規の高さ

（d）　生徒の役割——各グループから，記録係2名，判定係2名，ボール拾い2名を出す。他にコート係りや用具係をそれぞれ準備に当らせる。

B　実　施　方　法

2つのグループを組にして，Aグループが試技し，Bグループに計測させて終り次第交代させる。

①　エンド・ライン外から，1人連続5回のセカンド・サーブを行わせる。

②　成績記録は次の要領とする。

ⅰ　ボールの落下点を見て5個の合計点を記録用紙（グループの記録表参照）に記入させる。

ⅱ　落下点が線上の場合には上位の点数を与える。

ⅲ　コート外にボールが落ちたり，ネットに掛った場合は0点とする。

ⅳ　フット・フォールトは落下点の如何をとわず0点として，ネット・インの場合はやりなおさせる。

C 評 価 の 基 準

評価の基準については学校種別，学校差などがあって一律には決められないが，一般的には次の基準が適当であろう。

11点～12点以上 ……上

5点または6点～10点または11点……中

4点または5点以下 ……下

〔備考〕同様の方法でファースト・サーブの評価も実施できるが，この場合はボールのスピードも考慮する必要がある。また計測に要する時間も長びくことを承知しなければならない。

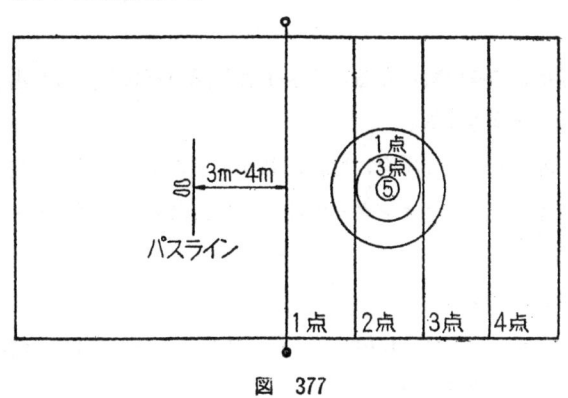

図 377

（2） パ ス

A ロング・パス

① パス・ラインにボールを持って立つ。

② ボールを自分で上方へ軽くあげて落下するところをチェスト・パスで思い切り反対側のコートへ飛ばす。ボールが手を離れたらパス・ラインを踏み越してもよい。

③ 1人が連続2回行い，結果は区劃線の点数で計算させる。

④ オン・ラインは上位の点数を与え，ネット・インは1点に数える。

B 正 確 パ ス

① 図377の如く反対側コート内に直経4m，3m，1mの同心円をつくりパス・ラインから同様の方法で円の中へ入れさせる。

②　2回実施させ，外側の円は1点，中は3点，中心部へ入った時には5点を与える。

　C　壁　　パ　　ス

①　凹凸の少ない壁にパスをぶつけて（2m～3mの距離から）はね返るところを捕えパスを連続させる。

②　2回実施させて多い数をとる方法と30秒間に連続した最高の数を計測する方法とがある。

（3）　トス・アップ

①　ネットぎわで，単独でネットより高く直トスが何回あげられるか実施させる。

②　2度行わせて多い数をとる。ネットより低いパスが交った場合にはその数だけを省いて計算させる。

③　流しトスの正確度の場合には，同じサイドのネットぎわに円をかき（サイド・ライン寄りに）前衛センターの位置から，自分で投げたボールをトスで入れさせる。

（4）　ネット・プレイ

①　ネットの後方　1m～1.5m よりボールをネットに掛け，何回ネットより高くあげられるが計算させる。

②　5回実施させる。タッチ・ネット及び強度のホールディングは無効とする。

③　同様にして，ネットに掛けたボールを何回反対側コートへ入れられるか実施させる。

（5）　タッチ・ボール

タッチやキルは身長差があるので公平な測定は困難である。次のよう方法で行わせる場合には身長をA・B・Cの3段階に分けて，低い段階は4～5cmネットを下げる必要がある。

①　ネットぎわにボールを持って立ち（ネッを斜前にして），自分で軽く上方へ投げあげたボールをジャンプして反対側コートに鋭くタッチさせる。

②　5回行って，タッチが何本反対側コートの前半分の区域内に入るか実施

させる（強きも考慮する）。タッチ・ネット，オーバー・ネットは無効とする。

（6） キ ル

① ネットよりやや離れてボールを持って立ち，自分で軽く上方へ投げあげたボールをジャンプして反対側コートに強く打ち込ませる。

② 5回行ってキルが何本反対側コート内に入るか実施させる（強さも重視する）。タッチ・ネット，オーバー・ネットは無効とする。

（7） そ の 他

また，3，4人を1組にして，早タッチやキルなどを行わせたり，円形パスや乱打などによるコンビを中心とした技能の評価せあるが，何れも個人を客観的に捕えにくいので省略する。

（8） 技能や競技に関する記録のまとめ方

次のような表をつくってまとめさせると便利と思われるので例示する。

① 2つの表を同一の用紙にまとめてプリントする。

② このような記録表を各グループに配布し，記録係りに保持させて，記入させる。

③ 記入の要領は――

ｉ グループの役割が決ったら，それに合わせて 姓名欄に姓名を記入させる。

ⅱ グルーピングの基準欄はグリーピングを正確に行わせるためのものであって，(イ)，(ロ)欄にはそれぞれクラスの順位を，そして(ニ)欄にはその合計を記入させる。もし(イ)，(ロ)，(ハ)欄の中1つまたは2つを基準にする場合には，その欄に0印をつけること。

ⅲ 個人記録の欄には例えば，パスのテストとかサーブのテストなどの結果を記入させる。

ⅳ またグループ競争記録表中の競技事項の欄には，例えば円形パスの競争とか，タッチやキルの成功回数の競争などのようにグループ間における競争の結果を記入させる。

単 元 名　バレーボール

〔性別〕男・女　　第＿＿学年＿＿組　　第＿＿グループ＿＿グループの人数＿＿人

グループにおける個人記録表

番号	名番列号	姓　名	グループの役割	グルーピングの基準				個 人 的 記 録				
				身長(イ)	走力又は(ロ)垂直跳	投力(ハ)	順位(ニ)部員は0印	月日	月日	月日	月日	月日
1			リーダー									
2			副リーダー									
3			記録係									
4			記録係									
5			用具係									
6			コート係									
7			指導係									
8												
9												

グループの競争記録表

項　目 ＼ 月　日	月　　日	月　　日	月　　日	月　　日	月　　日
競技事項					
ゲ ー ム	対戦チーム第＿＿グループ	対戦チーム第＿＿グループ	対戦チーム第＿＿グループ	対戦チーム第＿＿グループ	対戦チーム第＿＿グループ

4 社 会 的 態 度

（1）　社会的態度は，グループの役割を中心にしたものと，技能の練習やゲームの場を中心にしたものとに分けることができる。

　何れにしても態度は単純で生起するものでなく，絶えず対人的な関係とともに具現するから，これを客観的に評価することは困難である。と云って社会的なことがらを無視するわけには行かないから，グループの記録と云う意味を含めて（参考までに）社会的評価の仕方について例示しよう。（次頁参照）

〔単元名〕 バレーボール 第 学年 組 グループ

〔通算時数〕 第 時 月 日 曜日実施 記録者氏名

① 本時のねらいと前時の問題点

本 時 の ね ら い	前 時 の 問 題 点
1 2 3	1 2 3

② 計画と学習活動

学 級 の 計 画 (学習内容の具体化したもの)	自己グループの計画にもとづく学習 活動 (学級計画と関連した)

③ 本時の反省

よく出来た点		
計画通りに実施でき なかった理由 (右の該当事項の数字 に○をつけ余白に具 体的に記入する)	1 計画や打合せの不備 2 役員の怠惰 3 役員の指導力の不足 4 成員の協力不足 5 成員の理解度の欠除 6 技能の未熟 7 その他	
技能の未熟な者の姓と その理由及びグループ の対策		
次時の打合せ (概要)		
教師への希望		

〔欠席者氏名〕 〔見学者氏名〕

（2） 社会的態度の自己評価

たとえ社会的なことがらであっても，結局評価は個人的な問題に帰するわけである。そこで次の如き表により，自己評価をさせる。記入の要領は評価欄A・B・Cのうち，自分に該当すると思われるものに〇印をつけさせる。そしてA・Cの何れにも決められない場合にはBに〇印をつけさせればよい。

項 目	場 面	評 価		
		A	B	C
積極性	みんなで決めた計画を	進んで実行する		実行できないことがある
	困難な問題に直面して	進んで実行できる		弱気になることがある
	指導的立場に	立つことが多い		あまりない
公 正	競技の規則を	守らないと気持が悪い		守れることがある
	自分の失敗のいいわけを	いわない方		いう方
	友だちの公正なプレイを	すぐ指摘する		見ないふりをすることがある
自制心	自分の欠点を友だちに指摘されて	すなおに聞ける		すなおに聞けない
	試合中のピンチに	おちつける		おちつけない
	試合に負けたとき	反省する気持が強い		残念さが強い
責任感	練習や試合の時間を	正確に守れる		遅れることがある
	自分のいうことを	必ず実行できる		実行できないことがある
	友だちとの約束を	正確に守れる		守れない時がある
協 同	仲間がきめたことに	服従できる		不満があれば服従できない
	集団行動と単独行動	集団行動が好き		単独行動が好き

（3）　教師が行う社会的態度の評価

　教師が行う評価と生徒たちの自己評価は明瞭に区別しなければならない。教師が行うおもな仕方には観察と話し合いがある。教師は別にノートを用意し，前表のような角度から，観察や話し合いの結果，気づいた点を個人的にメモしておくことがよい。そして評価を総合する場合などには必要に応じて生徒の自己評価も参考にすることは言うまでもない。

Ⅵ 校内競技及びクラブ活動との
関連における留意点

　校内競技やクラブ活動は生徒たちのまとまりのある自主的な活動として展開される点に特色があるから，バレーボールなどのように大衆化している種目を活用することにより，生徒たちの発達（個人的，社会的）を促進し，将来のレクリエーションへの有力な基盤とさせたいものである。

1　校　内　競　技

　既に述べたように本指導計画の方針として，校内競技会を開催できる能力をつけること，換言すれば正課時のグループ対抗競技会の開催から校内競技会への発展をねらっているわけであるから，そのねらいを達成させるためには次の諸点に留意することが必要である。

　（1）　年間計画を作製するとき，バレーボールの単元の終りを校内競技会と関連させる。

　（2）　校内競技への参加チームは正課時のグループを単位とさせる。例えばグループ競技会の1位または1，2位グループを参加させる。指導の仕方によっては1位と最下位グループもおもしろい。なお，施設，用具，期間などを考慮した上で，出来るだけ多くのグループを参加させるような方法を講ずること。

　（3）　校内競技の計画と運営面にも出来るだけ正課時におけるグループの役割りを活用させること。例えば計画や運営にリーダーの意見が反映できるような機会を造ったり，前の試合に勝ったグループまたは負けたグループなどに次の試合の審判を担当させる。（主審が無理ならば，線審，記録などにあてる。）

　（4）　校内競技を行うに必要なことがらは，指導計画の中に織り込んで習得させる。そして校内競技への発展を課題的に指導する。

　（5）　正課時の内容を校内競技に発展させるためには学習内容を生徒たちの手で自主的に行えるように指導すべきである。そのためには生徒たちの手で計

画をたて させ（教師の計画を生徒の計画に移す。）協力して計画の実現に努力
させ，問題点を発見し，次時の計画に織り込んで，自ら解決させるようにする
べきである。

2　クラブ活動

（1）　グループ学習を円滑に進め指導の効果をあげるためには，技能の優れ
たものが各グループに分散していることが必要であり，その数が多ければ多い
程都合がよいわけである。したがってバレーボール・クラブ員はもとより，他
の運動クラブ員も（運動クラブ員は運動機能が発達しているばかりでなく，ス
ポーツを自主的に行う経験も深いので）できるだけその能力を発揮する場を与
えるようにすべきである。そのためにはグループにおける役割を持たせること
が必要であり，もしリーダーとか副リーダーに選ばれなくとも，他に指導係り
（場合によっては人数を増してもよい。）を設けておけばその要求を満たす こ
とができるであろう。と同時に各グループに役割の持つ意味を理解させ，適材
適所に配置されるよう助言することにも考慮が払われねばならない。

（2）　そして一方，バレーボール部員（他の運動クラブ員も同様であるが）の
数をふやす配慮も必要である。正課時の指導とか校内競技などにより，各人が
具有する運動能力を発見させて，どんどん運動部へ加入させたいものである。
然しながら，進学とか就職などの社会的な要求が強くからみ合っている現在で
は簡単に部員数をふやすことは困難なようである。そのおもな理由は入部はし
たが（或いはしたいが）練習時間とか疲労の関係からついて行けないわけであ
る。また部員数がふえたがポジションとか役割が与えられないために意慾をそ
う失し，やめる場合も出て来る。集団がよくその機能を発揮するためには人数
に一定の限界があって，これを越えると自ら集団の機能は弱まることになる。
そこで前述したものの要求をみたすために，現在の運動部とは別箇のクラブを
つくるよう推進させたらどうであろう。

　幸いバレーボールは新たに6人制バレーボールも登場したので，その持ち味
を十分に生かした新しいクラブの出現を期待している。

〔附　録〕

1　施設・用具

文部省における施設・用具の標準（昭和29年度）を次にあげる。

（1）施　　　設

9学級〜15学級ではバレーボールのコート各1面〜2面（それ以上の場合もこれに準ずる。）

（2）用　　　具

　（a）　ボールの基数

　　　　　　1学級〜5学級──5個

　　　　　　6学級〜17学級──10個

　　　　　　18学級以上　　──10個

　（b）　支柱とネットの基数

　　　　　　1学級〜5学級──各1

　　　　　　6学級〜17学級──各2

　　　　　　18学級以上　　──各2

2　ス ラ イ ド

スライドは、以前から導入時におけるスポーツや運動の概念を把握させたり、また雨天時などを利用して、用語や技能の要点などを学習させるために使われて来たが、概してインフォーメーション的な傾向が強いようである。ところがグループ学習になると、その利用範囲や価値が更に増加する。第1に、学習内容を理解して全体の見通しを持たせるために 用いる。（矢張りインフォーメーション的ではあるが、はっきりしたねらいを持った点が異る。）第2には、学級の計画やグループの計画をつくる場合に役立てる。この分野がスライドにおける新開地とも言えるから、技能の要点や練習の仕方などが学習活動の順序に従って編集されたものが便利であろう。

バスケットボール

東京大学 教養学部教官 青 井 水 月

東京大学 教養学部教官 滝 沢 英 夫

I バスケットボールの歴史と特徴

1 バスケットボールの歴史

バスケットボールが考え出されたのは，1891年のことである。これはアメリカのマサチュセッツ州スプリングフィールドのY・M・C・Aの体育指導をしていたネイスミス (Naismith) が考え出したものである。冬の長い期間戸外運動が出来なくなった青少年の為に，室内でも出来る，楽しい，そしてかなり激しい動きのあるものと考えて，机の上で作ったスポーツが，このバスケットボールのゲームである。このゲームは，Y・M・C・Aを通じてアメリカ各地に紹介され，急速に普及して行った。なぜこのスポーツがかくもすばらしいスピードで世に普及したであろうか。それは楽しくまた興味あり，かつかなり技術的にもむずかしいというような色々な特徴があったからである。(この特色については後で述べる。)

わが国に始めて紹介されたのは，明治41年 (1908年)，スプリングフィールドの体育学校でこのゲームを経験した大森兵蔵により，Y・M・C・Aを通して知らされたのである。しかし，大正2年(1913年)，ブラウン (F・H・Brown) が神戸のY・M・C・Aで教えてから次第に普及するようになったのである。そして，各大学で盛んに行われるようになり，大正13年の明治神宮大会の正式種目に採用されるに及び，急速に普及して行った。そして極東大会，オリンピック大会 (昭和11年ベルリン大会) 等に参加し，大いにその技術の向上を示して来た。戦後の復活も早く，ハワイチーム等を招待して新しい技術の吸収に努め，世界のレベルに比して決しておとらない状態に到ろうとしている。しかし，日本人は身長などに不利の点があるので，これを如何に克服するかが，現在のバスケットボール界の課題となっている。世界ではアメリカが圧倒的に強いが，近年ソ連も非常にこのスポーツを研究して，注目すべき進歩を示している。

2 バスケットボールの特徴

バスケットボールは次のような特徴をもっている。

（1）　考えて作ったスポーツである。

　他のスポーツは，遊んだりまた生活に必要な手段として行って来たものが自然にスポーツとして変化したのであるが，バスケットボールは一定の構想（室内スポーツとして，大勢の者がかなり激しく活動出来て，しかも危険のないもの）のもとに考案されたものである。その為に，片手ではあつかえない程の大きなボールをつかい，身体的なぶつかりあいのないこと，およびボールをもって走ることを禁止し，ゴールも空中にぶらさげるなど色々と考えて作られたのである。

（2）　身体のぶつかり合いを禁止する。

　テニス，バレーボール等の如く敵・味方のコートを分けて行うゲームはぶつかり合いがないが，敵・味方入りまじって同じコート内を走りながらも，ぶつかり合いを禁じた点は大きな特徴である。フットボール型のゲームには，たしかに独特の面白さがあるが，それには「タックル」という難点があった。「ボールをもって走る」ことを禁止したのは，このタックルを止めさせる為であった。かくて，身体のぶつかり合いとボールをもって走ることを禁止するというバスケットボールの特徴が生れて来たのである。

（3）　その他の特徴

　（a）　アメリカの三大スポーツとしての野球，アメリカン・フットボール，バスケットボールに共通な点は，

① 　選手の交代が出来ること。

② 　監督の作戦により「タイム」をとることが出来，その作戦によりゲームを進めることが出来ること。

③ 　見る人も「次はこの作戦で行くか」と自分も監督，選手になった積りで見ることの出来る面白さをもっていること。

　（b）　わずかの間に世界各国に普及し，盛んに行われるようになったこと。スポーツ人口は他のスポーツに比して非常に大きい。（プロ・スポーツとして成立出来る下地がある。）

3　バスケットボールの現状

　バスケットボールは近来非常な発展，普及をしている。協会登録高校チーム数も二千を越え，大学チーム，実業団チームを併せると相当の数にのぼる。また中学校においても，大会参加のチームが増加の傾向にある。これは，このスポーツが中学，高校，大学と男女の差別なく行えるチーム・スポーツであり，比較的狭いところでも行えるスポーツであるからである。また体育館のないところでは，戸外においても行えるスポーツである。近年国体の影響をうけて地方に大体育館がつくられ，また中・高校においても体育館新設の波に乗って，このスポーツの普及に一層拍車がかけられるようになった。また中学以上の正課体育に取入れられているので，競技人口も相当増大する可能性を もっている。

Ⅰ バスケットボールの性格と指導目標

バスケットボールは，生徒の身体的発達の完成，および社会的態度の発達を促進させるために行われることは勿論である。この教育目標に対応するバスケットボールの性格をあげて見ると，

1 身 体 的 発 達

バスケットボールは走る・跳ぶ・投げることを基本とし，すばやく身をかわし，止まることなど色々な要素をもち，持久性，敏捷性，器用さなどを養成するのに特にすぐれたスポーツである。

2 技 能 的 発 達

ボールをゴールに入れることは初心者でもすぐ出来るが，段々と距離，位置，相手の防禦，タイミング等の要素とからみ合ってくると非常に技術が高度になり，最高の水準に達する迄には，技術的に非常にむずかしく，チーム・プレイを必要とするので，あらゆる技能を発達させるのに非常に効果あるスポーツである。

3 社 会 性 の 育 成

チーム・スポーツの典型的なものとして，各自が十分なチーム・ワークを意識して，正確な判断と決断力，実行力を発揮し，協力，寛容などスポーツマンに必要な社会性を養いうる可能性をもっている。他のスポーツと同様に厳しいルールによってゲームが運営されるので，法を正しく守り実行する力，また権威に対する礼儀など，あらゆる社会性を育成させるのに最もよい教材である。

4 健康・安全についての発達

身体各部の均等な発育を促進させるのは，前述の通りで，かつ，肺，心臓，内分泌等の諸器管の発育・鍛練には非常によく，男女共にその体力に応じて，コートの広さ，ボールの大きさ，時間の長短を適当に行うことが出来るし，途中タイムをとり交代が出来るので，体力に応じて必要な運動量を得ることができる。また安全については，このスポーツがかなりはげしいスピードで行われるので，障害物の除去，コートの清掃の必要がおのずと自覚され，自分や他人

の安全についても意を用い，すばやく危険から身をさける瞬間的な判断と行動を体得することができるのである。運動後の整理運動，および身体の清潔さも指導しやすく，安全，健康への意慾を喚起するに容易なスポーツである。

5　生活化への育成

男女共に運動量を適当に加減することができるので，かなり年をとっても行うことが出来ると共に，常日頃練習して身についたプレイが瞬間的に行われるので，バスケットボールはハビット・ゲーム（慣習性の試合）と云われる程で，日常の生活化への導入が指導しやすい特徴がある。またボールとゴール（籠）さえあれば，狭い場所でも，一人で楽しく出来，農村・都市を問わず各地で行うことが可能で，全村あげて老幼が楽しくバスケットボールを行っている実例もあり，バスケットボールを通じて生活文化の向上を促進させることが出来る。（石川県粟ノ保村の例）

6　知的情緒的発達

事物の観察・分析・工夫等の知的能力が高度に要求されるスポーツで，生徒自らが色々と考え，かつ工夫を加えて行える場が多く，またよく見ていることによっても興味が増大し，美しいプレイおよび，ゴールする迄の過程を分析・理解する事により鑑賞力も養成される。その他，校内大会開催実施におけるさまざまな知的経験をもたせることもできる。

バスケットボールを通じて，技術の習得だけに止まらず，運動文化を理解し，それによって，生徒およびそれをとりまく社会の生活内容を豊富にし，よりよき社会を作り上げる基礎を，この期間に少しでも固めることがその大きな目標であり，指導者も常にこの指導目標を頭に画きつつ，あらゆる場を利用し，計画的に指導すべきである。

Ⅲ　バスケットボールの指導計画

1　指導計画の立て方

指導計画は，バスケットボールだけでなく他のスポーツ教材と関連して組織的に立てられるのは勿論であるが，発展的合理的に計画されなければならない。しかし，如何に理想的に立てられても，その学校・地域の実情にそわないものであれば，画餅に等しいものである。実情に合わせる為には，生徒の生活経験調査等の基本調査の他，地域性（環境・地形・天候など）も考慮に入れ，種々の要素を勘案して，その学校にふさわしい年間計画を作り，それに基づいて，週間計画，日々の指導細案などを展開するようにしなければならない。

（1）　必修時の計画

普通この教材は，循環的に各学年におかれているが，ある学校ではきまった学年にきまった教材を集中して行う場合もあり，またある学年に中心教材として大部分の指導週数をあて，他の学年にはそれを選択教材として配当することもあろう。いずれにしても，バスケットボールを教材としてあつかう場合は，生徒に一応のまとまりある学習経験をさせる為に，一定期間継続して実施する単元配当的な方法をとるのが望ましい。1週2時限の場合，2つ以上の教材を併行して実施しているところもあるが，数週間続けて週2回同一教材で指導して行く集中法を実施した方が効果が大きいように思われる。それについては，生徒の興味，他教材との比率などを考えて，実施することが望ましい。

（2）　特別教育活動時および自由時の計画

特別教育活動時や，自由時の計画も，その練習目標を与えて生徒の自発的意慾を向上させるように指導すべきであろう。このことは，スポーツに対する自主的能力を高め，それをかれらの生活に位置づけることに役立つので，教師の方でも十分指導計画をたてることが肝要である。

2　時　間　配　当

年間計画において，バスケットボールを教材として配当する場合，「中等学

校学習指導要領保健体育科体育篇」では通年8〜16週間が示されているので，ここでは教師の指導計画の参考として，Aコース（初心者……中学初級程度），Bコース（やや経験ある者……中学上級または高校初級程度），Cコース（経験者……高校上級程度，自由時およびクラブ活動のためのコースも考えて）各10時間，15時間配当の6コースを案として作成してみたのである。各学校の生徒のバスケットボール経験の程度により，このコースを如何に組み合わすかは任意である。とくに高等学校においては，中学校で経験した者とあまりやらなかった者が同時に入学して来た場合，Bコースより始めることは危険であるから，Aコースの後半より始めてもよいように，各単元を前後の教材を含んで立案した訳である。勿論学校によっては，25時間配当（6週）の場合は例えばAコースの10時間コースとBコースの15時間コースを結びつければよい訳である。

バスケットボールを教材と考える場合，ウィンター・スポーツとして，12月に配当しなければならないと考えることは，現在のところ無理がある。ことにこのスポーツは他のスポーツ教材の基礎技術を多く含んでいるので，各地域の学校の実情によって適当に季節にかかわらず立案してもよいであろう。（附表参照）

3　グループ編成

バスケットボールを指導する場合，学習効果をあげるためには，どうしてもグループ編成をしなければならない。この場合「同質グループ編成」と「異質グループ編成」とがある。この手続は後述の第5章の"スキル・テスト"の簡単なものを行って，その評価により組を作ればよい訳であるが，単に技術のみを指導することを考えれば上手なもの，下手なもの同志というように「同質グループ」の指導が行いやすいのである。しかし，技能だけでなく，他の指導目標との関連を考慮すれば，「異質グループ」による編成が望ましい。このグループによるチームを編成し，ある期間固定して指導することによって，このグループ内にキャプテン格の者と，マネージャー格のものと，それに結びついたチーム・メンバーが自然と構成されてくる。これが大きなねらいとなる訳であ

る。即ちこの小さな社会構成により各人間関係の結びつきが社会性陶冶の養成に役立つのである。以下述べる各単元の展開もゲーム形式によるので，当然自らのグループの成績は自己の責任において作られ，協力と寛容，また自主性の向上によって，指導目標へ自ずと発展して行くのである。

4　指導計画案例 (附表参照)

①　この指導計画案は，初心者でも，またかなり熟練した者でも，また自由時のクラブ活動の指導も出来るように考えて作ったものである。

②　32年秋よりまた新しくルールが改正されるが，このルールを早く習得して，楽しくゲームが行える ように，基礎的な技術を色々な面から分析してみた。それを更にゲーム中心に組立てて，かなり高い技術までも容易に習得出来るように計画案を作った。

③　技術だけにとらわれ勝ちであった今迄の指導計画より進んで，チーム・ワークによる社会性，知的性格育成のためにチーム単位の指導法に重点をおいたものである。

④　各単元をゲーム形式によって展開させ，生徒の興味を喚起するよう組立て，実施出来るようにした。

⑤　現場でそのまま指導し得るように，徹底的に現場主義をとり，ありがちな悪い形を整理して，それを合理的に指導し得るように留意した。

以上のような方針によって，A・B・Cコースという三つのの形を作り，各コース間及び各時間の間も既習教材を復習しつつ，新しい教材を主教材として展開し，次週教材の準備をして計画して見たのである。勿論この計画案に予想しない事態は当然生じてくる訳で，その時はその場に即した臨機応変の手段により単元を前後させたり，長くもし，また省略してもよい。あくまでも生徒の自主性を重んじて展開させる必要があるわけである。

年 間 学 習 指 導 計 画 案

1. Aコース（初心者……中学初級程度）

単　　元	主　教　材	10時間配当	15時間配当	指 導 の 着 眼 点
ボール・ハンドリング	ボート・ボール ボール・ハンドリング	1	1	ボートボール・ゲームをたのしみながら，ボール・ハンドリングを覚えさせる。 五指を自然に開いて掌に空間をつくり，ボールの側面よりやや後方をキャッチする。
パス・ゲーム	チェスト（ブッシュ）・パス アンダーハンド・パス ショルダー・パス ランニング・パス 　A　手渡しパス 　B　2人平行パス	2	3	床に平行なパスを送る。 捕球者の膝から肩の間をねらう。 ボールは指先から離れるようにする。特に人差指と中指の先端からボールが離れるようにする。 相手が捕球し易いようなパスを出す。
ドリブル・ゲーム	その場ドリブル ストレイト・ドリブル ジグザグ・ドリブル	2	3	相手にボールをカットされるおそれのあるところではドリブルを低くし，いつでも方向をかえたり，パスし易いようコントロールをつけておく。 速度を要するドリブルは胸の前ぐらいに高く前方へつき出すドリブル。
ピボッティング	2カウント・ストップ 　（ストライド・ストップ） 1カウント・ストップ 　（ジャンプ・ストップ） ピボット 　A　前方廻転 　B　後方廻転	1	2	ピボット・フットをきめる。 ピボット・フットに体重をのせて身体のバランスを保つ。 膝をまげ腰を下げて足裏の先 ⅓ ぐらいのところで廻転する。 上半身はおこして視野をひろくする。
シューティング・ゲーム	チェスト（ブッシュ）・ショット ワン・ハンド・ショット クローズアップ・ショット フリー・スロー	2	3	脚を肩幅ぐらいにひらき，足を僅か前後におき，重心を安定させる。ブッシュ・パスと同じ要領で人差指・中指の先端からボールを離す。 ショットはゴールより高くあげて上から落しこむようにする。 クローズアップ・ショットは右手のショットの場合は右足を第1ステップとして着地し，す早く第2ステップをリズムよく踏んでジャンプしショットする。
ゲ　ー　ム	ゴール・ハイ・ゲーム 簡易ゲーム	2	3	ショットに興味の中心をおくようにし，ハーフ・コートでショット・ゲーム，又はオール・コートのゲームでも，キャリング・ボールやバック・パスは大目にみて，得点法を別に考え，リングにあたっただけでも得点するようにする。

2. Bコース（やや経験ある者……中学上級または高校初級程度）

単　　元	主　教　材	10時間配当	15時間配当	指 導 の 着 眼 点
パッシング	バウンズ・パス ランニング・パス 　A　クリス・クロス・パス 　B　3人平行パス	2	2	パスを行う2人の中間に防禦者が立った時に使う。防禦者の足元で足から20cmぐらい外側にはずませる。 捕球者の走る速度とパスの速度を合せるようにパスを送る。第3ステップを踏む前にパスを完了させる。 前方を向いて走るようにしボールは斜め横前に出すようにする。
シューティング	ドリブリング・ショット ランニング・ショット ミドル・ショット	2	3	2足拍子を調子よくふむリズムを覚えさせる。バック・ボールにはねかえしてのショットを覚えさせる。 バスケットをノータッチでねらうようにする。膝を屈げた姿勢から，膝を伸ばしつつ重心を移動するわけであるが，この方向にショットのボールを出すようにする。
ボディ・コントロール	クイック・スタート サドン・ストップ 方向変換 ストップ・ターン フェイント （パスやドリブルにつなげる）	1	2	何れの方向へでも勢よくスタートできるようにする。又走っていながら急にストップできるようにする。相手マーカーをはずす為にフェイントを使って方向変換を覚えさす。 ショット・モーションや反対にぬくのをフェイントにして逆モーションをとる練習をさせる。
コンビネーション・プレイ	スクリーン・プレイ トレール・プレイ ビック・オフ・プレイ	2	3	マン・ツー・マン防禦の相手を2人でかわしてチャンスをつくる方法である。 スクリーン・プレイとは自然の中に相手マーカーが動こうとする進路を遮断するプレイ，トレール・プレイとは自分がチャンスになるような攻撃，ビック・オフ・プレイとは味方にチャンスをつくるように動く攻撃である。
ディフェンス	マン・ツー・マン・ディフェンス （man to man） とそのチーム・ディフェンス	1	2	ゴールと相手を結んだ一直線上で，しかも相手にショットやパスを楽にさせず，又ドリブルでぬかれない間合をとっていること。ゴールから遠く離れている相手には間合をひろくし，ゴールに近くにつれて間合をせまくする。 自分のマーカー以外がボールを持ってるときは，ゾーン・モーションをとって，ポストの危険区域にボールを入れさせないように皆でたすけあう動きをする。
ゲ　ー　ム	簡易ゲーム	2	3	個人プレイになりがちであるから，できるだけコート内にバランスをひろげて位置し，味方の連絡を十分にするよう指導する。 自分のマーカーには得点を許さないだけの防禦をする。

附表 2
Cコース（経験者……高校上級程度）

単元	主な教材	10時間配当	15時間配当	指導の着眼点
パッシング	4 角 パ ス / 3 角 パ ス / スポット・パス	2	2	斜後方からパスを受け、斜前方にパスする要領を覚える。パスした方向と反対にスタートをおこす身のこなし方の練習。攻めているゴール下にかけこむ味方にロング・パスを投げる要領をおぼえる。
シューティング	ピボット・ショット / ジャンプ・ショット	1	2	ボールを受けた直後の第1ステップをピボット・フットとして、第2ステップをジャンプをしたときは、両向の足を使って、トップ、ジャンプ・ストップを支えないから、フェイントを使って、相手防禦者のマークをはずしてジャンプに持ってタイミングを覚える。ジャンプしてセンションに持ってタイミングを行くことを覚える。
ディフェンス（攻撃）	マン・ツー・マン防禦 / ゾーン防禦	2	3	ゴールと相手を結んだ一直線上に5人が位置するが、ゴールから遠い相手は比較的離してマークし、近い相手には近づいてマークする。ボールのまわりとなってボールの動きにつれて移動できること。絶えず身体をはずませて、何れの方向へもマスタート出来る身い態勢にしておくこと。
オフェンス（防禦）	ローリング・オフェンス / ゾーンの攻撃法 / 簡単な速攻法 / 8の字戦法	2	3	攻撃者2人で行われるスクリーン・プレイを4人又は5人で連続的に行えるよう、リズムとスムーズな動きを覚える。早いパスやまスやごなパスでゾーンをゆさぶることと速攻法は、8の字戦法は、15時間配当の場合、どんな攻防かのアウト・ラインを教える。
ゲーム	ゾーン・ディフェンスのゲーム / マン・ツー・マン・ディフェンスのゲーム / ルールの解説	2	3	審判法と組み合して、お互いに審判し合うこと。ゲームをやりながら正規のルールに照し合して、守ったり攻めたりくる5人の協力によって学ぶという概念をゲームの中で学ぶことを。
オフィスニーティング（審判法）	審判員の任務 / スコーラーの任務 / タイマーの任務	1	2	大会等の公式戦を観戦を能力得させる。お互いの公式戦では素熟で審判の判定にはは素順に従うこと。但し、審判のルール解釈が不明なものについては、その都度全員に指導する。

「バスケット・ボール」指導計画案（日案例）

（中学校第1学年・男子・第1週・第1時限）

本時の目標
1. バスケットボールの性格を理解させ、興味をもたせる。
2. ボールをキャッチする、パスすることにより基本的技術を習得させる。
3. ボール・ボールによるバスケットボールのゲームの原理を理解させる。

項目	指導内容	時間(50分)	留意点
1. バスケットボールの性格	1. 整列、あいさつ 2. 出欠調査 3. 服装の調査 4. バスケット・ボールのしかた。 5. 組分けのしかた。	15分	1. 静粛、迅速 2. 生徒の健康状態の観察 3. 服装の注意（軽快な服装、厚着等） 4. 語らい（バスケットの性格と組分けによる集合） 5. （バスケットの性格と組分けのし方）
2. 準備 準備運動		3分	1. 弱より強へ 2. 各関節の捻てん
3. リードアップ・ゲーム	1. ボールの握り方 2. ボールのおくり方 3. ボールの受け方 4. 軽く動きながらわたす、又うける。 5. 簡単な規則 6. ゲーム	25分	1. ボールの大きさを実際に握って知らせる。 2. ボールをしっかりキャッチする 3. 体を柔かにして、体全体でうける、パスすること。 4. うけやすいパスを 5. チームの人々を十分おぼえる。
4. 整理 整理運動	1. 整理運動 2. 話し合い、身体とボールなどのあと始末 3. あいさつ、解散	7分	1. 呼吸に合せて軽く次の時間のことも話し合う 2. 週計画案を知らせる。 3. 後始末を十分にする。
反省欄			

Ⅳ 単元の展開とその方法

　バスケットボールを指導する際，年間に10時間かけて指導する学校，或は15時間をかけて指導する学校と種々あろうが，ここでは10時間における指導例を出して，授業の運び方，技術の解説をこころみた。

　バスケットボールの基礎技術を一応六つの小単元に分け，その小単元を実際に指導する際，1時間で消化する場合，2時間の場合，3時間の場合と，主教材によって分けて授業を進める仕組となっている。従って，10時間配当のプランでは2時間で終らせるように指導した小単元も，15時間プランの学校では3時間かけて指導するような仕組となっている。この場合，増加した時間を新しい主教材にとり組むということではなく，多い時間を出来るだけ練習する時間に廻すようにし，指導の方法において，同じパスの練習でも隊形に変化をつけて，興味ある授業となるよう考案して貰いたい。

1　Aコース（初心者……中学初級程度）　　10時間配当

第　1　時　限

（1）単　元　ボール・ハンドリング
（2）主教材　ポートボール・ゲームをしながらボールの持ち方を覚えさす。
（3）準　備　ボール8個，腰掛，ポートボール・コート
（4）指導例

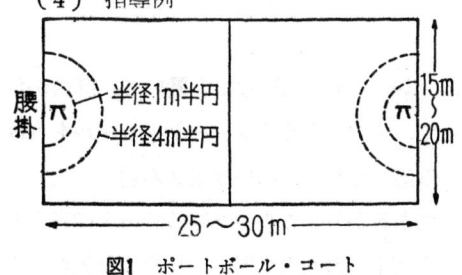

図1　ポートボール・コート

　説明と動作を一致させながら，授業を進めて行く。

A　ウォーミング・アップ
（5分）

　徒手体操　膝，足首，手首，指の関節の運動を特に念入りに行

っておく。

　B　話合い。

　①　「バスケットボールは，今から約60年前，アメリカのネイスミス博士が机上で考え出したスポーツとして有名です。」

　②　「アメリカのマサチュセッツ州の冬は風が吹きすさび，グラウンドは荒れて，とても戸外スポーツに適さない。そこで，野球やフットボールのできない冬期のスポーツとして新しく誕生したのが，このバスケットボールです。」

　③　「バスケットボールという名は，図2のように，桃の籠を床上，10フィート（3.05m）の壁にとりつけ，

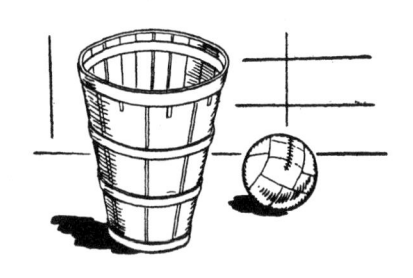

フットボールの球を入れるスポーツだったところからこの名が生れたのです。最初の頃は籠に底があったから梯子をかけて，毎回ボールをとり出してゲームを続けたのです。」

図　2

　④　「現在行われているスポーツには，いろいろなボール・ゲームがありますが，その中で一番大きなボールを扱うゲームです。このボールを味方同士でパスしあったり，ドリブルしたりして，相手方が防禦しているゴールに投げ入れる競技です。今日は始めてだから，諸君がどのくらい，この大きなボールを手先で扱えるかをみることにしましょう。」

　C　ボートボール（15分）

　①　「それでは，コートの図を画いておいたから，これから紅白に分れてゲームをしてみよう。」

　②　「きょうは，ゴールの代りに，1m の半円内に腰掛を置いて，紅白から1人ずつでて，ゴールの代りになって，味方からくるシュート・ボールをうけとりなさい。とりそこなって腰掛から落ちたりしてはいけません。」

　③　「腰掛から4m の半円がかいてあるから，この中へ守るチームの者1人だけ守備に立つことが許されます。ただし，1m の半円内に足をふみ入れるこ

とは許されません。」

　④　（紅白それぞれ15人ずつでチームをつくる。）「味方同士ボールを送り合ったり，ドリブルして，腰掛の上に立つ味方にボールを渡しなさい。」

　⑤　ゲームは30人ずつ2回に行う。1回のゲーム時間は7〜8分でよい。このゲーム中に生徒はどんなキャッチをしてるか，どんな投げ方をしてるかを見ておく。

　D　キャッチの要領（3分）

　①　「諸君の中には，ボールを受けるとき，ドッジボールのように腹や，胸でボールを受けたり，ボールの真横から摑んでる人が見受けられるが，バスケットボールの正しい捕球を勉強することにしよう。」

　②　「ボールが大きく，重いから，なれない中はつき指をし易いものです。よく指先の屈伸をして，指先を柔らかくしておこう。」

　③　「ボールは，ショットやパスがし易いために手先で扱うのです。胸や腹でうけとめてはいけません。」

　④　「ころがっているボールを，なんの気なしにひろいあげてごらんなさい。そうです，5指が自然に開いており，ボールの側面より，やや後方を摑んでいますね。いま摑んだと同じところへ，いつも捕球の手がゆくようになればよいのです。」

　⑤　「野球のキャッチボールを経験した人は無意識にやっていますが，グローブでボールを受けるとき，ボールのスピードを殺して受け易いように，グローブの手をボールのスピードに合して，ひきながらキャッチするでしょう。バスケットも同じように，両腕を自然にのばしておき，ボールのスピードを弱めるために胸前に腕をひきつけながらキャッチするのがよいのです。こうすると，次にパスや，ショットをするのが自然に楽になります。」

　⑥　「人間の手は指先が鋭敏ですから，パスやショットを正確にするために，人差指と中指からボールが離れるのがよいのです。そのために，キャッチするときも掌を直接ボールにあてないで，空間をつくるようにしなさい。」

　E　ボールのつかみ方の練習（10分）

　6人〜8人ずつ組ませて，ボールを1個ずつ与える。

①　図3のように，組毎にリーダーを交替に1名ずつ半円の中心に立たせてボールを持たせる。

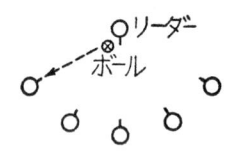

②　リーダーは両手でゆるい山だま（アンダー・スローがよい）を端から順に投げあげてやる。

③　リーダーは2周り終るごとに交替するようにしておく。

図 3

④　全員すんだら，今度はリーダーが地上をころがすボールをキャッチする練習をくりかえす。

⑤　今度はボールを各人が地上にはずませて（その場ドリブル）からキャッチしてみる。

⑥　前に説明したように，ボールを保持する場所，空間を（掌に）あけてキャッチ出来ているかをみて廻る。

F　整理運動（クーリング・ダウン）（7分）

徒手体操，話合い，あと始末。

（5）　本時の技術解説

ボール・ハンドリング

①　体の構え方は固くならず，特に手，腕には力を入れず自然の状態にしておく。

②　ボールを最後までよくみること。

③　ボールを掌で受けてはいけない。

④　両手をのばした姿勢から，ボールのスピードに応じて両腕を体近くまげながら引きつけてキャッチする。

⑤　ボールをキャッチすることは，次にショットするか，パスするか，ドリブルするか何れかのプレイが次に約束されての上でのキャッチである。従って地上にころがっているボールを拾いあげる時など，膝をまげて重心をおとしてキャッチし，す早く胸前にボールをおさめて次のプレイへの準備をすることが大切である。

⑥　キャッチの際，五指に力を入れて叩いても，叩き落されないよう強くキープすることがよいと考えられがちだが，力をぬいた柔らかさが必要である。

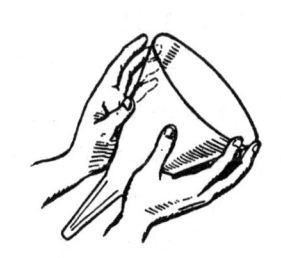 

図4　ボールはじょうごを持つような気持　**図5**　左右拇指は 5 cm以上離す。
で掌に空間をつけてキャッチする。

第　2　時　限

（1）　単　元　パッシング・ゲーム

（2）　主教材　チェスト・パス（プッシュ・パス）

　　　　　　　アンダーハンド・パス

　　　　　　　ショルダー・パス

（3）　準　備　ボール8個

（4）　指導例

A　ウォーミング・アップ（5分）

①　徒手体操　他のスポーツでも同じであろうが，バスケットボールでは特に，体を柔軟にしておくことが必要である。従って，徒手体操の中でも，二人ずつ組まして組体操をする等，身体を大きく屈げ伸しする運動を多くやらせる。

②　大きな重いボールを手先きで扱うスポーツであるから，手指の捻挫や，手首をいためぬよう注意すると共に，膝関節，足首の運動を十分にして，事故のおこらぬ予防をあらかじめ注意しておく。

B　パッシング・ゲーム（12分）

①　「きょうはコートにラインを引いておいたから，コートを使って，この

前のキャッチの練習をしてみよう。」

②　クラスを組分して，8チームをつくる。1チームの人員は7～8名ずつとする。

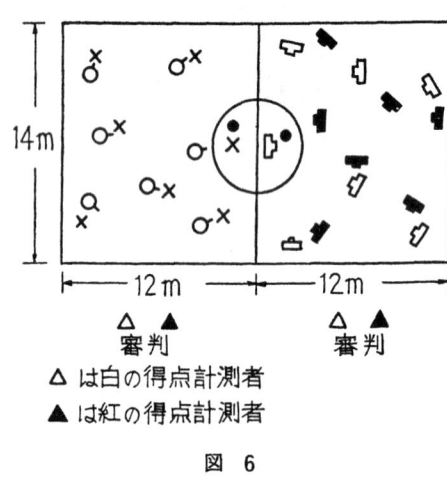

14m

12m　　　　12m

審判　　　　　審判

△ は白の得点計測者
▲ は紅の得点計測者

図　6

③　6図のように，14m×12mのハーフコート内に紅白それぞれ2チームずつ配置し，ハーフコート内の紅白2チームによって競技が行われる。

④　「用意」の合図で，×チーム，凸チームの1人がセンター・サークルの半円内にボールを持って立つ。

⑤　「始め」の合図で，コート内の味方にパスを始める。ドリブルは使わせない。味方同士連絡して，10回うまくパスが続けば1点を与える。若し，途中で相手チームのボールとなったら，反対チームは同様にパスを始める。

⑥　時間は3分間とし，コート外にそれぞれ配置された2名ずつの審判員によって，紅白のパスの回数を数えさす。

⑦　時間終了後，他の4チームを交替させる。パスの途中でボールが床上に落ちた場合でも，同一チームが引続きボールを保持出来れば，パスの回数に加算した方がよい。(註)

C　チェスト・パス（プッシュ・パス）（7分）

①　「諸君のパス・ゲームをみていますと，胸からのパスと，片手のパスが多いようですが，胸からのパスをバスケットではチェスト・パスと呼んでいます。胸の前から両手で前へ押し出すように投げるのでプッシュ・パスとも呼び

註　このパス・ゲームで生徒達がどんな種類のパスを多く使っているか，またパスを行う際のホームはどうであるかをよくみておく

ます。このチェスト・パスの投げ方がよくわかっていないようだから，チェスト・パスの練習をしましょう。」

②　「このパスは，自分の胸前から受ける相手の胸を目がけて投げます。出来れば，ボールの中心が相手の胸の中心に結びつくようにねらうのです。肘を張らずに体側に軽く触れる位置から腕を延ばしつつ急速に前方に押し出し，ボールは最後に指の先端から離れるようにします。手首のスナップがきけばいいのです。」

③　練　習　隊　形

各チーム毎に半円をつくり，3〜4m離れた中心にリーダーを立てる。リーダーは列の端からチェスト・パスをはじめる。2周したらリーダーを順次交替させる。（特に肘を真横に張らせないよう注意する。）この練習がすんだら4人ずつ3〜4m離れて向き合わせて，図8のように，チェスト・パスの練習を行う。

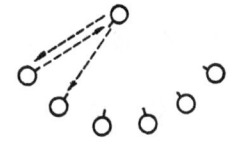

図7　練習隊形 1

D　ショルダー・パス（5分）

①　「大分上手になったようだから，片手のパスに入ろう。このパスは肩から投げるので，ショルダー・パスといわれています。遠い距離の者に投げるのに，らくでスピードがあります。」

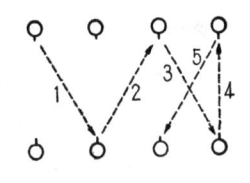

図8　練習隊形 2

②　「右手でボールの後下方を支え（左手はボールがぐらつかないよう補助にボールに触れておくとよい），耳の後方から胸を張って，野球の投球のようにして投げます。」

③　練　習　隊　形　（図9）

図9　練　習　隊　形

5〜6m離れて，4人ずつ縦に向き合う。1は2に投げたら7の後方に並び，2は3に投げたら8の後方に並ぶ。次第に距離を遠くしていく。

④　ボールがあまり山だまにならないことと，相手の肩辺をねらってパスさせる。

E　アンダーハンド・パス（5分）

①　「さき程行ったパス・ゲームでは，諸君はあまりアンダーハンド・パスといって，腰下から投げるパスを使わなかったようだが，バスケットでは，相手の防禦者をかわすのに有効なパスだから練習してみよう。」

②　「膝を屈げて腰を低くし，ボールを腰の前方におろし，指は下を向くようにし，ボールの両側よりやや内側を持ちます。片足前に踏み出しながら押し出すのです。」

③　練　習　隊　形

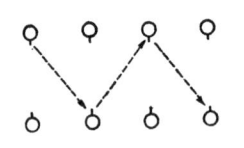

図10のように，4人向い合って1人おきで練習させる。

④　膝を屈げて腰を低くするのであって上半身が前かがみに，猫背になるのではない点を注意する。

図10　練習隊形　　　F　パスゲーム（12分）

①　本時の始めに行った3分間のパス・ゲームを再び行う。

②　チェスト・パス，ショルダー・パス，アンダーハンド・パスを中心に多く使用するよう助言する。

G　クーリング・ダウン（4分）

徒　手　体　操

（5）　本時の技術解説

A　パスの一般的原則

①　ボールは床と平行に一直線にパスするようにする。

②　パス・モーションをおこして指先からボールが離れるまでのボールのコースは一直線になるようにする。

③　ボールの方向，距離をコントロールするため，常に指先からボールを離すようにする。

④　バウンス・パスをのぞいては，ボールにはことさら廻転を与えない。

B　チェスト・パス

① 図11のように，胸前からボールが離れるまでのコースは床に平行，相手の胸を目がける。

② 図12のように，ボールが指先から離れる瞬間，手首と，人差指，中指の先きでスナップをきかせるから，投げ終ったあとの手は，掌が床を向いているが，小指の方は斜め外側にひらいている。

図11　チェストパス

C　ショルダー・パス

図　12　　　　　　　　図13　ショルダー・パス

① ボールを右手にのせ，耳の後方へひくが，左手を軽くボールにそえて安定をよくする。

② 右肩へボールを構えた際，一度右足に体重をかけ，重心を左足に移しながら，スローをはじめる。

図　14　　　　　　　　図　15

図16　アンダーハンド・パス

③　スローを終ったあと右足が一歩移動して，次のスタートになる。

　D　アンダーハンド・パス

①　ボールは身体に近く，右手はボールの後方で指先きは床の方を向く。

②　左手はボールを安定させるために前からおさえる。

③　目は前方を見渡せるようにし，上体をおこして，視野をひろくする。

第　3　時　限

（1）　単　元　パッシング・ゲーム

（2）　主教材　ランニング・パス（手渡しパス，2人平行パス）

（3）　準　備　バスケット・コート，ボール8個

（4）　指導例

A　ウォーミング・アップ

①　軽く徒手体操及び指，手首，膝，足首の屈伸

②　チェスト・パス，ショルダー・パス，アンダーハンド・パスの練習

　　（10分間）

B　パス・ゲーム（6分）　3分ずつ分けて2回

①　第2時限に行ったと同じ。

②　このゲーム中，自然にランニング・パスが行われているのに注意すること。

C　ランニング・手渡しパス

①　「今のパス・ゲームをみると，敵に追いつめられボールを持って困っている時，味方が助けに走りよってボールを貰ったプレイがあったが，あのプレイを意識的，計画的に行うと，ランニング・手渡しパスになるのです。」

②　ボールを持った者の右側か，左側をすれ違いながらパスを行う。

③　練習隊形（図17）

④　ボールを右手の上にの
せ，体側につき出したボールを
走者は空中でキャッチし，右足
で第1ステップを踏み，引つづ

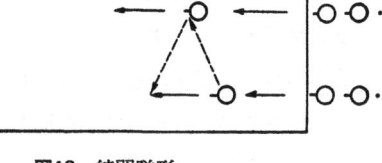

図17　練習隊形

き左足の第2ステップをす早く踏んだ後，ボールを次の走者におくる。

⑤　この隊形で8チームの競争をする。ボールを落さないで1分間に1番多くパスが続くのはどれかをみる。また，1回も落さずに50回パスの連続ができたチームはしゃがませる。もし途中で落したら，再び1から数え始める。

D　ランニング・2人平行パス

①　「今度は2人で走りながらボールを運ぶ練習をしよう。」

②　練習隊形
図18のように，エン
ド・ラインの外に2人
ずつペアをつくって並
ばせる。

③　「2人の間隔を
3mぐらいとし，同一
方向に2人でパスし合

図18　練習隊形

いながら進む。ボールに気をとられて，前を向くことを忘れていますが，かにの横ばいのような走り方になってはいけません。」

④　「ボールをキャッチしてから第2ステップまでは踏んでもかまわないが，第3ステップが床上におろされる前にボールは手から離れなければならない。」

E　パス・ゲーム

①　「チェスト・パス，ショルダー・パス，アンダー・パス，手渡しパス，ランニング・パスの練習ができたから，これらを生かしながら，も一度パス・ゲームをしてみよう。」

②　基礎練習で学んだことも，ゲームになると忘れ勝ちになる。これらについてゲーム終了後，反省として注意しておく。

F　クーリング・ダウン

① 8人でボール1個，4人ずつ向き合いのパスを行う。

チェスト・パス，2分間

② 整 理 運 動

（5） 本時の技術解説

A　ランニング・手渡しパス

① 確実に2拍子を踏んで，3拍子目が着地する前に次へのパスが終っているようにする。

② パスはすべてアンダーハンド・パスがよい。

③ 送球者は捕球者のスピード及び捕球者との距離によってパスの強弱を加減すること。

④ 送球者と捕球者が向い合って走っているのであるから，パスすると云うよりはアンダーハンドで，相手の進路上にボールを置いていくような気持で僅かボールを投げあげると捕球し易い。

B　2人平行ランニング・パス

① このパスは，ボールをショットし易い地点へ運ぶための運び方としては単純なものであるが，このパスがこれからの複雑なパスへの基礎となるのであるから，特に念を入れて指導する必要がある。

② はじめは近距離から始めて，順次，4m，5m，6mと2人の間隔をひろげていくとよい。

③ 初心者の中には，どうしても前方をみることを怠って，相手のボールばかり気にして横がけになり易いから，この点についても注意する。

第　4　時　限

（1） 単 元　ドリブル・ゲーム

（2） 主教材　その場ドリブル

ストレイト・ドリブル

（3） 準 備　バスケットボール　8個

（4） 指導例

A　ウォーミング・アップ（10分）

①　徒手体操，指，手首，膝，足首の屈伸

②　手渡しパス

8人ずつ組をつくり，4人ずつ縦に向き合って分れ，手渡しパスを行う。

B　ドリブリング・リレー（10分）

①　「この前，スタンディング・パスと簡単なランニング・パスの練習をしたから，今日はドリブルの練習に入りましょう。」

②　「ドリブルは，毬つきをしたことがあるだろうから，そんなにむずかしくなく出来ると思う。最初に，ドリブル・リレーをしてみよう。」

③　1チームを8人とし，先頭がボールを持ってスタート・ラインに並ぶ。「始め」の合図で，ドリブルをしながら走る。20m前方に折返し点をつくっておき，1人立たせておく。この人をまわってスタート・ラインに帰ってくる。

④　ドリブルのホーム，高さについては何にも触れずに，リレーをやらせる。

⑤　リレーのバトン・タッチにボールを使う。ボール受け渡しゾーンを，スタートの前2m

図　19

の巾にきめておき，必ずこのゾーンの中で，前走者と後送者の交替をするようにするとよい。

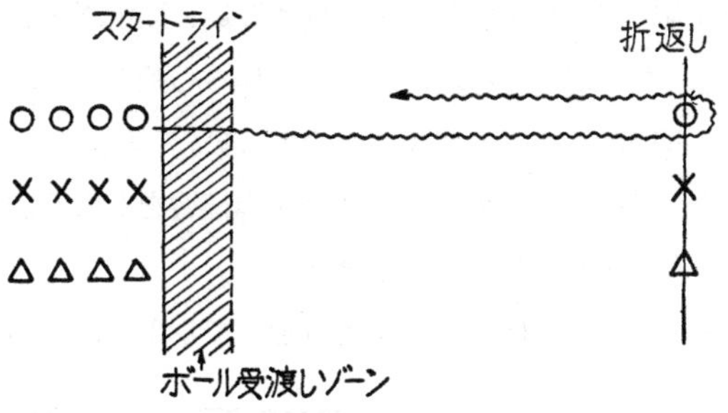

C　その場ドリブリング（10分）

①　「いまのドリブル競争をみてますと，ボールが思うように手につかないで，あちこちボールが逃げ出してしまう人がいますが，手毬の球よりずっと大きいボールだし重さも重いので，案外むずかしいことがわかったでしょう。」

②　「では，ボールに馴れるためにその場ドリブルを練習してみよう。」

③　「左足を1歩前に踏み出し，前後開脚姿勢をとりなさい。膝を屈げ伸しし易い楽な構えをしておき，上半身は垂直に起こしておきます。」

④　「右手でボールを床に押しつけるように，肩と身体の上下動，膝の屈伸をつかってボールを床にはずませます。ボールが床につく位置は，右足前か，それよりやや右外側ぐらいのところがよい。」

⑤　「ボールを叩くのではなく，はね上るボールにつれて，開いた指の掌が上にくっついたように，粘りっこく上ってくるようなドリブルがよろしい。」

⑥　「右手20秒練習したら，今度は左手で脚の前後を替えて練習する。」

⑦　「一通りこの練習が済んだら，その場ドリブルから2〜3歩前進，及び後退をしてみよう。前進の時はボールの上後方から掌でつき出すようにし，さがる時は，掌をボールの上前方にまわしてひきかくように戻す。」

D　ストレイト・ドリブル（15分）

①　「今度はドリブルの前進を練習しよう。敵にボールをとられる心配のないところでは，早く運んだ方がよいから，この時のドリブルは，腹から胸くらいの高いドリブルをして速く駆けることに主眼をおく。また，敵が接近してるところではボールを敵に奪いとられる心配があるから，ボールの高さは膝から腰くらいにしてドリブルするのがよい。」

②　「高くついて速いドリブルの練習をしよう。」

8人のチーム毎で練習させる。

③　「それではドリブル競争をしてみよう。」　スタートラインの前方7m毎に3人立つ。「始め」の合図で，各チームの第1走者は図23のように廻ってきて，ボール受渡しゾーンで第2走者にボールを渡す。

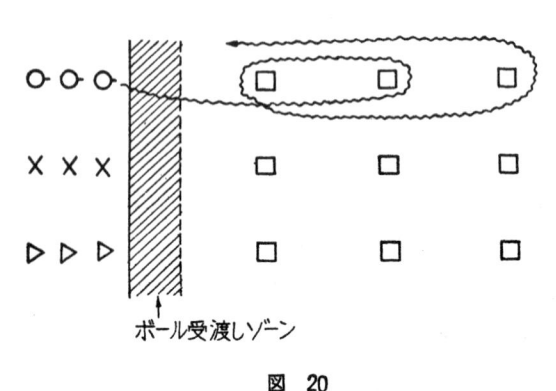

ボール受渡しゾーン

図　20

④　各チームから始めに立った人の交替者をきめておき，チーム全員が走れるようにしておく。

E　クーリング・ダウン（5分）

徒手体操

（5）　本時の技術解説

①　ドリブルの突出しはできるだけ低くすること。両手を床に近づくまで低くしてから，ボールをつき離すのがよい。

②　ドリブルの高さは，出来ればストレイト・ドリブルで速度を要求する時でも，腰ぐらいの高さにして出来る方がのぞましい。

　　　　図21　ドリブルの姿勢　　　　　　　図22

③　ドリブルの姿勢は低いのだが，上半身が前かがみになったりして前方をみる視野が狭くなることは，いましめねばならぬ。

④　相手防禦者がカットしにくいよう，相手より遠い方の手を使い，ボールと相手の間に自分の身体を入れるようにしてボールをカバーする。

⑤　図23のように，膝をまげて重心をおとすが，上体をおこして，視野をひろくするようつとめる。手はボールのはずむのに合せて，ねばっこく常にボールにくっついてるような感じがよい。これは相手によって変化をつけ易く，また，コントロールをボールに与え易くするためである。

第 5 時 限

（1）　単 元　ドリブル・ゲーム　　　　図 23

（2）　主教材　ジグザグ・ドリブル

（3）　準　備　ボール　8個

（4）　指導例

A　ウォーミング・アップ（10分）

①　徒手体操及び指，手首，膝，足首の屈げ伸しを十分にしておく。

②　第4時限に練習したその場ドリブルの復習

B　ストレイト・ドリブル・ゲーム（10分）

①　前時に行った競争の復習を行う。

②　練　習　隊　形　（図24）

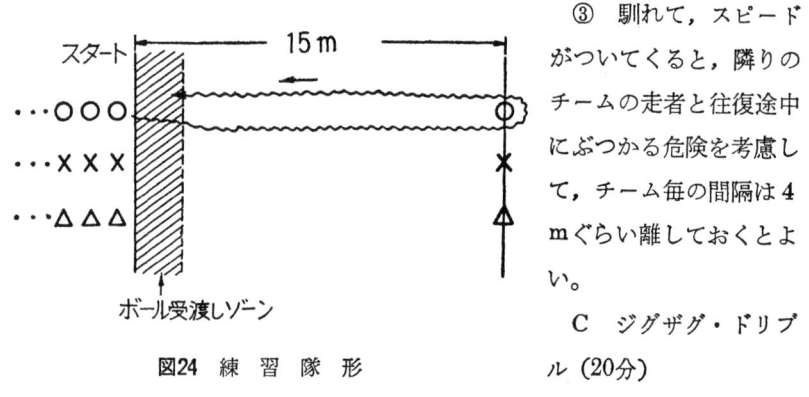

③　馴れて，スピードがついてくると，隣りのチームの走者と往復途中にぶつかる危険を考慮して，チーム毎の間隔は4mぐらい離しておくとよい。

図24　練　習　隊　形

C　ジグザグ・ドリブル（20分）

①　「きょうは，敵が接近したところでも，ボールを相手に奪われずに出来るドリブルの練習をしよう。」

②　「ボールを簡単に敵に渡さないためには，ドリブル中，手とボールが離れてる時間が長い程危険が多いことになるから，ドリブルを膝ぐらいの高さにし，かつ，ボールにねばっこく手を触れていられるようなドリブルをして，常にコントロールし易い姿勢のドリブルをしていることが大切です。」

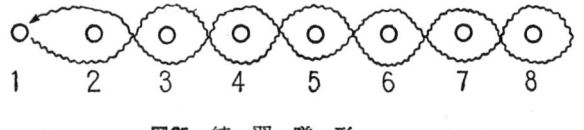

図25　練　習　隊　形

③　2m間隔に8人が並ぶ。1番は，図25のように，8番までをジグザグ・

ドリブルして始めの位置に帰ったら，ボールを2番に渡す。2番は，3番から始めて8番を廻り，帰路は1番を廻ってから2番の自分の位置に戻って，ボールを3番に渡す。3番は最後に1番，2番を廻ってから自分の位置に戻りボールを4番に渡す。以下これをくり返して全員が練習する。

④　「どうしても，諸君はきき腕のドリブルばかりしてるようだが，バスケットは敵の位置によって，右手も左手も使えることが大切です。立ってる人を廻る時，左へカーブをきる時は右手で，右へカーブをきる時は左手で，というように，ボールと敵（この場合は動かず自分の席番に立っている者）との間に自分の身体が入るようなドリブルを練習しよう。再び先程の隊形で，ジグザグ・ドリブルを練習してみよう。」

⑤　「大分上手になったから，今度は隊形をかえて練習してみよう。」（立つ人のかわりに腰掛をおいてもよい。）

図26のように，5mと3mの間隔で6人立てる。1番は往路は左手と右手を使ってジグザグのドリブルで，帰路は外側をストレイト・ドリブルで戻ってきて，2番にボールを渡す。

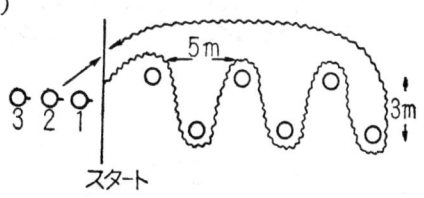

図26　練習隊形

⑥　この練習が出来たら10人〜15人で1チームをつくり，ドリブル競争をさせる。腰掛を使うより，そのチームから6人立つ人をきめておき途中で交替させた方がよい。

D　パス練習（5分）

図27のような隊形で，8人にボール1個，チェスト・パス，アンダーハンド・パス，ショルダー・パスの復習

E　クーリング・ダウン

徒　手　体　操

（5）　本時の技術解説

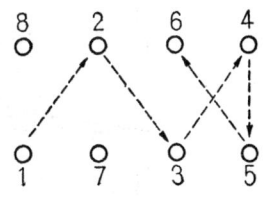

図27　練習隊形

①　ジグザグ・ドリブルはどうしても，ボールが手から逃げがちなために，

ボールばかりをみて，敵（この場合は立ってる障碍物）を視野に入れることが
おろそかになる点を注意する。

　②　ボールと敵との間に自分の身体を入れることが大切であるから，左右，
両方ともコントロールあるドリブルができるよう指導する。

　③　ボールを床上にはずませる位置は，自分の両足の進路外にないと，ボー
ルを自分で蹴とばすおそれもあるし，またスピードもつきにくく，相手にも，
ボールを叩かれ易くしてしまう。両足の進路の外側でコントロールあるドリブ
ルができるようになればのぞましい。

　④　ジグザグ・ドリブルの練習隊形には，以上の他に図28に示すような練習
法もある。

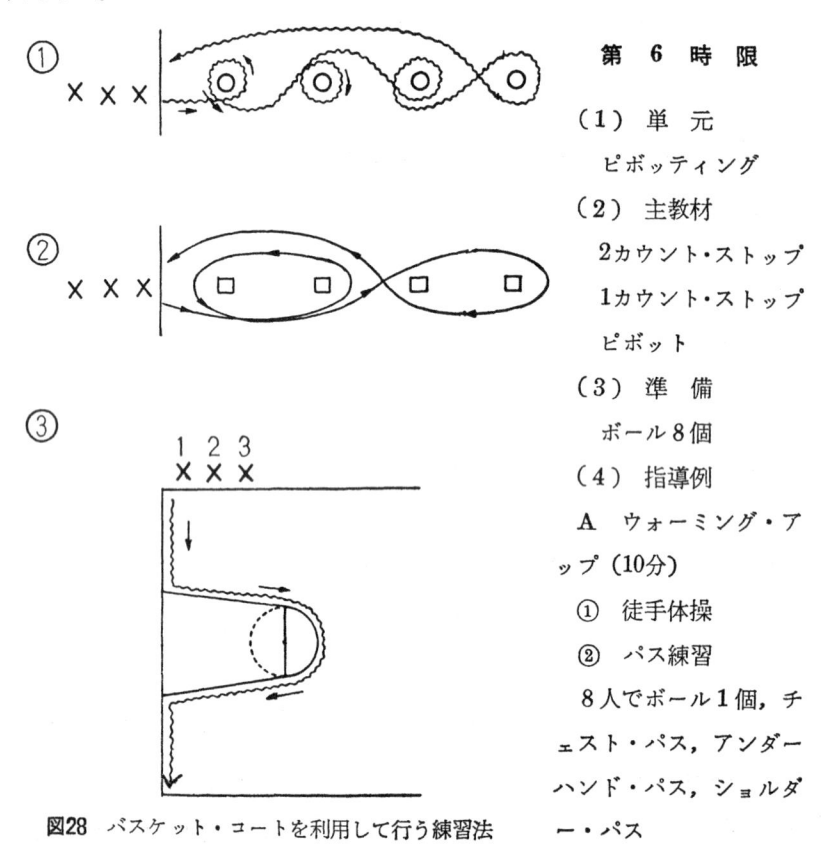

図28 バスケット・コートを利用して行う練習法

第 6 時 限

（1）単 元
　ピボッティング

（2）主教材
　2カウント・ストップ
　1カウント・ストップ
　ピボット

（3）準 備
　ボール8個

（4）指導例

Ａ　ウォーミング・ア
ップ（10分）

　①　徒手体操

　②　パス練習

　8人でボール1個，チ
ェスト・パス，アンダー
ハンド・パス，ショルダ
ー・パス

B　ストップ練習（10分）

①　「バスケットではボールを持って歩くことは許されませんから，どうしても，ストップを学ぶ必要があります。ストップの仕方には2カウント・ストップ（ストライド・ストップ）と1カウント・ストップ（ジャンプ・ストップ）の2種類があります。始めはボールを持たないで2カウント・ストップの練習をしてみましょう。」

②　1チームを8人とし，縦にならばせる。
「前から1人ずつ走って，笛の合図があったら，2カウントでストップをしてみなさい。これは，普通走ってるまま2拍子で止まる方法ですから，笛の合図で第1ステップを床につけて，ストップしたあと，他の足を第2ステップとしてやや広く前へ踏出して，後足（第1ステップ）の膝を十分曲げます。この際，身体の重心が前のめりにならないように，重心を後に引き戻すことが大切です。ボールを持たずに各人10回ずつ練習してごらんなさい。」

③　「いまの練習をみてますと，いつも同じ足ばかり，第1ストップ・ステップにしていますが，反対の足でもこのストップが必要ですから，別の方の足のストップも10回練習しましょう。」

④　「今度はジャンプ・ストップです。
両足が同時に床について1モーションでストップしますから，1カウント・ストップとも云います。いまと同じように，ボールを持たずに練習してみましょう。走りながら笛の合図で床を蹴り，次に両足が同時に平行または前後して1拍子で止るのです。」

⑤　「もっとスピードをつけて走りながらストップしてみましょう。おや，今度はストップして前のめりになったり，腰がふらついたり，ストップの後，片足を僅か前へずらしたりしてるのがいますね。これは，ストップした瞬間の膝が伸びてるからですよ。もっと膝を曲げて練習してみましょう。」

⑥　2カウント・ストップ，1カウント・ストップとも，ストップに入る直前やや高めにジャンプし，着地と同時にストップすれば楽に出来る。この要領を覚えてから，次第に走ったままの姿勢でストップを行う。

C　2カウント・ストップ（5分）

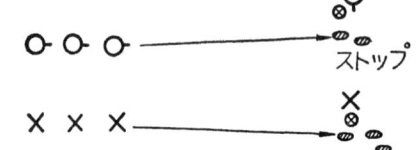

① 各チームから1人でて，10m前でボールを片手にのせ，走者がとり易いように持っている。

② 1人ずつ走っていってボールをキャッチし，その後第1ステップ，第2

図29　2カウント・ストップ

ステップと順次踏んで，2拍子で止る。

③ 一通り済んだら，ボールを渡す人は，2mぐらい走者の進路から遠ざかっていて，軽く走者に合せてボールをパスする。走者はランニング・パスをうける要領でキャッチし，ストライド・ストップに入る。

④ 今度は，1人ずつドリブルで進み，スピードに乗ったところで，キャッチしてストップする。

D　1カウント・ストップ（5分）

① ストライド・ストップの場合と同じく，各チームからリーダーがでて，ボールを保持してるのをキャッチして止る。

② パスをうけながら練習する。

③ ドリブルで直進しながら，1カウント・ストップの練習をする。

E　ピボット（10分）

① 片足（ピボット・フット）を床につけたまま，他の足を任意の方向に動かして体の廻転を行う方法である。前に廻転するのをフロント・ピボット，後に廻転するのをバック・ピボットという。

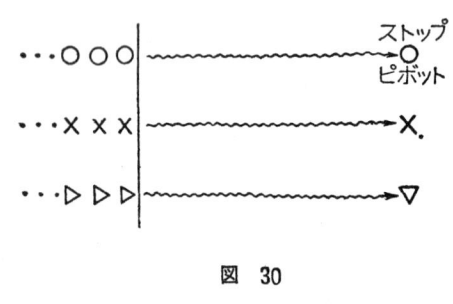

② ドリブルして直進し，10m先きでジャンプ・ストップをする。このストップが完全に出来ていれば，ピボット・フットは左右何れの足になってもかまわないが，始め5回は右足だけを軸足として練習し，あとから

図 30

左足を軸足としたピボットの練習を行う。

③ ピボットには前方廻転と後方廻転があるから，前廻りを始めに練習し，

後に後廻りを練習する。

F　パス・ゲーム（10分）

①　第1時限に行ったパス・ゲームを，バスケット・コートのハーフ（半分）を使って行う。

　1チームを8人とし，2チームで行う。コートは半分で間に合うから，同時に4チーム行うことができる。

②　1ゲームの時間は2分間とし，パス，ドリブル，ピボットをまぜて行わせる。

　味方同士10回パスが続いたら，1点を与える。もし敵ボールになったら，その場からゲームをつづける。

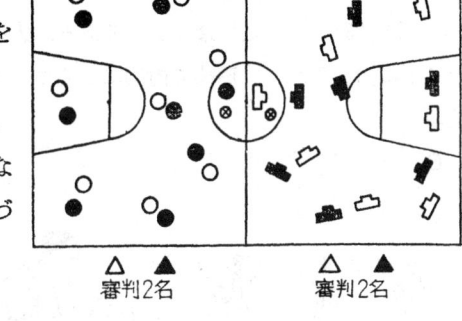

審判2名　　　　　　審判2名

G　クーリング・ダウン

徒 手 体 操

図　31

次の時間からショットの練習をすると予告しておく。

（5）　本時の技術解説

A　2カウント・ストップ（ストライド・ストップ）

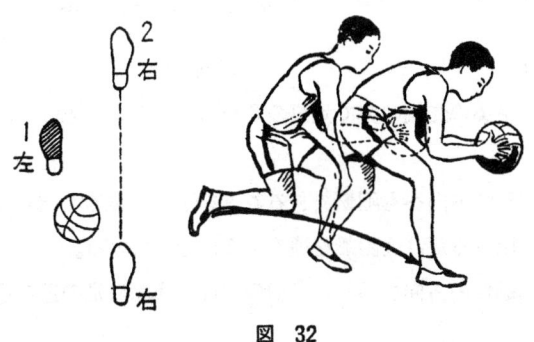

図　32

①　ボールを空中でキャッチした後，左足で1拍子，次の右足で2拍子目を踏み止る。

②　前のめりにならないよう，膝（特に第1ステップ)を十分に曲げること。

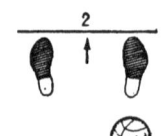

図　33

③　このストップでは，二足目の右足はどんな方向に動かしてもさしつかえないから，ストップしたあと，すぐに右足をひき戻せるような止り方であればよい。

B　1カウント・ストップ（ジャンプ・ストップ）

①　図33　1の右足が離れて空中でボールをとり，2で両足を同時に床につけて止る。

②　スピードを急にころしてストップするため，前のめにになりがちである。膝を十分曲げることと，足裏のインサイドに力を入れて，両膝で内側にしめつけるような気分で止るとうまくいく。

C　ピ　ボ　ッ　ト

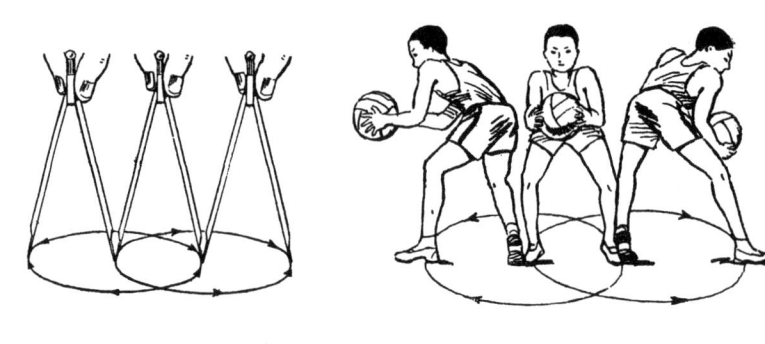

図　34　　　　　　　　　　　図　35

①　廻転軸足は，足裏の先端の方で足裏の3分の1ぐらいを床につけて軸とする。

②　コンパスで何れの方向へも廻転できることを示した（図34）が，移動してゆく足の方向は，出来るだけ近距離を通るようになっている。

③　図35の点線は廻転の方向を示し，実線の矢印は実際に足の通る途を示すものである。

④　ゲームでは，敵が前に立ち塞がったような時にピボットで逃げるのであるから，前方廻転より，後方廻転の方が多く利用される。

⑤　ピボットの途中におけるボールの位置は体につけておく。

第 7 時 限

（1）　単 元　シューティング・ゲーム

（2）　主教材　チェスト・ショット

　　　　　　　ワンハンド・ショット

（3）　準 備　ボール　8個

（4）　指導例

A　ウォーミングアップ（5分）

①　徒 手 体 操

A　シューティング・ゲーム（10分）

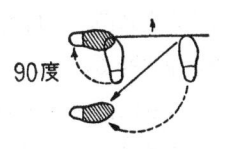

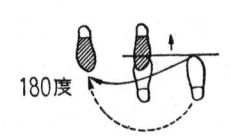

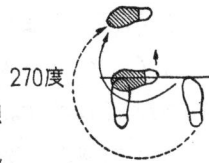

①　「きょうからショットの練習に入ります。休憩時間や，課外にショットをしてるようですが，なれれば何でもなく入るものだし，なれない者にとっては，

図　36

ショットは随分むずかしいものだと思っていることでしょう。皆さんはきっと早く入れてみたいと思っているだろうから，きょうはむずかしい理窟をぬきにして，シュート競争をしてみましょう。」

②　ゴールの真下から約2m離れた地点に A，B，C，D，E，F，G，H と8ケ所のポイントを印す。8チームはそれぞれきめられた地点に1列縦隊に並び先頭はボールを持って立つ。

　　ゴールが沢山あれば，1ゴールにつき2チームずつとする。又ゴール・ハイを持ってるところでは，これを使うとよい。

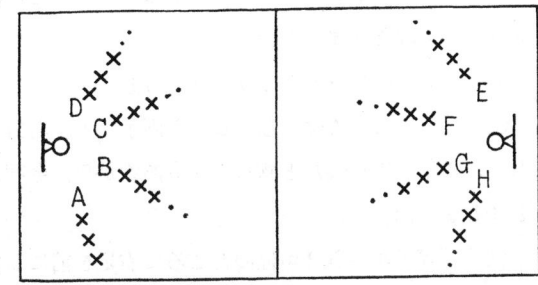

③　ショットの仕方は，ボールを両手で投げても，

図　37

片手で投げてもよい。またバック・ボールド（後板）を利用してもしなくてもよい。

④　「始め」の合図でショットをはじめ，ショットを終った者はボールを拾

って次の者に渡し，自チームの後に並ぶ。5分間でどのチームが一番多く入るかを競争させる。

⑤　同様に，チームのポジション（位置）を移動して，2回目5分間を行う。この時は，「出来るだけバック・ボールドにボールをあてて，はねかえりを利用して入れてみましょう。」と指示しておく。

　C　両手のチェスト・ショット（10分）

①　「いまのゲームでは，早く入れようとしてあせっているから，ホームも目茶苦茶になっています。こんどは，ゆっくり考えながら両手のチェスト・ショットを練習してみましょう。」

②　「プッシュ・パスと同様の構えから，そのままボールをゴールに向って上前方へ押し出します。腕を伸ばすと同時に腰を伸ばし，堅くならずに肩，腕，全身の力をぬいて楽に投げます。」

③　「ボールが最後に手から離れるのは，プッシュ・パスと同じく，人差指と中指の先端からで，投げたあとボールの方向に指先，腕が伸びてるようにします。」

④　「それでは，ゴールから少し離れて（3m～4m），バック・ボールドを使わずに直接ゴールに入れる練習をしましょう。ゴールは高いところにありますから，直接投げたのでは入らない。ゴールの高さより一度高くボールをあげて，ゴールの上から落しこむようなショットをおぼえないとなかなか簡単に入るものではありません。」

　D　ワン・ハンド・ショット（10分）

①　「人によっては，どうしても両手だと左右力の平衡がとれずまがったりして，片手の方が楽だと感じる人もあるから，今度は全員片手ショットを練習しましょう。」

②　「ゴールから2m位のところに右足を前にして自然に構える。右五指は自然に開いてお椀のようにしその上にボールをのせる。手首を顔の方へ折って，掌にはボールは触れない。これだけだとボールが不安定なので，ボールの前方から軽く左手をそえて安定をとる。ボールの高さは額の前位がよい。」

③　「肘を上に伸ばし，手首と指のスナップで軽くボールを離し，バスケッ

トの上から落し込むようなショットをするのです。」

E　シューティング・ゲーム

①　「両手のプッシュ・ショットと片手のショットの両方を練習しましたか
ら，も一度，ゲームをしてみましょう。」

②　「投げ方は，自分の得手でどちらでも構いません。」

③　「チームの人員に応じて投げる回数をきめて競争してみよう。1チーム
8人のとき，1人が10回投げられるように80本ゲームにします。時間はいそ
ぎませんから，80本のうち沢山入った方がいいのですから，いま習ったホーム
をゆっくり考えながら，正しいショットで沢山入
るよう研究的に競争してみよう。」

F　クーリング・ダウン（5分）

徒　手　体　操

（5）　本時の技術解説

A　チェスト・ショット

①　チェスト・パスと同様，このショットはゲ
ーム中最も使用されることの多いショットである。

②　身体はゴールに正対し，両足は自然に左右
に開くか，片足を僅か前にして前後に開く。

図38　チェスト・ショット

③　ボールが手から離れたあと，身体と共に腕が十分伸びているようなシ
ョットがよい。

④　腕や手先で投げようとせず，十分膝をまげて，まげた膝を伸ばしながら
ショットに持っていくのがよい。正しくいえば，膝を屈げることによって下り
た身体の重心を，ボールが手から出る方向に伸ばすことである。

⑤　ショットのかまえの際，ゴールの中心上の空間の一点を目標に選ぶこと
は困難であるため，立った位置から最短距離にあるゴールの前縁を見つめる。
ショットされたボールは，目と目標とを結ぶ線上よりも一度高く上がるが，空
中に投げあげられたボールのあとを追うことなく，ねらった一点にボールが到
達するまで見つめていることがのぞましい。

図39　→印の方向に重心
をおとす。

図40　→印の方向に重心を移動
する。これはボールが手から離
れようとする方向と一致する。

図　41

B　片手ショット

①　ボールが折りまげられた手にのっていること。

②　ボールが手から離れる時は，手首と指のスナッ
プをきかすから，投げ終ったあとの手は，手首から反
動として前下におれまがり，丁度人を招く時のような
かっこうになるのがよい。

図42　ワン・ハンド・ショットの構え

図43　ワン・ハンド・ショットの直前

第　8　時　限

（1）　単　元　シューティング・ゲーム

（2）　主教材　ランニング・クローズアップ・ショット　フリー・スロー

（3）　準　備　ボール　8個

（4）　指導例

A　ウォーミング・アップ（5分）

①　徒　手　体　操

手首，指，膝，足首をよく動かしておく。

②　チェスト・パス，アンダー・パス，ショルダー・パスの練習

B　2カウント・ステップ・ストップ練習（5分）

①　ドリブルからのストライド・ストップと パスをうけてからのストライド・ストップの練習を行う。

②　本時行うランニング・クローズアップ・ショットは，ストライド・ステップ・ストップに似た技術である。この練習中，右ききの者は右足を第1ステップに，左ききの者はその反対の足を第1ステップにする。

C　ショット・ゲーム（10分）

①　「この前の時間に行ったワン・ハンド・ショットのゲームを始めよう。」

②　「1チームを8人とし，各チームで80本ショットをし，一番バスケットに入ったチームがよろしい。」

③　さき程のストライド・ストップとこのワン・ハンド・ショットの組合せが，クローズアップ・ショットに生かされることを頭におきながら練習させる。

D　クローズアップ・ショット（20分）

①　リーダーは片手を伸してボールを胸の高さにおく。

②　1が走り，このボールを空中でうけてそのあと調子よく，2拍子をふみシュートする。

③　ボールを空中で得た後に踏む第1ステップは，ストライド・ストップの第1ステップと同じである。その後，第2ステップはややこきざみに速くふみ，調子をよくする。この第2ステップでふんばって身体が

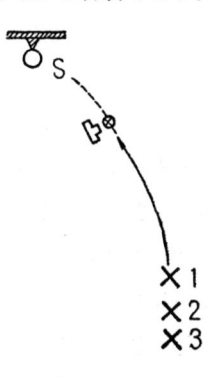

図　44

空中に浮きあがるたすけをする。十分ジャンプしたところでシュートする。

④　右ききの人は右足で第1ステップをふみ，ついで左足を第2ステップにすると，最後のシュートが右手のショットに持っていき易い。

⑤　この練習でリズムをおぼえたら，リーダを少し離して立たせ，走者にパスしてこれを行うとよい。

⑥　人数が多くて能率のあがらぬ時は，リーダーを2人か3人立てておいて，次々と走らせるとよい。

⑦　ゴールに向って右側から練習したら，左側からも練習させる。

E　フリー・スロー（7分）

①　初心者には，このフリー・スロー・ラインからのショットはやや遠いためボールがとどかなかったり，とどいても，非常に無理があって，シュートのホームをくずすおそれが多いから，個人の能力に応じて一歩ぐらい前から投げさすようにする。

②　投げ方は，両手のチェスト・ショットでもよいし，ワン・ハンド・ショットでもさしつかえない。

③　このシュートは，バック・ボールドを使用せず，直接バスケットに落しこむようなショットがのぞましい。

F　クーリング・ダウン（3分）

パス練習を整理運動として行う。

チェスト・パス，アンダー・パス，ショルダー・パス

（5）　本時の技術解説

A　ランニング・クローズアップ・ショット

①　バスケットに向って，走り込みながらのショットであるから，普通バック・ボールドを使用した方がよい。これは後板にボールをあてるのではなく，ボールを置いてくるような気持である。

②　このショットがバスケットに向って真正面からのものであれば，後板を使用しない方がよいとされているが，何れでもよい。

③　普通，ボールを空中で受けてから最初にふむ第1ステップまでを四分音符であらわせば，第2ステップに到る速度は八分音符となって，早くなる方が

調子がよい。

④　このショットは最後には片手になるのであるが，ボールの安定を保つために左手をそえてジャンプに入り，ボールを手から離す前に片手にうつす方法が一般に行われている。

第　9　時　限

（1）　単　元　ゲーム

（2）　主教材　簡易ゲームまたはゴールハイ，ドリブル・クローズアップ・ショット

（3）　準　備　ボール　8個，バスケット・コート（ゴール・ハイ）

（4）　指導例

A　ウォーミング・アップ（10分）

①　徒　手　体　操

②　ランニング・手渡しパス

③　パ　ス　の　練　習

B　簡易ゲームの説明（4分）

①　「きょうまで基礎技術の練習をしてきましたから，きょうはゲームをやることにしましょう。」

②　「ルール（規則）を簡単にしてゲームをしましょう。

i　ボールを受けてから2歩以上歩いてはいけないのですが，軸歩がずれたり，上ったてい度は大目にみます。

ii　ダブル・ドリブル……ドリブルを終った後，再びドリブルしたり，また両手を同時にドリブルすることはいけません。

iii　ファール……相手を押したり，おさえたり，たたいたりした場合はファールになって，相手にフリー・スローをさせることになります。

iv　得点……バスケットに入れるのはなかなかむずかしいから，

バック・ボールドにボールがあたったら……1点

リング（鉄の輪）にあたったら……3点

バスケットに入ったら　　　　……5点

として5分ずつのゲームをします。」

C　ゲーム（20分）

①　1クラスの人員を分けて8チームとする。（1チームは7名ぐらい）

②　コートが2面あれば同時にゲームが出来るが，なかったら正式コートの他にゴール・ハイを2組用意して，コートに備えたい。

③　ゴール・ハイのないときは他にコートをつくり，ポートボール・ゲーム形式で，高さ30cmぐらいの腰掛の上に1人ずつ立ててボールを受ける人をつくる。

④　見る時間を少なくして，半数はゲームしていられるよう考える。

D　ゲームの反省（5分）

①　「皆がボールに集ってしまうので，コートにかたまりができてしまいます。」

②　「味方が見えてないのとパスがうまくないため，すぐ敵ボールになるおそれがあるので，ドリブルを使ってボールを進めることをしていますが，早いようにみえても，ドリブルよりパスで運ぶ方が早いのです。」

③　「相手が持っているボールをとろうとして，相手の身体をおさえたり，おしたりしてるのが目立ちます。」

④　「バスケットに入れることのむずかしさがわかったでしょう。シュートは，モーションを早くすることをおぼえないと，どうしても相手に防禦され易くなります。」

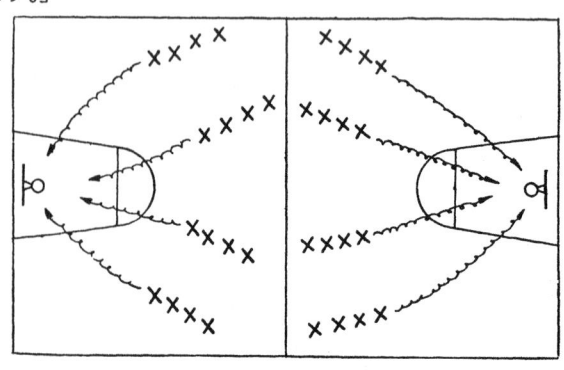

図　45

E　ドリブル・クローズアップ・ショット（8分）（図45）

①　「味方のパスがなかなかこないので，ドリブル・ランニング・ショットが多くなっていますから，その練習をします。」

②　「前にストライド・ストップ（2カウント・ストップ）の練習をしましたね。右ききの人はドリブルを終ってボールをキャッチするとき右足をふんで摑み，ついで左足を小きざみに前へふみ出し，これに体重をのせてショットに入ります。ショットは，クローズアップ・ショットと同じ気持でやります。」

③　バスケットに向って4チームずつボール1個をもって練習。

F　クーリング・ダウン（3分）

徒　手　体　操

（5）　本時の技術解説

①　ゲームになると全員がボールを追いかけ廻すため，パスする味方が見あたらないことが多い。ボールから離れて味方のパスを受けようとすることを教える。

②　ランニング・シュートがあまりみられず，スタンディング・チェスト・ショットが多いのに気がつく。初歩はこのショットで十分である。入るようなショットにするためには，直接ゴールに向って投げないで，ゴールの上から落しこむようなショットにする。

③　フリー・スローの際遠過ぎてとどかないような時は，1m前から投げさすよう考慮したらよい。

④　バック・パス・ルール，3秒，10秒・ルール等は使わない。

⑤　得点は正式ゲームでは，フィールド・ゴール（野投）は2点，フリー・スローは1点であることは指導しておく。

<h2 style="text-align:center">第　10　時　限</h2>

（1）　単　元　ゲーム

（2）　主教材　簡易ゲーム

（3）　準　備　ボール　8個，バスケット・コート（ゴール・ハイ2個）

（4）　指導例

A　ウォーミング・アップ（5分）

徒　手　体　操

B　ドリブル競争（10分）

①　1チーム7名ぐらいで8チームつくる。各チームの先頭はボールをもっ
てコートの外に並ぶ。

②　練習隊形　（図46）

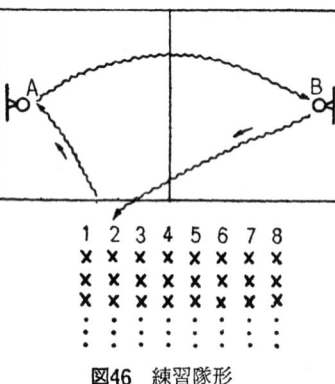

③　「始め」の合図で，先頭8人はドリ
ブルでAのゴールにドリブル・ランニング
・ショットをする。入ればそのボールをと
ってBにドリブル・ランニング・ショットを
こころみる。ショットは必ず入るまでとき
めるか，もし5本投げても入らなかった場
合は，入ったとみなして次に進んでもよい。

図46　練習隊形

④　8チームの進む方向は皆同一にした方がよい。これは，プレイヤーの突
衝を防ぐためである。

C　簡易ゲーム（20分）

①　この前と同じ要領で簡易ゲームをしましょう。

②　ゲーム時間は5分，コートは2面できるように用意する。1面の場合は
他にポートボール・コートを作ってゲームをさせる。

③　この前反省したように，ボールに集中しないことと，安全な味方が見え
たらどんどんパスしてボールを進めさせる。得点は，前時と同じく，5点，3
点，1点にする。

④　この前よりファールの反則をきびしくし，ぶつかったり，あまり乱暴さ
せないようにする。

D　ゲームの反省（5分）

①　「まだ皆がボールに集中し過ぎます。」

②　「相手がシュートするのを，ぼやっとしてながめたりしてますが，相手
の身体に触れないようにボールをおさえることが大切です。」

③　「シュートが入りませんが，バスケットはシュートの入れっこですか

ら，昼休みや，課外に練習しておきましょう。」

E　クーリング・ダウン（10分）

①　パス

　8人でボール1個　チェスト・パス，アンダー・パス

②　徒手体操

（5）　本時の技術解説

①　コート2面でゲームを行うのであるから，メイン・コートは先生が審判をしてやり，サブ・コートは生徒2名を出して審判させる。

②　5分交替であるから，後半になったらメイン・コートとサブ・コートを交替して，先生の審判で1回はゲームがみられるように指導する。

③　得点方法は生徒の上達の程度に応じてバック・ボールドにあたったときの得点は認めず，リングとゴール・インの2種のみとしてもよい。また得点の与え方も適当にかえてもよい。

　　2　Bコース（やや経験ある者……中学上級・高校初級程度）

　　　　　　　　　　　　　　　　　　　10時間配当

第　1　時　限

（1）　単　元　パッシング
（2）　主教材　バウンス・パス，3人平行ランニング・パス
（3）　準　備　ボール　8個，バスケット・コート
（4）　指導例

A　ウォーミング・アップ（5分）

軽くグランド駈歩のあと徒手体操（指，手首，膝，足首の運動を十分にしておく。）

B　パス・ゲーム（8分）

①　1学級を8チームに分ける。
②　ハーフ・コートを使って2チームずつ2ケ所で行う。
③　ゲームは図47の隊形で行う。

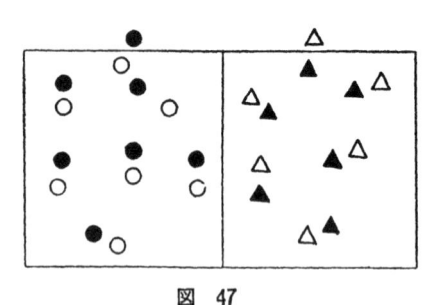

図　47

④　「始め」の合図で，ハーフ・コート内で，味方同士パスをはじめる。ドリブルは使ってはいけない。パスの種類は何を使ってもかまわない。

⑤　ゲーム時間は2分間。もし途中で相手チームがボールを奪ったら，すぐ味方にパスをしてゲームをつづけさせる。

⑥　ボールがコート外にでたら，出したチームの相手方ボールとなって，コート外からスロー・インする。

⑦　ファール（身体的接触）があったら，パスが2回成功したものとみなす。その際，ボールは同じチームのものとなって一番近いコート外からスロー・インで始める。

⑧　休んでるチームから，得点計測者と審判を2名ずつ4名出して審判させる。

⑨　パスが10回成功したら，そのチームの得点を1点にして数える。

C　バウンス・パス（7分）

①　「いまのゲームであまりみられないが，敵に手をひろげられて防禦された際，味方にバウンス・パスをしてやると，案外パスが成功するものです。」

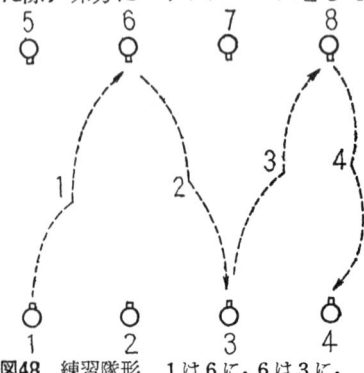

図48　練習隊形　1は6に，6は3に，3は8に，8は4に……

②　次のような隊形（図48）で練習をする。

8人にボール1個

③　「チェスト・パスと同じ要領で，両手で床にはずませ，相手の腰辺にはねかえるようなバウンス・パスをする。」

④　「ボールが手から離れる位置は，両手を床面に斜め下につき出した先端であるから，胸とか，顔の高い位置で離す

のではない。」

⑤　「大分上手になったから，今度はキャッチする人は，ボールに合せてと
び出して受けるようにしてみよう。その時のステップはストライド・ステップ
（2カウント・ステップ）です。」

⑥　「このバウンス・パスを片手でやってみよう。片手の方がスピードがつ
き易いが，ボールの廻転がボールの進む方向と同一になるから，キャッチはし
にくくなります。」

⑦　「2人で防禦者1人を間において，この練習をしてみよう。」

D　ランニング・パス（3人平行パス）（10分）

①　エンドラインに3列をつくり，3人でボール1
個を持ち，反対側のバスケット・ゴールの方をむいて
並ぶ。

図　49

③　図50のように，3
人してパスをし，最後ゴ
ールに近づいた者がショ
ットする。

④　ショット終った3
人は，コートの外を歩い
てもどり，始めの位置の
後方に並ぶ。

⑤　前をむいて走るこ

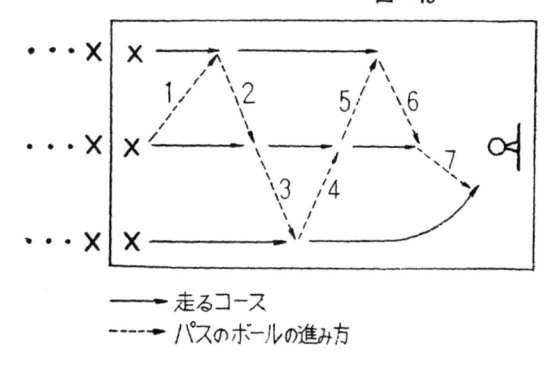

走るコース
パスのボールの進み方

図50　練習隊形

とを忘れないよう。第2ステップまでで，第3ステップが床に下りないうちに
パスを終らなければならない。

E　ランニング・ショット（15分）

①　2メン・ダッシェの練習

初心者の時に，ランニング・クローザップ・ショットを練習しているから，
今度は3人パスの最後のショットを練習する。

③　図51のように，半面を使う。ボールは2個ずつ4個，1は2にパスして
ゴールに向って走りこみ，パスをうけてショットする。前がショットしたら，

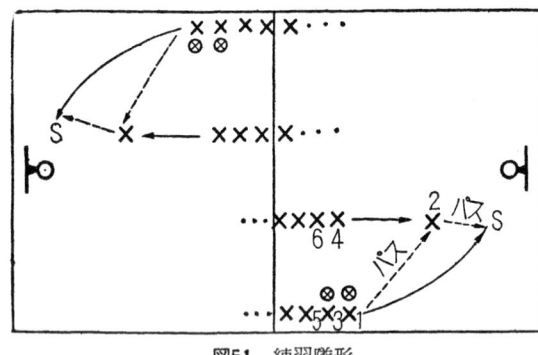

図51　練習隊形

次走者2人は別のボール
でくりかえす。

④　2はショットされ
たボールをホローしてと
り，5にボールをかえす。

F　クーリング・ダウ
ン　（5分）

徒手体操

（5）　本時の技術解説

A　バウンス・パス

①　相手が，パスしようとする中間にいて，普通のパスでは通しにくい場合
に使うパスであるが，このパスは普通のパスより遅いから，相手の気をはずさ
ないとカットされ易い。

②　守っている相手が一番とりにくいのは相手の足下である。この地点をね
らって床にはずませるようにする。

③　初心者は下を向いてパスするが，相手にさとられ易くなる。

B　3人平行ランニング・パス

①　このパスが，上手に速くなれば，やがて三線速攻の攻撃武器に使用され
るパスであるが，あまりスピードだけを強調し過ぎると，ボールをおとすおそ
れがあるから，なれるまでは確実に出来ることを強調した方がよい。

②　パスを送る者も受けるものも，同じ方向に前進している途中のパスであ
るから，運動の慣性の作用によって，ボール自体にも，前へ流れる慣性がつい
ているから，ことさら前へパスしようとすると，ボールが前へ流れ過ぎるおそ
れがあることを注意する。

③　なれるまで，3人の間隔は2〜3mの近距離で行い，順次，間をひろげ
ていくような指導がのぞましい。

第　2　時　限

（1）　単　元　パッシング

（2）　主教材　ランニング・パス

　　　　　　　クリス・クロス・パス

（3）　準　備　ボール　8個

　　　　　　　バスケット・コート

（4）　指導例

A　ウォーミング・アップ（5分）

徒　手　体　操

膝，足首，手指，手首の運動を十分にしておく。

B　パスの練習（5分）

①　8人を1チームとし，チーム毎にボール1個

②　4人ずつ向き合ってパスする。

　i　チェスト・パス

　ii　バウンス・パス

　iii　アンダーハンド・パス

　iv　ショルダー・パス

C　ランニング・パス（10分）

①　手渡しパス

　i　8人でボール1個，4人ずつが分れて縦にならび，向きあう。

　ii　向き合った先頭の者は，ボールを受けに走る。これに軽く片手でとり
　　やすいようにボールを空中にあげるのをうけとる。

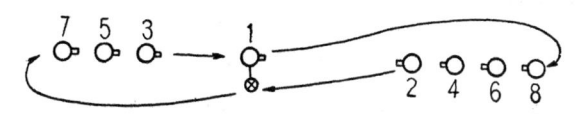

図52　練　習　隊　形

②　3人平行パス

前時に練習した教材の復習

D　ランニング・シュート（5分）

前時と同じ　2メン・ダッシュ

E　クリス・クロス・パス（15分）

①　３人平行パスを練習したから，今度はクリスクロス・パスを練習させる。このパスは，ゴールに至るまでの速度は遅いが，実戦的パスの動きとして非常に有効なパスである。

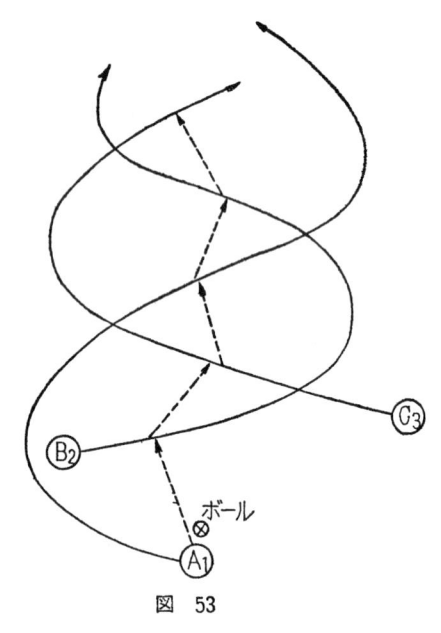

図　53

②　３人平行パスと同じように，エンド・ラインにそって３人でボール１個を持つ，全員を３列に並ばせ，３人の中，真中の者にボールを持たせる。

③　A₁はB₂にパスして，B₂の後を廻って，C₃から受けるべく走る。B₂はとび出してくるC₃にパスして，C₃が通り過ぎた後を廻ってA₁から貰う用意をする。

④　説明だけではのみこみにくいから，３人をモデルに出して，ゆっくり，歩きながらこの動作をやらせてみるとよい。

F　セット・ショット練習（５分）

①　ゴールからフリー・スローぐらいの距離に半円に並び，スタンディングのショットを練習する。

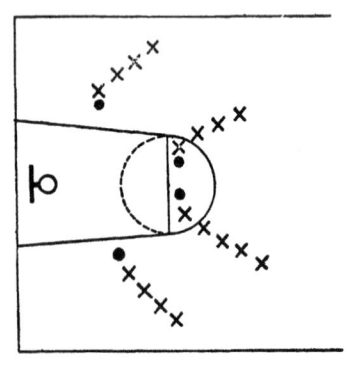

図54　練習隊形

②　両手でも片手でもよい。バック・ボールドを使わず，リングの上から落しこむようなショットを練習する。

G　クーリング・ダウン（５分）

徒　手　体　操

（５）　本時の技術解説

クリス・クロス・パス

①　普通３人で行うが，グランドを広く使用できるときは，５人か７人で練習する

とよい。

②　ボールの進む方向は常にコートの中央で，このボールを中心に3人がまわりこむのである。

③　捕球者が斜め前方にボールを受けに出ないと，パスした者はその背後を大きく迂回しなければならないので，なかなか前進が出来ない。

④　パスはすべてアンダーハンド・パスを使用するとよい。

第　3　時　限

（1）　単　元　シューティング

（2）　主教材　ドリブリング・ショット，ミドル・ショット

（3）　準　備　ボール　8個，バスケット・コート

（4）　指導例

A　ウォーミング・アップ（5分）

徒　手　体　操

B　クリス・クロス・パス（7分）

①　最後はランニング・ショット。

②　ショットを終った3人はコートの外を廻って，始めの列の後方に並ぶ。

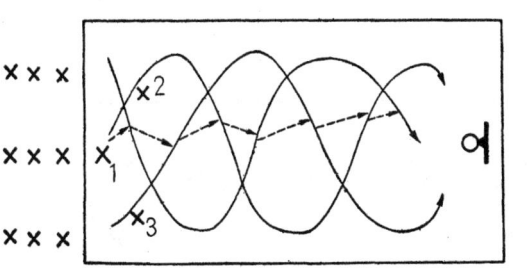

図55　練習隊形

C　ドリブリング・ショット（15分）

①　各チームはボール1個，8チームをつくる。

②　練習隊形（図56）

③　ゴールに向って右側から練習したら左側にうつす。片側

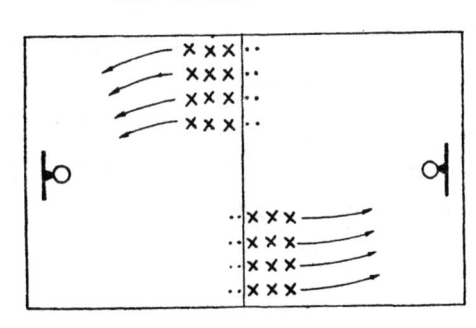

図56　練習隊形

での練習回数は，10回ぐらいとする。4組が同じ側から練習するのは，ゴール下でのプレイヤーの衝突を防ぐためである。この場合，4人が一緒にスタートすると混雑をおこすから，少しずつずれて行う。

D　ミドル・ショット（20分）

①　「今度はミドル・ショット（中距離ショット）の練習に入ろう。」

②　「バック・ボールドにあてないで，しかもリングの真中に落ちこむようなショットをしよう。」

③　「始めは近いところ（2mぐらい）から投げて5回投げたら，50cm ずつ後へ離れて行こう。」

④　「決して手の力で投げようとしてはいけない。そうすると，ボールに無理な力が加わって，いつも同じ一点をねらえないことになります。膝の屈伸を利用して身体全体で投げるようにしてみなさい。」

⑤　「ねらう一点はゴールの手前上縁です。ゴールの中心上の空間の一点だとよいのですが，これでは目標がつかみにくくなります。」

⑥　練習隊形（図57）

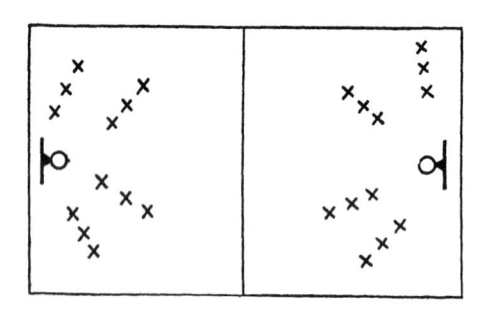

⑦　ショットした人がボールをとって，次に渡してから後へならぶ。

⑧　ミドル・ショット・ゲーム

i　「それではどのチームがよく入るか，ショット競争をしてみよう。」

図57　練習隊形

ii　「ゴールから5m離れたところに白墨でラインを引きますから，ここから投げなさい。」

iii　「各チームで合計80本投げますから，沢山入ったチームが勝ちです。」

E　クーリング・ダウン

徒　手　体　操

（5）　本時の技術解説

A　ミドル・ショット

①　身体のバランスがとれていること。

②　足の位置は前後に置くよりも，両脚を左右に開き，その幅は肩幅と同じにする。細かくいえば，利手の方の足を少し下げると，利手の力をコントロールする意味で一層理想的となる。

③　シュートのアーチ

バック・ボールドを利用してのショットは，板の厚さ，ボールの空気のつめ工合で，ゲーム毎に感じが違うから，直接リングを目がけてのノータッチ・ショットがよい。

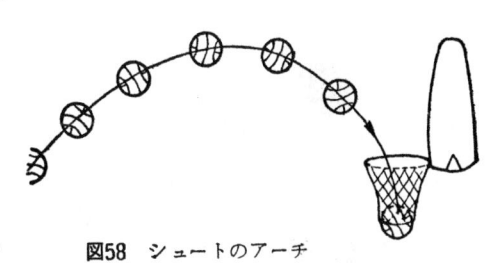

図58　シュートのアーチ

④　構えた時，両膝をまげて，重心をまっすぐにおろすようにする。ことさら上体が前屈するのはよくない。

⑤　膝をまげて構えた姿勢から，膝をのばしながらショットに入るが，この際，重心は，直立姿勢から構えの姿勢に移った丁度逆のコースを辿ればよい。その方向にボールをつき出すのであるから，投げ終った後の腕は，直接リングの方向ではなく，リングより上の天井に近い方向を指向するようになる。

⑥　リングの縁は，床に対して平行に置かれているため，一度ゴールより高くボールをあげて，それを落しこむようにしないと入りにくい。

図　59

⑦　ゴールはできるだけ長く，最後までみつめること。

ゴールを長くみるというのは，動作をゆっくりしてみるというのではない。速い動作でショットせねばならないから，ゴールをねらう時間はどうしても少くなり，その少い時間をできるだけ長く，即ちなるべく早くゴールをみるくせ

図　60　　　　　　　　　　　　　　　図　61

をつけるようにする。ただ始めのなれぬうちは，ゆっくり自分のバランスを考えながら，ショットを正確にしてゆくことから学ぶ必要がある。

第　4　時　限

（1）　単　元　シューティング

（2）　主教材　ランニング・ショット

　　　　　　　　ミドル・ショット

（3）　準　備　ボール　8個，バスケット・コート

（4）　指導例

A　ウォーミング・アップ（5分）

徒　手　体　操

B　ランニング・手渡しパス（5分）

①　1チームを8人とし，4人ずつが縦に列をつくって，間隔約10mで向いあう。

②　ランニングしながら，ボールの手渡しをして，反対側の後にならぶ。

③　すれちがい方は，最初2分間，右側でクロスの練習をしたあと，左側で2分間行う。

C　ショット・ゲーム（12分）

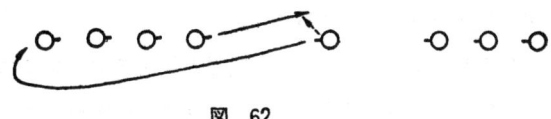

図　62

① バスケット・コートの半面で，ショットだけを中心にしたゲーム。

② クラスを8チームに分ける。

1チームの人員は5人～8人。

③ 練習隊形（図63）

④ 白はボールを持っ
て，エンド・ラインの外
に立つ。「始め」の合図
で，コート内の味方にパ
スする。パスをうけた者
は味方同士パスしてショ
ットする。

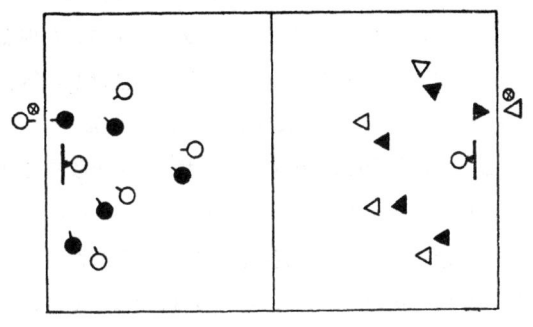

図63　練習隊形

⑤ 相手チームがコー
ト内でボールをとったら，その場からすぐ攻撃に移る。

⑥ ショットが入った場合は，相手方ボールとなり，エンド・ラインの外か
ら，スロー・インしてゲームをつづける。

⑦ 敵も味方も同じゴールに入れ合う。ゲーム時間は3分ずつとし，交替し
て4回行う。

D ランニング・ショ
ット（10分）

① 練習の隊形（図64）

② ハーフ・コートで
練習。右側から練習した
ら，左側からも行う。ボ
ールを3個ずつ使ってど
んどん行う。

③ ランニング・ショ

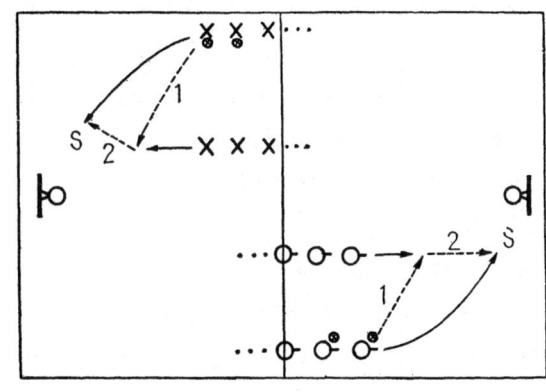

図64　練習隊形

ットのステップを合せてショットすること。

④ 右ききの人はボールを受ける時に，右足が第1ステップになるようにし，第2ステップを小きざみにはやめにふみ出すようにする。

⑤ 途中から，スタートの位置を遠くし，ショットする人が，最後にボールをうける位置をゴールより遠くなるようにして，ボールをうけたらすぐワン・ドリブル・ショットをする練習をさせる。

E　ミドル・ショット（中距離ショット）（15分）

① 前時と同じく，ゴールから5〜6m離れた地点からショットさせる。

② 1ゴールに4チームずつ向かって並ばせ，練習する。

③ 前の時間に説明したが，腕の力でシュートしようとしていないかどうか。ことさら肘を横に張ったりせず，もっと膝を曲げた姿勢から，膝を伸ばしつつ，身体全体の力で投げるようにさせる。

④ 投げ終った瞬間の腕は，投げ上げられたボールの方向になるから，肩から指先までの腕の線は，直接ゴールに向うのでは，ボールのアーチ（山だま）が少い証拠である。ボールは最後に人差指と中指の先端から離されるので，この指先のスナップが手首のスナップと共に生かされるためには，投げ終った瞬間の手は，左右の人差指が接近して，くっつきあうようになり，ついで，中指の爪と爪が触れあうような形で，掌が斜め外側を向くようなかっこうになるのがよい。

⑤ この前と同じように，ミドル・ショットの競争をさせる。

i　各チームでボール1個を用意する。

ii　「始め」の合図で，1人ずつ順に投げる。全員で80本投げ終ったらやめる。80本の中，多く入った組がいい。

F　クーリング・ダウン（5分）

徒 手 体 操

（5） 本時の技術解説

A　ランニング・ドリブル・ショット

① ランニング・パスをうけたあと，すぐドリブルしてショットに入る連続技であるから，動作が，あらたまった気分にならず，スムースにつながること

が大切である。

②　ランニング・パスを受けるのに，ストライド・ステップ（２カウント・ステップ）を踏むが，このステップからドリブルに入るときは，最初の第１ステップが離れてしまっても，この足が第３ステップとなって床上に下ろされるまでに，ボールが手から離れてドリブルに入ればさしつかえない。

③　ドリブルに入る入り方は，腰を低くして，ボールを両手で床にすりつけるようにおろしながら，プレイヤーの腰から下，膝ぐらいの高さに達した時にボールを前につき離す要領がよい。

④　初心者の中は，ボールが手から逃げることばかりおそれて，前方の味方や，相手，或はゴールをみる余ゆうがないから，ボールを三分，前方を七分ぐらいの割合いでみることを強調し，ショットに入るための，ゴールの見方を早くするように指導するとよい。

図　65

⑤　ランニング・クローズアップ・ショットと共にドリブリング・ショットも一度バッグ・ボールドにあててから，そのクッションを利用してのショットの方が成功率が高いから，ボールのスピード，強さと，あてる場所を早く感じとることが肝要である。

⑥　図66は，右足第１ステップでドリブルのボールをキャッチし，左足第２ステップで上方にジャンプしショットした瞬間である。

第　5　時　限

（1）　単　元　ボデイ・コントロール

（2）　主教材　スタート，ストップ，

図　66

　　　　　ターン，フェイント

（3）準　備　ボール　8個

（4）指導例

A　ウォーミング・アップ（5分）

徒　手　体　操

B　3人平行ランニング・パス（5分）

3人ずつでコートの端から端まで，3回ずつ練習する。

C　クリス・クロス・パス（5分）

同様に3人でコート片道3回練習。

D　身体の扱い方（25分）

①　「バスケットボールでは，敏捷な動きが大切なことは，知っていますね。きょうはその敏捷さを必要とする動作の中で，身のこなし方についての練習をしてみましょう。」

②　「相手（防禦者）をひきはなす技術にはいろいろあるが，その中で，

　i　急にスタートをおこすと，一瞬防禦者は立ちおくれますから，急にスタートをおこす技術は相当効果的な攻撃武器となります。しかも，このスタートは，陸上競技のように，一定の方向がきまっていないので，防ぐ方も，走られるコースの予測がしにくいわけです。

　ii　急にストップする動作が，次に考えられます。勢いよく走っているとき急にストップされると，追いかけてる相手防禦者はストップがおくれて，行き過ぎるものです。この瞬間をうまくとらえると，攻撃のチャンスになります。この動作も，スタートの場合と同じく，相手防禦者がいくら勘が働き，動作が機敏なプレイヤーであっても，攻撃者より先きにスタートをおこしたり，ストップをするわけにはいかない筈ですから，これらの動作は攻撃側が必ず有利な立場に立っているのです。

　iii　次に，方向変換の動作が考えられます。攻撃者は直線的に走るものとはきまっていません。全力で走りながらも，相手防禦者の位置とか動きに応じ，また味方のボールの動きや，プレイヤーに応じて，どこででも，有効な方向変換が許されます。これをうまく利用出来るチームは，それだけ攻撃のチャンス

も多くなり，相手を迷わすことになります。

　iv　次はフェイントといって，相手防禦者に或る種のさそい（疑似動作）を
かけて，気分をその方に集中させ，その裏を かいて 別の行動にうつる方法で
す。例えば，ショットすると見せて投射のモーションを見せると，防禦者はモ
ーションにつられて，空中でボールをはたこうとして，とび上ったり，重心を
上へつりあげたりし勝ちなものです。その隙に脇の下をくぐりぬけて ドリブ
ル・カット・インをする等の動作はこのフェイントによるものです。」

　③　「それではこれらを組み合せて練習してみましょう。

　i　ボールを持たずに，1人対1人で練習します。1人が攻撃者，他が防禦
者になって，防禦者は攻撃者に面して 1.5mぐらい離れた位置に正対する。攻
撃者は，この防禦者との位置関係を切りくずそうと，急に走ったり，止った
り，方向をかえたり，フェントを使ったりして，コート内を走り廻ってごらん
なさい。特に，攻撃者は防禦者の背中に廻りこむような動きが出来ればよいの
です。攻撃の時間は1分間とします。

　ii　次はボールを用意し，ハーフ・コートで攻撃側チームと防禦側チームに
分れて練習してみよう。

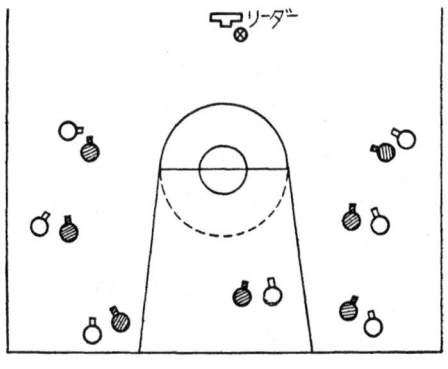

　図67のように，攻撃チーム（白）
と防禦チーム（紅）が1人対1人
になれるように，ハーフ・コート
内に並びます。白は自分にマーク
してくる紅をふり離すように，い
ろいろな動作を使って動き廻り，
相手にとられないで，しかも，楽
に相手を離してリーダーからボー

図67　練習隊形

ルを貰えるように動きます。この動き方の中で，攻撃者は，急スタート，急ス
トップ，方向変換，フェイントの動作を練習します。リーダーからボールのパ
スを受けた者は，そのボールをすぐにリーダーに返す。リーダーは再び攻撃者
（白）の中でチャンスある動きができた者をとらえて，ボールをパスします。

　iii　今度はリーダーを置きませんから，攻撃チーム（白）は，今と同じ要領

で，味方のチャンスある動きの者にどんどんパスしてみましょう。前に練習したパス・ゲームに似ているが，あの時は出たらめに動いてかまわなかったのです。今度は1人に1人ずつしっかり防禦者（紅）がくっついているから，何とかこれをひき離すような動きをしないと，すぐ相手チームにボールをうばわれる結果となってしまいます。」

④　「いまの練習をみてますと，1人に1人ずつ防禦者がきまっているのに，途中から相手をマークすることを忘れて，ただボールだけを追いかけたりしてる人がいますが，これでは防禦するための動きをおぼえることができませんし，攻撃者が身体の扱い方を練習しようとしてるのに，練習になりません。相手がどう動いてもボールがさっぱり貰えなくて困ると感じるぐらいに，しつっこくマークしてごらんなさい。」

⑤　「攻撃者の方は，ただボールを貰えばよいというのでは，実戦（ゲーム）に役立ちません。ボールを受けた瞬間，身体が攻撃すべきゴールに向いていることが肝要です。この際，目は必ずゴールの位置を視野の中に入れておくだけの余ゆうが欲しいものです。」

E　フリース・ローの練習（5分）

①　「前の時間，ミドル・ショットの練習をしましたから，あのショットを使って，きょうはフリー・スローを行います。」

②　「ゴールが2つしかないので，フリー・スロー・ラインと同じ距離のところに目印をつけておいたから，各チーム毎にボールを1個ずつ持って練習しましょう。」

F　クーリング・ダウン（5分）

徒　手　体　操

（5）　本時の技術解説

①　バスケットボールにおけるスピードは威力ある攻撃の武器である。しかし，狭いコートをいくら走っても，速い者と遅い者の差は陸上競技の50m走，100m走にくらべれば僅かな筈である。しかるに，ゲーム中速攻がしばしば成功するのは，攻撃に移るタイミングが問題である。相手より瞬時スタートが早ければ，その差は容易にとりかえせるものではない。

②　ドリブルの独走が成功して，あわやショットと思われた瞬間，後方から走ってきた防禦者にシュート・モーションをあわせられて，空中にとび上った瞬間のボールを叩き落されたりするプレイは，ゲーム中しばしば見受けられることである。この際ドリブラーがショット直前激しいストップを行ってみると，当然ショットするものと思って追いかけてきた相手は，タイミングをはずされた形となって，ストップ出来ず，前のめりになって行き過ぎてしまうのが普通である。この敵を通り過させた後に，ゆっくりゴールをねらってショットする快適な気分は急ストップの妙味といえよう。

③　方向変換，フェイントの動作も，バスケットのように，瞬間的な時間の差異が次には大きなチャンスとなったり，大きな弱点をひきおこす原因となったりするスピーディなゲームでは，方向変換，フェイントは重要な基礎技術となる。前に述べた急スタートにしろ，急ストップにしろ，広い意味では皆フェイントの動作だと考えられる。このフェイントを身体の動作によってつける場合もあるが，技術が進んでくると，目の動かし方だけで，通りにくいパスが楽に通ったりするのであるから，目の動かし方だけでも大きなフェイントの役割を果すのである。

第　6　時　限

（1）　単　元　コンビネーション・プレイ

（2）　主教材　トレール・プレイ

（3）　準　備　ボール　8個

（4）　指導例

A　ウォーミング・アップ（5分）

徒　手　体　操

B　パス練習（5分）

8人が1組をつくり，ボール1個で行う。

チェスト・パス，バウンス・パス，アンダーハンド・パス，ショルダー・パス。

C　ワン・ドリブル・ショット（10分）

①　ゴールから7～8m離れたところから，ワン・ドリブル・ショットを練習する。始めはゴールに向って直線に練習。

②　ボールを持ったプレイヤーとゴールとを結ぶ線上には，通常相手防禦者が入れさせまいと頑張っている。そこで，直線にドリブル・カット・インすることはあまり利用価値がない。この防禦者をよけて，防禦者の右側か左側を僅か迂廻しながらのドリブルを練習してみる。

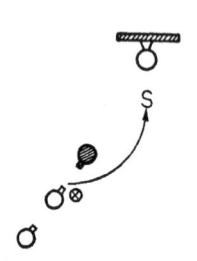

防禦者を1人立てておき，これをよけてシュートする。この際，ドリブルに移る前に一度ショート・モーションをしてからドリブルするとか，左へぬくモーションをしてから右へドリブルを始める等のフェイントからこの練習をさせるのもよい。

D　トレイル・プレイ (Trail Play) (20分)

図　68　　　①　2人でコンビネーションをとって攻撃する練習。

②　トレイルとは接続するという意味で，AがBにパスをしたあと，そのボールに接続して走り，Aは再びBからボールを受けて攻める攻撃法である。

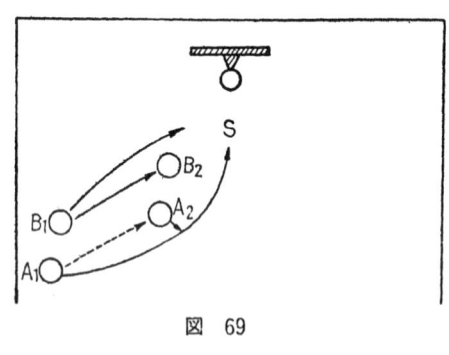

③　A₁はA₂にパスしてその前を走り，A₂からリターン・パスを得てシュートする。このプレイは，A₁をマークしている防禦者B₁がA₁を防ごうとしてスタートをおこすが，A₂またはB₂がいるため，自然と邪魔になってA₁の走るコースについて動きにくい。

図　69

このもたつきを利用して攻撃してしまうのである。

④　防禦者なしで練習。

ゴールに近いところに，各チームから1人ずつ立てておく。この者はパスをうけてから，走りこむ者に軽く手渡しパスをする。右方向にトレイルの練習をしたら，反対側左方向の練習もすること。

⑤　防禦者を2人つけてこの練習をさせる。防禦者がつくとコートが狭くな

ってあぶないから，1ゴールに
つき2ケ所で練習する。

　E　ハーフ・コートのショッ
ト・ゲーム（8分）

　①　クラスを8チームに分け
ておく。

　コート2面，2チームずつ4
チームでゲーム。

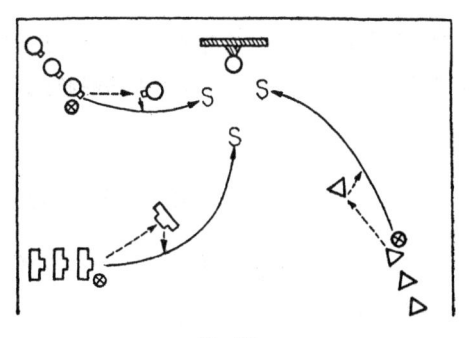

図　70

　②　ハーフ・ラインのセンター・ジャンプ・サークルから白は攻撃を始め
る。攻撃が成功したら，再び白ボールにしてハーフ・ラインから始める。

　③　途中赤がとったら，ボールをハーフ・ラインに持ってゆき，同じように
始める。

　④　ゲーム時間は4分間。

　F　クーリング・ダウン（2分）

　徒　手　体　操

（5）　本時の技術解説

　A　トレイル・プレイ

　①　このプレイは，次の時間
にのべるスクリーン・プレイと
共に，2人のコンビネーション
によって攻撃する組織的な方法
である。ただし，相手防禦者が
マン・ツー・マン防禦をしいて
いる場合に有効である。

図71　トレイル・プレイ

　②　一般にゴールから遠いプレイヤーが，ゴールに近い味方にパスしたあ
と，ひきつづき走りこんでこのボールをうけ，ショットにもちこもうとする戦
法である。

　③　要するに，味方に一度パスして，そのボールを自ら得て攻撃しようとす
る攻め方をいう。

④　図71は，ボールを味方に渡したあと，走りこんでボールを得ようとしているところで，自分についていた防禦者が，マークしきれず困惑することがうかがえる。

第　7　時　限

（1）　単　元　コンビネーション・プレイ

（2）　主教材　スクリーン・プレイ

（3）　準　備　ボール　8個

（4）　指導例

A　ウォーミング・アップ（5分）

徒　手　体　操

B　手渡しパス（5分）

①　1チームを8人とし，ボール1個を持たせる。

②　4人ずつ分れて，縦に並んでむきあう。

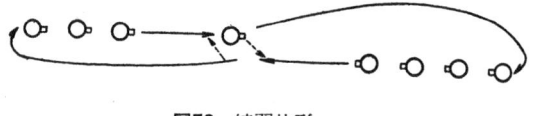

図72　練習体形

③　この練習は本時に行うスクリーン・プレイに応用されるから十分練習しておく。

C　3対2の練習（10分）

①　攻撃を3人，防禦を2人とする。

②　練習隊形（図73）

③　ハーフ・コートを使用する。

攻撃者3人の中央の者がボールを持って立ち，右か左の味方にパスしたあと自由に動いてる人で

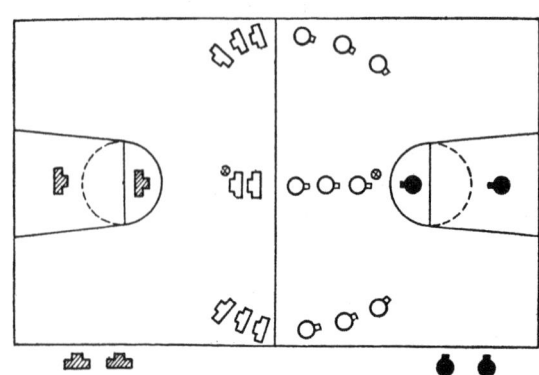

防禦交替者　　　　　　　　　防禦交替者

図73　練習隊形

パスして攻撃する。防禦者は2人で3人を防ぐのであるからショットされ易いが，ショットを防ぐ役を1人がしたら，他の者はそのボールがパスされそうな先きをよんで，カットをねらう。

④　攻撃側のショットが入るか，ミス・パスして ボールをコート外に出すか，防禦者にとられたり，ジャンプ・ボールに持ちこまれたら，1回の攻撃は終りとなり攻撃者の後方に戻って並ぶ。

⑤　防禦者は2人ずつ3組用意できてから攻撃1回ごとに交替する。

⑥　防禦者が2人で合計5回防禦が終ったら防禦者全員を交替する。

⑦　攻撃者3人はパスしたら，もっとゴールに向って走りこませてみる。防禦者が防ぎにくいようなところへ動き廻ってパスすると，最後にノーマークのチャンスが出来る。

　　D　スクリーン・プレイ（20分）

①　いまの3対2の攻防では，前時間に習った トレイル・プレイや，手渡しパスが使われていないが，これを使うともっと簡単に攻撃側のチャンスをつかめる。

②　トレイル・プレイの他に，スクリーン・プレイがあるから，その練習をしてみる。

③　白A_1は白A_2にパスし

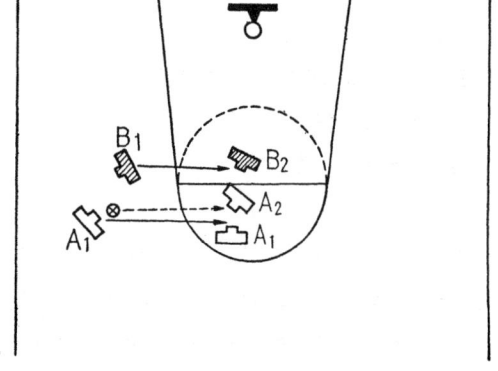

図　74

てすぐA_2の前へ走りこみ，A_2から手渡しパスをうけてA_2に重なって止る。紅B_1はA_1のショットを防禦しようとして動くが，白A_2か紅B_2が立っているため，思うところへ動けず，行動を邪魔されてもたつく。この隙を利用して白A_1はショットをしてしまおうとする攻撃法である。

④　練習の隊形（図75）

⑤　A_1はドリブルして止る。コーナーから走り出たA_2はストップしたA_1から，手渡しパスをA_1に重なって受けて，すぐミドル・ショットをする。

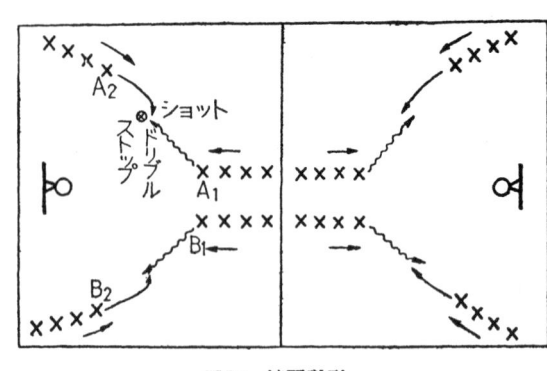

図75　練習隊形

⑥　最初防禦者をつけずに練習してから，次に防禦者をつけて練習してみる。

⑦　ドリブルのかわりに A$_1$ と A$_2$ がパスを行ってからスクリーン・プレイにつなげてみる。

E　ドリブリング・ショット練習（5分）

①　ハーフ・ラインから，チーム毎にドリブル・ショットを練習する。一つのゴールでの練習は4チームとし，ゴール2ケ所で練習する。

②　ゴールに向って右側，左側，中央とシュートに持ち込むドリブルのコースをかえて練習する。

F　クーリングダウン（5分）

徒 手 体 操

（5）　本時の防術解説

　　スクリーン・プレイ

①　2人の攻撃するプレイヤーが交叉することによって，相手防禦者が動こうとする進路を自然の中に遮断する方法である。

②　この方法は防禦チームが，マン・ツー・マン・ディフェンス（個人防禦）をしいて守っている際の攻撃法として有効である。

<h2 style="text-align:center">第 8 時 限</h2>

（1）　単 元　ディフェンス（防禦）

（2）　主教材　マン・ツー・マン・ディフェンス

（3）　準 備　ボール 8個

　　防禦者，攻撃者を区別出来易いたすき，または帽子若干。

（4）　指導例

A　ウォーミング・アップ（5分）

徒　手　体　操

B　クリス・クロス・ランニング・パス（5分）

①　エンド・ラインから反対のエンド・ラインに向って練習する。

②　最後はランニング・ショットを行う。

③　片道3回練習する。

C　3対2の練習（10分）

①　攻撃3人，防禦2人。

②　攻撃者はハーフ・ラインにゴールを向いて並ぶ。ゴールが2ケ所使える
から2ケ所に分けて行う。

③　防禦者を2人ずつ組みにし，3組用意しておく。

④　防禦者が，すぐ目につくように，たすきで目印をつけておくこと。

⑤　攻撃者3人の中央
の者がボールを持って右
か，左の味方にパスをし
てから攻撃に入る。

⑥　防禦者の中，ボー
ルを持った攻撃者に近い
ものがショットを警戒し，
他の1人は，パスされそ
うな他の2人の攻撃者を
同時に警戒する。

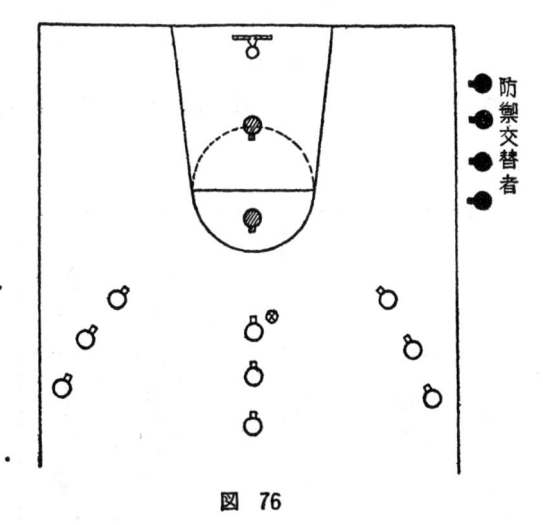

防禦交替者

B　マン・ツー・マン・
ディフェンス（個人防
禦）（30分）

図　76

①　「きょうは防禦の練習をします。バスケットの防禦には大きく分けて，
マン・ツー・マン・ディフェンス（個人防禦）とゾーン・ディフェンスがあり
ます。ゾーン・ディフェンスというのは，5人が防禦する地域をきめておいて
守るので，地域防禦といわれています。」

　②　「マン・ツー・マン・ディフェンスは，1人が相手の1人をマークして入れさせないように防禦する方法です。」

　③　「自分のマークする相手を見失わないよう，どこまでも，相手にくっついて動くのです。

　それでは，最初に1対1について動く練習をしよう。」

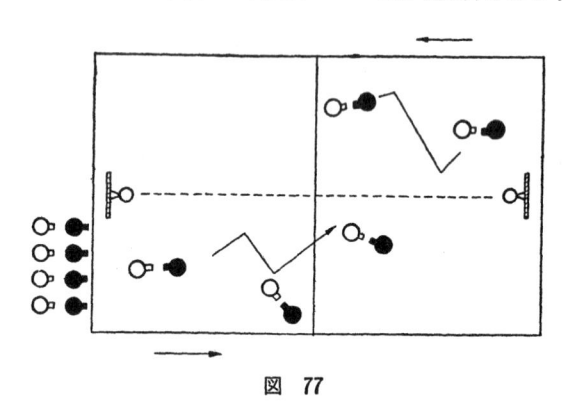

図　77

オール・コートを使って，エンド・ラインの外に紅白1人ずつ組みになる。防禦者紅は，攻撃者白がスタート，フェイント，ストップ，方向変換をして動き廻るのにくっついて，一緒に動く。コートを縦割にして，右半面を使って白が攻撃したら，帰りは左半面を使って紅が攻撃，白が防禦をして帰る。

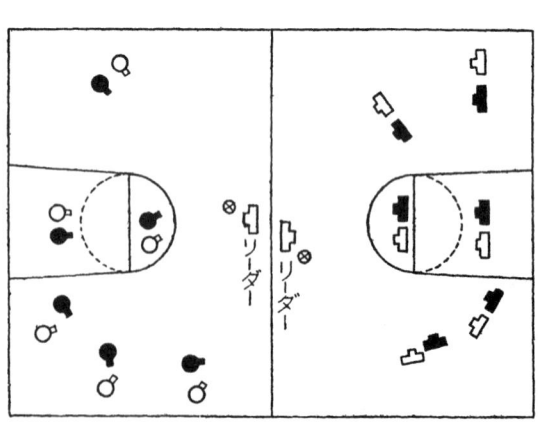

図　78

　④　次は，ハーフ・コート内で，チーム毎のマン・ツー・マン・ディフェンスの練習を行う。クラスを8チームに分ける。

　ハーフ・コート2面を使用して，同時に2チームが攻撃，2チームが防禦をする。

　ハーフ・ライン上で，リーダー1人はボールを持って立つ。

　白はコート内をフェイントを使ったり，急スタート，急ストップ，方向変換

を使って，相手デフェンスをひき離すよう動き廻る。紅防禦者は，マークする相手にしつっこくくっついて動き，リーダーが白にボールを渡すのを邪魔する。リーダーからパスを受けた白はすぐリーダーにボールをかえす。ゲーム時間は2分間とする。2分間ずつ4回練習して，何れのチームも1回防禦の練習が出来るようにする。

　E　ドリブリング・ショット（5分）

　①　ハーフ・コートを使って，ハーフ・ラインから，チーム毎に練習。

　②　ゴール下で4チームのプレイヤーがぶつからないよう僅かずつ，スタートを遅らせて練習する。

　F　クーリング・ダウン（5分）

　徒　手　体　操

　（5）　本時の技術解説

　①　相手の動きに対応し易い姿勢をとる。膝を曲げ，腰を下し，両足は前後または左右にやや拡げる。手は前に出した足と同じ片手を上にあげて相手のショットを防ぎ，他の手は横下に

図　79

ひろげて，ドリブルで突込んでくるのや，バウンス・パスを警戒する。

　②　一般的な注意

　i　相手のショットに対しては原則として跳び上らないこと。これはショット・モーションをフェイントにして，下をドリブルでぬいてくるプレイを警戒するためである。

　ii　相手の行動を予知するためには相手の目をみているとよくわかる。

　iii　相手にショットされた場合は，す早くゴールの方を向いて，相手を背中でおさえ，ゴールに向ってとびこんでくるのを邪魔しながら，落ちてくるボールをフォローする態勢をとること。

　iv　相手がパスした際，ボールだけに気をとられると，相手をマークからはずすおそれがあるから，マークしつつボールの位置を視野に入れるように

すること。

第　9　時　限

（1）　単 元　ゲーム
（2）　主教材　簡易ゲーム
（3）　準 備　ボール　8個
（4）　指導例

A　ウォーミング・アップ（5分）

徒 手 体 操

B　2人ランニング・ショット（10分）

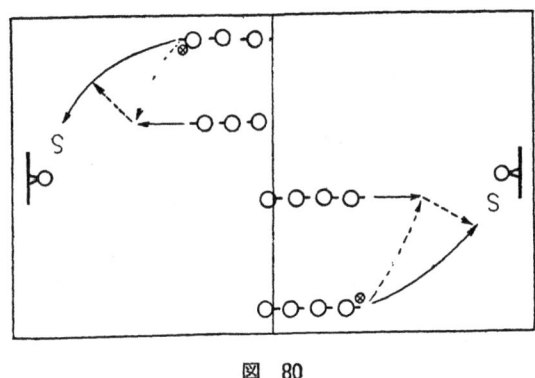

① コート半面を使って，ボールは3個ぐらいずつ使ってどんどん練習する。

② 右側からのショットを5分したら，左側からのショットを5分行う。

図　80

C　ゲーム（30分）

① ゲームを行う際は，出来るだけコート2面を用意したい。1面しかない場合でも，コートを描いてゴール・ハイを用意できれば2面とれるし，もしとれない場合は，腰掛を2個用意して，ゴールのかわりにボールを受ける人を立ててポート・ボール形式にしてもよい。

② 簡易ゲームであるが，初心者よりルールをやや正式に近くして行う。

i 初心者では1歩よけいに歩いても大目に見たが，ここでは正式に第2ステップ迄とするがよい。ただし，ストップした時，ピボット・フットがずれる程度は許すことにする。

ii ダブル・ドリブルはいけない。

iii バック・パスはいけない。

一度フロント・コートに入れたボールは，再びバック・コートに返さないこと。

iv 得点は正式に野投2点，自由投1点としてもよいし，野投成功すれば5点，リングにボールがあたれば1点としてもよい。

v ファール……おしたり，ついたり等の身体的な接触はいけない。

③ ゲーム時間は，5分ずつで交替する。

D クーリング・ダウン（5分）

徒 手 体 操

（5） 本時の技術解説

ルールについて

① バイオレーションの主なもの。

i バイオレーションとは，ファール以外の規則違反をいう。

ii 3秒ルール……攻撃側の者はボールを持つと持たざるとにかかわらず攻撃しているフリー・スロー・レーンの中に3秒以上立止ってはいけない。

iii 5秒ルール……アウト・オブ・バウンズからスロー・インするのに5秒以上を費してはいけない。

iv 10秒ルール

　イ．フリー・スローの際，審判からボールを渡されたプレイヤーは10秒以内に投射しなければならない。

　ロ．バック・コートからフロント・コートにボールを運ぶために，10秒以上費してはいけない。

v キャリング・ボール

vi ダブル・ドリブル

② 簡易ゲームであるから，あまり規則ずくめでゲームをすると，笛をふいてゲームを中断ばかりするようになるから，興味を失なわぬ程度にゲームをやらせる。

③ ボールにプレイヤーが集中してしまうと危険も多いし，ゲームも面白くならないから，離れてプレイするように指導する。

④ ドリブルの個人プレイをあまり使うと，皆がボールに触れるチャンスが

なくなり自然ボールに集中しがちになるから，パスだけにして，ドリブルを禁止してゲームをさせることもよい。

第　10　時　限

（1）　単　元　ゲーム

（2）　主教材　簡易ゲーム

（3）　準　備　ボール　8個

（4）　指導例

A　ウォーミング・アップ（5分）

徒　手　体　操

B　3人平行ランニング・パス（5分）

①　エンド・ラインの外に3列をつくって並ぶ。3人の間隔は4～5mとし反対のゴールに向ってランニング・パスをして進む。

②　最後はゴールに向って3人がコースを選び，ステップの合つた者がショットする。

③　ショットしたボールは3人で拾い，コートの外を通って，スタートに戻り列の後方に並ぶ。

C　パス練習

①　8人にボール　1個

②　4～5mの間隔で4人ずつ向合って並ぶ。

③　チェスト・パス，バウンス・パス，アンダーハンド・パス，ショルダー・パスを練習する。

D　簡易ゲーム

①　前時と同じ要領でゲームを行う。

②　得点は正規とし，野投2点，自由投1点とする。

③　ファールを前時よりきびしくとる。ファールの種類には次のようなものがある。

ⅰ　プッシング

相手を押すファールのこと。

　ii　ホールディング

　腕や，身体をおさえたりつかまえたりするファールのこと。

　iii　トリッピング

　相手を足でつまずかせるファールのこと。

　iv　ハッキング

　シュートを防ごうとする時などに，ボールとま違って，相手の手を叩いて
しまうようなファールのこと。

　v　チャージング

　相手が防禦のために立っているのに無理にとびこんでいってぶつかってし
まうファール。これは防禦側にその責任はなく，攻撃側の反則となる。

　④　組織的な攻撃はなかなかむずかしいが，今までに習った，スクリーン・
プレイ，トレイル・プレイ，二人平行パス，三人平行パス等があらわれたら，
ゲーム後，ほめてやる。

　⑤　防禦者がボールをとろうとするのあまり，どうしても，自分のマークす
る相手を離しがちになるから，ゲームの開始前に，お互いマークする相手と握
手をさせ，相手にショットさせないばかりか，パスも受けさせないぐらいにマ
ークするよう指導しておく。

　⑥　マークしてる相手にボールを持たれたら，1m50cmぐらい離してつかな
いと，すぐにドリブルでぬかれてしまうからあまり接近し過ぎないよう指導し
ておく。

　E　クーリング・ダウン（5分）

　徒　手　体　操

3　C コース（経験者……高校上級程度）

10時間配当

第　1　時　限

（1）　単　元　パッシング（Passing）

（2）　主教材　四角形パス（Square Pass），スポット・パス（Spot Pass）

（3） 準 備　ボール　8個

（4） 指導例

A　ウォーミング・アップ（5分）

徒 手 体 操

膝，足首，手首，指の運動を念入りにしておく。

B　ランニング・手渡しパス（5分）

①　1チームを8人ずつとし，4人が縦に並んで，7〜8m離れて向きあう。

②　練習隊形

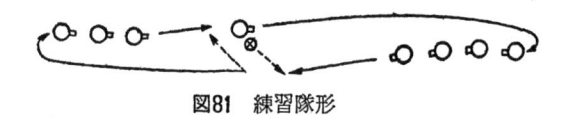

図81　練習隊形

③　このパスはあまり強いとうけにくいから，片手にボールをのせて横に出したところを，受ける者が持っていくような手渡しをするか，或は軽くアンダー・パスで空中に，相手の進行路にとり易いようにおいてくるような気持のパスがよい。

④　すれ違い方に右と左があるから，2分ぐらいずつ両側を練習する。

C　ランニング・ショット（10分）

①　全員を紅白に分け，ハーフ・コートずつに分れて練習する。

②　ボールを4個ずつ使って，すき間なく，どんどん練習する。

③　練習の隊形（図82）

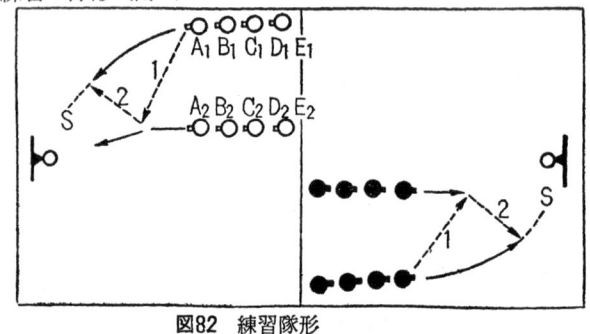

図82　練習隊形

④　A_1, B_1, C_1, D_1 は各人ボールを持って並ぶ。A_1 はフリースロー・ライン辺へとび出してくるA_2にパスして，ゴールに向って斜めに走る。A_2はA_1にリターン・パスを送る。A_1 はこのパスを得てランニング・ショットを行う。

⑤　A_2 はショットされたボールが，床上に落ちないうちにゴール下へ走ってこれをホローし，ボールを E_1 にわたして，いま並んだ反対側の後へついてならぶ。

B_1, C_1, D_1, はそれぞれ，前がいなくなったら，すき間なく練習する。

⑥　右側から5回練習したら，左側へサイド・チェンジをして同様に5回練習する。

D　四角形パス（15分）

①　ハーフ・コートの四隅に分れて並び，パスにつれて右廻り（又は左廻り）する。

②　練習の隊形（図83）

③　X_1 はボールを中央で持つ。X_2 はX_3のいるコーナー目がけて走るのに合せてX_1 は走者の速度とボールの速度を合せるようなパスをする。X_1はパス後，X_2 の列の後方にならぶ。

④　X_2はX_4 に向って走るX_3にパスしてX_3のもといた列の後方についてならぶ。

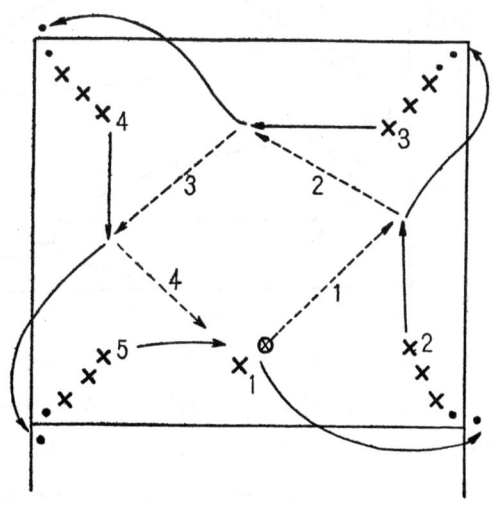

図83　練習隊形

⑤　順次このパスをくりかえす。

⑥　右廻りで練習したら，左廻りでも練習する。

⑦　ランニング・パスであるから，ボールを受けてから最初にふむ足を第1ステップとし，第2ステップまでは許されるから，第3ステップをふむ前にパ

スが終っているようにする。

　⑧　直接走者を目がけてパスを行うと，どうしても，パスの時間だけおくれて受ける者がとりにくくなるから，走者の進行路のやや前方を目がけてパスするようにするとよい。

　E　スポット・パス（10分）

　①　このパスは，速攻の時に多く使われるパスで，防禦態勢からボールを得て攻撃に移る際，足の早い者が攻撃するバスケット目がけて走るのに合せてロング・パスを送る時などに使う。

　②　スポットとは或る地点を目がけてのパスである。

　③　練習の隊形（図84）

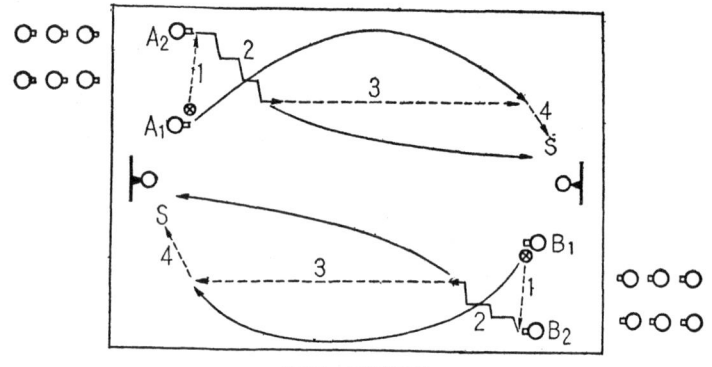

図84　練習隊形

　④　A_1はA_2にパスしたら，全速力で矢印の如くコートいっぱいに走る。A_2はドリブルで斜め中央前にボールを進め，A_1がボールを得て，工合よくショットできるようなタイミングの合ったロング・パスを投げてやる。

　⑤　A_2の投げるロング・パスはショルダー・パスを使い，このパスを投げたあと，全力で走り，A_1のショットしたボールが床上に落ちないうちにホローしてとるようにする。

　⑥　サイドをかえて練習をする。

　F　クーリング・ダウン（5分）

　①　徒手体操のかわりに，8人でボール1個を持ち，4人ずつ向き合って，パスを行う。

②　チェスト・パス，バウンス・パス，アンダーハンド・パスを行う。

③　このパスをしながら，四角形パス，スポット・パスと走る練習が多かったので呼吸を整えるようにする。

（5）　本時の技術解説

A　四角形パス

①　今まで学習してきたパスは，パスする人と，受ける人が向い合っていたり，二人平行，3人平行パスの如く，パスする者と受ける者とが同一方向へ走っている間のパスであった。この四角形パスは，パスする者の進行方向より斜めにしかも走っている者へのパスであるから，判断をあやまると，即座にミスとでなってしまうパスである。

②　四角形パスの受け方は普通ボールの来る方の足，即ち左方からくるボールに対しては左足を第1ステップに，右方からくるパスを受ける場合には右足を第1ステップに踏んだ方が，次のパスのバランスがとれてやり易い。

③　このパスはなれてくると同時にボールを2個使っても練習できる。

B　スポット・パス

①　走者がボールを受けるのにあわせてロング・パスを投げるのだから，走者の速度とボールの速度を合せることがむずかしい。

②　このパスは走者の後方から流れてくるパスのため，捕球者がボールをミートしにくいために，キャッチもしにくくなってくる。

③　パスする者と受ける者との幅が広い程楽にキャッチでき，一線に重なって，真後からのスポット・パスは一番うけにくい。

④　最初10mぐらいを走らせ，投げる者との幅を3mぐらいで練習する。これがなれたら，2mぐらいにして走る距離ものばしてゆく。

⑤　キャッチする時のステップは，さき程のべた四角形パスの要領で，進路の右後方からくるボールをうける時の第1ステップは右足で，左後方からくるパスをうける第1ステップは左足でとるとバランスがとり易い。

⑥　スポット・パスの落下地点が常にのぞましい一点とは限らないから，走者は走りながらボールの落下地点を見きわめ，コースをボールにあわせて選ぶ必要がある。この際ランニング・ショットをし易いコースにボールがこなかっ

たら，ボールを得たあとひきつづきドリブルにうつり，ショットのコースに直してショットにもっていくとよい。

　⑦　またスポット・パスを得た走者はランニング・ショットのしにくいコースの場合はストップするか，ワンドリブル・ストップをして，ホローしに走り込んでくる者にリターン・パスをかえしてやって，その者にショットさせることもできる。

第　　2　　時　　限

（1）　単　元　　パッシング

（2）　主教材　三角形パス

（3）　準　備　　ボール　8個

（4）　指導例

A　ウォーミング・アップ（5分）

①　徒　手　体　操

②　前時と同様，膝，足首，手首，指先の運動を念入りに行う。

B　クリスクロス・パス（Crisscross Pass）（5分）

①　エンド・ラインの外側に3列をつくり反対サイドのゴールを目標にクリス・クロスを行う。

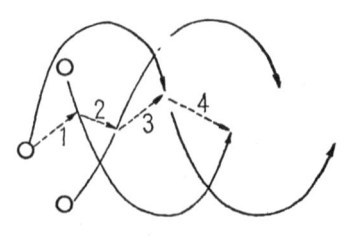

②　最後はゴールに向ってステップのあった者がショットする。

③　ショットがすんだら，コートの外側を通ってスタートに戻り，3列の後方へならぶ。

C　四角形パス（8分）

図　85

①　前時の復習

②　クラス全員を4組に分け，2組ずつ2コートをつかって練習する。右廻り1分間練習したら，左廻り1分間して交替する。

③　1分間の間に何回ボールを落すかを数えて，4チームで競争してみる。

④　練習の間に，ボールを落す原因がどこにあるかをみておく。多くの場

合，ミスはキャッチする者の側より，パスする者の側に責任があるものである
から，相手がうけ易いパスを出してやるよう注意する。

D　三角形パス（12分）

①　一辺の長さ10mぐらいの三角形の各頂点に列をつくって並ぶ。

②　このパスはパスした方向に身体を流さず，むしろパスした反対方向にす早く移動する動きのパスである。

③　練習の隊形（図86）

④　AはBにパス後す早くCの後方へスタート・ダッシュする。BはダッシュしてボールをうけCにパスしてAの列の後方にスタートする。

⑤　始めは止まりながら練習し，なれたらスムースに動きながら練習する。

⑥　このパス練習も右廻りと左廻りがあるから両方練習させる。

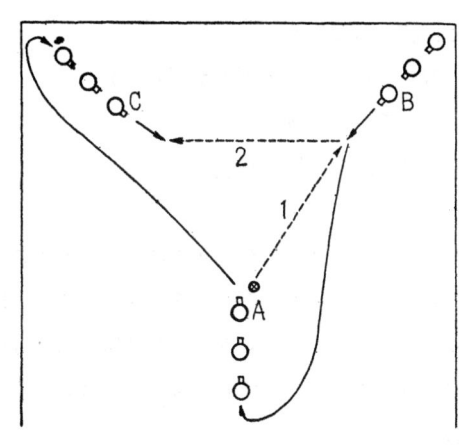

図86　練習隊形

C　ゲーム練習（16分）

①　正式のゲームではなく，ハーフ・コートを使って5対5の攻めあいを行う。（このような練習をスクリメージ　Scrimmage　と呼んでいる）

②　ハーフ・コート内に紅白5人ずつ攻撃・防禦に分れてポジションをとる。ゴールが2ケ所にあるから，同時に4チーム練習できる。

③　攻撃側は1人ボールを持って，コート外に立つ。「始め」の合図で，コート内の味方にパスしてゲームを始める。

④　このスクリメージでは主として5人のパス・ワークや，5人の動き方，防禦のつき方等，セット・プレイをならうのが主である。

⑤　攻撃側は本時に練習した三角パスの応用，即ちパスした者はボールのあとを追わずに反対側へスタートをおこすプレイを主として使うようにする。こ

の反対サイドへのスタートは，反対側にいる味方にチャンスをつくつてやるプレイであるから，味方についてる相手防禦者の進路を遮断するような動きがのぞましい。

⑥　ショットに成功した場合は，再び攻撃した方のボールとして，コート外から始める。また相手防禦者が，ボールをカットしてとつたり，ショットされたリバウンド・ボールをホローしてとつた場合は，攻撃，防禦を交替し，始めと同様にはじめる。

F　クーリング・ダウン（4分）

徒　手　体　操

（5）　本時の技術解説

A　三角形パス

①　今まで練習したパスの多くは，2人のコンビネーションによって攻撃のチャンスを生み出そうとするプレイである。即ち，トレイル・プレイ，スクリーン・プレイ，スポット・パス等何れも2人のプレイヤーのコンビさえとれれば攻撃ができる。三角形パスの原理は3人のコンビネーションによるものである。

②　練習の隊形（図87）

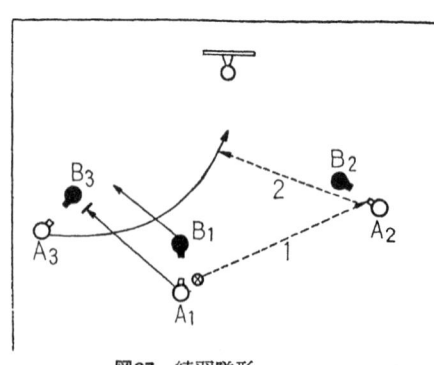

白A_1はA_2にパスしてすぐ反対サイドのB_3を遮断にいく。勿論紅B_1もA_1と共に動いてくる。この間隙をぬって A_3 はゴールに向ってカット・インする。A_2はすかさず A_3 にパスを入れてショットのチャンスとする攻撃法である。

図87　練習隊形

③　三角パスはこのように，パスしたあと他の味方がチャンスとなるようにボールとは別の方向にスタートする練習である。

④　バスケットのホーメーションはこの原理を応用して組合されたものが多

い。

第　3　時　限

（1）　単　元　シューティング（Shooting）

（2）　主教材　ピボット・ショット（Pivot Shot）

　　　　　　　　ジャンプ・ショット（Jamp Shot）

（3）　準　備　ボール　8個

（4）　指導例

A　ウォーミング・アップ（5分）

徒　手　体　操

B　三角形パス（5分）

①　前時の復習

②　クラスを4チームに分けて，4ケ所で練習する。

③　ボールをキャッチするまでは，よくボールをミートしてダッシュし，キャッチしたら腰をパスする方向にひねってパスするようにする。

C　三人平行ランニング・パス（5分）

①　エンド・ラインの外側に3列をつくって並ぶ。3人の中央の者はボールを1個ずつもって立つ。

②　「始め」の合図で反対側エンドに向って，ランニング・パスを始める。3人の間隔は4〜5mぐらいがよい。

③　攻めるゴールに近づくにつれて，両サイド・ラインを走っている者は，コースをかえて，ゴールにまわりこむように走り，ステップのあったものが，ランニング・シッョトを行う。

④　終ったらコート外を通ってスタートの列の後方にならぶ。

D　ピボット・ショット（15分）

①　バスケットボールでは，ボールを受けた瞬間，身体がゴールに面していることがのぞましいが，ゴール近辺だと敵が接近しているため，ボールを受ける姿勢が，ゴールを背中にしたり，体側にしたりした位置でボールをうけることが多い。この際，ステップをゴールし易いようにふむことによってショッ

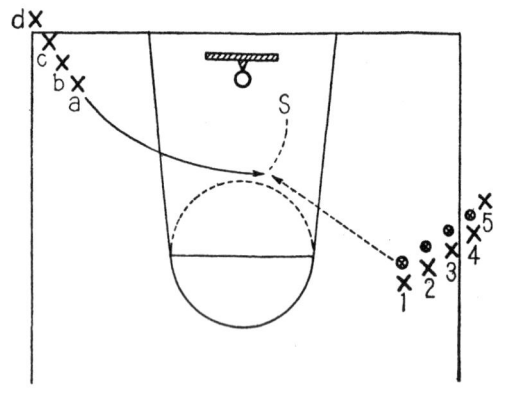

図88　練習隊形

トが楽になり，成功し易くなる。このようにステップし直してのショットをピボット・ショットという。

② 練習隊形 （図88）

③ 図88の如く X_1 X_2 X_3 X_4 とボールをもってならぶ。Xa は矢印の如くスタートをおこし，X_1 からボールを右足第1ステップでうける。第2ステップは，身体の自然の流れとは別にゴールに廻りこむように左足をふんで，ショットに入る。この時のショットは，右手ワンハンド・ショットがよい。

④ コートを2面で練習。X_1 はパス後すぐゴールに向ってスタートし，落ちてくるボールが床上に落ちないうちに，空中でホローする練習をする。サイドをかえて練習する。

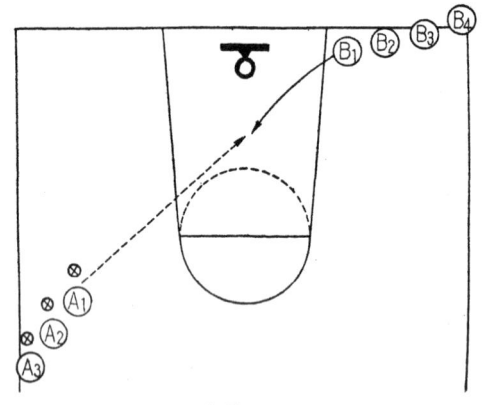

図89　練習隊形

⑤ 練習隊形（図89）

⑥ A_1 A_2 A_3……はボールをもって立つ。

B_1 はゴール前3～4mのところへダッシュしA_1 からボールをうける。ボールをうけた時の姿勢はゴールが自分の背中になっている。B_1のうけ方は，両足同時に着地するジャンプ・ストップ（1カウント・ステップ・ストップ）でもよいし，左，右と足に前後があるストライド・ストップ（2カウント・ステップ・ストップ）でもよい。

⑦　ジャンプ・ストップの時は右左，何れの足先をピボット・フットとして廻転してもよいから，ピボットして，ゴールを向いてショットする。ストライド・ストップしたなら，第1ステップがピボット・フットとして限定されるから，これを廻転軸足として，ゴールに向くようピボットしてショットする。

⑧　なれてきたら，B₁にマークする防禦者をつけてピボット・ショットの練習をするとよい。

E　ジャンプ・ショット（15分）

①　男子ならゴールから4〜5m離れていてもジャンプ・ショットができるが，女子だと腹筋力が弱いと遠い距離はむずかしい。

②　攻撃してるゴール下で，味方がショットしたボールがゴールに入らず，はねかえってくるのをゴール下でホローし，ひきつづきジャンプ・ショットを行う。

③　練習隊形

④　バスケット・ボールドの左右に1列にならぶ。バック・ボールドにボールをぶつけて，はねかえってくるボールをジャンプしてホローする。一度床におりた時膝をまげて，次にジャンプするばねの役目を果すようにかまえる。ひきつづきジャンプしてショットをこころみる。

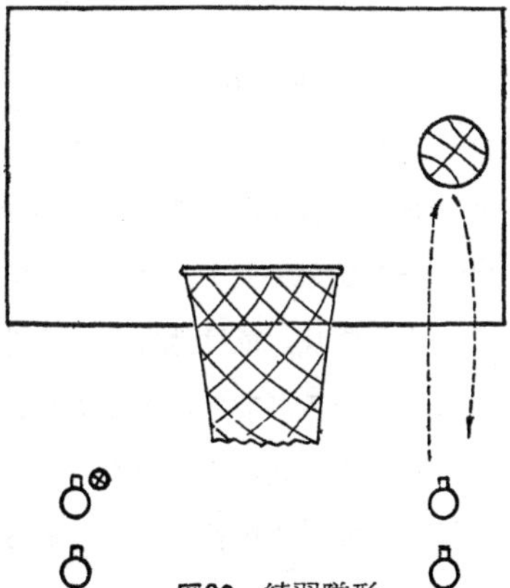

⑤　ショットの方法は，普通ボールを前

図90　練習隊形

額部に持って行きながらとび上り，身体が最高点に達した瞬間に両手をゴールの方へ伸しながら手首のスナップを利用して投射する。

F　クーリング・ダウン（5分）

徒　手　体　操

（5）　本時の技術解説

A　ピボット・ショット

①　ゴール下近辺（ポスト）でボールをうけるチャンスの多いセンター，ホワードがこのプレイを使うことが多い。

②　ゴールを背にしてボールをうけるが，この時，相手防禦者が接近してい
るから，これをフェイントでかわす必要がある。そのためには，ボールをうけ
る時両膝をまげて腰を下げ重心を低くする。上半身はおこして視野がひろがる
ことにつとめ，バランスのとれた姿勢をつくることが大切である。

③　ポストでボールをうけた直後，味方がトレイルしてくるのをフェイント
にしてピボット・ショットをすると有効である。

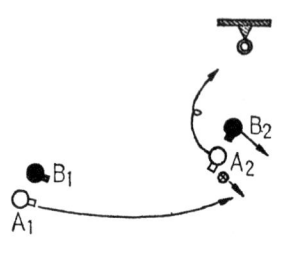

A₁はポスト・マンA₂にパスを入れて矢
印にトレイルする。A₂は走りこむA₁に手
渡しするとみせて，防禦者B₂をつる。す
かさずこれをフェイントにして反対側にピ
ボット・ショットをこころみる。

B　ジャンプ・ショット

図　91

①　このショットは，いつジャンプをす
るかのタイミングをよむことによってショットの成功がきまる。相手防禦者に
タイミングを合せられると，空中でボールをはたかれ易い。

②　一たびショットしようとして踏び上った際，防禦されたために，ショッ
トを中止したり，或は他にパスする等新たなチャンスを待つということはでき
ず，たとえパスができたとしても，ジャンプ・ショットの固定された姿勢から
パスの態勢にバランスをつくりかえることは非常に困難なことで，無茶苦茶な
パスになる可能性が多いことを知っておく必要がある。

第　4　時　限

（1）　単　元　ディフェンス（Defense）防禦

（2）　主教材　ゾーン・ディフェンス（Zone Defense）

（3）　準　備　ボール　8個

（4）　指導例

A　ウォーミング・アップ（5分）

徒　手　体　操

B　四角形パス（5分）

① ハーフ・コートを２面使用する。

② 本時は笛の合図で１分間に何回パスができたかを数えてみる。普通のリズムでパスが行われれば，１秒に１回の割で，１分間60回はできるが，ボールを落したり，ストップ・パスを行ったりすると60回は無理となる。

C ゾーン・ディフェンス（30分）

① バスケットボールがチーム・スポーツであることを理解してても，それがプレイにあらわれなければ何んにもならない。防禦者の１人が相手にぬかれっぱなしで，誰もカバーしてやらなければチーム・プレイとはいわれない。これから練習するゾーン・ディフェンスはその意味では完全なチーム・プレイだといえる。

② 従来，５人の防禦地域を前２人，後３人，或は前３人，後２人ときめて行ったが，現在では，ボール・ゾーンといって，ボールの動きにつれて５人が協力して防禦態勢を整える方法が行われている。

③ ２～３ゾーン を練習する。

i ５人でハーフ・コート全体は防禦しきれないから，先ず図92の半円は絶対にショットさせないばかりか，この中にボールをいれたら最後，必ずボールをうばいとるか，さもなければヘルドボールにしてしまうだけの意気ごみで協力してはげしく動く心がけが大切である。

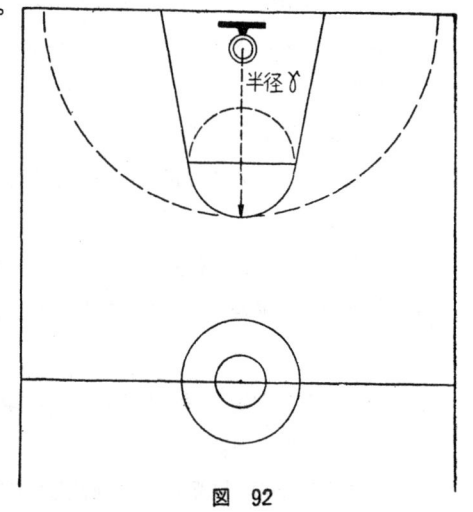

図 92

ゴールの真下を半円の中心とし，フリースロー・サークルの一番遠いところまでを半径とし，コートに半円を考える。この半円内は絶対にボールを入れさせないだけの５人の動きを行う。

ii 前（一線）を防禦する２人と，後（二線）を防禦する３人の動きの一例

を示すと，

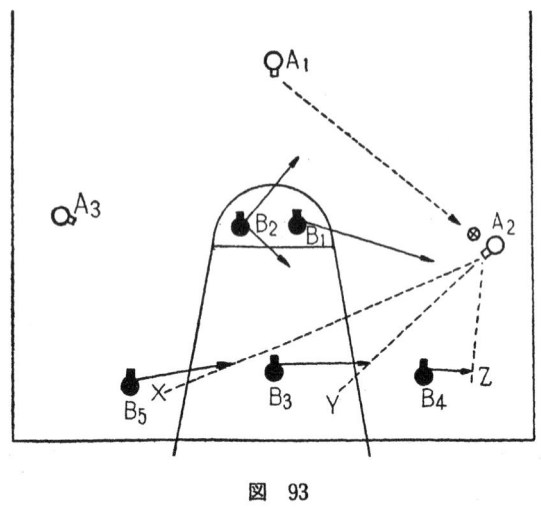

図　93

イ　白 A_1 のボールが A_2 にパスされたために，防禦側 B の動きは図93のように変形される。

ロ　一線 B_1 は直接 A_2 のショットをおさえるようにそばへよる。

B_2 はポストがあぶないようなら後へ下がるし，A_1 に返球されるようならこのボールのカットをねらってみる。

ハ　二線 $B_3B_4B_5$ の 3 人は A_2 からのパスが，直接ショットに結びつきそうな危険なコース，XYZ の 3 線上に移動してパスのコースを塞ぐための動きをする。

ニ　このようにゾーンでは，ボールが一つ移動される毎に，5 人が協力して動き危険なコースには絶対ボールを通させないことを原則に動くことが出来ればよい。

ホ　図93のように頭（白）3 人でボールをパスさせ（紅）5 人はゾーンを組んで動きの練習をする。5 人で約 5 分練習したら，次の 5 人と交替する。

ヘ　一通りこの動きの練習がすんだら攻撃を 5 人立てて，5 対 5 のスクリメージを行ってみる。

ト　防禦は 5 分間，防禦ばかり練習して交替する。

チ　ボールがゾーンを組んで 5 人の中間に渡されるようでは，5 人の協力ある動きができているとはいえない。

D　フリー・シューティング（5 分）

①　中距離ショットの距離から，チーム毎で自由にショット練習をする。中

距離ショット，ドリブル・ショット等各自の自由にまかせて練習する。

②　ショットした者が必ずスタートをおこして，このボールをホローし，次の者に渡すこと。

E　クーリング・ダウン（5分）

徒　手　体　操

（5）　本時の技術解説

A　ゾーン・ディフェンス

①　従来のゾーンは各人の守備地域をきめて，自分の防禦地域からはショットをさせないという原則で守っていたが，最近では，ボールの動きと相手の立ち方につれて，5人の防禦者が協力して動く方法がとられている。

②　ボールが1回移動する毎に5人のポジションがかわるわけであるが，この際，人はばらばらに移動せず，あたかも一つの塊が動いているようでなければならない。

③　要するに，相手のとろうとする次の行動を予知して，その筋々を押えるようにするのである。そのためには味方5人のお互の距離が常に等分になっていることと，大体一定の広さを保つような動きになっていることが大切である。

④　ゾーンではパスやショットを積極的にカットしようと努めるのであるから，それだけフェイントにかかり易く，抜かれる危険性も多いが，たとえ抜かれても味方の他の4人のバランスがカバーし易くなっているため思いきってぶつかって行ける長所をもっている。

⑤　バランスが絶えず一定してるから，ゴール下をノー・マークにする心配もなく，誰かがホローし易くなっている。

⑥　速攻に対しても，味方がカットなり，ホローするとみるやすぐ走れるバランスにあるため極めて有利である。

⑦　5人の協力がなければならぬ関係から，チーム・ワークをつくるための苦労は止むを得ない。

第　5　時　限

（1）　単　元　ディフェンス

（2）　主教材　マン・ツー・マン・ディフェンス（Man to Man Defense）

（3）　準　備　ボール　8個

（4）　指導例

A　ウォーミング・アップ（5分）

徒　手　体　操

B　クリス・クロス・パス（5分）

①　オール・コートを使って，エンド・ラインから反対サイドのゴールまで

②　最後はステップのあったものがランニング・ショットをする。

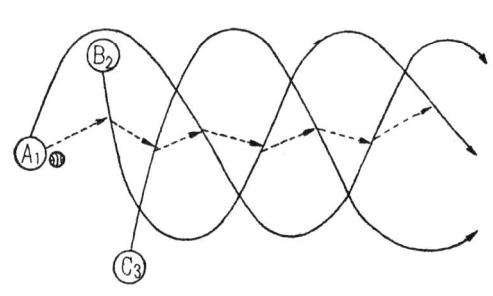

図94　練習隊形

③　クリス・クロス・パスをしながら，受ける者のタイミングが遅れたらパスする前にワン・ドリブルを入れてタイミングをつくることをおぼえていく。

④　ショットが終った者3人はコートの外側を通ってスタートに戻り，列の後にならぶ。

⑤　練習隊形（図94）

i　A_1はB_2にパスして，B_2の後方を廻ってC_3からパスをうける用意をする。

ii　B_2はとび出してくるC_3にパスして，C_3の後方を迂廻してA_1からのパスをうけるべく走る。

iii　キャッチする者は進行方向に，前へとび出すことと，パスを終った者はいま渡した者の後方を迂廻することができればよい。

C　三角パスの練習（5分）

①　第2時限に学習したパスの練習を行えばよい。

②　この場合のボールを受ける瞬間の足は，次にパスする方向を考えて，身体がパスし易い方向にむくようなステップがよい。例えば，左方がボールをうけて右方へパスする場合は第1ステップを右足とし，ついで左足を第2ステップにふみながら，身体がパスし易い方向へバランスをとることがのぞましい。

D　マン・ツー・マン・ディフェンス（30分）

①　個人個人が１人ずつ責任をもって防禦すればよいのだが，これだけでは，完璧な個人防禦はし難い。きょうは主としてチーム・ディフェンスの練習を行う。

②　防禦の原則はゴールから離れてる相手に対しては，距離をひろげて守り，ゴールに近ずくにつれて，攻撃者との間合をせばめて行く。ゴール下近辺（ポスト）近くでは相手を背にして前についたり，ボールと相手との間に半身にマークしたりする。

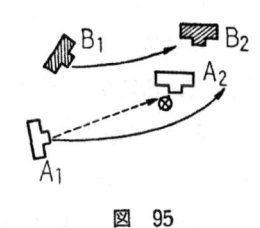

図　95

③　A_1がA_2にパスしたあと，トレイルレでA_2からボールを受け，ゴールにかけぬける場合，B_1がスタートをおこしてもB_2の味方に邪魔されて，A_1のショットは防げない。このような場合には，ゴールに近い B_2 がマークを代ってA_1をおさえ，B_1にA_2をマークして貰う守り方が必要になってくる。このようにマークを交替することをシフトまたはスウイッチと呼んでいる。

④　マン・ツー・マン防禦においては，特に自分のマークする相手と，ボールの位置を

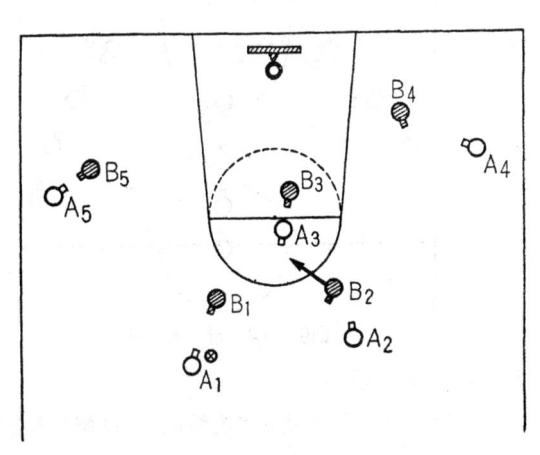

図　96

視野に入れて，同時に２点を見うる位置につくことが大切である。

⑤　図96は，ボールの位置によって各人の動く位置を示した一例である。A_1がボールを持った際，B_2はA_3の前に動いてボールがA_3に渡されることを防ぐ

と共にA_2をマークからはずさない。またボールの位置から遠いA_4をマークしているB_4は自分のマークをややはずしてポストをかためるようにしてついている。マン・ツー・マンでもこのように協力した動きが必要となってくる。またB_5は自分のマークするA_5がボールに近いため比較的接近して楽にパスがうけにくいように相手を攻めながらマークしている。

⑥　3対3の練習

i　攻撃3人，防禦3人の練習を行う。

ii　防禦3人ずつを組みとし4組用意する。

iii　練習コートは半面で行う。

iv　ハーフ・ラインに3列に並ばせ3人でボール1個を持って攻撃する。

v　防禦者の4組は攻撃が一段落する毎に交替して，次の攻撃を受ける。

vi　練習隊形（図97）

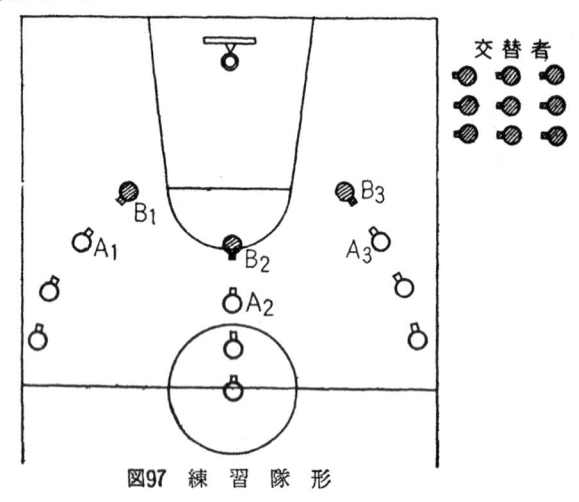

図97　練　習　隊　形

⑦　5対5の練習

i　ハーフ・コートを使って攻撃5人，防禦5人を出して練習する。

ii　このスクリメージの練習中先程述べた防禦の原則に反しているような動きが見えたら，笛を吹いて見ている者にもわかるような説明をする。

E　クーリング・ダウン（5分）

徒　手　体　操

（5）　本時の技術解説

マン・ツー・マン・ディフェンス

①　ボールを保持するプレイヤーより，ボールを保持せぬプレイヤーの方がマークしていても，こわいといわれている。これは，ボールを持つプレイヤーは，2歩以上歩かないし，動くにしてもドリブルである。ドリブルを終ってしまえば，ますます安心してついていられる。これに反し，ボールを持たぬプレイヤーの動きは自由奔放で，常に攻撃のチャンスをはらんでいる。従って，ボールを保持する者へのマークより，持たぬ者へのマークが完璧になれば，マン・ツー・マン防禦は成功する。

②　個人技術を練習すれば，そのまま団体防禦に通用し易いことと，マークする相手が定っているため各競技者のでき不できが明確になる長所がある。

③　相手チーム競技者の長所，短所に対してあらかじめ味方のマーク・マンを割当てることができる。

④　短所としては，スクリーン・プレイに弱いことと，スイッチして防禦した際小さい者でも長身者をマークしなければならない場合が出来てくる。

第　6　時　限

（1）　単　元　オフェンス（Offense）

（2）　主教材　マン・ツー・マン・ディフェンスにおける攻撃

（3）　準　備　ボール　8個

（4）　指導例

A　ウォーミング・アップ（5分）

徒　手　体　操

B　ランニング・手渡しパス（5分）

　8人にボール1個を与え，4人ずつ縦に向き合って，走りながら手渡しパスを行う。

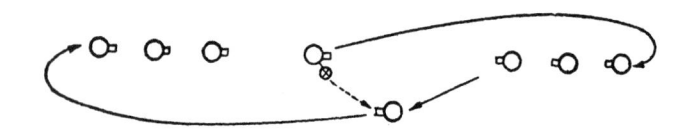

図98 ランニング・手渡しパス

C 3対2の練習 (10分)

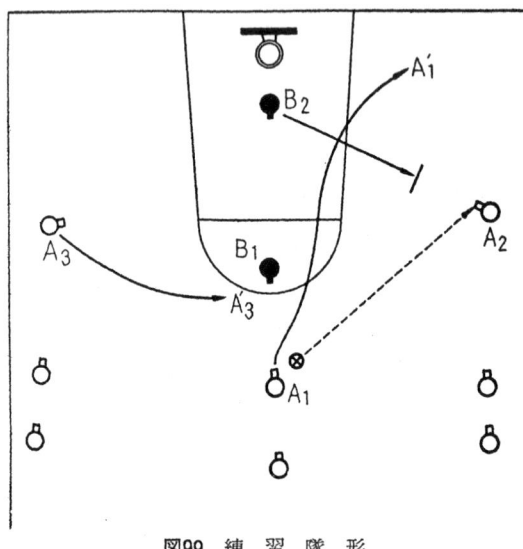

図99 練 習 隊 形

① ハーフ・コート毎に2面を使用する。

② 攻撃側3人，防禦側2人

攻撃1回毎に両者とも交替さす。

③ 練習隊形（図99）

④ 攻撃3人はパスしたら，どこへでもよいからすぐスタートをおこして動くことによって，バランスをくずすことを強調してみる。A_1がA_2にパスした後，ゴールに向って走りこめば，B_2はA_2をおさえに動かざるを得ない。この時A_3がA_3'へ，A_1がA_1'へ動いたとすると，この2点をマークするB_1は，極めてむつかしい，マークをせざるを得なくなる筈である。A_1'を警戒すれば，A_1'がノーマークになるし，A_3'をマークすれば A_1' がノーマークになる。このように攻撃者3人はパスしたら相手が困惑するように，空いたところをねらって攻める動きをすれば，必ずノーマーク・ショットのチャンスがつかめる筈である。

D マン・ツー・マン・オフェンス (25分)

① ローリング・オフェンス

i 本時の始めに練習した，ランニング手渡しパスを組織的に連続すること

によって攻撃のチャンスを生み出そうとするホーメーションである。

ii 練習隊形（図100）

iii 攻撃側白5人は図100のようにバランスをとる。A_1 はドリブルで A_2 にパスすべく近ずく。A_2はダッシュして A_1 から手渡しパスをうけ，A_3 に手渡しすべく近づく。A_3はA_2からボールをうけるべくダッシュする。

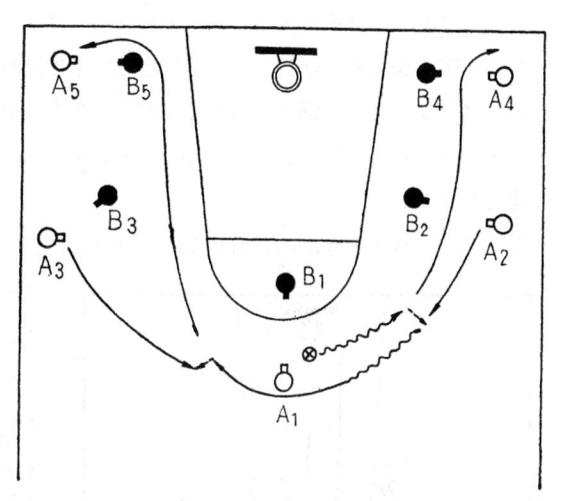

図100　練習隊形

A_3は浮き上ったA_4に，A_4は浮き上ったA_5にと，順次2人のプレイヤーのスクリーン・プレイを，なめらかにつづける。パス終った者はそのままコーナーにかけこみ，次の順番を待つ。

iv 手渡しパスと幾分違う点は，味方同士が交叉する際，パスする方がゴールに近い方のポジションに流れ，パスを受ける方が外側にダッシュする点である。従って，A_1 は右側に味方をみて右手パスを使えば，A_2 は左手で左外側にパスをくり出す点である。

v パスする方が内側に入るのは，外側にダッシュする A_2 のチャンスを生み出し易いように，B_2 の進路を遮断する意味をもっている。

vi これをくり返しながら，防禦者がノーマークになるのを待って，カットインで突込むか，中距離ショットを楽にして攻撃するかのチャンスをねらう。

vii ハーフ・コートを使って2面で5対5のスクリメージを行う。

E クーリング・ダウン（5分）

徒 手 体 操

（5） 本時の技術解説

A　ローリング・オフェンスの根底をなすプレイは，攻撃者2人によるスクリーン・プレイにある。スクリーン・プレイとは2人の攻撃する競技者が交叉して．一方の競技者の防禦者の進路を自然の中に遮断する方法である。

B　スクリーンを防禦する方法として，防禦者のシフト（スイッチ）が考えられる。またローリングが始まると，ゾーン・ディフェンスにきりかえることも考えられる。

C　このようなときには，自然の中に遮断しに行つたプレイヤーがそのままゴール下にかけこんでチャンスをつくる攻撃がある。

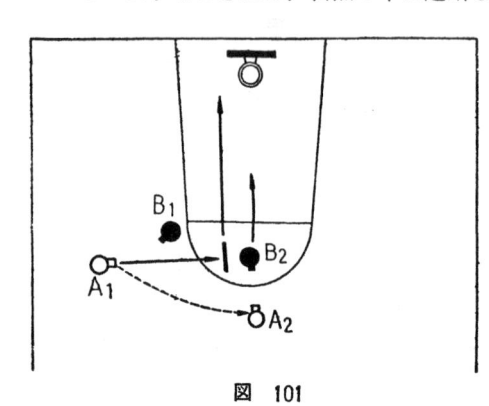

図　101

A_1 が A_2 にパスして B_2 の進路を遮断に行つた。B_1 はすかさずマークを交換して（シフト）A_2 にマークをかえた。この瞬間，遮断に行つた A_1 はゴールに向つてかけこみ，B_2 のマークをはずして A_2 からのパスをうける動きをする。

第　7　時　限

（1）　単　元　オフェンス

（2）　主教材　ゾーン・ディフェンスの攻撃

（3）　準　備　ボール　8個

（4）　指導例

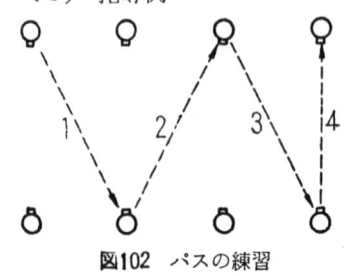

図102　パスの練習

A　ウォーミング・アップ（5分）

徒　手　体　操

b　パスの練習（15分）

①　8人でボール1個，4人ずつ向き合つて練習

②　チェスト・パス，アンダー・パス，

バウンス・パス，ショルダー・パス

③　防禦者4人，攻撃者5人のパス練習。シュートをしないでパスを行う。

④　攻撃側 A_5 をフリースロー・サークルの中心に立てて，$A_1A_2A_3A_4$ は図 103 の如く四角形に位置する。

防禦側 $B_1B_2B_3B_4$ の 4 人は攻撃者の間に立って防禦す。A_1 からボールを 防禦者にと

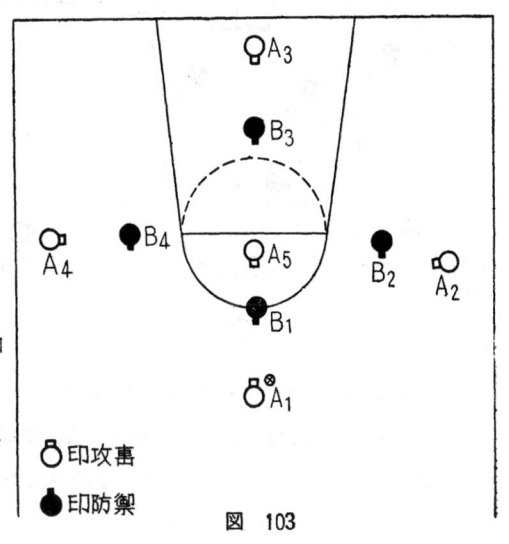

図　103

られないように自由にパスする。攻撃者はパスする前にワン・ドリブルを使ってからのパスは許すが，できるだけ，ドリブルを使用しないでボールを味方同士まわす。攻撃者は防禦者より1人だけ多いから，どこかあくわけであるから，パスする方はあいたところをねらって，どんどん早くパスする。

⑤　1組3分したら交替さす。

ハーフ2面を使用する。

C　ゾーン・ディフェンスの攻撃（25分）

①　本時だけの練習では，とても十分な練習はできないから，ゾーン攻撃はどうすべきかについて考え方をまとめる程度にする。

②　ボールを早く廻すことによって，ゾーンのくずれを生じさせる。このことを普通ゾーンをゆさぶるといっているが，いくら防禦者が勘よく動いても，パスの速度よりは遅い筈であるから，ノーマークの穴が生ずることは必定である。この際，防禦者5人はボールをミートして動いているから，パスモーションをフェイントに使えば一層効果的となる。

③　パスを早く廻しながら，防禦者が1人のところを2人で攻めるとか，2人のところを3人で攻撃するとか，バランスをくずすことに主眼を置く。

④　一例（図 104）を示すと，

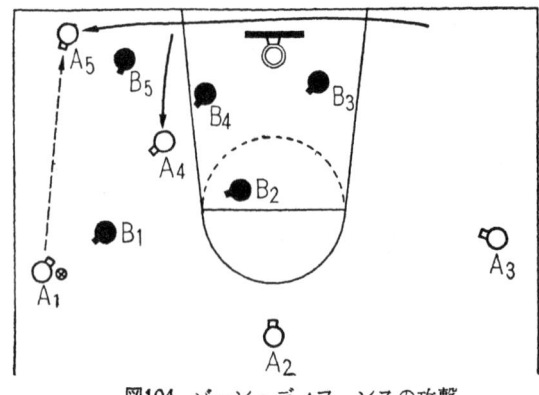

図104 ゾーン・ディフェンスの攻撃

i A₁A₂A₃で早いパスを廻す。これを防禦すべく動いているのは，B₁B₂の2人であるから，A₁からA₃に大きな対角線パスを通せばA₃はその瞬間ミドル・ショットのチャンスが得られる。

ii またエンド・ラインにそって走り出たA₅にA₁はパス，A₅はコーナーからのショットをねらうか，エンド・ラインを割ってA₄にパスをさばく攻撃も考えられる。

D　クーリング・ダウン（5分）

徒　手　体　操

（5）　本時の技術解説

A　ゾーンの攻撃はボールは早く人はおそく動くのが根本的な考え方である。マン・ツー・マンを攻める時に使うスクリーン・プレイは防禦し易いためにあまり効果的ではない。

B　ボールをもらう位置は相手2人の中間位置，即ち2人の交叉点附近がよい。これは，2人が重なって1人をマークするか，お互に他へまかせたつもりでノーマークにする可能性が多いからである。

C　攻撃側はボールをエンド・ゾーンにパスするようにする。エンド・ラインと，バック・ボールドとの間は 1.2m の幅があるがここへボールが入ると防禦側5人は何れもエンドの方に向きをかえるから，他の4人はリターン・パスを貰うべくかけこむと，リタン・パスを受けた者はすぐにショットできる身体の向きになっているからショットが楽になってくる。

〔註〕年間学習指導計画案のCコースでは，単元「オフェンス」中の主教材として，以上の他，簡単な速攻法と8の字戦法を挙げておいた。しかし10時間配当の場合には，指導していないので，15時間配当の場合の第11時限に扱うようにした。それで

その指導例を，このコースの末尾（298頁以下）にあげておいたから，参照された
い。

第　8　時　限

（1）　単　元　ゲーム

（2）　主教材　マン・ツー・マンの攻防

（3）　準　備　ボール　8個，得点板

（4）　指導例

A　ウォーミング・アップ（5分）

徒　手　体　操

B　パスの練習（5分）

①　クラスを8チームに分け，チーム毎で練習，

②　チェスト・パス，アンダーハンド・パス，バウンス・パス，ショルダ
ー・パス

C　ゲーム（35分）

①　出来るだけコートを2面用意する。ゴールが1面しか無いときは，他に
ゴールハイでコートをつくるか，ポートボール形式でコートをつくり，休む時
間を少なくするようにする。

②　紅白，何れもマン・ツー・マン防攻でゲームを行う。ゲーム時間は5分

③　ルールは正規に準じて行うが，ゲーム時間を5分とし，30秒ルールだけ
はとらないでよい。授業中のゲームでは殆どショットするまで30秒以上を費す
心配はない。

④　ルールの主なものは，（5）本時の技術解説の中で述べる。

⑤　ボールにプレイヤーが集中し過ぎてマークする相手を見失ったり，また
味方同士あまりかたまったために，パスのチャンスが無くなったりすることの
ないようにする。

⑥　ファールについては酷しくとるからあまり乱暴にならないようにゲーム
すること。

⑦　攻める側はボールを持ったら，相手が帰陣する前に攻め込むようにボー

ルを早く進めるようにし，相手5人が帰陣してセットを組まれてしまったら，スクリーン・プレーを主として攻撃するようにする。

D　クーリング・ダウン（5分）

徒　手　体　操

（5）　本時の技術解説

A　攻撃においてホーメーション・プレイを使うところまではいかないから，スクリーン・プレイを使用して攻撃を考える。

B　スクリーン・プレイとはマークしている相手方を自然の中に進路を遮断するようなプレイで，トレイル・プレイ，ピックオフ・プレイ等は何れもこのスクリーン・プレイを活用した攻め方である。

C　トレイル・プレイ

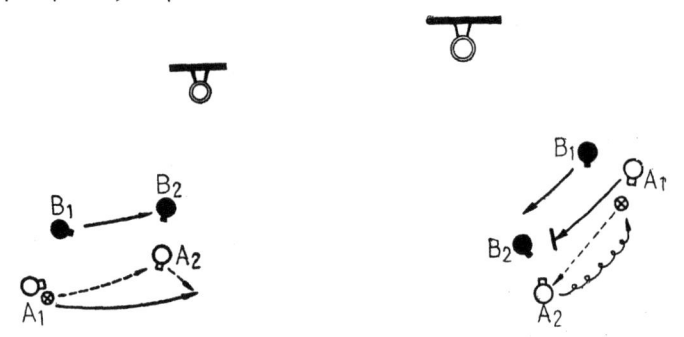

図105　トレイル・プレイ　　　　　図106　ピックオフ・プレイ

A_1はA_2にパスしてトレイルしてA_2から手渡しパスをうける。防禦者B_1がA_1をマークしようとしてスタートをおこすと味方 B_2に邪魔されて A_1を防ぐことが困難になる。

D　ピックオフ・プレイ

A_1はA^2にパスするやいなやA_2 のマーカーB_2の進路を自然の中に遮断できるようにスタートをおこす。A_2 はこれをまつてA_1 の外側からドリブルで攻撃する。この際 B_2がスタートをおこそうとすると A_1がそばへ寄っているため，瞬時邪魔をされたようになってスタートがおくれる。このように味方に攻撃のチャンスを与えるようなプレイをピックオフ・プレイという。

E　規則の主なもの

① バイオレーション

i　キャリング・ボール

ii　ダブル・ドリブル

iii　バック・パスルール

攻撃側はボールを一度フロント・コートに持ちこんだら，再びそのボールをバック・コートに戻すことは許されない。

iv　3秒ルール

フリースロー・レーンの中に攻撃側はボールを保持すると否とにかかわらず3秒以上立止つてはいけない。

v　5秒ルール

アウト・オブ・バウンスからスロー・インを行う際，ボールを保持してから5秒以上費してはいけない。

vi　10秒ルールA

バック・コートからフロント・コートへボールを持ち込むのに10秒以上費してはいけない。

vii　10秒ルールB

フリースローの際審判からボールを渡されたプレイヤーは10秒以内に第一投を行わなければならない。

viii　30秒ルール

ボールを保持したチームは30秒以内にショットしなければならない。ショット後再び同一チームがボールを得たら，その瞬間から30秒を数え始める。

② ファール

i　故意のファールと見なしうるファールについてはすべて2スローを与える。

ii　ショット時のファールは，成功しなければ2スロー，成功したときはそのまま（カウント・ワン・スローは廃止）それ以外のファールは1スロー

iii　バック・コートで相手によってファールされても，フリー・スローは与

えられない。但しファールの回数にはつけられる。

iv　ダブル・ファールは従来のようにフリー・スローを与えず，関係者間で
　　近くのジャンプ・サークルでジャンプ・ボールとする。この際ファールの
　　回数には数えられる。

<h2 style="text-align:center">第　9　時　限</h2>

（1）　単　元　ゲーム

（2）　主教材　ゾーン・ディフェンスにおける攻防

（3）　準　備　ボール　8個，得点板

（4）　指導例

A　ウォーミング・アップ（5分）

徒　手　体　操

B　パスの練習（5分）

①　クラスを8チームに分け，チーム毎で練習

②　チェスト・パス，アンダーハンド・パス，バウンス・パス，ショルダ
ー・パス

C　ゲーム（35分）

①　前時と同様コートを2面用意する。

②　本時は何れのチームもゾーン・ディフェンスを行う。

③　ルールについては前時と同じ。

④　ゲーム時間は5分間とし，どんどん交替して行う。

⑤　防禦チームがゾーンを敷く場合の攻撃は，相手が帰陣してゾーンをかた
める前に速攻で攻めてしまうのが常道である。若しゾーンを組まれたら，

　i　パスを早くしてゾーンをゆさぶること。

　ii　ゾーンが小さいようなら，ミドル・ショットで攻撃すること。

　iii　エンド・ゾーン，コーナーにボールを集めてリターンパス・プレイの攻
　　　撃をねらうこと。

D　クーリング・ダウン（5分）

徒　手　体　操

（5）　本時の技術解説

①　ゾーン・ディフェンスの効果は5人がたすけあって防禦するにある。従って5人の協力によって守るチーム・ディフェンスを強調する必要がある。

②　防禦側に立ちながらも，積極的にボールカットをねらうのが本筋であるが，選手の特別指導とは別であるから，ゾーンをやや小さめに敷いてゴール下近辺を固く防禦するように指導する。

③　ゾーン・ディフェンスからは速攻に移り易いのだから，味方がボールを得るや否や，す早く攻撃に転ずるよう指導する。

④　ゾーンにおいては一人がぬかれても，2人目，3人目が次々にカバーするのがたて前であるから，皆が一つのかたまりになって動いていること。

⑤　攻撃側は個人プレイをあまり出さずに皆で協力してチャンスをつかむよう指導し，チャンスを待ってショットするようにすること。

第　10　時　限

（1）　単　元　オフィシエーティング，審判法（Officiating）

（2）　主教材　審判法及び計時法

（3）　準　備　バスケット・ボール，審判用笛（2個），記録，計時用笛，ストップ・ウォッチ，スコアー・ペーパー，得点板

（4）　指導例

A　ウォーミング・アップ（5分）

徒　手　体　操

B　審判法についての解説（10分）

①　バスケットボールは審判員（主審，副審）2名，スコアラー1名，タイマー1名，30秒タイマー1名がその補佐をする。

②　審判は次のことをする。

i　ボールをイン・プレイにする。

ii　ボールがデッドになる時機をきめ，必要なときに笛をならしてプレイをとめる。

iii　罰を科す。

iv　タイム・アウトを命ずる。

v　交替者をコートへ招き入れる。

vi　得点となる毎に規定の合図をしてこのことを示す。

vii　10秒ルール，3秒ルール，5秒ルール，フリー・スローの10秒等必要な
ときに黙って秒数を数える。

viii　ゲームが始まる前に互にカバーすべきコートの分担をきめる。フリー・
スローが与えられるファウルの度毎に両審判はその位置をかえる。

③　審判の動き

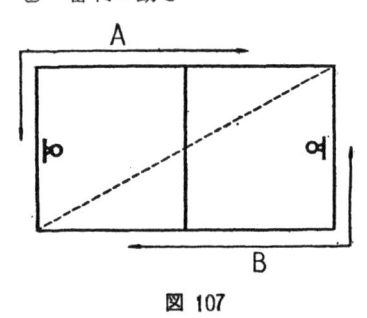

図 107

A及びB の審判は図 107 のようにコー
トを分け持って動き，プレイの行われて
いる表側と裏側からみるようにする。

④　スコアラーの任務

i　スコアー・ペーパーに記録す。

ii　5回目のパーソナル・ファール及
び各ハーフに2回目のチャージド・
タイムがとられたら審判に知らせる。

iii　記録のための記号

パーソナル・ファール……$P_1\,P_2\,P_3$……

1個のフリー・スローが与えられるパーソナル・ファール……P'

2個のフリー・スローが与えられるパーソナル・ファール……P''

テクニカル・ファウル………………T

フィールド・ゴール………………2

フリー・スロー（ワン・スロー）……○

フリー・スロー（ツー・スロー）……□

フリース・ローが入らなかつたらそのままにし，入ったときは∅⊠（1個
だけ成功），⊠（2個共成功）とす。

⑤　タイマーの任務

i　ゲーム・ウォッチを動かし始める時機

イ．各ハーフ，各クォーター，延長時限の始め，その他ジャンプからイン・

プレイにされるとき。

ロ．スロー・インによってゲームが開始されるときは，コート内のプレイヤーにボールが触れたとき。

ハ．フリー・スローからイン・プレイになるときは，ボールがリングにあたってしかもバスケットに入らないことが明らかになつたとき。

ii　ゲーム・ウオッチを止める時機

イ．審判がジャンプ・ボール，ファール，タイム・アウトを宣したとき。

ロ．ゲームの終り3分間とすべての延長時限中は審判が笛を吹く度毎に。

ハ．各時限の終りに止める。

iii　30秒タイマーの任務

イ．1チームがボールを保持したときに時計を始動させる。

ロ．ゴール・スローをしたとき，ボールがデッドになったとき，ボールが相手チームに保持されたとき時計を止める。

C　ゲーム（30分）

①　チーム毎にゲームを行わせ，休んでいる者から審判2名，タイマーを出させて練習する。

②　全員が練習できればよいが時間がないから，役員にあたらない者も，他の者がしているのをみておぼえるようにする。

③　ゲームはチーム毎に策戦をねらし，ゾーン・ディフェンスでも，マン・ツー・マン・ディフェンスでもよい。

D　審判，タイマーについての話合（5分）

①　エンド・ライン側に入る審判はボールの進み方よりおくれるようなことはないか，またよくゲームを見うる位置を選んで動いていたか。

②　ゲームを円滑にすすめるためにルールをよく知っていたか。

③　確信のあるものだけに笛を吹いていたか。「らしい」「違いない」などあやふやな態度で判定を下してはいなかったか，等について反省の話合いをする。

改 正 規 則 の 要 点

　昭和32年12月に開催される全日本学生選手権大会から改正ルールが採用されるので，主な改正点について要点を記す。

　1　フリースロー・レーンの形が別図のようになる。

　2　ジャンプ・ボールのとき，トスされたボールが最高点に達したときイン・プレイのタイム・インになる。

　3　各チームに許されるチャージド・タイム・アウトは各ハーフに2回ずつ（前半2回後半2回計4回）各延長時限に1回ずつである。使わなかつたタイム・アウトを持ち越すことは許されない。

　4　フリー・スローの際スロアー側のプレイヤーだけが犯したときは，そのフリー・スローが入ればカウントでバイオレーションを無視する。フリー・スローが不成功のときはバイオレーションとなる。

　5　3秒ルールの制限はスロー・インの際にも適用される。スロー・インするプレイヤーがアウトでボールを持ったときに秒を数えはじめる。

　6　パーソナル・ファールに対する罰則の変更。

　ファールされたプレイヤーがフロント・コートにいたか，バック・コートにいたか，シュートが入ったか入らなかったか，故意のファールであったか否かによって，フリー・スローの数がかわる。

　(イ)　バック・コートのプレイヤーがファールされたときは，審判は時計を止めさせファールしたプレイヤーをスコアラーに記録させた後，サイドのアウトでボールを手渡してプレイを始めさせる。

　(ロ)　ダブル・ファールのときはフリー・スローは与えられない。近くのジャンプ・サークルで関係の2人の間でジャンプで始める。この場合ジャンパーは指定されるわけであるから，ファールしたプレイヤーは交代が出来ない。

　(ハ)　ダブル・ファールと他のファールが同時に起つたときは，ダブル・ファウルがなく，他のファールだけがあったものとして扱われる。

　(ニ)　AチームにパーソナルファールファールBチームにテクニカル・ファールのフリー・スローが与えられたときは，それぞれのフリー・スローを行った後，中央でジャンプ・ボールでイン・プレイにする。

　(ホ)　フロント・コートのプレイヤーがマルチプル・ファールをされたときに

は，1個のファールに対して1個のフリー・スローが与えられる。但しファールされたプレイヤーがシュートの動作中で而もそのシュートが入ったときは得点となり，フリー・スローは与えられない。但し故意のファウルが含まれているときはそれに対してフリー・スローが与えられる。

　㈑　故意のファウルに対してはいつの場合でも2個のフリー・スローが与えられる。但しシューターがファールされ，そのシュートが成功して得点になった場合を除く。

　7　30秒ルール

　1チームがボールを保持したときには，30秒以内にシュートをしなければならない。シュートをしなかったときは，バイオレーションで相手のボールとなり，一番近いアウトからスローインとなる。

　30秒の計時は

　㈠　シュートするか

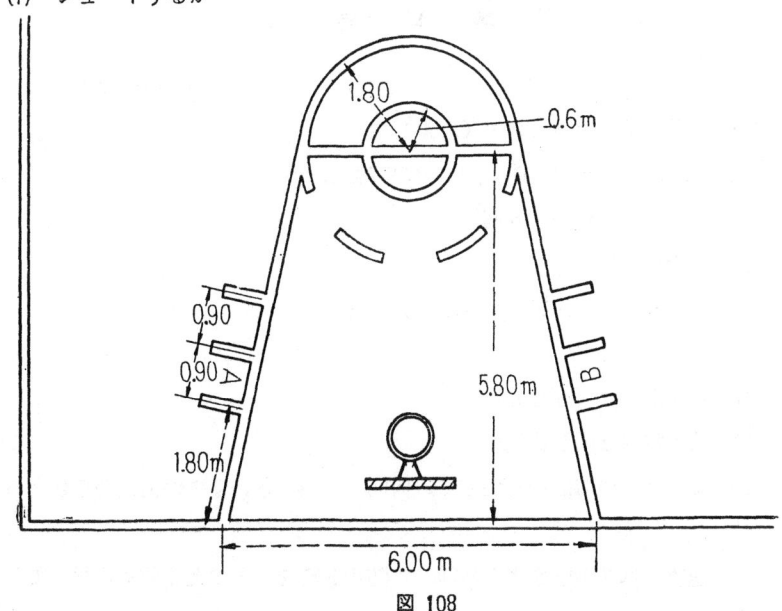

図 108

　㈥　ラインの幅はすべて5cm.
　㈑　フリースロー・サークルの中心は，エンド・ラインの内側から5.775m の所にある。

(ロ) 相手チームがボールを保持するか

(ハ) ボールがデッドになるまで続く，30秒経たない間にボールがアウトになり，再びそのチームにボールが与えられるときには新たに30秒を数える。相手チームのプレイヤーがボールに触れても，そのチームがボールの保持を続けているときには引続き30秒が数えられている。

ボールを保持しているチームがチャージド・タイムアウトを要求して認められたときには，次にイン・プレイになったときに，それまでの経過した時間が引継がれる。

Aが故意にボールを相手チームのプレイヤーBに投げつけ，或は当ててアウトにしたときは，たとえアウトになる前に最後にボールに触れたプレイヤーがBであつても，ボールはBチームに与えられる。これは1チームが新たな30秒を不当に得ようとすることを防ぐためである。

第　11　時　限

(288頁参照)

(1) 単　元　オフェンス（攻撃）

(2) 主教材　簡単な速攻法，8の字戦法一例

(3) 準　備　ボール8個

(4) 指導例

A　ウォーミング・アップ（5分）

徒　手　体　操

B　四角形パス（5分）

① 第1時限と同じ要領

② 1分間ずつ時間をく切って，何回パスができ，ミスが何回かを数える。

C　速　　攻　　法

① 速攻とは相手防禦者が帰陣して防禦態勢をととのえる前に攻撃してしまうことである。

② 防禦チームは常に速攻のチャンスを持つているといえる。相手のボールをカット，ホローした瞬間，ゴールに向って疾走し，この者にロング・パスを

送れば，攻撃は成功する。
普通速攻法には三線式速
攻と側線式速攻が使われ
ている。

　i　三線式速攻
　　防禦側B_4がボール
をとった瞬間，B_3は
$B_3{}'$ の地点に 向いに
出てパス・アウトを
うける。B_2 は$B_1{}'$の

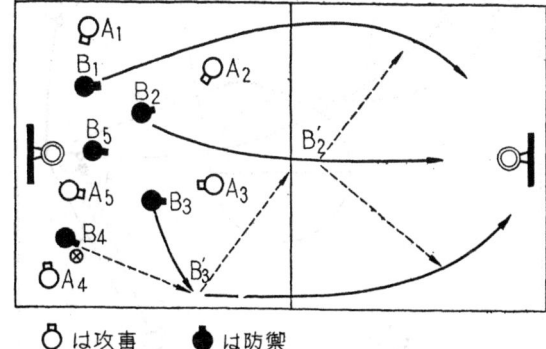

は攻事　　は防禦

図109　三線式速攻

地点でこのボールをうけ，走りこむ B_1 かB_3 にパスしてショットに持ちこ
む。このようにコートの中央を縦に走りこむ者と，サイド・ラインにそっ

て両側を走りこむ者
とで三線を描くとこ
ろより，三線式速攻
といわれている。

　ii　側線式速攻
　　B_4がボールをとる
や否や$B_3 B_2 B_1$ は，コ
ートの片側サイド・

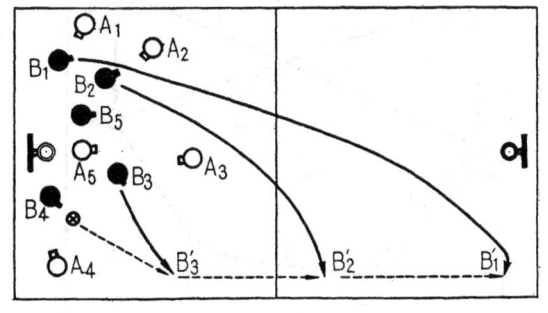

図110　側線式速攻

ラインよりに走って$B_3{}'B_2{}'B_1{}'$の地点でパスをうける。

　　ボールが縦に通されるから，ボールの進むスピードは早いが，プレイヤ
ーがこの地点に到達するのがおくれがちである欠点はある。

　③　三線式速攻及び測線式速攻の練習，ゴール下に5人のプレイヤーを配置
し，リーダーが中距離ショットをする。このボールをホローした位置からこの
速攻を練習する。

　D　8の字戦法
　①　マン・ツー・マン防禦の相手をくずす戦法の一つである。
　②　練習隊形（図112）

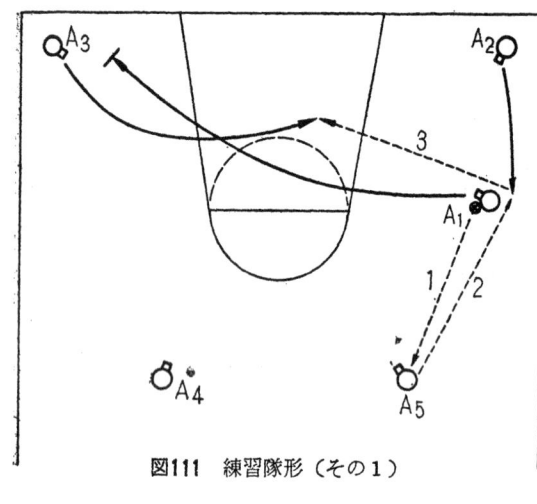

図111　練習隊形（その1）

③　$A_1 B_2 A_3$ の3人が攻撃ゾーンを8の字の如く動くところからこの名がある。

A_1 は A_5 にパスしてコーナーに走る。A_3 は A_3' に浮いて A_4 から パスをうける。再び A_4 にパスして反対コーナー A_2 の地点に走る。A_2 は A_1 の居た地点に浮いて A_5 からパスをうける。この動きの跡をみると，8字形をなすところより8字戦法という。

④　攻撃のチャンスは A_1 が A_3 のいるコーナーに走りこんだとき，A_3 はそれを利用してポストにとび出し，浮いた A_2 のパスをうけてショット

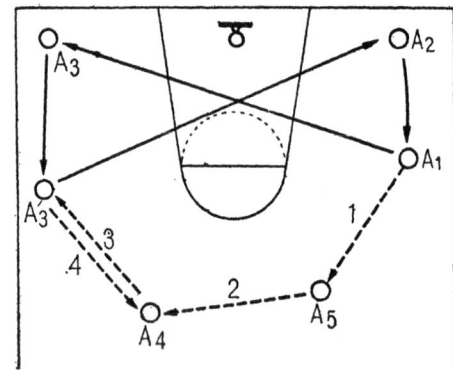

図112　練習隊形（その2）

をする。これはボールを持たぬ A_1 と A_3 の2人のスクリーン・プレイを活用した攻撃法である。

⑤　防禦者をつけずに5人で8字の動きを覚えさせる。

次に防禦者5人をつけるが，防禦者はボールに手を出さないで，相手と一諸に動くだけにしてこのプレイを覚えさせる。

次に防禦者5人がカットをねらってくるのをこの動きで攻撃してみる。単時間では攻撃に使用できるところまでいかないから8字戦法のアウト・ラインを覚える程度でよい。

E　クーリング・ダウン（5分）

徒　手　体　操

（5）　本時の技術解説

A　速　　　攻

①　速攻の成立は，相手チームの帰陣に先立って攻撃することで，相手1人に対し味方2人，相手2人に対して味方3人と常に攻撃側が有利なバランスにおかれていることがのぞましい。

②　速攻に持ちこむには防禦におけるフォロー即ち味方ゴール下が強くなければ思いきってスタートに出られない。

③　味方ゴール下が強くてホロー力があっても，パス・アウトが速かでなければ速攻のチャンスは生れない。ホローのあとドリプルを使わずにパスアウトがでないと，ドリブルの時間だけ遅くなる。

B　8　の　字　戦　法

①　前述のように，中の3人で8字を描くのもあり，5人で8字を描くプレイもある。

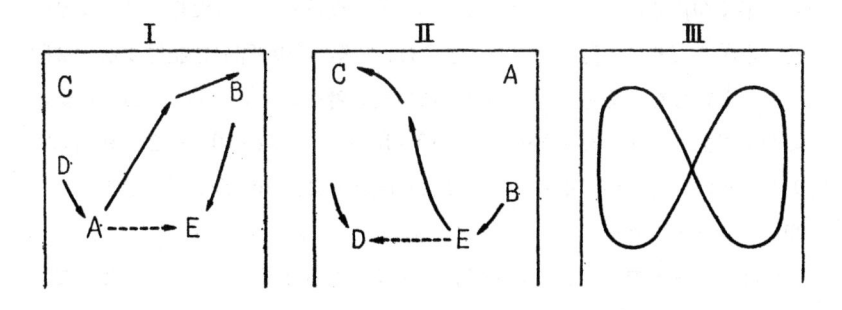

図 113　8 の 字 戦 法

②　図113のⅠとⅡを組合すと，5人の動きはⅢに示したように5人の8字形が描かれてることが納得出来よう。

Ⅴ　評　　価

　評価は学習が効果的に行われているか否かを知るため行われるものであり，その結果指導目標に如何程達したか，教師の立場及び生徒の立場の両面より考えて判断しなければならない。即ち一歩ずつ目標に近づく為の過程において行われるべき仕事でなければならない。勿論バスケットボールを習得する過程においては技能の評価のみならず，社会性，安全性，知的評価などの各々についても評価しなければならない。

　1　個人のスキル・テスト

　(1)　スピード・パス

　これはパスとキャッチの正確さと敏捷性を見るのによいテストである。方法は生徒を壁より2米離れて，ボールをもつて立たせ，合図により30秒間，強く壁にボールをあて，はね返ったボールを受けて，また壁にあてる。以下出来るかぎり早く30秒間に多く行うようにする。もし受けそこなったら，素早く2米ライン迄戻リ，続けて行う。ボールをうけた回数（30秒間）を記録する。2回やって，よい方をとる方法もよい。これは初心者によいテストである。目安として25回以上——5，24〜20——4，19〜15——3，14〜10——2，9回以下を1とするのもよいが，そのクラスにより統計的に処理することが望ましい。

　(2)　フリー・スロー

　これはシュート力を見るテストで，ゴールしたら2点，リングにあたって入らない時は1点，5回シュートして何点とれるかを見る。

　(3)　フリー・シューテング

　ゴールの近くで任意の所に立ち，30秒間に連続シュートして，何本シュートし，何本入つたかを見る。これは正確さと敏捷性，判断力（ボールの落ちてくる位置をすぐに判断し，その位置を占める）を見るのによい。これは初心者にもまたかなり技術を習得した者にでも行うことが出来る。ゴールしたら3点，しなければ1点と計算する。即ち10本シコートして7本入つたとすれば$\dfrac{7 \times 2}{10}$

……即ち10＋(7×2)として分母と分子の和24点となる。分子の7にn倍するかは任意であるが，初心者にはnの数を3もしくは4と多く考え，熟練したクラスには小さい数が適当である。nを2とした時，高校の部員で30点位が普通にとれる程度である。

(4)　スピード・ドリブル

これはドリブルの正確さと身体のこなし方をみるテストである。図114のように椅子（生徒でもよい）を2m間隔に5個おき10秒間にどの距離だけ進んだ

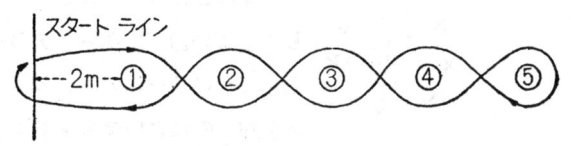

スタート ライン

図114　スピード・ドリブル

かをみる。丁度1回往復すれば10点，更に2番目の椅子を通った時終ったとすれば12点（1個を1点とする）と計算して行うとよい。途中で失敗したら，急いでその点迄もどつて続けさせる。

(5)　ドリブル・ピボット

これはドリブルとピボットの正確性と身のこなし方(ボディ・コントロール)をみるテストである。5mの間隔に 1.5mの長さの線を引き，その線の上でストップ・ピボット（180°）その間はドリブルをする。10秒間に何回ピボットが

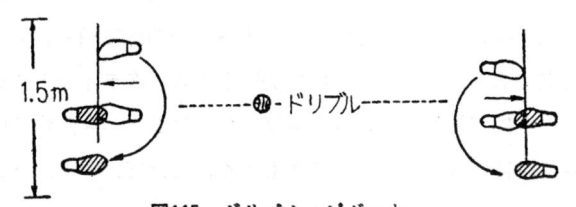

1.5m　　　　　　--------◍-ドリブル---------

図115　ドリブル・ピボット

出来るかを見る。向うの線とこちらの線でピボットの軸足を指定すればかなり高度のスキル・テストであり，正確に迅速にするには，ドリブル・キヤッチ，急なストップ・ピボットの正確度，身体の安定度（バランス）等を見るのに面白いテストである。

これらのものは個人のスキルをみるテストの例にすぎないが，バスケット

ボールがチーム・ゲームであるので，各組によるテストも行われなければならない。これは各教材で行われているゲームを中心に計画されるとよい。

2　グループのスキル・テスト

(1)　パス・ゲーム

20秒間にいくつパスが出来たか，おとした場合はその人がもとの位置にもど

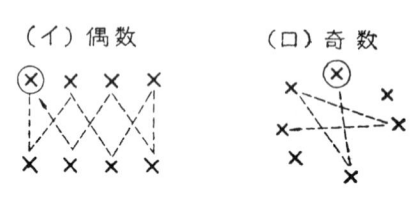

（イ）偶数　　　　　（ロ）奇数

図116 パス・ゲーム

つて続ける。これはパス（色々なパスの種類をきめてもよし，また混合してもよい。）とキャッチの正確さを見てそのチームのコンビネーションを知るのによいテストである。初心者向きであるが，方法によりドリブルを1回入れさせたり，ピボットを入れさせたりすることによって高度のものを評価することも出来る。なるべく2つのチームを1組にして，行う組と数える組（正確さもみる）ときめて行うとテストと同時にゲームにもなり，お互に競走し合って練習にも効果のあるテストである。

(2)　ドリブル追抜き競走

これは4チームもしくは2チームが各コーナー又は対角線上のコーナーに位置して，合図と共にスタートし，コーナでストップ，またスタートしてストップ，1回廻つて来たら次の者に手渡しパス。1〜2分間内に相手を何人抜くか，抜いた数を得点する。ドリブルが途中で失敗したら（各ライン上を進むこと）一番近いコーナーに引戻ること，ストップを確実にしなかった時は引戻ること，等色々と生徒自身に規則をきめさせてもよく，またピボット，ランニング・ショットを加えてもよい。このゲームを2回行うと必ずそのチームのリーダーが出来て，オーダーを考えるようになる。このテストも方法によってはリーダーシップ，知的行動（作戦），危険防止（同じコーナでぶつかったりする）を考えるので色々なねらいをつけることの出来るテストである。

　以上のようにスキル・テストは単にテストのみに終るだけでなく，同一テストを繰返すことによっても各自もしくはチームの進歩度も評価出来，次の段階

に進む準備にもなり，進歩度により，興味や意慾を喚起させる為のものにする必要がある。その結果を評価するのにも，技術だけでなく，チームワークなど協同性，社会性の点にも留意し，もし悪い結果が生じた場合よくその進歩を阻害する原因を考え，指導法をかえるなり，またその背景になる身体状態，生活状況などを知るための重要な資料としなければならない。

　スキル・テストだけでなく，生徒の社会的性格，知的，安全性，生活化等の指導目標について評価を加えねばならない。これは質問紙法（ペーパー・テスト）によって行ってもよく，またチームゲーム・テストによって行ってもよい。一般にこのような点を評価するのに質問紙法を用いるのが普通であるがチームゲーム・テストを行うことにより，その協同性，知的判断，安全性への行為，その生活化などを知るのによい場合が多い。あらたまって机の上で理解していることを表現させるよりも，身体を通して実行させ，表現させることは本当に生活化しているか如何を見るのによいと思われる。

Ⅵ　校内競技とクラブ活動

1　校内競技の目標

　正課時の練習によって得られた技能を発表する機会をすべての生徒に試合を通じて与えることが出来るので効果の多いものである。正課時では思う存分動けないものも，自主的に試合に参加することにより，よりスポーツを愛好し，そしてそれが生活化する過程へと発展するのである。勿論競技を上手に運営するかは十分な準備をしなければならない。

2　校内競技の準備

(1)　運営委員会を作ること

　各クラスより委員が出され，それに体育委員，体育指導教官等で委員会を構成し，その中に常務委員会を作って，中心になって進めて行くとよい。

(2)　開　催　期　日

　各種目に連関をもつので，学期始めか前年度末に，バスケットボールの授業の展開状況により，決定しなければならない。実際は教官の年間計画の中におりこまれて準備されている方が望ましい。

(3)　経　　　費

　委員会運営費や用具費（ボールは勿論，笛，タスキ，石灰，記録用紙など）や賞品に必要な経費を見積っておく。

(4)　練習コートの使用時間割

　これはチーム数とコート数に応じて考えておかなければならない。

(5)　出場選手の資格とチームの選出単位

　なるべく多くの選手を参加させてやることがのぞましいが，学級単位，ホームルーム，通学区域別等縦割り，横わりを考えて決定する。特に健康の点も注意し，要注意者は除外するように留意しなければならない。（要注意者は記録係や得点係などに任命して参加意慾を強めるよう考慮したいものである。）

(6)　競　技　の　型　式

　参加チーム数によって型式は決定されるがなるべく多く試合出来るよう（敗けたら1回で終りということのないよう）にすべきであるが，コート数や期日によって運営準備すべきである。参考までに試合数の計算法をあげると，

　トーナメント型式

　全試合数＝（n－1）　　nはチーム数

　リーグ戦型式

　全試合数＝$\dfrac{n(n-1)}{2}$　　nはチーム数

その他にトーナメントとリーグ戦の混合型やバッド・システム（減点法，最初に5点をもち，勝った時は0点，引分1点，敗けは3点を減じて，手もち点がなくなつたら失格）などがある。

　(7)　組合せ方トーナメント型式は決勝は2チーム，準決勝は4，というように 2n となり，8，16，32となるように考えて組合せる。

　リーグ戦型式は次の図表のように作っておけば便利である。数字の1は第1日目となり，A B・C G・D F（Eは休み）となる例は7チームであるが他も同様に作成すればよい。

チーム	A	B	C	D	E	F	G
A		1	2	3	4	5	6
B	1		3	4	5	6	7
C	2	3		5	6	7	1
D	3	4	5		7	1	2
E	4	5	6	7		2	3
F	5	6	7	1	2		4
G	6	7	1	2	3	4	

　(8)　審判・役員の任命

　審判や記録員は固定させてもよいが，なるべく多くの人にも実施させて経験させる方が望ましい。特にプレーヤーには審判の権威を十分に納得させて，スポーツマン・シップを体得させる絶好の場として体得させることは勿論，応援のあるべき姿も示めすのによい機会である。

　(9)　そ　　の　　他

　成績の決定法，表彰のし方などにも効果的に考慮されねばならない。また競技中の医療班，試合終了後の身体の清潔，後始末など，危険防止および安全への生活化をも考慮する必要がある。

　2　クラブ活動への主なる留意点

(1)　バスケットボールの クラブ 活動と他の部との間に留意することはないが，特にチーム・ワークのことは十分に念頭におかなければならない。

(2)　練習の強さは上級生を標準としやすいが，下級生や身体の弱いものには過度になりやすいので注意しなければならない。

(3)　特に身長におけるハンディキャップには注意して，体の小さいものに劣等感や絶望感をいだかしめないで，特に注意し，スピード，身の敏捷さ等を生かすように留意すべきである。

(4)　正選手や補欠の選び方には技能だけでなく，平常の態度等も十分考慮して決定しなければならない。

(5)　その他，コーチの問題，対外試合等にも部員全体に考えさせるよう指導することが望ましい。

Ⅵ 用 具・施 設

用具・施設は，現状として何分十分でないのが実情であり，ボールも10人に1つ位が普通であるが，出来るだけ多くもたせたいものである。文部省で一応あげた基準を示すがこれは最低の線として考えてよいと思われる。

	5学級以下		6〜17学級		18学級以上		備考
	中学校	高等学校	中学校	高等学校	中学校	高等学校	
バスケットボール	5	5	5	10	10	10	
バスケットゴール	1	1	1	2	2	2	（組）
笛	2	5	5	5	10	10	
巻　尺		2		2		3	
ストップウォッチ		2		2		3	
ライン引	1	2	1	2	2	3	
ボール用ヒモトウシ	1	2	1	2	2	4	
ボール用空気入	1	2	1	2	2	4	

* 中学校は指定統計第74号学校設備調査報告書（文部省統計課29年10月現在）による各器具数の基数。
* 高校の各器具の基数は，指定統計第74号を参考に文部省中等教育課において作成されたものである。

施設に関しては，総論のⅥ　体育の施設（18頁以下）参照。

参 考 文 献

1. 文　　部　　省　　　学習指導要領保健体育篇

2. 加　藤　橘　夫　　　高等学校　体育理論　　　　　　　世　界　書　院
　 前　川　峯　雄

3. 小　沢　久　夫　　　体育シリーズ　バスケットボール　　体育の科学社

　 今　村　嘉　雄
4. 松　田　岩　男　　　体育の検査と測定　　　　　　　草　　美　　社
　 宇　士　正　彦

5. 日本体育指導者　　　体 育 学 講 座
　 連盟

6. 前　川　峯　雄　　　教師のための体育科　　　　　　河　出　書　房

7. 牧　山　圭　秀　　　　　旺 文 社
　　　　　　　　　　　スポーツシリーズ　バスケットボール　旺　文　社

ハンドボール

東京大学
教養学部教官 高 島 例

石 井 喜 八

I ハンドボールの歴史と特徴

1 ハンドボールの歴史

ハンドボールの歴史は，人間の歴史と共に古いものである。しかし近代球技の形を整えたものは，1915年「トーアバル」という名称でドイツにおいて女子の球技として発達し，欧州諸国に普及するに及び，ドイツのカール・シェレンツの提唱により競技規則の統一が叫ばれ，1920年ベルリン体操連盟により正式のハンドボール競技規則が制定された。1928年アムステルダムで開かれた第9回オリンピック大会の国際陸上競技連盟総会で（それまでは陸上競技連盟に含まれていた。）国際ハンドボール競技連盟が創立された。1936年第11回ベルリンオリンピック大会では，正式の競技種目として採り上げられ，6ケ国の参加のもとにドイツが初優勝した。また1952年第15回ヘルシンキオリンピック大会ではスエーデン対デンマークのオープン試合が行われた。国際的大会としては世界選手権大会が開かれ，最近の選手権大会はドイツが連勝している。ドイツの他にスエーデン，オーストリア，スイス，フランス，デンマーク等が強いグループに入っている。

なお室内ハンドボールは，1934年ストックホルムにおける国際会議の席上，技術委員会を構成し，国際室内ハンドボール競技規約を承認したときから，北欧に発展している。

わが国においては，1922年（大正13年）大谷武一氏によって「ハンドバル・シュピーレ」の名のもとに紹介され，その年の5月発会の学校体操要目において男子中等学校，男女師範学校の体操科教材として採用され，その第一歩を踏出した。1928年，アムステルダムで国際ハンドボール競技連盟が創立されるや，日本陸上競技連盟（日本においては陸上競技連盟の中に含まれていた。）はこれに加盟した。

1938年（昭和13年）2月，オリンピック東京招致を期として，陸上競技連盟から名実共に独立団体となり，日本ハンドボール協会が設立された。しかしながら既に競技会は持たれ，活溌な足跡を残し，同年9月にはヒットラー・ユー

ゲント団員と試合をするまでになり，その他在留外人とも幾回となく試合をして技術の交流を計った。だが戦争の進展と共に普及は遅々として進まなかった。終戦と共に他のスポーツ同様復活し，1946年（昭和21年）には東西対抗，第一回国民体育大会の中に全国大会を持ち，1950年（昭和25年）第一回全国高校大会が開かれ急速に発展したが，一方国際連盟への復帰は他のスポーツに遅れ，1952年（昭和27年）9月，ようやくにしてパリーにおける国際連盟総会の席上，満上一致で正式加盟が認められた。

1956年（昭和31年）9月，世界選手権を握るドイツチームを迎え，全国8ケ所で日独対抗戦及び親善試合を挙行，技術的に大いに得るところがあった。

日本における室内ハンドボールの歴史は浅い。即ち1952年（昭和27年）に西日本選手権大会が大阪で開かれてから，1954年（昭和29年）の第一回全日本綜合選手権大会以来三回しか数えられていない。

1957年（昭和32年）4月，ルールの改正に伴い，これまでの女子ハンドボールは，男子のフィールド・ハンドボール（11人制）をやや小さいグランドで行われていたものを，室内ハンドボール（7人制）のルールをそのまま屋外においてもこれを行うこととして，女子のフィールド・ハンドボール（11人制）は全く姿を消してしまった。

2　ハンドボールの特徴

ハンドボールにはドイツ式のものとアメリカ式のものとがあり，一般に日本でハンドボールといわれるものはドイツ式のものである。

アメリカ式のハンドボールとは，片手にグローブをはめて少さなボールを壁に打つけることによって行われるものである。

ドイツ式のハンドボールはチーム・ゲームであるが，ボールを投げることと捕えることが出来れば，誰れでも行える球技であって，投げるといい，捕えるといい日頃使いなれた手を用いて行うので非常に行いやすいと同時に，困難な技術を必要とする要因をももっている。しかも野外において走る，跳ぶ，投げるの自然運動を基礎として行われ，年令や性別によってコートの縮少や人数の加減も出来るし，ゲームは手を用いるだけにスピーディでしかもクリーンな要

因をもっているので，親しまれやすいものである。（クリーンとは，きれいな
とかまたは公正なの意である。）

　日本では比較的，新しいスポーツの部に入るので，主として学校において行
われている。

　高等学校の学習指導要領（昭和31年度改訂版）にも見られる通り，男女共に
行える団体的種目となっている。

　ハンドボールには11人制と7人制とがある。この7人制のものが指導要領の
中に見られる室内ハンドボールであるが，これは必ずしも室内に限られたもの
ではなく，指導要領改訂後，全面的に女子ハンドボールとして採用され，また
男子においても室内ハンドボールとして行われているものである。

Ⅱ　ハンドボールの指導目標

　ハンドボール競技は，団体的種目であることはいうまでもないが，ハンドボール競技を行いさえすれば，この目標に到達するとは考えられない。しかし，ハンドボール競技には他のチーム・スポーツと同様に，目標に到達する可能性を含んでいることは明らかである。そこで指導者の指導目標は，学習者の到達目標に対して助言，助成をするものでなければならない。ハンドボール競技による学習は，個人の後天的に許された最大限の発育発達を助長するものであり，運動の基本技術，基礎能力を養うことが必要である。即ち走力，跳力，投力，敏捷性，巧緻性，柔軟性，律動性，持久性及び平衡性等である。しかしながら，専ら利腕を使用することになりやすいのと，球技に共通な懸垂力に欠けるものであらう。ハンドボール競技を行う上に，チームの編成，技術面の研究，自由時や課外活動の練習計画などを援助する必要がある。

　またそれらに関連し，ゲームを通じて，

①　協力しつつ責任を果し，

②　他人の尊重と他人の福祉を考える公正な態度，

③　正しい権威への理解力と服従，

④　勝敗に対する正しい態度の理解と判断力，

⑤　自己の安全と他人の安全を保持できる能力，

などの養成をもって，社会生活に必要な性格を助成するのである。そのためには，グループないしは個人によって要求される活動形式にふさわしいものをとりあげる必要がある。同時に健全なスポーツ活動によって日常生活を豊かにし，応用能力を育成することが必要である。

　以上は一般的目標であって非常に抽象的なものである。これらは学習者の発達状態や，学習の発展的段階に照らして学年相当のものに具体化しなければならないし，また夫々の地域の学習者の興味や関心の発展に役立つように指導要領よりもむしろ地域の実情に即した具体的なものにならなければならないだろう。

　このようにして設定されたハンドボールによる学習指導の目標は，単元の中核として展開されるわけである。

Ⅲ　ハンドボールの指導計画

カリキュラムを構成するときに考えなければならない問題がある。

ハンドボールを教材として採り上げる場合に，望ましい経験をもたせることが出来るか，という問題に関連して，どのような学習活動を必要とするかを予測しなければならない。またその教材に要する時間や施設の面を適当に考慮しなければならないし，学習者の要求も考えておかなければならない。

ハンドボールを指導するのに，どれだけの時間を予定するかは，他教材の関係で目標に到達する段階，或は他の指導者との関係，施設や用具などできめられてくるものであるが，同時にハンドボールでどれだけ学習させるかによる。また学習者の発達の段階によっても考慮される。一方地域によっては雨や霜，雪の量などからも考えて計画されるだろうし，学校の行事ともにらみ合せることも大切だろう。結局は各々の学校の諸条件と特色，或は他教材との関連から行われなければならないものである。

単元に関係して，ハンドボールを教材単元として取扱っていくか，或は生活単元の一部として取扱っていくかの問題がある。教材単元とは，ハンドボールを中心として，それに関係するものを結びつけて組織されたもので，多くは系統的なものである。生活単元とは校内競技会とか，運動会という生活経験を単元として，その中にハンドボールを加えて指導していくものであり，はっきりと相違しているが，実際の場合には教材単元を用いた場合でも出来るだけ生活単元の長所を採り入れ，また生活単元も教材単元のよい所を採用する必要があろう。要は学ぶ者のためによりよくあればよいのである。

教材が決定すると，どの範囲までをハンドボールによって学習させるかをきめる必要がある。

単元構成の準備として，①指導目標，②学習者の能力，③学習者の要求及び興味，④学習者の経験等を考慮する必要がある。こうして具体的な目標を明らかにしなければならない。

単元が決定し，目標が明らかになれば，その目標に到達する学習活動をきめ

る必要がある。学習活動は出来るだけ多くの方法を採用した方がよい。例えば①話し合い，②作文を書くこと，③調査─測定，④運動具の製作と修理及び手入れ，⑤身体運動をする，など種々の活動のうちから目標に到達するようにすべきである。以上は指導者としての学習指導計画である。それは学習者の学習目標によって補正され，単元は改造されて発展して行くものである。

　ハンドボールの望ましい指導時間数は，学習指導要領によって18〜27時間と示されているが，これは一つの基準を示したものだろう。このように年間計画で配当された各単元を，その単元の配当時間に応じて具体化する必要がある。つまり，ハンドボールの具体的な目標を列挙して展開するわけである。なお，展開の概略を順に挙げておくと指導のときに便利である。（別表参照）

　1時間ずつの指導案（日案）は単元計画案を詳細に説明したもので，具体的な指導の計画である。指導案の内容は，①学習のねらい，②学習活動，③指導上の注意，④準備すべき用具の数量，⑤時間の配当及び反省であり，学習活動は，①準備運動，②主運動，③整理運動の順に配当されるが，準備運動と整理運動は必ずしも体操とはかぎらない。

　学習の場においては，よろこんで参加出来るような雰囲気を作ることが大切であり，特に正課時においてはひかえ目な生徒にこそ，学習の必要性があると思うし，また指導者の「うまくなった。」とか，「がん張っているなあ！」というような一言が学習意欲を更に高めることが出来るものである。

　学習指導の組織として，学習の効果や進行を能率よくするために，学習の組織を考える必要がある。学習の形には，①個別指導，②班別指導，③一斉指導とがある。個別指導はいうまでもなく個人差に応じての学習の形で，個性を伸ばす点や効果の点から最も望ましい方法といわれるが，正課時においては，特に問題の生徒の扱いにこの方法をとる程度で，全員には困難である。一斉指導は学習者に共通な基礎的な問題のときに用いられ，労力，時間，場所的にも甚だ便利であるが，個性を無視した画一的な方法であるので，学習者の興味や自主性を失わせやすい欠陥がある。班別指導（グループ指導）は，個別指導や一斉指導の欠点を補った方法であるといえよう。これはまた社会態度の学習に専ら用いられる。グループ学習でお互に技術を伸ばし合ったりして人間関係を学

び，そして高めようとするものであるが，ただ単にグループ学習をしているか
ら，或はチーム活動をしているから望ましい社会的発達が遂げられるというも
のではない。非常に優秀なチームといわれるものでも，チームの内部は1人の
独裁者によって動かされたり，仲間割れしたりしている場合が往々にしてある。
協力は，グループ全員のために目標を立て，共通の目的にむかわないかぎりあ
りえない。従って〃我々意識〃のない所に望ましい人間関係は成立たないとい
える。

　〃一人の喜びがみんなの喜びとなり，一人の悲しみがみんなの悲しみとな
る〃このような感情の中から協同目的によってグループを結合して行かなけれ
ばならない。このような経験の連続によって技術を高め，人間関係を高めて行
くものでありたい。

　グループ編成の仕方には，①等質グループと，②異質グループがある。等質
グループとは年令，能力，経験，その他の学習目的に関係をもついくつかの要
素の個人差の比較的少いものである。すべての要素に亘っての等質は実際に得
られないし，また一，二の要素についての等質としても刻々と変化するもので
あるが，グループ編成の一つの目安としてなされるものであろう。異質グルー
プが個人差を無視したものだといわれるが，同学年，同学級の学習者のこと
て，見方によっては等質であるが身体活動を通してなされるだけに，より学習
効果を挙げる方法として一考を要する問題であろう。

　また，ソシオメトリーを用いてグループを編成することができる。1人のス
ターをとりまくサブ・グループをもってのチーム編成や，グループ編成をする
が，人間関係のあるグループによって，学習活動を開始すれば，初期の段階か
らモラールを高める可能性はあるであろう。またそれらよりも人間関係の低い
程度，即ち任意に個人の学習者をもってグループを構成しても，その中から人
間関係を高め，社会的態度を高めて行くことも出来るであろう。要するに，グ
ループ指導は学習効果を高めるために行われるものであるから，最も効果を挙
げやすい方法で編成すればよい。

　ハンドボールの学習指導の場合に，先ず問題になるのは高校男子の際に7人
制か11人制か，いずれを採用するかが問題であるが，7人制は11人制のコート

附表

年　間　学　習　指　導　計　画　案

1. Aコース（初心者......中学初級程度）

小単元	主教材	10時間配当	15時間配当	指導のねらいと留意点
手で行うボール・ゲームの入口	ジャングル・スロー キャッチング ドッジボール	2	3	自分の判断でボールを処理する。投げること、捕ること、速く投げる、正確に投げる。どうしたらいいゲームが出来るか。
バス連絡について	円形バス落し 3人平行ランニング・バス ランニング・スタッチ ジュニート	3	4	バス技術の向上を目指して、相手の立場、自分の立場について知る。動作はすべて目的にかなったようになっていくから、自分のバスを知る。
ハンドボールと身体	準備の姿勢 急に停ること 方向転換	1	2	攻撃活動はボールの連絡だけでなく、身体の動作も関係させよう。
みんなで攻めよう	2人による グリーン・プレイ スクリーン・プレイ ジュート	2	3	相手の気持を察して、簡単な攻撃活動を知る。
みんなで防ごう	ディフェンスの基本 マンツーマン・ディフェンス	1	2	苦しいときにも希望を失わず、苦しいとき進んで力を出そう。
ゲームをしよう	簡易ハンドボール	2	3	ゲームを楽しみながら、チームの中の一人であることを知る。スポーツ・マン・シップについて知る。正規のルールでも行ってみよう。

2. Bコース（やや経験ある者......中学上級または高校初等級程度）

小単元	主教材	10時間配当	15時間配当	指導のねらいと留意点
私の行ったハンドボール	バスとキャッチ ランニング・バス 簡易ハンドボール	2	2	ルールの話し合い......私達のルール。どうしたらいいゲームが出来るか。どうしたら平等になるか。
バス連絡をしよう	3人平行ランニング・バス ランニング・チャッチ	2	3	バス技術の向上を目指し、相手の立場、自分の立場について知る。バス連絡に協力しよう、力を合せよう。
ハンドボールをしよう	ゴール・キーパー ホップ・ステップ・ジュート	1	2	自分のからだを目的の思うように動かそう。走りながらバスをしよう。
もっとうまく勝既を決めるためには	ドリブル チェンジ・バス ランニング・バス	2	3	ショートとロング・キーパーの基礎技術いて知る。協力しながらルールを作るもの。ゲームを中心として1人が1つの選手のときをすることが大切であり、体育の目的がない。
ボールをうまく扱うには	チェンジ・バス ランニング・バス	2	3	バスの連絡は走りながら行うことが有利であるが、相手の立場、自分の状態を知る。
うまく勝つには		2	3	ゲームを楽しみながらチームの中の一人を目指し、スポーツ・マン・シップについて知る。
ゲームをしよう	自分達で作ったハンドボール	2	3	自分達で作ったハンドボール。力を合せて行う。

3. Cコース（経験者......高校上級程度）

小単元	主教材	15時間配当	指導のねらいと留意点
ルールについて	簡易ハンドボール	1	正規のルールを調べてみる。自分達で行って来たハンドボールを振返る。ルールはどうしてハンドボールが出来るか。
バス連絡について	マン・ツー・マン・ディフェンス ゾーン・ディフェンス	2	苦しいときにも自分に協力しよう。他人の立場や自分の立場をバスを通して知る。バス連絡のときにも希望をもって頑張ろう。
みんなで防ごう	アンダー・バス フック・バス バスケット・バス 3角、4角チーム・バス	2	協力して集団の力を知ろう。相手チームや自分のチームについて知ろう。困難なものにファイトを出そう。
みんなで攻めよう	3人による クロス・プレイ スクリーン・プレイ	2	みんなの気持になってジュートをしよう。段々とゴールより離れたり、横間よりジュートをしよう。勝負について考えてみよう。
得点のために	ジャンプ・ジュート 囲込ジュート	1	ゲームを楽しみながら、一人のひとりを知ろう。スポーツ・マン・シップについて知ろう。ハンドボールについて振返ってみよう。
ゲームをしよう	正規ハンドボール	2	正規のルールで行ってみる。

※　中学校では、AとBとを組合せて指導し、高等学校ではBとCを組合せて展開していくまでとなる。
※　いつも学習者を中心に話し合い、その他の学習活動をふまえて作るうたてをたてる。
※　審判については、自分達で作りうたゲームの中で自分達で行ううたから、別に審判法、運営法の小単元を設けなかった。
※　指導上のねらいは、指導者としての目標であるが、学習者の目標や話し合いなどの結果からも補正されるものである。

があれば2面は必ずとれるので，正課には都合がよい。施設ではコートの次に
ゴールの問題であるが，正規のゴールがなくても，杭を打って綱を張ったり，
或は竹のゴールを作り，或はハイジャンプの支柱に竹のバーを用いたりするな
ど創意工夫を加えたゴールを設ければよいだろう。ボールも学習者の発達段階
に応じて，必ずしもハンドボールが適するともいえないだろう。用具の考案に
際しては，先ず安全ということに注意する必要がある。例えばハイジャンプの
支柱にバーを掛けるとき，コートの内側であるとボールが当った場合，ゴール・
キーパーの側に跳返って落ちたりするので，コートの外側に掛けるのがよく，ま
たバーのかわりに綱を張ると両方が倒れたりすることがある。ボールは，1つ
のグループに少くとも1個欲しい。1学級が50人とすれば8人のグループなら
ば6組，7人のグループならば7組であるから，6〜7個必要である。但し，
コートが2面あれば，グループの数は偶数にするのがよいだろう。その他ライ
ンを明瞭にするのに石灰及びライン引きがあればよいし，ゲームに際してはチ
ームがはっきりするように帽子，タスキなどの用意が必要である。

　学習の手順としては，それぞれ指導者の特色で行われるであろうが，時間の
導入として，①集合，②挨拶，③出席点検，④話し合い，⑤準備運動，⑥主運
動，⑦整理運動，⑧次の時間に関連しての問題の提起と，その時間の反省であ
るが，①時間前の用具施設の準備，②時間後の整理とがある。反省や問題の提
起としては，話し合いや作文を書いたり，その他種々な方法によって行われる
であろうが，学習指導の結果の記録を残すと後になって便利である。

　男女共学の指導については，投げるということが非常に性別の差があるもの
で別々に指導することが容易であるが，男女相互の礼儀や，運動能力の性差等
についての相互理解を深めるために，ハンドボールを採り上げるならば，十分
学習の成果を挙げることができるだろう。

Ⅳ　単元の展開とその方法（別表参照）

　最初にかかげられた目標をいよいよ具体的にすると共に，ハンドボールの技術の解説を中心に，指導の段階を時間毎に説明しようとするものである。ここで取扱うハンドボールは，7人制であるが，十分11人制に発展出来る。

　A案については，初心者のためのコースとして，既成のボール・ゲームより導入し，ハンドボールのルールのあり方と共に競技者としてのあり方を学び，また一方ゲームを中心として，楽しく，学習活動を進め，その中にもグループ活動やチーム・ワークを通じて集団活動や人間関係を学んでいこうとするものである。技術的な目標としては簡単なハンドボールのゲームが出来る所までもっていこうとするので，先ずハンドボールの興味づけといえるだろう。

　B案においては，やや経験ある者のためのコースとし，ゲームを中心としながら自分達に適したルールによって展開し，基礎技術の必要性を知り，攻めや守りの技術を通じて，集団活動や，人間関係を追求して行く事を目標としている。

　C案は，経験者のためのコースとし，今迄行ってきたハンドボールを振返えると共に，いよいよ高度な技術の必要性から自ら努力する段階へと進展し，チームやグループの一員としてよりも，更に高次の集団活動や人間関係にまで目を向けようとするものである。

1　Aコース　（初心者……中学初級程度）

単元Ⅰ　手で行うボール・ゲームの入口

（1）　主なねらい

①　パス，キャッチ，シュートの基礎技術をおぼえる。

②　みんなで協力する。

③　ボールは自分の判断で処理する。

（2）　指導の資料

A　投げるということ

　球技における投げは，速度が必要の時と正確さが目的となる場合があるが，ボールが手から離れて目標に到達する時間に，投げるためのモーションと確実に把握するまでの時間が含まれてくる。

　うまく投げるということは，目的にかなったように投げることである。一般に投げる動作は，ショルダー・スローがよい。これは別名ベースボール・スローともいわれ，主に野球で用いられる。この投げ方の利点は，力が加わると共に「正確さ」のあることで，同一のフォームから目的にかなうそれぞれの投げが出来るわけである。力いっぱいといっても，やはり正確さが必要になるわけで，ボールの投げはこれが生命である。

　(a)　ショルダー・スロー

　野球の普及と共にこの投げ方が子供の頃から行われるので，たいていの子供には出来るが，女子には相当難しい。ボールが握れるうちはよいが，それよりも大きくなったり，或は重くなると，身体の縦軸を中心にして，身体の側方から振り出すようにして投げる所謂 “おんな投げ”（スイング・スロー）といわれるものと，もう一つは肘を伸ばして頭上高くあげ腰を軸にして折るようにして投げるものとが多く出てくる。

　ショルダー・スローは，腰の捻り，肩の力，それにスナップが作用して一つの方向に力が集中する。上半身を支えている下肢も重要で，バランスをとるわけであるが，ただそれだけでなく上半身を直進運動させるために後足から前足に体重を移動して投球動作に参加している。このために，

　①　ボールに如何に長く触れているか，

　②　力を如何にボールに伝えるか，

ということが問題になってくる。

　ボールに触れている距離を長くすることは，スピードが加わり，正確さに関係して来る。また力をボールに伝えるということは，ボールが大きくなればそれだけ伝え難くなり，一つの技術となってくる。

　初心者にボールを投げさせてみると，腕だけで投げているのが見られる。反

図　1

動を用いるように後足に体重を
かけ，ボールを担うようにして
肘を前に出し，手でボールを支
え，肘を中心に腕を振り，背伸
びをするようにするが，後足に
は体重が掛ったままである。手
はボールを支えているだけなの
で，前方に投げようとすれば，
ボールの下面に力が加わるだけ
で，回転させることになるが，
前進力が入らないので，うまく
投げられない。そこでショルダ
ー・スローをさせるには，

①　後方に引いたとき振返ってボールを見る。
②　肩が後方へ引かれると同時に肘がボールの下に入る。
③　前腕が身体と平行になるようにする。
④　肩の動く線を長くするために上半身を捻る。

図　2

⑤　後足の爪先を軸にして踵を
　　内側に振り込む。
⑥　身体全体を廻す。
　こうして投げるわけであるが
投げてからも上半身を覆せるよ
うにして，投げ終った手を膝の
方まで振る。（フォロースルー）
　こうすると，最初後足にだけ
かけていた体重が前に移ってく
る。これで肩が使われたことと
身体の直進運動がやや加ったこ
とになる。大体の投球動作はこ

れでよいが，これだけではボールにスピードが加わらない。それは，大きく働いた力がボールに伝わらないからで，力の作用する点はボールとの接点，即ち手に問題があるわけである。ボールは目標に向って真すぐに飛ばすのであるから，手はその真後ろに掛って力が作用しないかぎり，ボールは有効に飛ばないわけである。

　フォームの助言をせずに投げることを続けさせると，肩を後方に引くよりもボールを頭上にあげ背伸びをするよう

にしてボールをしっかりおさえて投げる。これはボールを上にあげることによって手をボールの後方に廻す方法を自然に覚えることと，なお力を加えようとして背伸びをするわけである。これは上半身のみに注意を集中しているからで，背伸びをしては身体のバランスがとりにくく，また前進運動が出来ないから，助走を加えて投げることは出来ない。そこでボールを一度，上にあげることはボールの後方に手を掛けるためにはよいが，直接持っていかず

図　3

に腰のところで引き，投げるときに肩に持ってくると，ボールをあげながら後方に手を掛けることが容易になるし，腰の入った投げ方にもなるものである。こうして肩からボールが出れば，歩幅を大きくとり，後方にボールを引いた時後足の膝を軽く曲げ，その反動を使って身体を前進させ前足の上に体重を完全に移す。これが腰の入った投げ方という。この歩幅が大きすぎると，フォロー・スルーをしても前足に体重が移りきれず，それだけでなく前進力をおさえてしまうことにもなる。

　腕のモーションを最も小さくするためには，直線上を動かすことであるから，後方に引くときも真すぐに胸から肩に持ってくる。

　投げるための後方への腰のモーションが終った時，今まで両手で胸に持っ

図　4

て身体と共に側方へ動いて来たボールを，右利の場合は，左指先で軽く後方へ押し，右手一ぱいにとめる反動と共に投げるわけで，優秀な選手はすべてこうしているわけである。ボールが手にかかってくると離れ際にボールをひっかくように手首を強く折り込み，ボールを送り出す。

また，スナップもボールのスピードを増す効果がある。

B　ボールを受けること

ハンドボールは，両手で持つのが普通である。両手で大きなボールを持つ場合，自然の感じでボールを持つことが大切である。

ゲーム中に持たれたボールは上下，左右，前方といずれの方向にも投げる必要があるので，胸につけるようにして持つ。

そこでキャッチとはボールを安定した状態に手で支えることであり，ボールは大きい面で包むことが大切である。また運動しているボールを安定した状態にすること，即ち運動しているボールを停めることも大切である。運動しているものをとめる場合，衝撃力が働くが，この力を小さくすることと，大きな面で包むことがキャッチの技術である。

図　5

ボールを受けるには，

① 足を前後に開き迎えるように前足に体重をかけ，

② 掌を前方に向けやや指先を前に出し，

③ 肘を軽く曲げて力を抜き，

④　両手で軽く開いた親指と人さし指の間からボールを見る。

ボールは指先から指の腹でとめる。そして肘の角度が直角くらいになるまで手を引き，その角度のままで後足へ体重を移すが，後足に体重がかかり始めたときに，身体を廻しながらむきを変え，肘を曲げて胸近くでとめる。言葉を換えて，ボールに触れる瞬間をいえば，

①　両腕を前に伸し，

②　力を抜いてボールをよく見る。

③　指を伸しながら引き，

④　ボールの上側から触れる。

⑤　撫でるようにして摑み，

⑥　母指と人指々と小指にやや力を入れる。

低く飛んで来るボールに対しては同様に，

①　足を前後にして，前足に体重を掛け，

②　掌を前方に，指を下にしてやや開き，

③　ボールの下側より指を触れ

④　側面から撫でるようにして肘を内側に入れ，

図　6

⑤　小指側が平行になるように狹み，

⑥　体重を後足に移し，

⑦　体重が十分かかってからは腰を後方に引いてボールを誘導する。

バウンド・ボールは，十分に浮上ってしまって真すぐにくるときは上述の通りであるが，浮上ってくる途中のボールは摑みにくい。また地面の状態によって，はね上る角度が変るので予測しにくいものである。そこで浮上ってから摑

図　7

むか，或は予測の誤りの少い落下点で停止したところを摑む方法がある。

　落下点で摑む方法は，体力の消耗が少くてよいがタイミングが難しくなる。捕る方法は，

①　足を前後に開き，

②　前足に体重をかけて十分姿勢を低くする。

③　ボールがバウンドする前より迎えるように手を伸し，

④　肘から動かしてすばやく摑む。

前述の爪先の方でバウンドしたときは，ボールを引くようにしながら後足に重心を移すが，上半身をボールに覆せるようにしたまま，腕が垂直になったときにボールを摑む。このバウンド・ボールに速く触れると肘の方まで転がることになる。そこで速く摑むには両手を直角にするように片手は真すぐに垂らし，一方の手をその手首の所で直角になるように添える。結局ショート・バウンドを摑もうとするにはバウンドの個所よりも前足を出すようにして摑むことが容易である。ゴロ・ボール（グランダー・ボール）を摑むには，ショート・バウンド・キャッチと同様に，早く手を触れると腕の方まで転がるので，腕が真すぐに垂れた所で捕るようにする。転るボールに正対することが大切で，やや遅くとも確実に摑むためには，ボールを上から押えつけてから摑むとよい。これはボールに片手しかとどかぬときにも使う。

（3）　学 習 活 動

　1時間の配当（50分授業の場合）は，

集合，挨拶，出席点検	約5分
話 し 合 い	約5分
準 備 運 動	約7分
主 運 動	約20分
整 理 運 動	約8分

　　　反　　　　省　　　　　　　　約5分

程度が適当と考えられる。以下これに準拠して省略する。

第1時限

A　単元の導入

(a)　投げる動作のあるスポーツ競技について

(b)　手で行うボール・ゲームについて

(c)　ハンドボールについて

　〔歴史〕ドイツで始められたゲームである。日本には大正11年に紹介され戦後盛んになった。（歴史の項参照）

B　円型ドッジボール

半径5mの円で，25人が2組となる。

ルール——一定時間に多く当てた方が勝とする。

①　どんなボールでも当ったら外に出る。

②　直接に当ったもので，バウンド・ボールはよい。

C　方型ドッジボール

男　子　　20m×10m

女　子　　15m×8m

全員が一ケ所で行う。

ルール——

①　一定時間で内野の少い方が敗け。

②　内野で当てられたら外野へ。

③　外野で当てられたら内野へ。

④　誰でも一度は内野に入れる。

D　話し合い

なるべく話し合いの機会を多く持つようにする。次のようなことが主な話題となるだろう。

(a)　ゲームの中で困ることや止めたいこと。

(b)　当てるにはどうするか。

(c)　連絡をよくするにはどうするか。

なお，話し合の時期はエキサイトしているときがよい。

第2時限

A　キャッチボール

最初5mぐらいから段々に距離をとっていく。「対陣パス」という。

奇数のときは対角線パスが便利であり，学習者に平均にボールが渡る。

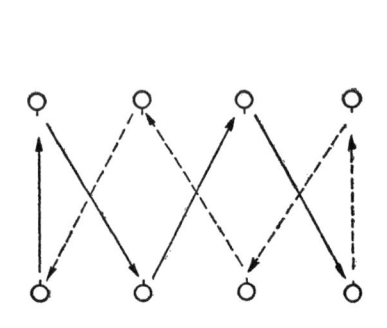

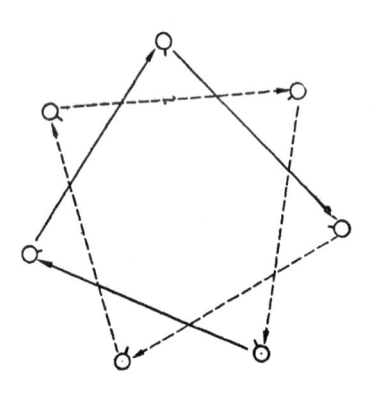

図8　対　陣　パ　ス　　　　図9　対角線パス

B　対向キャプテンボール

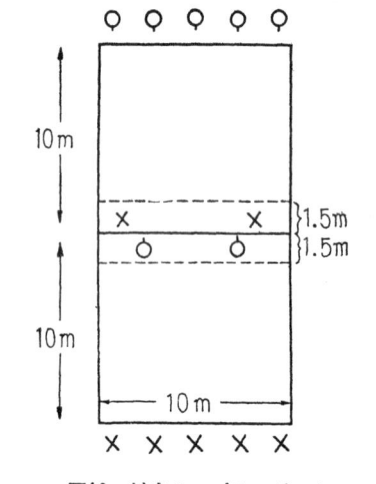

図10　対向キャプテンボール

キャプテンにボールが渡ると1点とするが，直接のパスを捕えないと得点にならない。

　明らかにキャッチ出来るボールを落した人は交代する。またキャプテンは相手のパスを妨害する。高いパスは使わないように話し合う。

C　ドッジボール

　外野に2mのゾーンを作り，外野の人が誰れも触れずに後逸したときは相手のボールになる。また3歩しか歩けぬことにするなどのルールを加えて行う。

第３時限

第２時限と同様の方法で行うが助走をつけて投げる必要性や，３歩の制限をもって内野同士，また外野同士で連絡をするような方法で技術の向上を目指す。

図11において内野のaがボールを受けたとき，bにパスをするとそのままbがパス連絡や相手を当

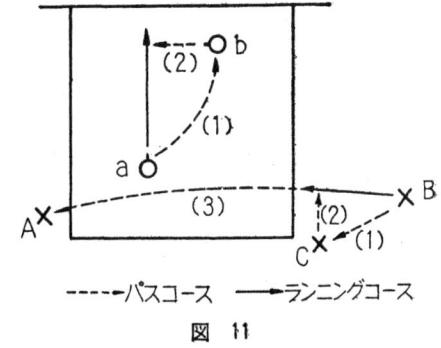

----→ パスコース　　━━━→ ランニングコース

図　11

ることになりやすいが，もう一度aにトスするようにかえし，aは走って来てこれを受けて当てたり，パス連絡をしたりする。同様に外野でもBCのパス連絡でBにスピード・ボールを投げさせようとする。

単元Ⅱ　ルールを作ろう

（1）　主なねらい

①　ルールは自分達が作り，そして守るもの。

②　みんなの協力で作ろう。

③　ボールは自分の判断で処理しよう。

（2）　指導の資料

ドッジボールをしていると，もっと上手になりたいという漠然としたねがいよりも，もっと強くあてたいというねがいと，それに対するボールをしっかり受けたいというねがいが交錯する。高次な欲求は，その解決法によってゲームの撰択がなされるわけである。

A　ルールは自分達が作り，そして守るもの

ゲームを楽しく行うためには，ルールを守らなければならない。しかし，ルールは守るだけでよいだろうか。〝なぜルールは必要なのか〟 ということよりも〝私はこうしたい。だが他の人々はどうか〟このような所から，即ちルールはどうして出来たか，について学習する小単元とするわけである。

B　ボールゲームをしよう。

ルール作りの最初に，"手を使ってボールゲームをしよう" ということと勝敗のつけ方について，指導者から指示する必要がある。

C　ボールのこと

ボールは，ボールと名前のつくものであったら何のボールでも使ってゲームを行ってみる必要がある。発育の段階によっては，必ずしもハンドボールが適するとはいえない場合もある。また布で袋を作り，枕のように丸くしてもよいだろう。自分達の体力によってどれがよいかをきめよう。

D　グランドの広さ

どのくらいの広さが疲れないか，また狭くてゲームが出来ないか。

横20〜25m，縦35〜40mが適当であるが，狭い所より段々と広くしていくことが望ましい。

E　人　数

7〜8人の1チームがよい。

（学習指導の形態による。）

F　ゲームについて

　(a)　試合の始めにボールをどちらにするか。

　①　ジャンケンできめる。

　②　2人でセンター・ジャンプをする。

　③　審判から全員等距離に立ち，審判が投げ上げるか地上に打ちけ跳ね上ったボールをとり合う。

　(b)　試合中

　①　相手に迷惑をかけること——即ちからみつき，なぐり，つまづかせ，とびかかり，或はつき倒したりするなどの身体接触はよいか。

　②　味方に迷惑をかけること——即ち1人でいつまでもボールを持っていてよいか，また1人でどこまでも動いてしまってよいか。従ってみんなでボールを触れるようにするには1人で何歩動いてよいか，1人で何秒持ってよいか。

　それにつれて，ドリブルは使うことにするか。

i　全然使わないことにしょう。

ii　1回だけにしょう。

iii　何回でもよいが片手だけにしょう。

iv　両手で何回でもよいことにしよう。

③　何人で攻めるか，守るか。

i　半分ずつ攻めて，残りが守ろう。1回得点したら攻めと守りを交替しようか。

ii　全員で攻め，そして守ろう。

④　コートの外にボールが出たらどうするか。

⑤　反則の処理はどうするか。

i　誤ってそこから始める。

ii　誤ってコートの外から投入する。

iii　相手のボールになってそこから始めるか。

iv　相手のボールになってコートの外側から投入する。

(7)　得点のために

(a)　例えばキャプテンボールの場合

①　キャプテンは何人がよいか。

②　キャプテンに直接渡してよいか。

③　パスで渡す場合に，その距離は何mくらいか。守る側はどうするか。キャプテンへのパスを妨害する人数はきめるか。その地域はどこか。

(b)　得点後の再開は何処からか。

①　中央からジャンプで争う。

②　中央から，得点した側によるか，得点された側によるか。

③　コートの外から得点した側によって，又得点された側のいずれからか。

④　キャプテンへのパスを妨害する人から始められるか。

　以上の事柄が問題となるだろうが，頭の中だけの理解でなく，ゲームを行いながら必要性に迫られてとりきめようとするのである。それだけに助成者はあわてず，ゆっくりと観察し問題をとりあげる機会を作ることである。例えば不

服が出たとき，ボールが動かなくなったときなどは明瞭であるが，不満な態度やゲームに参加しない学習者から誘い出すことが大切で，見逃すことは出来ない機会である。

（3） 学習活動

第1時限

A　円型パス落し

各人の間隔5mでサークルを作る。円周のお互でパスをする。そのパスを内側の人が妨害する。次の場合に，内側の人と交替する。

①　内側の人がボールに触れた時（パスをした人）

②　地面に落ち或は受けることの出来ないパスをしたとき

図12　円形パス落し　　③　両足を動かしたとき

④　ボールを奪われたとき

⑤　よいパスを受け損じたとき

B　エンドボール

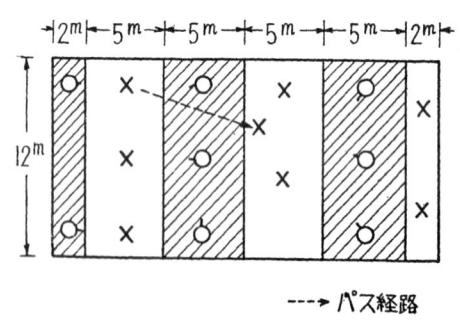

--→ パス経路

図　13

2組になりお互一つおきのコートに入る。一番外側の2人にボールが渡ったら1点となる。しかし少くとも1回は全員がボールに触れる必要がある。地域内は自由に動いてもよいがパスは手のとどく高さまでしか使用出来ない。位置を交替してゲームをするとよい。

C　キャプテンボール

コートの外側の線は，指導者が最初にきめてよい。キャプテンの位置もきめる。

ルールが問題になると思われるもの

① 　ボールをどちらがとるか。

② 　相手に迷惑をかけること。

③ 　味方に迷惑をかけること。

④ 　コートの外にボールが出たときの投げ入れ。

⑤ 　反則の処理。

⑥ 　得点後の再開。

きめられたルールは書き残して置く必要がある。見学者もこのような面で参加させるとよい。

第2時限

A　前の時間の復習

B　エンドボール

前の時間のコートの中央線を除き，図において×側攻撃のときは斜線内を自由に使用出来る。防禦側は最終ゾーンに入れるのはキャプテンと同数だけである。

図　14

C　キャプテンボール

ルールが問題になると思われるもの

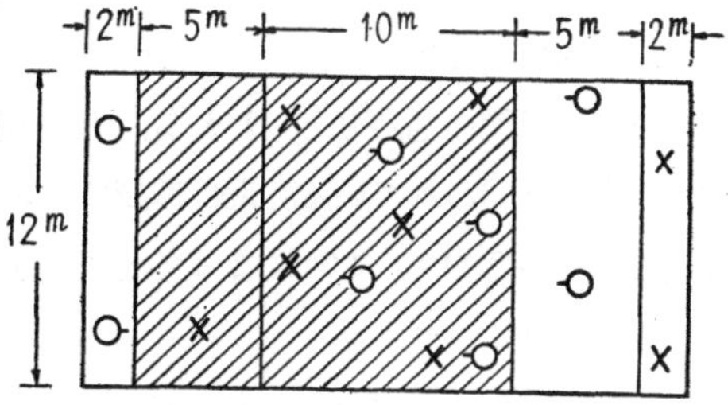

① 　前の時間のルールの不足部分と改正

② 　得点について

第3時限

A　前の時間の復習

B　ゲームの前に各チームで練習しょう。

C　キャプテンボール

ルールで問題になると思われるもの。

① 　競技場の区劃と攻めと守りの人数。

② 　キャプテンのパスを妨害すること及びその地域について。

③ 　前の時間までのルールの改正。

　④　キャプテンボールの作戦についての話し合い。

第4時限

　ゲームの運び方と作戦について，技術を中心に進める。ルールの改正について注意する必要がある。

<h2 style="text-align:center">単元Ⅱ　もっと勝敗をきめるには</h2>

（1）　主なねらい

①　得点についてのルールの改正。

②　シュートとキーパーの基礎技術。

③　みんなで協力しよう。

④　ボールは自分の判断で処理しよう。

（2）　指導の資料

　ゴールは城門の名残りといわれる。古いハンドボールは，城門までボールを運んだものといわれている。近代球技のハンドボールも，ゴールにボールを投げ込むことが目的で，これによって勝敗がきまる。従って，シュートは攻撃の最終手段となる。

　シュートが相手のゴール・キーパーに阻止され，或はゴールから外れては，今迄のすべては水泡に帰してしまう。それだけに勝敗に関しては大切な所である。勝敗をきめるときによく結果にまかせて投げる人がある。

　次の様なことがよくいわれる。〝技をかけようとするとかえってかからないものだ。ふとした機会の技が素晴らしくきまるものだ。〟　しかしそれは，頭の中で技をかけようとするときにはかからずに，身体全体で感じ，身体で反応した時に素晴らしい技がきまるのだといえる。

　シュートは，ゴール・キーパーに阻止されずにゴール・インするのがよいのであるが，それにはスピードの必要なことと，ゴール・キーパーから遠い所であることが必要で，そのため正確さが要求される。スピードの出る投げ方はショルダー・スローであるから，これが一番多く用いられている。ゴール・キーパから遠い所とは，幾何学的な意味ばかりではなく，心理的に焦点の薄すれて

いる所もいえる。ともかく幾何学的には近い距離であっても，ゴール・キーパーの心理状態でボールが捕れないことが往々ある。

　スピードあるシュートは，助走を十分に生かし，向っている方向に真すぐ投げることである。それには先ずゴール・キーパーから幾何学的に遠い所，即ちコーナーに目標をとるが，実際はゴール・ポストに向う。運動しているものは注意を引きやすいといわれるが，片方のゴール・ポストに向うため，ゴール・キーパーはそれに従って寄らなければならない。（ゴール・キーパーの項参照）

　幾何学的には上下左右のコーナーが等距離であるとしても，ゴール・キーパーの動いた反対方向（シューターの接近点とゴール・キーパーのそれとは一致する。）が遠いということになる。即ちゴールへ向うことがスピードを増すことになり，ゴール・キーパーを移動させるためにはゴール・キーパーより遠い所がよいということで，「シュ

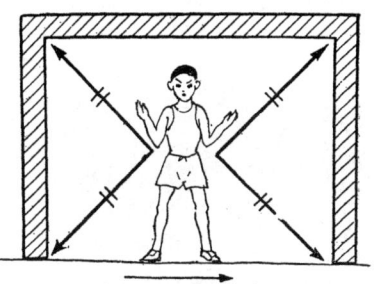

キーパー　移動方向
向って左側のコーナーが遠いということ
図　15

ートはゴール・ポストに向って走り，反対のコーナーにシュートせよ」ということが原則である。

　A　シュートの方法

　(a)　スタンディング・シュート

　これは停止しているままでシュートすることである。ゲーム中はゴール・エリア近くでフリー・スローを得て，直接シュートするとき，または7mスロー（激しい反則をしたときに与えられるペナルティー・スローでゴール・キーパーと1対1で行うもの）の時に用いられる。先に述べられたショルダー・スローに加えてゴール・キーパーとのかけ引が必要になってくる。

　(b)　ステップ・シュート

　許された歩数の中でシュートをするものであるが，次の三種に分けられる。

　(イ)　ホップ・ステップ・シュート

　右手で投げる場合に右足でホップし，左足を前に出して投げる。

図　16

図　17

図　18

初心者は腰の捻りを加えることなく身体を正面にしたままでホップして投げたり，或は腰を捻らせるとホップの1歩目から腰を捻ってしまい反動が生きてこないので，2歩目の右足を着くときに腰を捻り込んで投げる。

指導段階として

①　それぞれボールを持ち，ホップ・ステップしてシュートする。

②　リーダーが右側に立ちボールを乗せた手を伸し，走って行ってボールを握りホップ・ステップ・シュートする。

③　ボールを10cmくらい軽く浮せて渡すようにする。

④　次第に距離をとってパスをする。

⑤　シューターはリーダーにパスをして走り，再びボールを受けてシュートする。

注意としては，ホップ・ステップをさせると最後の左足を突張るように出して体重が乗り切らず，かえって助走をとめてしまう。これはホップが高く跳ぶからである。左足はやや外側の斜前に出すようにすればコーナーに同一のフォームで投げられるが向って右側の方が腰の回転が少くてすみ，シュートが楽なので右側から左側へと目標を換えるのがよい。

㈡　クロース・ステップ・シュート

左足を前に出してボールを受けると，右足を踵の所で交叉させるようにして継ぎ足とし，左足を出しながら投げる。足を交叉する時，既に身体はゴールに

図　19

図　20

対して斜になるように構えている。緩走の時
はホップ・ステップよりも容易であるが，早
く走ると3歩以上運んでしまいがちである。
歩幅を少さくして交叉するのがよい。

図　21

　㈣　ランニング・ステップ・シュート
　普通のランニングのまま頭上より投げ下す
オーバースローを行う。先般来日したドイツ
チームに多く見られたシュートで，日本人は
腕の力が弱いのでやや斜に走るようして腰の
捻りを加えてシュートするとよい。

　シュートの目標としてのコーナーは上がよいか，下がよいかの問題がある。
上のコーナーはとかくボールが浮きやすい。下を狙ったときには，たとえボー
ルを抑え過ぎてもバウンドして再びゴールに向うし，又ショート・バウンドは
スピードの変化があるので有利なこともある。

　B　ゴール・キーパーについて
　攻撃の最終手段であるシュートを阻止するゴール・キーパーは，防禦側から
いえば最終の防禦線といえる。それだけにゴール・キーパーの活躍は失点を防
ぐのみでなく，チームの志気に影響する。
　ゴール・キーパーはシュートの危険が迫れば準備の姿勢をとって構えるので
あるが，ゴールの面に沿うて左右に動き，飛来するボールに対していつでも正

対して防ぐ。下肢はゴールの面に左右に動きやすいように平行におき，重心は
いつも両足の中間に落ちるように，即ち両足に均等の力が加っていることが望
ましい。

　　　図　22　　　　　　　　　　　　　　　　図　23

　飛来するボールに対しては，いつも正対することが大切で，正対出来ぬとき
はゴールと平行に壁を作り，ボールはいつもゴールから遠ざかるように弾き出
す。スピードあるボールを止めるときは，キャッチと同じ要領でボールの上面
より触れるが，そのままボールを下に弾くように力を入れる。ボールは凹面の
円弧を画くようにしてスピードを弱め，胸まで誘導し前に押し出す。
　ボールに正対するためにサイド・ステップとスタートは十分に利用し，手で
とめるだけでなく身体をもってゴールをカバーする心がけが必要である。下の

　　　図　24　　　　　　　　　　　　　　　　図　25

コーナーに来たボールは手が先に触れそして足でカバーする。たとえ足で受けても，ボールの行方に応ずる手の準備も必要である。なお足を出すときは爪先を立てて踵から滑り出し，伸びた脚全体が地面に接するとき体を前屈して両手を伸す。

(a)　ゴール・キーパーの位置

ゴール・キーパーは，ボールとゴール・ポストを結ぶ角の二等分線上に位置することで，受身の態勢でありながら心構えは積極的なことが必要である。実際の場合は左右いずれかに移動しやすい側があるので，そちらをやや広くするように少々反対側に寄ってかまえる。

(b)　ゴール・キーパーのスタート

ゴール・キーパーは，相手のわずかなモーションによってボールの方向を見抜くわけであるが，遅れては勿論のこと，早くスタートすれば反対側に投げられてしまう。スタートの時期は，シュートのモーションを起してから，ボールが離れるまでの瞬間である。だからと云って相手のモーションを見ようとすれば，反対側に投げられる。したがって遠い所を見るようにしてボールだけを注意しているのがよい。

（3）　学習活動

第1時限

A　ゴールを作ろう。

大きさ，位置が大切である。参考として7人制のゴールは高さ2m，横3m，横は高さの1.5倍。フィールド・ハンドボール（11人制)のゴールは横が縦の3倍。

B　キャッチボールをしてボールに馴れる。

C　シュートとゴール・キーパー2組が1個のゴールを使い，

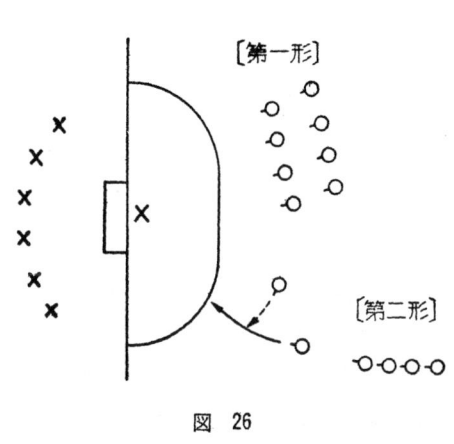

図　26

一方の組がシュートの練習をするときは，他方がゴールの後方でボールを拾う
第一形ではスタンディング・シュート，ポップ・ステップ，クロース・ステッ
プの初歩段階，第二形は助走を加えてのシュートである。シュートは種々の角
度より行うのがよい。

ゴール・キーパーは相手チーム全員のシュートを1人で受け漸次交替する。
その時の得点を競争してもよい。

D　ゲーム（ゲームの項参照）

ルールの問題になると思われるもの。

①　ゴール・キーパーの地域。

②　ゴール・キーパーは足を使うことが許されるか。

③　歩数や時間の制限が必要か。

第2時限

A　ボールを投げること

B　シューティング・ゲーム

シュートの得点をチーム毎に競争する。またゴール・キーパーの防禦率を競
争するのもよい。

C　ゲーム

攻撃や防禦が片寄らないように交替を行う。

単元Ⅳ　ボールをうまく扱うには

（1）　主なねらい

①　ドリブルやパス連絡の技術。

②　協力してパスを成功させよう。

③　ボールは自分の判断で処理しよう。

（2）　指導の資料

A　ドリブルについて

ドリブルとは，ボールを持って何歩も走ることを許されないときに，一度身
体から離してまた摑むという方法をとりながら同一人がボールと共に移動する

ことである。一度身体から離し，また捕えるには，二つの方法がある。

　一つは地面に打ちつけて行う普通のドリブルと，他は空中に投げあげ落ちて
くるものを摑む，所謂空中ドリブルといわれるものである。ドリブルは一度身
体から離れるために身体接触を禁じても，ボールを取合う機会を提供する。

　ドリブルが許されたとしても，ボールは持って進める限りは進んだ方が有利

図　27　　　　　　　　　　　　図　28

である。ハンドボールのルールにはボールと共に3歩，3秒という制限があ
る。ドリブルは3歩以上進みたいときと，3秒以上の時間を必要とするときに
行うのであるが，前進のために行うのは高く動くために，高い姿勢から行うの
でドリブルは高くなり，又時間を必要とするときはボールを確保する意味なの
で低い姿勢ですばやくドリブルをする。7人制ルールでも，ドリブルを1回限
りでやめてしまうときは，3歩進んでドリブルをして両手で捕え，そして3歩
運んでシュートなりパスをすればよいので，6歩運ぶために1回身体から離せ

　（註）　日本のハンドボール・ルールは国際ルールを採用している。
　　（イ）　ハンドボールでは空中ドリブルは許されない。これを禁止することによって
　　　　ドリブル・インを制限していわけである。（ジャッグル）
　　（ロ）　ハンドボールのドリブルはフィールド（11人制）においては両手でも片手で
　　　　も，また一度止めても何回でも行うことが出来る。7人制では片手のみ連続し
　　　　て1回だけ行うことが出来る。

ばよいことであるし，両手で握れる利点もある。7人制で連続してドリブルを行うときは，片手のため歩数の割にボールが身体から離れる回数が多くなる。

　高いドリブルは腹部のあたりから出し，低いドリブルは下に打ちつけるときよりも跳ねあがるときにすばやく摑むことがよい。

　B　ドリブルの指導段階

　　(a)　3歩運んでドリブルをするとき

　ボールを持って走るときは前方を見る。極めて当然のことながら初心者は自分の手で持ち，なお目で確めるために前方が見えない。前方を見なければパスやシュート，また相手の防禦を避けることが出来ない。

　ボールは思い切って前方につき，浮あがるボールを追いかけるくらいにする。初心者はドリブルを垂直につくため，かえってボールは足もとに落ち前進を阻害する。即ちリズムは1, 2, 3そして4のときにボールをつくとよいのであるが，数えることのみに注意して自分が跳上って歩数を運ぶため，かえってドリブルが難しくなる。したがって，自然に走るようにすることが大切である。

　　(b)　連続ドリブル

　片手でボールを連続してつくのである。ボールを強くつき，そのままボールをおさえるようにとめる。手首はコントロールのために用いる程度でなるべく肩と肘でつく。ボールと手の間隔の開くのはよくない。ボールと手の間隔が離れるとたたくようになってしまう。ドリブルは決してボールをたたいてはならない。

　C　練習段階

　　①　両足を開き，その幅を一辺とする正三角形の頂点に停止したままでつく。

　　②　ボールをつく位置をずらしてみる。

　　③　少しずつ位置を移しながらボールをつき，ときどき前方を見る。

　　④　前進したり後退したり，或は高く，低くつき，チェンジ・オブ・ペースに心がける。

　ドリブルは場合によっては非常に有効な手であるが，使い方を誤ると攻撃のチャンスをつぶすだけでなく，チーム・プレイを破壊し，遂には人間関係をも

破ることになる。ドリブルはボールの位置を移す手段としては，パスよりも遅いということを知る必要がある。特に指導者としては，パス技術の粗雑なときにドリブルを用いない方がよい。生徒は得点するよりもボールに触れることに喜びを感じるものである。フィールド・ハンドボールでさえも正課時にはドリブルは１回くらいに制限するのがよいだろう。

　D　パス連絡について

　ボールを投げるだけでなく，キャッチされて始めてパスがされたといえる。

　パスは，距離によって，

　(イ)　ロング・パス

　(ロ)　ショート・パス

　(ハ)　スポット・パス

　或はボールの状態によって，

　(イ)　バウンド・パス

　(ロ)　ゴロ（グランダー）・パス

　また，キャッチされるという前提のもとに投げる側だけの状態によって，

　(イ)　フック・パス

　(ロ)　プッシュ・パス

　(ハ)　ジャンプ・パス

　また，投げる人の身体の部位によって，

　(イ)　ショルダー・パス

　(ロ)　チェスト・パス

　(ハ)　オーバーヘッド・パス

　(ニ)　ツーハンド・パス

などといわれる。

　パスが投げられるときに受ける側の人が停止していたのでは，ボールはここにくると相手に知らせることになり，相手にボールを取られやすい。そこで，パスを渡す側はこれを修正して相手よりも遠い所へ投げ，味方の受ける人に走りながら捕えさせる。そこで，相手にボールの到着点をなるべく予測させぬために，受ける側が走り，その前にボールが投げられ，走りながら受ける。それ

によってボールの到着点の予測を困難にする。

　投げる側も，走っている人にボールが受けられるようにパスをしたり，パスの予測を相手に困難にするために，動きながらボールを投げ，或はモーションを小さくする。またそれは，投げる人をマークする相手に対しても，妨害を困難にするわけである。

　そこで動きながら投げ，動きながら捕える。そして捕えるための動きが，次の動きの準備となっているということが大切である。動きながらなおボールが捕え易いようにスピードを殺して投げるのが，パスの秘決といわれる。

　　E　パスの練習段階

　　　(a)　停止時のパス

　今までも行って来たように，何といっても投げる，捕えるが基本であるし，両方停止していることが条件が一番良いわけである。

　投げる側においては正確さがより必要であると共に，捕える人の次の行動を考慮してパスをする。そのためには，摑みやすいこと，相手よりも早いこと，従って，適当なスピードをもって受ける人の胸に目掛けて投げる。相手が右利であるならば右肩で受け，次の投げることが容易に出来るまでを考える必要がある。捕える側はボールを迎えるようにし，相手よりも早くボールに触れることで，練習中にも相手の意識と次の動作の予測が大切である。

　短い距離にはプッシュ・パスが用いられ，長い距離にはショルダー・パスが用いられる。

　プッシュ・パスは別名チェスト・パスともいわれ，両手或は片手で胸のところから押し出すように投げる。

　こうして種々のパスを，より複雑なものへと行い，また距離を漸次長くして行うのである。

　　　(b)　一方のみがランニングの場合

　　　イ　投げる人がランニングのときのパス

　受ける側が停止している時には，多少スピードのあるボールでも捕えてくれる。しかしボールには慣性があるから，走っていく人に投げるには，スピードを弱め，とどきさえすればよいと思う程度でちょうどよい。また側方へのパス

は走りながらは仲々投げにくいものであるから，十分に注意して投げることである。

　ロ　捕える人がランニングの場合

　投げる人からいえば走っている人に渡すのであるから，身体を目標にするとボールが到着したときは受ける人の後方になってしまう。思い切って前方に投げ，ボールを追わせるくらいがよい。初期のパスは高く前方に投げると余裕が出来るので捕え易くなる。

　捕える人は，ボールが投げられるまでは全力の80％以下で走り，ボールを見て速度を全力にするくらいでよい。

　ハ　両者がランニングの場合

　同方向に走っているときと，明らかに反対方向のときとがあるが，両者が走っている時にはボールを投げるのでなく，浮して受ける人にとどく位いの感じが必要である。

　以上がパスの練習法であるが，これが攻撃活動と異ることは，防禦者がいないということである。先ず走って投げることが出来て，走りながら捕むことが出来るようになれば，攻撃のときには相手とのタイミングが問題になるわけである。パスの連絡だけでは攻撃活動にはならない。

（3）　学習活動

第1時限

　A　パスの復習

　B　走りながらキャッチをする。

　リーダーは手渡しパスより段々と浮して捕らせる。ボールを

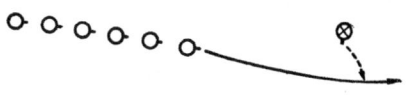

図29　ランニング・キャッチ

投げると跳び上って受ける人があるので注意を要する。ボールを浮すというよりも追いかけさせるくらいにする。

　C　チェンジ・パス

　走っていることを忘れると受ける人の身体に目掛けて投げやすい。投げるべ

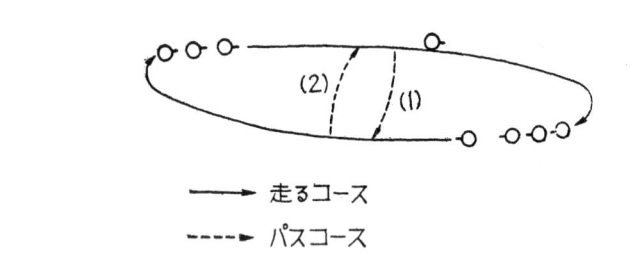

——→　走るコース

·····▶　パスコース

図30　対列チェンジ・パス

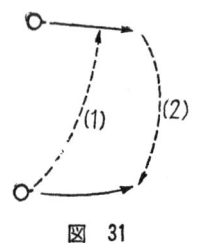

図　31

き人がボールを捕ったらスタートする。

　　D　2人平行ランニング・パス

　2人が平行に走りながらパスをする。早く走りやすいか
らゆっくりと走らせることである。

　　E　ゲームをする。

　走りながらパスをしたり，走りながらキャッチを心がける。相手が近づいた
時には味方も用心して，すばやくパスをする。

第2時限

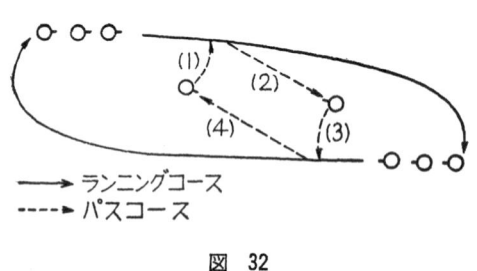

——→　ランニングコース

·····▶　パスコース

図　32

　　A　復習

　　B　ランニング・パス（パ
ッシング・ゲーム）

　スタートは中央で停止して
いる人がボールを受けたとき
におこす。

　　C　ゲーム

第3時限

①　復習とゲームへの準備。

②　キャプテンボールをやってみよう。

③　簡易ハンドボールのゲームをしよう。

単元Ⅴ　ゲームをしよう

（1）　主なねらい

①　ゲームを楽しみながら，チームの中の一人であることを自覚し，スポーツマン・シップについて知る。

②　協力してゲームをしよう。

③　ボールは自分の判断で処理しよう。

④　技術を実際に生かしてみよう。

2.　指導の資料

　一般に行われる試合には二つの形がある。一つは親睦や親善を目指す交観試合や定期戦で，もう一つは技術の優劣を競う選手権試合である。

　試合は，これまで努力してきた技術や，チーム・ワークや，スポーツの考え方などのすべてのものを行動にあらわし，競争する相手と交換しつつ，相手を通じて自分を知ることである。従って勝敗という結果よりも過程や態度が問題である。自分を知り，かつ試す機会を作ってくれた相手に感謝と，これまでの努力に対する尊敬の念を持ち，チーム内だけでなく，競争している相手にも友情を感じ，自己の最高の協力をもって対することが大切である。

　チーム・ゲームはみんなで協力すると大きな力が出ることを知る。しかし協力していないときは，いくら大勢いても，1人の力もだしきれないことがある。試合中ボールを持ったとき，他の人に声を掛けられて仕方なく渡すのではなく，自分の判断で処理することが真の協力であろう。

　A　審判について

　ルールは自分達で作ったものであるから，審判も自分達の中で行う。審判になった人は自分の判断に対して，すばやく笛を吹く。笛は強くみんなにわかるように明瞭に吹くことが大切である。

　審判の判定に対しては，だまって従うスポーツと，自分の意見を主張するスポーツがあるが，体育の時間には，ルールや，どうして判定されたかの動作について話し合いの話題として主張したらよいだろう。

B　テストについて

　最後の小単元なので，テストも行ったらよいと思う。この小単元を 2 時間で
あげるときは第 1 時間目に， 3 時間であげるときは第 2 時間目に行う。屋外で
行う種目の場合，最後にテストをするように計画すると，雨天やその他の理由
で思わぬ乱れを生ずることになる。またテストの後のゲームは，一段と楽しい
ものである。またテストによって技術的向上の見られる場合がしばしばある。

　　——テストの方法については評価の項参照のこと——

（3）　学習活動

第 1 時限

A　テストの時間とするとき

　(a)　準備運動

　(b)　テスト

　(c)　時間が余ったらゲーム

B　ゲームの時間とするとき

　(a)　各チーム毎に準備運動

　　　キャプテンによる試合組合せを行う。

　(b)　ゲーム

時間を分け中間の休憩時間に他の試合を行う。休憩後はサイドを換えて行う。

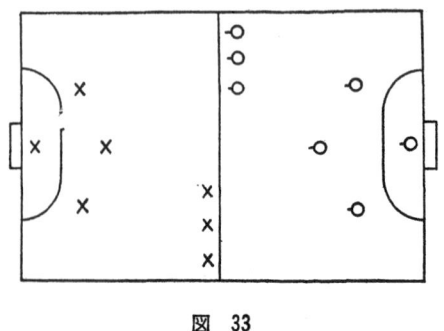

図　33

　簡易ハンドボール——7 人制を
採用し，攻めと守りは明らかに役
割を分担する。開始と同時に攻め
の 3 人は相手コートに入る。ボー
ルはジャンケンでスロー・オフを
する。最初一点を得た側が攻めと
守りを交替し，次にはいずれの側
が得点して，交替しなかったチー
ムが交替し，攻めと守りが一定の組にならないように注意する。

第2時限

テスト・ゲームを行うにも前の時間と同じ。

ゲームが最後ならばまとめが必要である。

第3時限

A　準備運動

B　ゲーム

すべて学習者を中心に行うようにする。

C　単元の最後であるから，まとめが必要である。

2　Bコース（やや経験ある者……中学上級または高校上級程度）

単元Ⅰ　私の行ったハンドボール

（1）　主なねらい

①　ルールは自分達が作りそして守るもの。

②　協力しながら今までのハンドボールを行う。

③　ボールは自分の判断で処理しよう。

（2）　指導の資料

やや経験があるというのはどの程度なのであろうか。単元の始めに，今迄行ったハンドボールについて知ることが大切である。それが言葉や理解の上だけでなく，ゲームを通して，お互の身体全体で知ろうというわけである。異った学校やクラスで行ったハンドボールはこうだった。しかし，私達のグループやチームで出来るだろうか。それについては，みんなできめればよいのである。

そこで，ゲームを行いながらその点を考えるには，

①　ボールを手で扱うということ。

②　ゴールに投げ入れたら1点。

③　パス連絡は何人くらいで出来るか。

④　ドリブルをすることを許した場合にも，1人で行ってはいないか。

⑤　パス，キャッチはうまく出来るか。

⑥　片方がランニングのときにパスが出来るか。

⑦　両方がランニングではどうか。

などの諸点を探して出発点とする。

（3）　学習活動

第1時限

A　ハンドボールについて初めての単元であるならば，歴史や投げる動作のあるスポーツについて学習活動を行う。

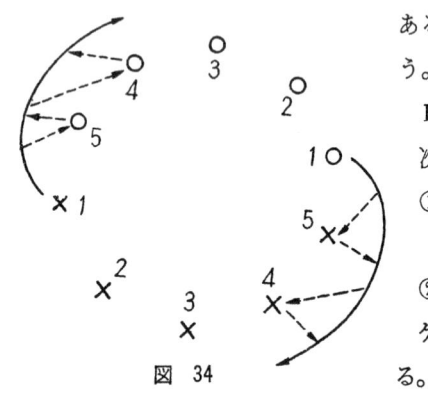

図　34

　　B　ランニング・パス・ゲーム

次の場合に勝ちとする。

①　相手のランナーに追ついたとき。

②　早く終った組。

ゲームは，リレーで1人2周とする。

C　一列横隊で向い合い段々とはなれて，どれだけ投げれるかを競べる。

D　ゲーム

パスとシュートだけでゲームをする。

第2時限

A　パスの練習

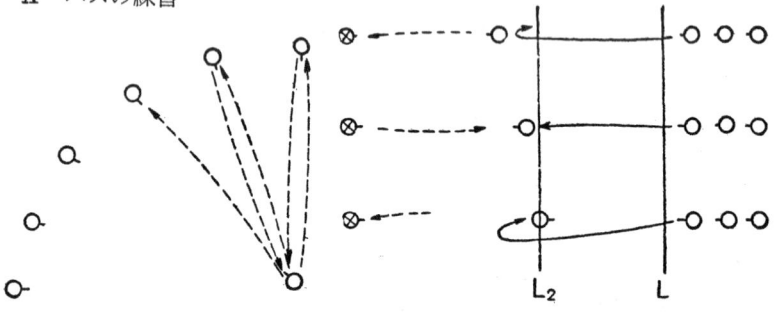

図35　扇形パス　　　　　　図36　ランニングキャッチ

1人1往復の連続パスを行う。

中心は随時交替するとよい。

B　ランニング・キャッチ

各列縦隊になり1人ずつのリーダーが出る。リーダーはキャッチャーが L_2 の線上に来たならばパスをし，キャッチャーはボールを受け急いで返し，もどって次の人に L_1 でタッチをする。

C　ゲーム

この時間について困ったことや，楽しかったことについて話し合ったり，書いたりしてみる。

単元Ⅱ　パス連絡をしょう

（1）　主なねらい

①　攻撃活動の導入として同じ方向のランニング・パスを行う。

②　協力しながらパス連絡をする。

③　ボールは自分の判断で処理する。

（2）　指導の資料

動きながら捕え，動きながらパスをする方向や速度を明らかにしようとするもので，攻撃活動の基本といえるが，これに不足するものは防禦者に対して，いつパスをしたらよいかというタイミングの問題である。この単元では，3人によるパスを扱うが，2人の時と同様，直行法と斜行法がある。

A　直行法

直行法は単純な方法であるから，防禦の数の不足しているときに用いる。ゆっくり走ると防禦者が帰ってしまうので，速攻に適している。一直線に走るだけに，パスのタイミングが大切である。パスの方向はこの場合左サイド，中央右サイド，そして中央となりやすいものである。実際ゲーム中の場合を考慮するとき，パスは右方向より右方向と渡すと，防禦者もこれにつれて同方向に移りやすいものである。パスは防禦者の動く逆側が効果のあるもので，中央の人にボールが渡ったときに十分注意することと，サイドの人のパスは反対側サイ

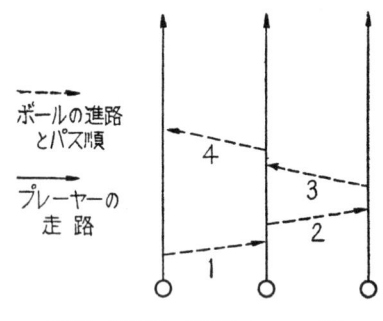

ボールの進路
とパス順

プレーヤーの
走　路

図37　直行法（単純パスワーク）

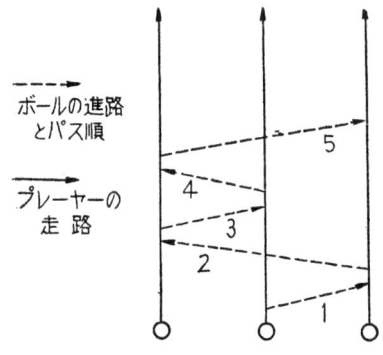

ボールの進路
とパス順

プレーヤーの
走　路

図38　直行法（実際的パスワーク）

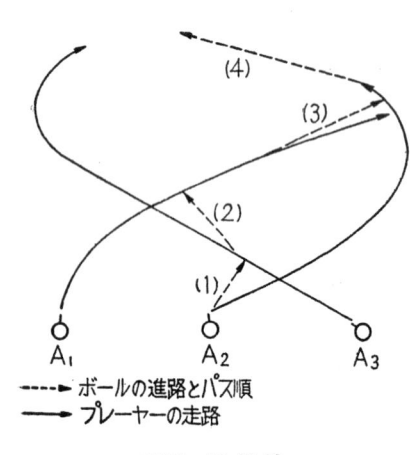

ボールの進路とパス順
プレーヤーの走路

図39　斜 行 法

ド，または中央と，いずれにボールを送
るのがよいかを判断する。即ち中央にパ
スするときは自分にチャンスがあるとき
ですばやく返してもらうときであり反対
側サイドのときは防禦者がしっかりして
いて，次の瞬間はチャンスが出来ないと
いうときである。

B　斜行法

直行法に較べて前進の速度は遅いが，
攻撃に必要な型がたくさん含まれてい
る。即ち

① ボールは前に進める。

② パスは反行させる。

③ ボールは少くとも2個所に投げら
　れる。

④ その2個所は反対の方向である。

⑤ パスの後はフォローをする。

⑥ パスを行う人は自分の視界内にいる。

⑦ ボールを受ける人は自分の視界
　内にいる。

⑧ 必ず斜行する。（直行すれば防
　禦者がいる。）

⑨ 攻撃活動が連続する。

図39はクロース・パス（斜行法）の
基本である。先ず中央で A_2 がボール
を持っていると A_3 がその前方を斜行
する。それにパス(1)をする。A_1 はこ
の間に先に進む。A_2 は A_3 のパスを
フォローし，ボールが確実に進んだと

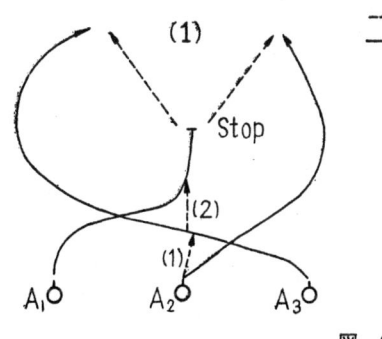

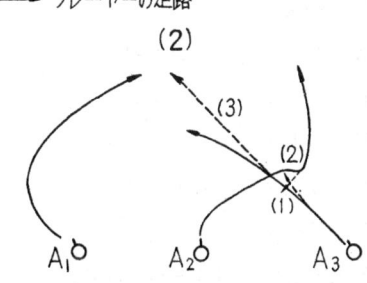

----- ボールの進路とパス順
――― プレーヤーの走路

図　40

(1)　A₁ は中央で停止し，タイミング
をずらして A₂ A₃ のいずれかにパス
をする。A₂ を先に見ることは当然で
ある。

(2)　サイドがボールを持ったとき中央
の A₂ はその前に進みパス(1)を受けそ
のフォローに走った A₃ にリターンバ
ス(2)それよりクロースパスに入る。

見るや，次の行動のために大きく迂回する。3人は絶えず位置を換えながら連続的に前進する。

（3）学習活動

第1時限

A　パス・キャッチの復習

B　ランニング・キャッチ

A₁ がボールを持ち A₂ にパス (1) の後
急発進。A₂ はゆっくりと1.2.3と数え
A₁ を越えるように大きくパスをする。こ
のときのパスは高めのボールを思い切っ
て前方に投げ，A₁ の走る速度を落させ
ぬようにする。段々と直球にする。A₁

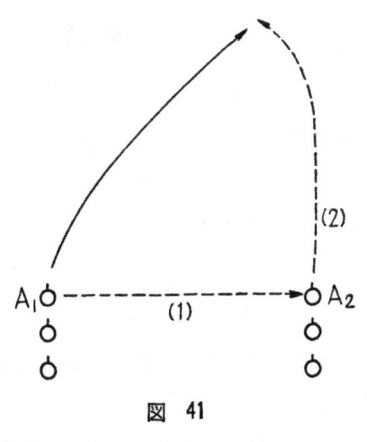

図　41

はやや右に曲るようにパスを受ければキャッチしやすい。

C　三人平行ランニング・パス

D　クロース・パス

E　ゲーム

連続パスによる連続の攻撃を心がける。

第2時限

A　2人平行ランニング・パス

B　ランニング・キャッチ・ゲーム

C　3人平行ランニング・パス

D　3人クロース・パス

E　ゲーム

3人で組合せパスを心がける。

第3時限

A　パス，キャッチの復習

B　チェンジ・パス

C　3人平行ランニング・パス

D　3人クロース・パス　　　シュートをつけて行う。

E　ゲーム

3人でパスすることを心がける。

単元Ⅲ　ハンドボールと身体

（1）　主なねらい

①　運動するものに目をむけよ。

②　自分のからだは自分の意志で動かす。

③　自分を知る。

（2）　指導の資料

ドリブルやパスが行われているとき，それ以外の人々は何をしているのだろう。

①　次の機会のために，ボールを扱っている人々と共に，有利な点に到達しよう。

②　相手防禦者より離れようとして行動しているか。

③　相手のこれらの行動を如何に阻止するか。

④　ボールが空中にあればこれを捕えるために走り，そしてジャンプする。

これらの行動がうまく出来ればボールを捕える技術が少々まずくとも，ゲームを有利に導くことが出来る。即ちボールを扱う技術と共に，身体を扱う技術も重要な要素である。しかるにこれらの動作は一般に軽視されがちである。競技者の身のこなし方が，ボールを扱う技術よりも重要なことは，身体の支配が如何に必要かを直接に教えるからである。身体を扱う技術は，今までは一部に体力の向上や，体格の改造だけを目指し，競技そのものを力でのみ支配してしまうというきらいがみられた。これでは競技ばかりでなく練習さえも面白くない。

人間が疲れて重力に耐えられなくなったときには，身体を横にする。立っているだけでも筋肉は働いている。しかし立っている状態は運動がしやすいからで，人間は運動するために立あがったといえるだろう。立位を保って一番疲れない状態は身体各部の重心が一直線になったときだといわれる。一般にこの状態から運動を起すわけであるが，早く運動しよう，或は強い力を出そうとする時には，一度腰をかがめたり，膝を曲げたり，1歩踏出したりする。運動をしたり，スポーツをしたりするときには，大きな力を必要とするが，そのために運動が起しやすいように膝をまげ，すばやい動きに応じられるために，準備の姿勢をとる。

A　準備の姿勢

野球の守備のときや，柔道の自然本態といわれるもの，或は相撲の仕切りなど，みな準備の姿勢である。野球におけるそれは中腰であり，柔道においてはそれより高く，相撲に於てはそれより低いが，すべてはその競技の目的にかなった動きやすい姿勢であり，バランスのとれた姿勢である。柔道相撲においてはバランスのくずし合が目的であるし，野球

図　42

図43　これは良くない姿勢（背が曲ってしまっている。）

においてはボールの処理が目的である。ハンドボールも野球と非常によく似ている。即ちボールの処理と相手の行動とに対する反応のために行われるわけである。

ハンドボールの準備の姿勢は次のように説明される。

① 足を肩幅よりやや広く開き（約二足長）爪先がやや内側に入る。

② 膝を屈げ爪先の真上まで出す。

③ 上半身は背筋を伸し，両肩を下げ，やや前に出す。

④ 肩が爪先と膝と共に垂線を形成するまで出す。

⑤ 体重は両足に均等にかけ，母指球に力が入る。

腰を落すということがしばしば腰を後へ引いて上半身を前に倒すことになりがちであるから注意を要する。

B　スタート（出足）

出足の早いことは，ハンドボールばかりでなく，すべてのスポーツにおいて重要なことである。相手の人の位置の変化や，ボールの移動，或はパスのカットに対して早い出足は絶対に必要である。しかしその方向は陸上競技のように，ただ前方だけではない。防禦活動のときの多くは後方である。それに球技では全力で走る場合にせいぜい10mくらいであるから，最初 1，2歩んずることは非常に有利に展開する。この早い出足は停止しているときばかりでなく緩走していて急に走り出すときも必要である。人間は前方へ動き出すのが一番早く出来るのでアクティブのときは勿論のこと，パッシブのときでも許されるならばそうすることが有利である。

C　前方へのスタート

陸上競技のスタンデイング・スタートが一番早く行えるものである。前傾が

大切だといわれるが，行くべき方向に
身体を投げ出すようにして足をける。
この時腰が折れてしまっては，折角，
力を入れた前進力は腰の所で抜けてし
まい，上半身に力が伝わらない。足で
けった力が頭の上にまで伝わるように
真すぐに前へ倒すことが前傾である。
初心者のうちは姿勢にとらわれず，早
く出ようと努めることが大切である。
歩巾を狭くして力一ぱいけることであ
るが足は左右とも真後ろにけらず八の
字に，やや外後方に1,2歩けり出すこ
とと，手を振るというよりも肘で振る
つもりで腕を振ることを忘れてはなら
ない。

図　44

　アクティブの場合に側方或は後方へ
スタートするときは，回転とスタート
が同時に行われるようにする。即ち側
方へのスタートは，外側の足の踵をや
や振り出すようにし，からだを走る方
向へ投げ出すのであるが，むしろ外側
の肩を捻り込むようにすることで，内

図　45

側の足は踏み出さずに，踏換えるようにしてスタートする。

　D　後方へのスタート

　後方へのスタートは両足に前後のある場合は前足の踵を捻ってけり，前後の
ない場合は廻りやすい方がよい。

　パッシブの場合はボールや相手をいつも視野の中に置くことが，反応を早く
させることであり，それらを前方に置いたまま移動しなければならず，横に動
いたり，後方へ退ったりする必要がある。そしてなお動きながらも準備の姿勢

を保っていることが必要である。

　E　側方の時は準備の姿勢から反対側の足の爪先を内側にし母指球と踵で押し，膝を内側にして腰迄を一直線にする。移動する側の足はむしろ爪先を外に出すくらいにして踏出すが，足が着いたときには，両足が平行になるようにする。歩を運ぶ場合，狭くしたときでも両足が一緒になってはよくない。せいぜい一足長は離れていなければならない。なお注意することは両足を狭くするときに跳上りがちになることで，これは腰が浮きやすいものである。

　後方のときは，前足の爪先をやや内股にするくらいに入れ，母指球と踵の内側でけり，上半身を前方に倒すことなく腰を後方に引くくらいに落す。

　F　ランニング（走ること）

　ハンドボールばかりでなく球技一般において，腰を落して走れといわれる。

　陸上競技のように絶対的な時間を競走するものはたゞ運動しやすい状態を保っていればよいのであるが，球技では相手に対する相対的なものである。しかも方向は一定でなく，相手の変化，ボールの位置によって，いつでも方向，速度を変えなければならない。したがって陸上競技の走る姿勢よりも速やかに変化に対応するために，安定した姿勢を必要とすることになり，腰を落した姿勢になる。しかし球技界では腰を常時落して走ることがよいとする説と，走る本質は陸上競技と同じであるから重心を高くして走るがよいとする説とがある。しかし常時腰を落して走ることは物理的にいって運動しやすいことではない。重心を高くして立っていても次の事態の予測によって重心を低くして安定状態にし，予測した事態に備えることである。要はパッシブなときの走り方とアクティブなときの走り方が異るもののようであるし，又球技への導入として経験の少いものは予測が立ちにくいので，腰を落して走ることを指導した方が早くゲームに参加出来ることは確かである。

　G　サドン・ストップ（急停止）

　一生懸命走っている人に，急に止れといっても中々止れるものではない。しかしゲームの中では急に止る必要が多い。しかもこのサドン・ストップが出来れば思い切ってスピードが出せるし，また止れないとなるとスピードも半減してしまうものである。

　動いている身体を止めるには，動く
方向に足を突張って力を入れること，
そしてその力を有効に作用するような
姿勢をとることである。衝撃力を弱め
るために下肢を屈げることは大切であ
るが，衝撃力を弱めるために足を真す
ぐ出したのでは，停止をさせる力点が
ずれやすい。従って足を前に向けたま
ま停止するときは，前進力の方向を変
えることによって停止すればよいわけ
である。即ちジャンプ・ストップのよ

図　46

うに，前進力を上からの力に切換える停止方法をとる。しかしこれはジャンプ
のために動作が遅くなって急ストップの効果が減じてしまう。そこで前に出し
て力を入れる足は，爪先を内側にし，母指球と踵の内側でもって地面に接し，
膝をやや屈げる。身体はそのために側方に向く。全力疾走をしていてサドン・
ストップをするときの姿勢は，足幅を三足長半ないし三足長くらいに開き，後
足に体重をかけ前足で前進力をとめるようにする。肩と腕の力はなるべく抜く
ようにし腕を真すぐに垂して指先が，地面に接する程度まで腰を下げる。肘は
やや外側に張るようにすると腹部へ力が入りやすい。あごは胸にうずめるよう
に背を丸めて姿勢を低くする。踏出した足底全面を地に接すると足首を挫傷し
やすいこと，及び腰を下げるということが，上半身を前傾することと誤らない
ように注意を要する。

　H　ターン（方向転換）

　走りながら方向を換えるのであるが，アクティブに行うときはフェイントと
なり，パッシブな状態で行われることが特に大切である。

　ベース・ランニングのように走るコースがきまり，通過点が定っていれば曲
り易い方向に準備しつつ円孤を画けば走りやすいが，ハンドボールでは瞬間々
々で目標が変り，いつも直進から直進と最短距離を進む方法になる。たとえア
クティブなフェイントにしても彼処で方向を変えようとする予測はあっても，

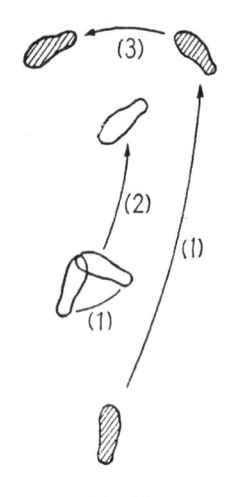

図　47

それは防禦者の状況によって変る。これはサドン・ストップとクィック・スタートを一動作として行う。ストップの足は前方に出さずに行くべき方向の反対側斜前に出して力をかけ，膝をストップの時よりもやや深めに屈げ，後足も一瞬深く屈げるが，その反動で身体を捻りつつ，走る方向に身体を投げ出すように前傾し，2歩目は前に踏出さず踏換えを行うくらいでよい。

Ⅰ　ジャンピング（跳上ること）

審判がボールを投げあげたり，パスが高かったり，また相手のパスを高位置で捕えてしまうようなとき，或はジャンプしてパスやシュトをするなどゲーム中にはジャンプをする機会が多い。これらの動作があるので準備の姿勢は中腰になる。

ここではパスとシュートのボールを持っている状態は除き，ボールをキャッチするときが多い。空中でボールを受けることは，跳上ることが出来さえすれば誰でも出来る。しかし自分の能力の最高点でボールを受けることは難しい。一般にジャンプは絶対的な力のある人が有利といえる。しかしこれはボールに触れる場合で，摑む場合には少々問題がある。

踏切りの要領

跳あがろうとすると大部分の人は踵をあげ反動をつけて跳上る。しかしこれではボールのタイミングに中々合わない。そこでタイミングを合せるには踵を地につけていなくてはならない。不安定な状態で待っていられないし，また足首の角度も大きく出来ない。高い所でボールに触れるためには下肢の力であがるのはもちろんであるが，そ

図48　両足が同時に着地する場合

の力をまとめるために肘の反動を用い
るようにして肩まであげ，足が地から
離れてから腕を伸し，ボールに合せる
ようになお背腹を伸す。

　着地は片足ずつ下りた方がよい。そ
れは着地してすぐ動かねばならぬから
で，両足で下りて踏出すよりも，片足
で着地し，他の足は一歩踏出した方が
早い。

　高く跳びあがるには，助走を用いた
らよいが，こまかくステップをして跳
びスピードを落さぬように注意する。

図49　片足が先きに着地する場合

　J　チェンジ・オブ・ペース

　チームの試合運びの速度，或は個人の走る速度の変化は今更述べることもな
いが，初心者はこれに気付かず唯全力で走り廻り疲れてしまうばかりでなく，
変化にとぼしいのでかえって防禦しやすく又攻撃しやすい。

　緩走していて，相手も合せようとするときに急に変速する。又急速度で走っ
ていてサドン・ストップやターンで相手を引離すなど攻撃のペースや試合運び
のペースを巧みに変化して，自己のペースに相手を引込んだりする。それによ
って，場面や試合を有利にすることが出来る。これはボールを扱う技術と身体
を扱う技術の運用如何によりその効果が現われる。

　ハンドボールは手で行うからパスやシュートなど巧みな指先のコントロール
の大切なことはいうまでもないが，相手から離れたり又相手について行くなど
身体を如何にさばくか，身体を支える足を如何に使うか，いい換えるとボディ
ー・コントロールとフット・ワークをよくするためにはいつも床をしっかり踏
みしめていなければならない。

（3）　学習活動

第1時限

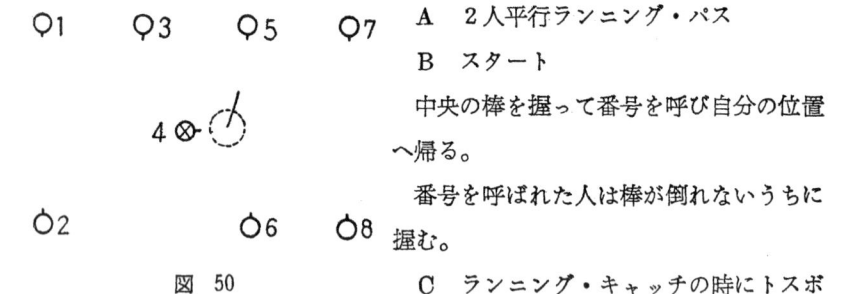

A　２人平行ランニング・パス

B　スタート

中央の棒を握って番号を呼び自分の位置
へ帰る。

番号を呼ばれた人は棒が倒れないうちに
握む。

図　50　　　　　　　C　ランニング・キャッチの時にトスボ
ールを側方に投げて方向転換して捕えさせる。

D　クロース・パスの復習とシュート練習。

E　ゲーム・ボディー・コントロールに注意する。

第2時限

A　変形子取鬼ゲーム

10m四方の区画を作り，25人くらいが適当。２人が１組となり，後方より腰
のところを両手で摑む。１組は鬼となり，鬼は１人ずつ自由に動くことが出来
る。

次のときに鬼と交替する。

　　①　後ろ側の人の腰を摑んだとき，前の人が鬼。

　　②　１組の連結が切れたときは，両方鬼と交替する。

B　スタートとバック・ターン

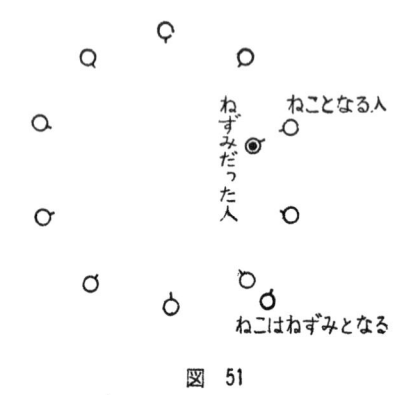

①　ねずみとねこの鬼ごっこと同様
に行うが，ねずみとなって追いかけら
れる人が内側に入り，円周に立ってい
る人の正面に立つと，正面に立たれた
人はねことなって，それまで猫として
追いかけていた人を追いかける。猫と
して追いかけていた人は相手が交替し
たときに，ねずみとなって逃げる。

図　51　　　　　②　両チーム一列横隊になり向い合
う。両方の列の中間にリーダーが立ち，表が赤，裏が白の円板を投げる。

赤が出たならば一方は5m離れた安全圏へ逃込み，他方はこれを捕える。一定回数を行い，捕えた延数の多い方が勝つ。

C　3人平行ランニング・パスとクロース・パス。

D　ゲーム・ボディー・コントロールに注意する。

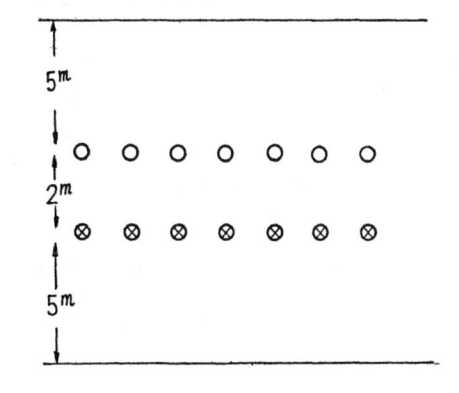

図　52

単元Ⅳ　みんなで攻めよう

（1）　主なねらい

①　簡単な攻撃活動を知る。

②　相手の気持や考えを察したり，自分の気持や考えを動作に表わす。

（2）　指導の資料

A　攻めと守りの基本

攻めとは，ボールをもって相手のゴールに近づくこと，そしてゴールに投入れることであるが，一方これを妨害し，如何にしてボールをゴールに入れさせないかと，行動する防禦側がいるわけである。攻めとはボールを得ることによって始まり，守りはボールを失うことによって始まる。ボールを得る機会は次のときである。

①　試合開始のとき。

②　相手の得点のとき。

③　積極的な防禦活動によるとき。

④　相手の失策のとき。

　㈠　非合法としての失策。

　㈡　合法的プレーの失策。

これらの中で問題となるのは合法的プレイの失策であろう。これはパス・ミスであり，シュート・ミスであり，或はドリブルのミスの如きボールの操作の上でボールを把握しきれぬときなどである。ここに積極的防禦活動と共に攻め

と守りの基本を見出す。積極的防禦活動とはパス，ドリブルのカットである。

　一般に相手の身体を直接の目標としないスポーツでは，攻めは相手から離れることであり，守りは相手に近づくことである。

　ハンドボールにおいてもその例にもれず，ボールを安全に操作するには相手より離れてプレイし，シュートにおいてもゴール・キーパーの防禦のうすい，遠いところへ投げるわけである。守ってはこれらの活動を阻止すべく出来るだけ近づいて，相手の攻撃行動を妨害する。その守りが進んでくるとボールを持っていないプレイヤーに対しても，相手の行動を妨害する。極端な守りになると相手を動けないようにする。防禦活動はパッシブで，そのようなことは出来ないと思われるかも知れないが，過去にフェイス・ガーディングとしてその行動を反則としたことから明らかである。

　　B　攻めについて

　攻撃技術の代表的なものとしてフェイントがある。フェイントとは身体をかわすことによって，相手の防禦活動を避けるもので，①急迫して来た相手をやりすごしたり，②進路を遮ろうとする相手の，右側を抜けるようなゼスチャーで左側に抜けたり，③パスのときに下から投げると見せて上から投げるなど，ともかく相手から離れる手段としてあげられるもので，攻撃活動は，フェイントの連続と云ってもよい。フェイントは次のようなときにかかりやすい。

　　①　危機の場面のとき。
　　②　期待しているとき。

　危機の場面とは，第一にスピードである。一緒に行動しようとする防禦者はスピードある攻撃者についていけるかどうかの不安がある。第二には防禦側の不足が挙げられる。これは或る防禦者の抜かれた場面である。第三には，ゲームの最終手段としてのシュートのときである。

　相手の期待しているときとは，予測する行動に入ろうとすることで，その期待をいよいよ確からしくする。所謂，やまをかけている場面である。

　攻撃活動は最終目的たる得点のためにゴールに近づいてより確実なシュートを要求される。確実なプレイをするためには，より安全になるために，相手か

ら離れるのであって，攻撃行動とは前進しつつ相手から離れるといえる。相手
から離れるに有効な手段は相手の動く反対に動くことである。

C　方　法

防禦者に向って真すぐ進むとき，防禦者が停止していれば衝突を起し，攻撃
側の反則（チァージング）になる。又一緒に後退するときは，いつまでもその
ままの関係では，安全とはいえない。そこで攻撃者は必ず防禦者の右側か，左
側かを廻って突込むことである。（斜行）一方防禦者は相手の進行方向（ゴー
ルに近づくという前提のもとに）の直正面に立ち，まず前に進むことを阻むの
がよい。

攻撃者が廻り込むということは，それだけ遅れるということで，防禦者にそ
れ以前の時間的な遅れをとらせる必要がある。

D　前進するためのフェイント

両者が停止している場合には，攻撃側は横に動いて相手の動く反対方向を狙
うわけであるが，すばやく行う必要がある。たとえ防禦者の足運びが表われな
くとも，準備姿勢の両足にかけた体重の不均衡を起すだけでよい。これは攻撃
側が頭部を左右に振るだけで，或はやや動作を大きくして肩を左右に振ること
によって，スタートの前傾と見せるなど，防禦者の反応が認められる程度の早
さが必要である。

初心者の場合は，利足の方向に細かくツー・ステップをして，息をのみ込み
相手をよく見て，同方向に動き出した時に利足でけって反対方向へスタートす
る。これは一段のフェイントと云われ，攻撃側が前進しながら行う場合もあ
る。即ち攻撃者が或る方向に向って走れば防禦者は進行方向に立ちふさがる。
防禦者の手前1.5〜2.0m（走っている速度による）で，方向をやゝ変えて，防
禦者のサイドに向う。このときホップ・ステップ，或は踏換えるようにして急
に速度を弱めるが，防禦者が動かなければそのまゝ走り抜け，又正面に動いて
来たならばその瞬間に逆へ走る。速度を弱めるために，膝をやや深めに屈げる
が上半身は前傾のままで方向をかえる。走る方向を初めから防禦者のサイドに
とり，横に流れるようにして防禦者を一定方向に動かしながら，その逆を狙っ
てもよい。

E　二段のフェイント

　進むべき方向を，右と左とに見せ，そして右に，即ち，結果としては最初と
同方向に行くのでタイミングのずれを狙うものである。これは完全に一度停止
する必要がある。以上のフェイントは前進ということと，防禦者がすぐれてい
て前進を阻止されるときに有効な方法である。

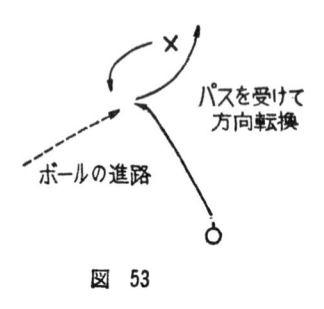

図 53

　パスのときにもフェイントは用いられ
る。

　①　簡単なものは投げるべき方向に顔を
向けないで投げるもの。

　②　投げるべき方向の逆へ，パスするよ
うにボールをもったまま腕を伸ばし，そし
て戻して投げるもの。（腕を伸ばしたり，
最後のパスもすばやく行うが，戻すときは比較的ゆっくりがよい。）

　③　投げるべき方向にボールを持った腕を伸ばし，反対を見ながら腕を戻
し，その方向に投げる。

などである。また

　①　ロング・パスを相手の頭上よりすると見せ，相手の腰の伸上った下を抜
いたり，

　②　図53のように相手より遠ざかりながゆっくり受け，相手が動いて来たな
らば逆に行き，

　③　ゴロ・ボールを拾うときも，相手と競争して拾うように腕を伸がしてボ
ールに触れず，相手が奪うために来たとき，すばやく握って，相手の上からボ
ールを廻すようにして相手から離れる，

　など，試合中に用いる場面は多い。またボールを受けるときも，味方が投げ
る前に，パスを受けるように1歩近づき，防禦者が一緒に出て来た時にその逆
側から背後に廻り込んでボールを受けたり，またシュートの際は防禦者は危機
を感じるから，ホップ・ステップのシュート・モーションを起し，相手の伸び
上った身体の横をくぐり抜けたり，或はパスをしたりする。

　同様にキーパーのみのシュートの場面にしても，効果がある。これらが複雑

になると，Aがボールを持つとき，Bが受けるようにしてカット・インし，B
につられて防禦位置の空虚になった地点に，Cを走らせてボールを捕らせるな
どチームとしてのフェイントで虚々実々に渡り合うわけで，熟練者がやゝ単純
なプレイヤーにしてやられたり，優秀だといわれるチームが，名も知られぬチ
ームに敗れるなど，一生懸命行えば面白いといわれる球技の特徴がここにある
わけである。

　F　攻撃活動

　攻撃活動は，競技技術の全体から構成されるといえる。ただキーパーの活動
は特殊なものであるが，パスが投げられ，或はシュートされて終るものではな
い。攻撃は，最大の防禦であると同様に，防禦は，攻撃への第一歩である。

　攻撃活動とは，

　①　ボールを得たチーム全員は，ボールを受けるために相手より離れ，且つ
　　ゴールに向う。

　②　一つの攻撃動作が終ったら，直ちに次の攻撃活動に参加する。

　③　防禦の状態によって攻撃する。

　このようにボールを中心として攻撃活動がなされるわけである。ボールを有
利に導くために行動し，個々の動作が別々に行われるのではなく，チームの技
術的な活動の一環として行われるとき，始めて有効になるわけである。

　G　2人による攻め

　パスは，投げる人と捕える人の2人が関係することは，いうまでもないが，
攻撃活動としてのパスは，単なるボールの受け渡しだけではない。そのパスが
どのように防禦活動に影響を与えたか，或はパスの後の攻撃活動が如何に展開
したかによって，有効であったかどうかがきまる。そのためには，ボールが前
に進むことである。従ってボールを受ける人は前に進むわけであるが，キャッ
チの技術はさて置いて，マン・ツー・マンとかゾーンのディフェンス方式を知
らなくても，攻撃活動を妨害する，素朴な防禦活動がなされるわけである。

　相手の数の少いときには，防禦活動が手簿になるから，直行法をとる。この
場合2人のパスは防禦者を間にはさむか，1人に引つけて他をフリーにするか
である。間に挟むときとは，ボールを持った人がマークをはずした時である。

またボールを持たぬ人がマークをはずしたときは，ボールを持った人はそちらのマーカーに近づき，味方をフリーにしてパスをする。

　2人の防禦者がそれぞれしっかりマークしているときには，スクリーン・プレイを用いる。

H　スクリーン・プレイ

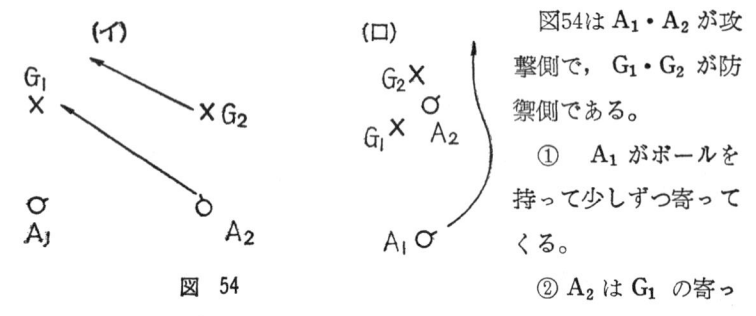

図54は $A_1 \cdot A_2$ が攻撃側で，$G_1 \cdot G_2$ が防禦側である。

　① A_1 がボールを持って少しずつ寄ってくる。

　② A_2 は G_1 の寄っ

図　54

てくる位置へ入り停止する。

　③　すると G_2 は A_2 について行く。（このとき A_1 が A_2 へのパスモーションを起すと G_2 がより A_2 に接近して効果がある。）

　④　A_1 は A_2 の後ろを通って入って行く。

　⑤　G_1 は A_2 に引掛かり遅れる。こうしてボールを持っていない人と，そのマークをする人とで他のマークをする人を妨害してしまうことを，スクリーン・プレイという。最初に A_1 が A_2 に寄ってくるのは，A_2 からパスを受けて寄ってもよい。

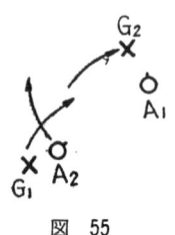

　そこでボールを持った A_1 がフリーであるから，G_2 は A_2 を捨てて A_1 につく。G_2 が行動を起したときに，A_2 は G_1 より離れるコースをとり，G_2 を A_1 とで挟む。この A_2 のタイミングは非常に難しい。G_1 は A_1 に遅れたために A_2 に切換えるかも知れないので，A_2 は G_2 をよく見る。G_2

図　55　　　だけしか見えぬときは真すぐに入り，G_1 が視野に入って来たならばその道の方向へスタートする。A_1，A_2 は最初に交叉でなく，位置の交換という形で行う。G_1 が A_2 によって遅れなかったならば，防禦陣から一度離れてやり直しをする。

幾回かこのような攻撃方式に会ったり，
やや防禦に経験があれば，防禦者はボール
を持った人を注意しつつ，攻撃に遅れない
ようにやや退って待ったり，位置交換して
からの人にマークするなど，連絡が採用さ
れ，緊密になって来る。これがゾーン方式
の始まりである。

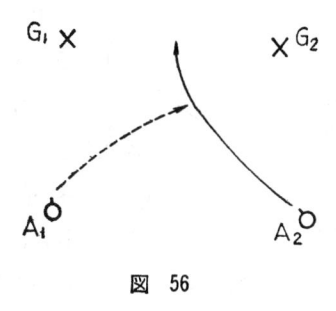

図　56

　このときはもはや攻撃側の位置交換は無駄である。

Ⅰ　クロース・プレイ

　図56において A_1 がボールを持っていると，A_2 が G_1，G_2 の中央に向ってスタートをおこす。中央でなしにどちらかに片寄っていれば，防禦側は片方しかマークしない。

　A_2 は A_1 からパスを受け，G_1，G_2 が遅れれば一気に突破する。このようなときは，前述の相手をきめずにいる素朴的な防禦のときで，A_2 のコースはカット・インの原則である。

　G_1，G_2 の真中はどちらが守るか。先づ両方が A_2
に寄る。A_1 は A_2 のフォローに走り，パスを受けて
防禦者の動く逆の点，即ち G_2 を狙って入る。A_2 は
G_1，G_2 が寄ったならば無理をせずに防禦前に停止，
背を向けるようにして A_1 を見る。G_2 だけが A_2 に
寄ったとしても A_1 のコースは同様でよく，A_2 は G_1
をも引つけるように寄る。

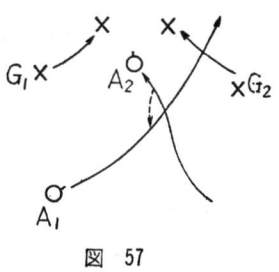

図　57

　G_1 が A_2 についたときは A_1 は今までのようには
走れない。A_1 はフォローのためにスタートするが，
G_2 を見て方向転換しなければならない。このとき
A_2 は G_2 側を狙う。そして G_1 を挟むようにしてパ
スをする。これらのパスは，相手に向って投げず，
走って受けさせるように前方に浮かせる。防禦がい
ると力みすぎるから注意を要する。

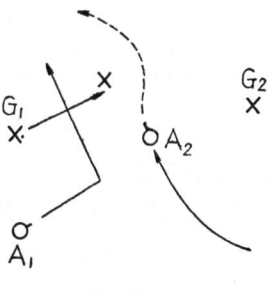

図　58

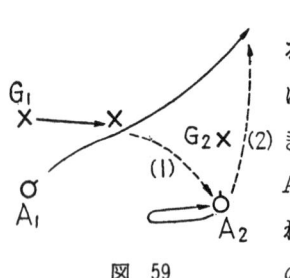

ドイツの来日チームに見られたプレイ を 紹 介 す る。A_2 からボールを受けた A_1 は $G_1 G_2$ の線で A_2 に返す。 A_2 はフォローにより，又開くが，このときボールを受け，G_2 が A_2 のマークに出てくるや，A_1 追かけさせるようにして縦パス(2)を投げる。 これは， ① A_1 のキャッチが難しいこと，②従来日本のパス原則である，パスは必ず前にする，③パスを

図　59

投げる人の見えるのは対面コースであることというハンドボール常識を破ったものであった。

　いずれの攻撃方式を使うにしても，この方法にあてはまるための予備行動が必要になって来る。例えば，ボールを持った人が横に開くときには，防禦間隔を開かせるから中央に入れ，ということであり，ボールを持って先行するときは，後方を交叉せよということである。

　ボールを持たぬ人が，リードするときには，マン・ツー・マン型式であればスクリーンのためであり，ゾーン型式のときにはボールを早く渡せ，ということを動作によって知る必要がある。勿論これらは原則でボールを持って突込むようにして，なお先行させるなど種々の方法がある。

（3）　学習活動

第1時限

A　フット・ワーク

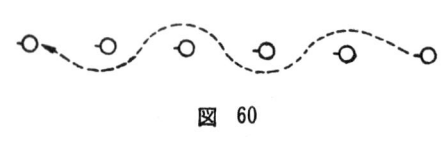

　　　　　　　　3歩間隔になり，後方よりジグザグに走りぬける。

図　60

　　　　　　　　右に入るときは左足で，左に入るときは右足でけるようにして3歩の要領を覚える。

B　3人平行ランニング・パス

C　2人ずつで，攻めや守りの，スクリーン・プレイやクロース・プレイをしてみる。

D　ゲーム

攻撃の基本や，2人ずつの攻撃に注意する。

第2時限

A　チェンジ・パスと3人クロース・パス

B　2人ずつでスクリーン・プレイ，クロース・プレイをする。

C　攻めと守りの基本

　10m四方のコート（必ずしも10m四方でなくてもよい。ハンドボール・コートの半面を用いてもよい。）

　1組5〜7人ずつで，ボールを相手にとられないようにパスを廻す。最初は審判がコートの中央にボールを打ちつけて始めるが，そのときはみな片足を接してスタートする。ルールはハンドボール・ゲームと同様で，反則は相手のボールとなる。

D　ゲーム

2人の攻めと守りに注意する。

第3時限

A　3人クロース・パス

B　2人ずつの攻めと守り，及び最後にシュートする。

C　シュートの練習

D　ゲーム

　攻めと守りに注意し，3人で行うときはどうしたらよいかを考える。

単元Ⅴ　みんなで防ごう

（1）　主なねらい

①　守ることは苦しい。しかし希望を持とう。

②　苦しい時にこそ協力しよう。

③　防禦動作は，2人を中心に行う。

（2）　指導の資料

守りはボールの奪い合いに始まり，ボールを失ったときに完全な防禦とな

る。ハンドボールでは，守ることは苦しい。しかし防禦によって攻撃が始まる。この苦しさに耐えたもののみが，努力の喜びを知る。このことはいつも行動を真剣にする。少しの油断が失点となるし，いつも自己と対決する。苦しさとの対決である。守りの目的は，得点されないことである。得点をさせぬためには，相手にシュートをさせぬことであるが，シュートをさせぬことは不可能である。そこでシュートを投げさせても，相手の態勢をくずして，無理なシュートをさせ，得点させぬようにすることである。

守りに大切なことは，

①　攻撃者とゴールの中間に立つこと。

②　攻撃者をいつも視野の中に置くこと。

③　ボルールを自由に操作させないこと。

④　相手の行動を自由にさせないこと。

以上が守りの基本であるが，守りは，攻撃側の行動によってきまる。攻撃は得点するために必ずゴールに向って来る。そのために攻撃者とゴールの中間に立つことは攻撃を遠廻りさせることになる。

防禦者は，ゴールを中心として攻撃者と共に同心円的に動く。攻撃者をいつも視野の中におくことは，防禦がパッシィブなものだけに大切である。反応を早くするために相手を見る必要がある。相手を直接見ずに，影をみることがあるが，やはり本人を見た方がたしかである。

相手の持つボールを奪ってしまえば，守りは終りであるから，防禦の直接の目標は相手の身体ではなく，ボールである。ボールを投げる人に対しては，シュートや，パスや，ドリブルを自由にさせぬようにすることであるし，ボールを受ける人に対しては，たとえキャッチをされても，ゴールより遠い所へ向うようにさせる。そこで同心円的に動きながら，コートの中央は，相手との距離を狭く，サイドはやや間隔を広くする。またゴールに近くなる程相手との距離を狭くする。

防禦の第一の目標は，シュートを投げさせぬことである。シュートされぬかぎり，得点されない。たとえ投げさせても，自由な態勢からは投げさせぬことである。次にシュート成功の可能範囲で，相手を自由に動かせぬこと。又コー

ト内で，ゴールに向ってくる相手を自由に動かせないことである。以上は消極的防禦法という。これが防禦の基本である。

　積極的防禦法とは，相手のパスやドリブルをカットすることである。ドリブルのカットは，完全な個人プレイによるしかありえない。相手の斜後方より，ドリブルをついた瞬間に手を出し，跳返るボールを自分の有利な方向へ誘導する。

　パスのカットは，個人プレイによるよりも，パスとキャッチのときタイミングを少しずつづらす。それらのタイミングのずれの総和がカットになる。攻撃活動を自由にさせぬことに協力し，少しずつの力が全体となってボールを得ることになる。個人のプレイのパス・カットは，相手を穴に嵌め込むもので，危険なプレイである。

　守りについて

　準備の姿勢をとるのは，相手が近づいて来たときである。1歩踏出して，相手の胸にようやく指先がとどく程度の距離が，一番動きやすい。ボールを阻止するには接近する程よく，ボールを握ってしまうことが，完全に守ることである。相手の攻撃活動，特にフェイントのような身体行動に対しては，離れて待てば，反応がやや遅れても間に合う。ボールに対しても，また身体的行動に対しても一番動きやすい位置をとる必要がある。ボールを持っていない相手の防禦にはやや離れて，身体的行動のみを注意する。自分の相手にボールが渡ったときに，ボールの操作を封ずることが出来る位置が，最短距離

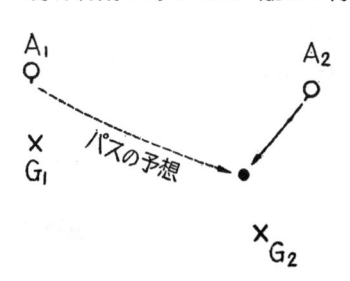

図61　A₁がボールを持っているとき

といえる。その距離は，自分の行動範囲と相手の前進速度できまる。

　ボールが渡された時防禦者は，

① カットのためにスタートする。

② ボールが相手に渡ったならば，相手を封ずる。

③ ボールを，相手が完全に捕えたら後退する。

　パスをカットするときは，ボールだけを見ることで，相手の行動が目に入る

とボールは摑めない。ボールに相手の手が触れれば腰を落し準備の姿勢で相手をチェックする。しかし自分の手も同時に触れれば敢然として争う。相手がキャッチするのを見たならば，後退する。ボールに達することが出来ないで，相手にキャッチされたとき，なお相手に向って進むことは，一番フェイントにかかり易い。相手のフェイントに対しては，一緒に停止するのが一番弱い。この時には後退すべきである。シュートのモーションに対しては，ボールに向って両手を伸し，1歩出る。このときは腰が伸びやすく，初心者の多くは跳上る。パスにしても，シュートにしても跳上ってカットすれば，遅れるので，防禦においては決して跳上ってはならない。

（3）　学習活動

第1時限

①　自分達で準備運動や練習をする。

②　シュートの練習をする。

③　ゲームをする。

　防禦に注意し，自分の相手だけは責任をもって守り，味方の信頼が協力への原動力となる。

第2時限

①　前の時間に同じ。

②　正式ルールでやってみる。

単元Ⅵ　ゲームをしよう

（1）　主なねらい

①　ゲームを楽しみながらチームの中の1人であることを自覚し，スポーツマン・シップについて学ぶ。

②　協力してゲームをしよう。

③　競技技術を実際に応用しよう。

（2）　指導の資料

ゲームその他については，Aコース参照のこと。

（3）　学習活動

第1時限

A　テストのとき

(a)　準備運動

(b)　テスト

(c)　ゲーム

B　ゲームのとき

(a)　各チーム毎に準備運動と練習をする。

(b)　ゲーム

簡易ハンドボールにおける攻めと守りの3人ずつのゲームや，全員の攻めと守りのゲームを行ってみる。

正式ルールでもやってみよう。

第2時限

前の時間と同じに，テストのときやゲームについて行うが，ゲームのときは単元のまとめが必要である。

第3時限

①　自分達の準備から練習を行う。

②　ゲームをしよう。

③　単元のまとめ

3　Cコース（経験者……高校上級程度）

単元Ⅰ　ルールに就いて

（1）　主なねらい

①　ルールは自分達で作り，そして守るもの。

②　文化遺産としての正式ルールを調べる。

③　行って来たハンドボールについて振返ってみる。

（2） 指導の資料

ルールに就いての単元とし，正式ルールについて少しく触れる。音楽は世界の言葉といわれるように，スポーツのルールは，世界人類の約束である。

A ルールの問題点

(a) 3歩動いてよいということ。

ボールを受けたときが零である。空中で受けて足が着いたのも零である。4歩目が地に接する前に手からボールが離れればよい。

(b) 3秒持っていてよいということ。

地上に転んでいるボールに，3秒間触れていても，或はドリブルのかわりに両手で持ったまま地につけても，ボールは継続してもっていたと見做される。したがって3秒の感覚を覚えることが大切である。

(c) ボールを足で扱ってはいけないということ。

足とは下腿をいう。膝はボールが触れてもよいことになっている。

足に触れれば反則であるが，反則をした側のチームが，ボールを拾ったときに笛がなる。

(d) 相手の持つボールを奪うということ。

開いた手で叩き落すことはよいが，拳で叩くことはいけない。また直接両手でボールを奪うこともいけない。

(e) ゴール・キーパーにボールをもどすこと。

ゴール・エリアにボールを返すことは反則である。返したボールをゴール・キーパーが受取れば，7mスローである。

(f) 得点ということ。

ボールがゴール・ラインを完全に通過したときに得点となる。

ゴール・キーパーの足がゴールの中でもボールが外ならば得点にはならない。味方が投げ入れても相手の得点になる。

(g) ラインには幅がないということ。

コートの線は5cmの幅で画かれるが，線とは長さがあって幅のないものである。

ルール・ブックにある〝すべての線は区劃された地域に属する〟とは基準が外側にあるということである。

　図62は，サイド・ラインと，ゴール・ラインのライ・ンクロースの判定である。ボールは完全通過，足の場合は一部分でもライン・クロ［註］ースである。

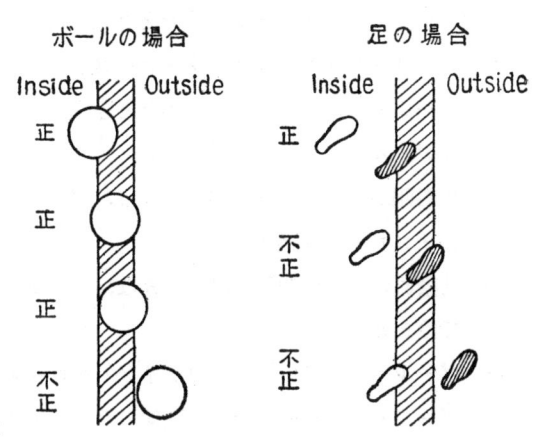

図62　ライン・クロースの判定

　ゴール・エリア・ラインのライン・クロースの判定は基準が外側であるから図の通りになる。

　ボールの場合も足の場合も平面的に解に釈される。

　平面的とは，地面に接している時のことだけで，空中の場合は跳上った足が基準になって判定される。

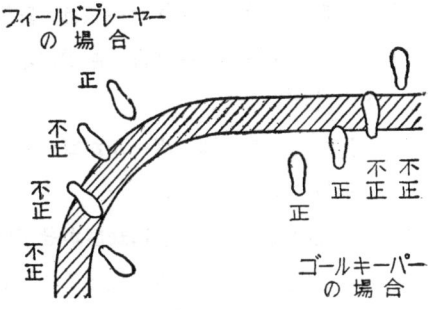

図63　足　の　判　定

　　(h)　ライン・クロースの処置をどうするかということ。

　　イ　サイド・ラインの場合は，スロー・イン。

　両足をつけて，両手で頭上より投入する。

　シュートしたボールが，ゴール・ポ

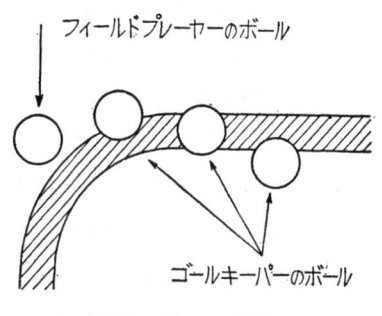

図64　ボールの判定

────────────────────

　[註] ゴールインも完全通過とは同様の解釈である

ストに当り直接サイド・ラインを出たときは禦側のスロー・インとなる。

　　ロ　ゴール・ラインのラインク・ロース。

　①　ゴール・キーパーが触れて出たときは，ゴール・キーパーのボール
　　で，ゴール・スローから始まる。

　②　攻撃側が最後に触れて出たときは，ゴール・キーパーのボールで，ゴ
　　ール・スローから始まる。

　③　防禦側が最後に触れて出たときは，コーナー・スローから攻撃側によ
　　って始まる。

　　ハ　ゴール・エリア・ラインのライン・クロース

　①　ゴール・キーパーを含む防禦側のライン・クロースは，攻撃側のフリ
　　ー・スロー。

　②　攻撃側のライン・クロースは，防禦側のフリー・スロー。

　（i）ゴール・キーパーには，制限がないのかということ。（ゴール・エリ
　　ア内だけ）

　①　足を使うことは，ボールがゴールに向って来るときだけ許される。

　②　歩数には制限がない。

　③　時間の制限は，故意に長びかせていると思われるときに，審判が督促
　　の笛を吹いて３秒以内に投げること。

　（j）すべての反則の処置ということ。

　①　反則はすべて相手のボールになる。

　②　反則点からフリー・スローが行われるが，片足は持上げてはいけない
　　ことになっている。

　③　フリー・スローは，直接シュート出来る。

　④　ゴール・エリア・ラインから３m以内の所や，ゴール・キーパーの反
　　則は，ゴール・エリア・ラインから３m後退してフリー・スローを行う。
　　そのとき防禦側はラインを踏まないように正面に立つことが出来る。

　⑤　フリー・スローのときは，相手側だけ３米離れる。

　　（k）両チームが同時に反則ということ。

レフリー・スローといわれ，審判が地上に打ちつけ，高く跳上ったボールを

取合う。

　そのとき全員が３ｍ離れていること。

　Ｂ　審判について

　審判はゲームを管理しながら，プレイヤーと一緒にプレイを楽しむことが出来る。しかし出来るだけボールに近づくことが必要である。従って審判も準備運動が必要となってくる。

　ゲーム中ルールについて，次になにが起るかを予測する必要がある。例えばゴール・スローの場合に，──シュートの後は審判もほっとしがちであるが──ゴール・キーパーがライン・クロースをして投げないかを見極める必要がある。審判の判定は，はっきりした態度が必要である。判定に対して問題のときは審判１人を攻撃しないで，みんなで話し合ってみよう。

　ゴール・エリア・ラインのライン・クロースは，直接得点に関係するのでゴール・ジャッジをつける。ゴール・ジャッジは審判の役割を補佐する。

（２）　学習活動

第１時限

　Ａ　３人平行・ランニング・パス

　Ｂ　スタンディング・パス

　Ｃ　チェンジ・パス

　Ｄ　シュート

　Ｅ　ゲーム

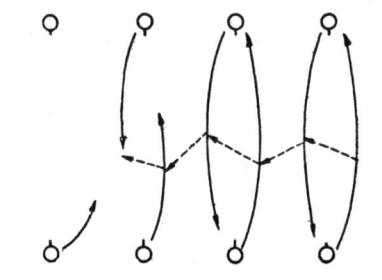

　話し合いの時間を多く持ち，審

図　65

判に対する不服でなしに，ルールに対する疑問や考えと，動作のちがいについて問題にしてみる。

<h3 style="text-align:center">単元Ⅱ　パス連絡について</h3>

（１）　主なねらい

　①　パス技術の向上と攻撃活動の基礎。

　②　ボール・ゲームは１人で出来ない。協力しながらパスをする。

③　自分の判断でボールを処理する。

（2）　指導の資料

パスは走りながら捕え，そして投げるといわれる。しかしボールを持った人を妨害しようとして，相手が積極的に防禦する場合に，プッシュ・パスはモーションが小さいので威力を発揮するが，上体をやや前傾してボールを覆うようにしたり，フェイントを用いてすばやくパスをしなければならない。しかもパスは正確で，安全でなければならない。

　A　アンダー・パス

混戦となり，姿勢を低くして上半身で覆うようにして，なおボールをキープしているようなときに，そのままの姿勢から両手，或は片手で防禦者の膝のあたりからパスを通す。勿論後方に引いたりモーションを大きくしたり出来ないので，腰から押し出すようにしてボールを投げる。両手の場合のスナップは，両拇指の腹部全体でボールの表面を剝ぐようにし，中指と薬指でボールを押し出す。即ち両手を腰から下方に伸し，垂直の状態でスナップをつけるようにしそれからはフォロー・スルーをするつもりでよい。両手を前に振り出してスナップをかけると，ボールは直進せず，浮いたパスとなってスピードが落ちる。投げる人の姿勢が低いので受ける人も低くなりやすい。したがって腹部から腰部を目標にするとよく，又受ける側も短くて2～3mから5mくらいに近づいて走ることが肝要である。姿勢を低くすると，視野がせまくなり易いので腰を下げることが大切である。

　B　フック・パス

防禦者が接近して身体も低く出来ず，ボールをカバーするのに身体の幅をもって行うために，身体は横に開く。相手を斜前にして肩幅をもってボールを遠い方に隠す。こうしてそのままの姿勢から，1歩離れつつ，手を側方より振上げ，相手の頭上からパスを通そうとする。1歩離れるときには，相手の近い方の足を反対側の足の前に交叉して，ボールを下にさげ，すばやくボールを振上げ，上半身の側振とスナップを思いきりきかせてボルールを抑える。この投げ方はボールが浮きやすいからボールを頭上で抑えることが大切である。

うまくなると両足で跳上るが，やや離れるように跳びパスをする反動を強くする。

C　バウンズ・パス

パスをすべき味方の中間に相手が立ち，或は相手を2人で挟んだ場合に，どうしてもパスを通さねばならぬときには，相手の足もとにボールを打ちつけ跳返えったボールが味方に達するようにしたパスである。ボールを打ちつける位置は，相手の瞳の辺でやや後方がよく，プッシュ・パスの要領で行うと効果があるが，目がバウンドする地点を見やすいので見破られないように注意する必要がある。

D　手渡しパス

味方が互にすれちがったときに，手渡しをする。これはフック・パスと同様に，身体の横幅をもってボールをカバーして，相手防禦者より遠い側で行う必要がある。ボールは相手の腹部の高さにし，受ける方も手を伸すことなく身体でボールを受けるようにする。

E　練習法

以上述べられたパスも，練習としては防禦者がいずに，スタンディングより行うものがよい。又バウンズ・パスの外はボールを受ける側が走る。フック・パスにおいては，前進する人へパスすることは出来るが，アンダー・パスや手渡しパスは，フォローのたために走っ人にパスをする方法である。

バウンズ・パスの練習法は，一般のパスと同様に行うことが出来るがバウンズしたことによって回転が変るので，キャッチのときに十分注意が必要である。

アンダー・パスの練習法は，リーダーがゴロ（グランダー），ボールを出し，Bがボールを拾い，走った方向に浮す。AはBをフォローする

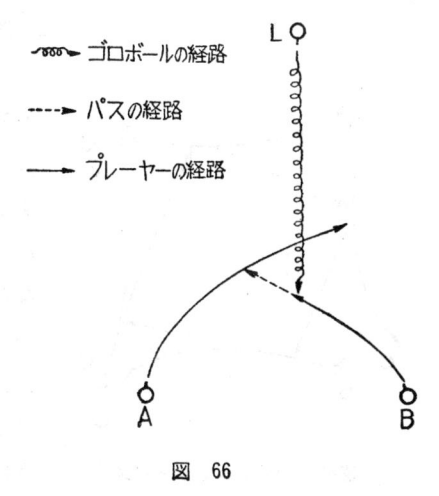

図　66

ようにしてやや遅れて走り，Bがボールを拾うために腰を下げた時に全力で走ってボールを受ける。　Aの走るコースはBの前方ばかりでなく，後方を廻ってもよい。

　フックパスは投げる側の個人技術が強く要求され，手渡しパスは受ける側の個人技術が強く要求される。

（2）　学習活動

第1時限

A　3人クロース・パス

B　パスとカットの練習

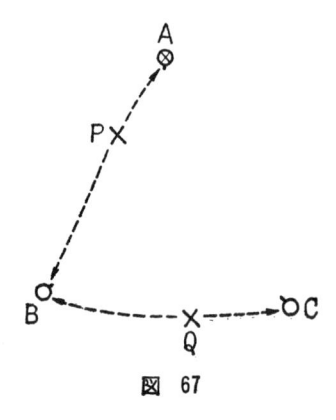

図　67

　A，B，Cは3〜4mの正三角形を作りスタンディングでパスを自由に行うがPとQがこのパスを妨害し，カットする練習である。図67でAがボールを持っているとPとQはこのように位置する。

　PはAとBとを結んだ線上に立ち，パスの方向をCにさせる様に徐々にAに近づきBにパスをしても高いボールでされるように位置する。AはBに対してバウンズ・パス或はアンダーとフックの組合せによるパス，或はCに対してはスピードある正確なパスなどを行う。またCにパスするように見せてBにパスをしたりする。Qは先ずCに注意をするが，Bも忘れてはならない。PがBのパスを牽制しているので，先ずCに注意をしてよいわけである。しかしCに近づきすぎるとAはCに投げない。QはBとCの両者が見えるようにやや退って位置し，PはAとBが見

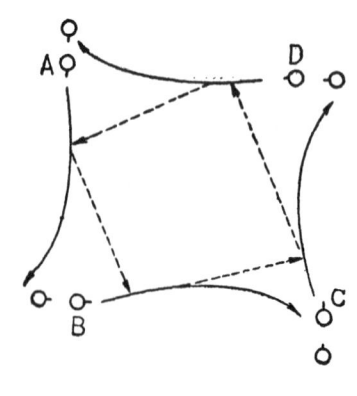

図68　四角チェンジ・パス

え，且つ内側が見えるように位置することが大切である。

C　4角チェンジ・パス

A，B，C，Dに2人ずつが立ちボールを順次廻しながら位置を交替する。

注意をすることはボールを投げる人がギャッチしたら，受ける人はスタートすることである。スタートが早くなれば，ボールが後方になるのでキャッチがしにくくなる。（図68参照）

D　ゲーム

3人の協力でコンビネーション・プレイを心懸ける。

第2時限

A　対列チェンジ・パス

B　3人クロース・パス

C　3角チェンジ・パス

四角チェンジ・パスよりも角度が鋭くなる。

ボールを受ける人は投げるべき主人がキャッチしたらスタートを起す。ボールを投げるときにしっかり抑えて，キャッチすべき人の前方に投げないと，ボールは慣性によって流される。

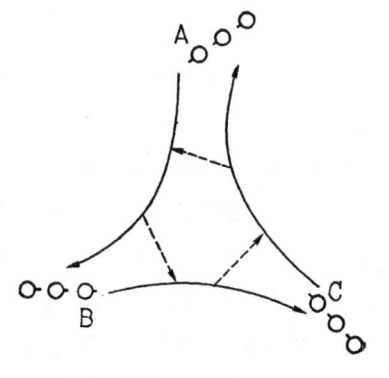

図69　3角チェンジ・パス

D　ゲーム

3人のコンビネーション・プレイに注意する。

第3時限

A　準備運動とこれまでの復習

B　シュートの練習

C　ゲーム

単元Ⅲ　得点のために

（1）　主なねらい

①　シュートをして，得点することによって，これまでの努力を知る。

②　難しいことこそ練習しよう。

③　シュートが入らなかったなら，次には入れようと頑張ろう。

（2）　指導の資料

　これまでの防禦活動にしろ，攻撃のためのパスやチーム・ワークにしろ，た
だシュートのための予備行動であり，いかに他の技術が巧妙であっても，シュ
ートの技術が拙ければ，得点に至らないことはいうまでもない。それだけにシ
ュートは難しいものであるし，またチーム・ワークがシュートに結集するわけ
で，全員のねがいをこめてなされなければならない。

　A　ジャンプ・シュート

　その名のように跳上ってシュートするのであるが，これは片足で跳上り，最
高点でショルダー・スローによって投げるものである。このシュートの利点は
他のシュートと同様に3歩の助走を用いるが，そのまま投げずに跳上り，最高
点で投げる。跳上るだけタイミングがはずれるので，ゴール・キーパーにとっ
ては不利となり，シューターからは跳上る間にゴール・キーパーが観察しやす
いので，それだけ狙いやすい。またゴール・エリアの中に跳上って投げれるの
で有利である。走るテンポが　♩ ♩ ♩　であるならば，ジャンプ・シュートの
テンポは　♩ ♪ ♩　である。即ち右利手の場合に左右左と3歩の足を運ぶので
あるが，この右，左と運ぶときに歩幅を狭くして跳上り，最高点で投げる。

　練習段階を次に示す。

①　左足を軸にして，右肩を後方に引き伸上るようにして投げる。

②　伸び上ったとき左肩を通してゴールを見る。そして腰を捻り，反動を利
　　用して投げる。

③　右左とこまかく踏みかえて軽くジャンプして投げる。

④　ジャンプを高くするために2歩踏出す。このとき，タン，タッと右左を
　　踏みかえるようにして踏切り，上ったところで，投げる。

⑤　ドリブルのボールを捕えて，タンと右足，タッと左足を踏換え，上りき
　　ったところで投る。

⑥　ランニング・パスを受けてジャンプ・シュートする。

ジャンプ・シュートは，ゴールに向っ
て右側のゴール・ポストに目標をとり，
ゴールの左側コーナーに投げるのが腰が
入りやすい。投げ方はショルダー・スロ
ーでモーションを十分にとった方がよい。
こうしてジャンプシュートが出来たら，
①同一方向にコースをとって左右いずれ
のコーナーにも投げられ，②左右いずれ
のゴール・ポストにも目標をとって走り，
シュートは左右，上下いずれのコーナー
にも投げられるようにする。

図70　ジャンプ・シュート

　初心者の陥りやすい欠点は，①ジャンプをするためのテンポがランニングの
ままであり，②そのまま跳上るので少ししか上らず，③あわててシュートする
のでボールが抑えられない。④腰を捻らずに巾跳びのように跳上るのでボール
を投げる反動が用いられず，⑤ジャンプのバランスをとることが出来ない。

　B　倒れ込みシュート

　このシュートは，身体を前に倒すこ
とによって，ボールのスピードを増そ
うとするものである。これは爪先を軸
とし，身長を半径として倒れながらシ
ュートをするもので，実際には膝を屈
げて，少しでもボールに直進する力を
加える。このシュートはスタンディン
グ・シュートより，両足がゴール・エ
リア・ラインに平行となり，普通のモ
ーションが起らないし，スピードボー

図71　倒れ込みシュート

ルもそのままでは投げれないと思われるとき（ゴール・エリア・ライン一ぱい
でボールを受け助走も出来ないために）倒れながらスピードを加えてシュート
を成功させようとする特殊なシュートの一例である。

投げ方は，やはりショルダー・スローであるが，①両足に体重をかけ，②左膝をやや深めに屈げて腰を捻り，③膝から腰へと落るように体をそらし，④倒れながら，上体が正面になった時に，腰を軸にして上半身を前にあおり，⑤スナップをかけ，⑥フォロー・スルーをした腕をついて上体を支える。このとき，爪先を立てるようにして脚を固定し，ラインを踏まないようにしないと，せっかくの倒れ込みシュートが，ライン・クロースとなる。

（３）　学習活動
第１時限
A　３人クロース・パス
B　シュート

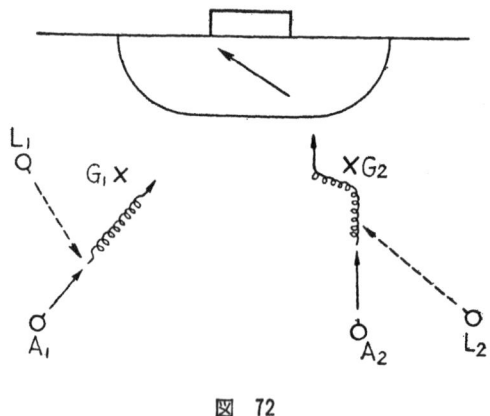

段々とゴールから離れて行き，また横側にずれてシュートをする。一定のコーナーをいつも目標にして練習する。

C　フェイントとシュート

AはLからボールを受け，フェイントで抜いてシュートをする。L₁ と L₂ は交互にパスを行いAGLは交替して行う。

図　72

D　ゲーム
第２時限
A　パスとキャッチ
B　チェンジ・パス
　対列チェンジ・パス
　三角チェンジ・パス
C　シュート
D　ゲーム

単元Ⅳ　みんなで防ごう

（1）　主なねらい

① 　防禦方式について知る。

② 　自分のチームを知り，そして相手のチームについて知る。

③ 　苦しいときにこそ希望をもって頑張ろう。

（2）　指導の資料

防禦は相手を知らなければ出来ない。また己を知らなければ出来ない。しかしどんなに防禦が優れていても，それだけで得点とはならない。また攻撃力がどんなに強いチームでも防禦が弱くては片輪なチームといえる。攻撃に重点を置き，少々入れられても入れていくということもあながち不定出来ない。防禦が強いということは各自が冷静にプレイが出来る原因となる。「1ゴールを防ぐことは1ゴールを得ることと同じだ」といわれる。

　チームや何人かの人々によって防禦する方式には，①マン・ツー・マン・ディフェンス（対人防禦法），　②ゾーン・ディフェンス（地域防禦法）の二つがある。

　マン・ツー・マン・ディフェンスというのは原則として各自が1人ずつの相手をきめて責任をもち，相手の移動するままにどこまでも追従して行く防禦法である。この責任を各自が分担して，チームのディフェンスとなる。

　ゾーン・ディフェンスとは，名称のようにコートの一定の地域を分担して防禦する方法である。近年次第に防禦布陣の位置関係で，相手の攻めんとする危険な個所を，集中的に全員で防禦する方法になっている。

　A　マン・ツー・マン・ディフェンス

　個人がそれぞれ1人宛の責任を持つことによって，そのままチームの防禦になるが，その個人防禦にのみ止らず，実際の場合には，お互に連絡し，協力する場合が起る。特に相手のスクリーン・プレイに対しては，そのままでは中々マークしきれなくなる。この時はお互にマークする人を交換する。或は他の人のマークすべき人でも，当然シュートされるときには，それをも阻止しなけれ

ばならない。しかしこれら協力を理由に，自分の相手をはなしてしまったといういいわけは許されない。

その長所は

①　対人防禦の個人技術で，ある程度防げる。

②　相手競技者の長所，短所によってマークする人を割当てること が 出 来る。

③　そのために，相手1人を研究すればよい。

④　責任が明らかになる。

などがあげられる。

またその欠点は，

①　相手に追従せねばならぬので，無駄な動きが多い。

②　一人が抜かれると他の人が助け難い。

③　全員の配置が一定していないので，ボールを奪っても連絡がとり難い。

④　スクリーン・プレイに弱い。

などである。

なお，マークすべき味方の帰陣が遅れたときには，早く帰ったものから順次引受けて，時期をみて交替する方法をとるとよい。

マン・ツー・マン・ディフェンスにおいては，相手のボールを奪うことよりも，相手にゴールさせないことを第一義とするのがよい。また相手がパスをしたとき，その方向に気をとられて，自分の相手から眼を離していると，自分の後側に潜入されることが多い。このようなときでも諦らめることなく，最後まで努力するのが防禦の責務である。

　B　ゾーン・ディフェンス

この防禦法は集団で集団を守るということである。また相手の攻めようとする危険な個所をおさえる方法である。従ってパスがなされ，或はカット・インする人に対して敢然と立向い，失敗しても，入れ替り立替り防ぐ。布陣が人数により一定しているので，相手の大きく開いたセット・オフェンスには消極的になり易い。ともかく味方同士の距離を一定させることや，大体一定の広さの型を保つようにすることが大切ある。マン・ツーマン・ディフェンスでは大部

分のパスを許してしまうが，ゾーン・ディフェンスにおいては，積極的にカットに出ることが出来る。カット出来ずに抜かれても，次の人が阻止してくれるので，安心してプレイが出来る。なおゾーン・ディフェンスでは各自の位置が大体一定しているので，フォローに有利で，速攻にもちこみ易い。

その長所としては

① 　無駄な動きが少いから疲れることが少い。

② 　積極的に防禦することが出来る。

③ 　お互の連絡がとりやすいので，フォローやパスがされやすい。

④ 　速攻に入りやすい。

などがあげられる。

またその欠点は，次のようである。

① 　相手チーム全員を研究する必要がある。

② 　連絡が大切で，高度のチーム・ワークを必要とする。

ともかくゾーン・ディフェンスでは防禦の第一線でとめてしまうことである。相手が得点をリードしての遅攻にはなす手段がなく，このときはマン・ツー・マンのようにしてアタックする必要がある。

　C　特殊防禦法

2人の相手を1人で防ぐことは，原則として防禦者に不利であるが，或程度は防ぐことが出来る。

2人の相手の中のゴールに近い相手，或は中央の相手に重点をおき，しかも遠方の相手を牽制してドリブルやパスをためらわせて，味方の帰陣を待つ。またゴールの遠い方の相手がドリブルで進んで来るときに，とび出るようなモーションで1歩踏出し，出来るだけゴール・エリアから離れた場所に停止させ，直ぐ後退してゴールに近い相手をマークする。こうすると，ドリブルの終ったプレイヤーが，シュートには遠すぎるし，パスは出来ないし，3秒しか持っていられないので比較的不利な態勢に追込むことが出来る。

　(a)　2人による守り

ボールを持った相手には，パスやシュートを自由に出来ぬように近づき，またドリブルインされぬためにやや相手より離れているという二つの条件によっ

て，1歩踏出したら指先が胸にとどく程度に位置する。他方ボールを持たない
相手に対しては，カット・インされてもなお追従出来るだけの距離をとり，パ
スをされた時には，一応パス・カットが出来るところに位置するのがよい。し
かしこの距離は，相手のスピードに対するボールの距離できまるが，パス・カ
ットが出来なくとも，次のパスやシュートを抑えることが必要である。従って
以上のことは個人技術としてマン・ツー・マンにもゾーン・ディフェンスにも
共通である。ボールは A_1 が持っていると G_1 G_2 の防禦位置は図73のようにな
る。G_1 はボールを持つ人のみに集中し，G_2 は A_2 に主力をおき，且つボールを
も見なければならない。しかしゾーン・ディ

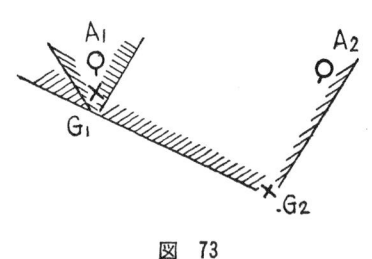

図　73

フェンスではそれだけでなく，G_1 をバッ
ク・アップするわけである。G_2 は一度に両
方を見ることは出来ないが 3：1 くらいの
割合で自分の相手に主力をおく。従って A_1
がドリブル・インする方向は外側に多くな
る。内側に入ったときは A_2 にパスをする
ために入るので，G_2 は牽制しつつ A_2 に近づくが，A_2 が停止しているときに
は近づくことなく，A_1 を牽制するにとどめる。ボールが A_2 に渡されるとき，
そのままの位置でパスがなされたならば，G_2 は G_1 との位置関係を交替する。
先ずカットを狙い，それが出来ぬときは相手にチェックする。ただ相手がボー
ルを受けてから接近するときは，とび出して行くと抜かれやすいので，途中ま
ですばやく出て，それからは充分注意して近づく。A_1 A_2 が位置を交替すると
きは，マン・ツー・マン・ディフェンスならば G_2 が後方を通り，G_1 はボール
を持った A_1 との距離を保ったまま移動する。ゾーン・ディフェンスならば A_1
をすばやく交換する。

　マン・ツー・マン・ディフェンスを行っているとき，A_1 が G_2 をスクリー
ン（A_1 をピッカーともいう）に出て来ると，G_1 は G_2 に声を掛けるなどの合
図で，スクリーンをはずさせる。これでも駄目のときは，お互にマークを換え
て防禦する。交替のとき「チェンジ」とか「頼む」とか，或は G_2 が G_1 を手で
押して確認させ，1歩退って A_1 につくなど十分な連絡が必要である。

　ゾーン・ディフェンスの場合には，クロース・プレーのためにカット・イン
してくる人を注意しなければならない。一番注意しなければならないのは G_1G_2
を結んだ線に直角に入ってくるものである。即ち A_2 がカットインして来ると

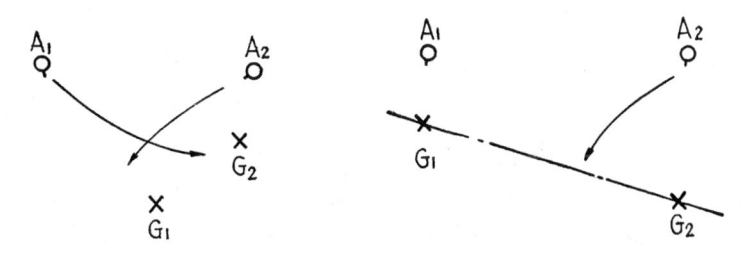

図74　スクリーンの場合　　　　　図75　クロースの場合

き，G_2 が先ずその出足を封ずる。1歩目を狙ってとめることは効果があるが，
抜かれやすいので，2〜3歩目を抑えるために，正面に立って後退する。しか
し A_2 を外側に行かせるよりも，カット・インのコースを鈍角にして流すよう
にした方がよい。このカット・インに対してボールがパスされないときには，
G_2 だけが追従して行く。　ボールがパスされると G_1 は縦に後退し，G_2 と共に
A_2 を停止させる。　G_1 の後退が間に合わないときは，G_2 がそのまま A_2 につい
て行き G_1 は更に A_2，A_1 の見える位置まで後退する。G_1 は A_1 の目を見ていれ
ば，A_2 の大体の動く方向がわかる。A_1 がボールをもっている限りマークを続
ける必要があるが，パスの後に停止しているときには，マークをする必要がな
い。結局相手のパス・モーションに対して，一方は自由に操作させぬため，他
方はカットのために1歩前に出るのであるが，これは後退する反動のつもりで
出ることが大切である。また相手の動きに対し，攻めの人は防禦側の右側か，
左側かを通過する結果，両者の経路は交点の出来る場合と，交点が出来ない場
合がある。交点の出来ない場合はそのままマン・ツー・マン型式で追従して行
く。交点の出来る場合には，マークの交換が必要である。即ち交点が防禦者を
結んだ線の前方に出来たときには，交叉してからの人をマークするが，後方に
出来たときには，そのままの人をマークする。結局次のことがいえる。

　両防禦者を結んだ線に対して，攻撃者の交点が前方に出来た場合だけ，交叉
してからの人をマークする。

　従って交点の前後がわからぬときは，防禦側の位置が悪いので，前進するか後退するかして，はっきりさせる必要がある。

　(b)　3人による守り

　3人による守りのマン・ツー・マン・ディフェンスは，2人の関係と同様である。どちらの人にパスがされるかの時間的なずれだけの問題である。

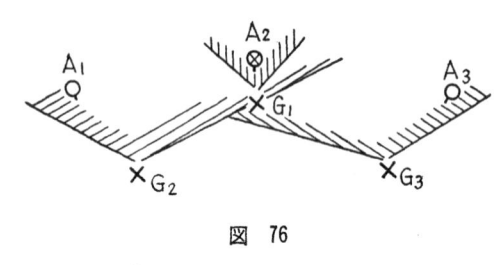

図　76

　ゾーン・ディフェンスでは3人によってボールを防ぐ。即ちボールを持っている相手に対しマークしている味方を2人でバック・アップする。そしてなおボールを持っていない人も注意し，最初にカット・インしてくる人を先ず阻止する。その上に各人の距離をほぼ一定にする。

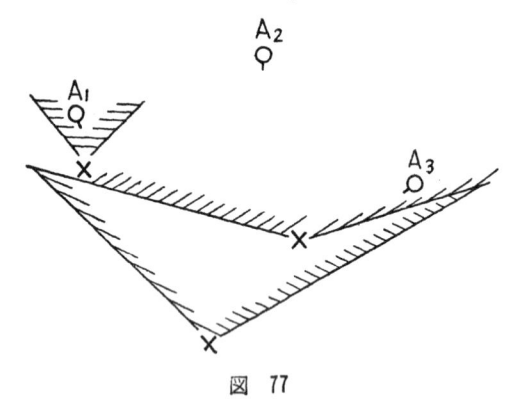

図　77

　図76は中央の A_2 がボールを持ったときのゾーン・ディフェンスの位置関係である。

　この G_1 G_2 G_3 によって作られる三角形の高さは相手のスピードによって変る。

　スピードがあれば G_1 も A_2 から勿論離れて待つし，G_1G_2 はもっと退って備える。図77は A_1 がボールを持っているときの位置である。A_1 よりも遅れている A_2 はあまり影響を受けないが，A_3 は前方であるから重点を A_3 におく。しかし，これは停止に近い関係位置で，各人のスピードにより多少変って来る。防禦側はボールをいつも前方に置き，防禦の三角形の各辺がいずれもゴールに平行であってはいけない。このように危険の個所を全員で防禦するが，A_1 A_2 のどちらが先にカット・インしてくるかによって，次のボールの位置を予測して抑える。抑えるのに有効なのは，相手のキャッチする点に立つことで，その点は，

カット・インしてくる人の場合には，防禦者の近くに出来る。言葉を換えると，ゾーン・ディフェンスの積極的防禦は，積換的攻撃活動に対して行いやすいといえる。ボールを受ける人は，キャッチのときにボールだけに集中するから，少くともその瞬間だけは防禦者が自由である。この瞬間に相手とボールを争い或は有利な点に後退する。ボールを受ける人は，投げる人の視線によって自分の所かどうかを知るわけであるから，この瞬間に防禦側もキャッチの予想点に早く達するようにする。

　3人の防禦のときに，相手をチェックするのは，バック・アップされない側を多く注意する。この積極的防禦活動をしている人が最も前に位置するわけであるから，不成功のときは速に後退する。

　(c)　全員の守り

　マン・ツー・マン・ディフェンスにおいて，攻撃側は，防禦者を等距離に動かし，その中にチャンスを見つけようとして横に横くことが多い。このとき相手に遅れると，相手は縦に入るから，遅れたと思った時には，速に後退する。これに関連して，自分のマークする人でなくても，当然シュートのときにはこれを阻止する必要がある。

　ゾーン・ディフェンスでは，ボールを獲得したときのことも考えて布陣する。つまり防禦の最前線はスタートのよい人をおくことなどが考えられる。

　全員のゾーン・ディフェンスの代表型をあげてみると，1，2，3システム，3，1，2システムとがある。図78は1，2，3システムで防禦に主力をおき，中央に集めたものである。図79は3，1，2システムで，防禦に主力を置いたように見えるが積極的防禦である。

　これらは相互が同一点にかたまったり，お互が遠く離れたりせぬように，お互のコ

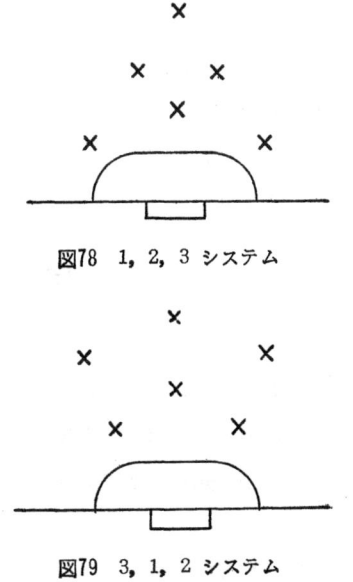

図78　1，2，3 システム

図79　3，1，2 システム

ンビネーションをつけることが大切である。

（3）　学習活動

第1時限

A　パス・キャッチ，チェンジ・パス，シュートの復習

B　三角パスのカット練習

C　攻めと守りの練習

①　攻める側は，2人で，守りが1人で行う。あまり広くては防禦が不可能なので，4〜5mの幅をきめて行う。攻める側はパスだけで攻める。

②　2人ずつの攻めと守り

③　攻めが3人，守りが2人

D　ゲーム

防禦活動に注意する。2人で行うプレイ，3人で行う攻めと守り，全員で守ることを相談しながら行うとよい。

第2時限

A　準備運動と復習を各チーム毎に行う。

B　ゲーム

ゲームを中心にして攻めや守りを練習する。

第3時限

A　準備運動と復習

B　ゲーム

単元V　みんなで攻めよう

（1）　主なねらい。

①　3人のコンビネーション攻撃。

②　協力して集団の力を知る。

③　相手を知ることによって，攻めたり守ったりする。

（2）　指導の資料

　ゲーム中のパスに重要なことは，パスの時機と方向と速度である。パスが有効であるか無効であるかは，正確に投げられ，捕えられるということにとどまらない。それは攻撃活動に好い影響をもたらしたかどうかということである。その好影響とは攻撃の継続するものであるし，それがシュートにつながり，得点につながるものである。

　よい時機のパスとは，ボールを受けるべき人が，マークをはずしてスタートしたときに投げることである。一般に受ける人が走っているときである。勿論マーカー以外の防禦者との関係もあるが，受ける人の走る速度を落させぬように投げることが大切である。それは受ける人が最高のスピードであり，そのマーカーが停止或は逆の方向に動いているときである。又投げる人についていえば防禦者が阻止すべき所へ来た瞬間である。

　攻撃に有効なパスの方向は前方である。ボールを受けるべき人の走る方向は，前方ならばどこでもよいということではなく，ボールが前に進み，そしてキャッチの容易な所である。それはボールに対して斜内側の方向がよい。ボールを受けるには，正対することが一番キャッチしやすいことであるがこれではボールは前に進まない。

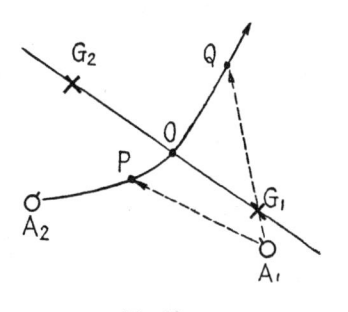

図　80

　図80において A_2 がカット・インするときの，パスの時機と方向は，どこだろうか。A_2 は G_1 と G_2 を結んだ線に直角に入る。何故ならば G_1 と G_2 を結んだ線が一番防禦が強い所であるから，ここを早く通過するに直角のコースがよい。

　そこで A_1 からのパスは，P点とQ点が目標にあげられる。P点でボールが受けられるとき，G_2 は一応P点のカットを狙うが，それが出来なくても，O点の最短距離の地点で A_2 の進むことを阻止する。このO点に G_1G_2 の両者が集るときに既に A_2 はボールを受けて2歩前進し十分にスピードをもった状態でなければならない。そして A_2 は3歩目には，パスをすべき目標に合せて投げねばならない。しかし A_2 は3歩運んでから投げなくてもよいし，またドリ

ブルをしてもよい。ともかくO点から早く離れなければならない。一方 A_1 より P 点へのパスは比較的 G_1 の遠い所を通して投げられるから，スピードも加減出来る。

Q点は G_1 の真後ろになる。G_1 だけについていえば，非常に有効なパス・コースといえる。それに A_1 としてもP点で受けるべく走ったのが，ボールがこないのでO点の通過の時は稍減速する。この時機が G_2 の G_1 との交換を迷う処であるが，一応 A_2 にスピードを合せる。このとき A_1 は G_1 の上を通してQ点へ投げる。A_2 はこれを追掛けるようにスタートを起す。

パスの速度については受ける人の走る速度や，パスの距離によって違うが，受とりやすく，スピードのあるものがよい。

パスをする瞬間に介在する味方プレイヤーは，2人であるが，他の人々は次の瞬間のための準備行動をし，パスを有効に且つ安全にするために，防禦陣の位置を変更させる。

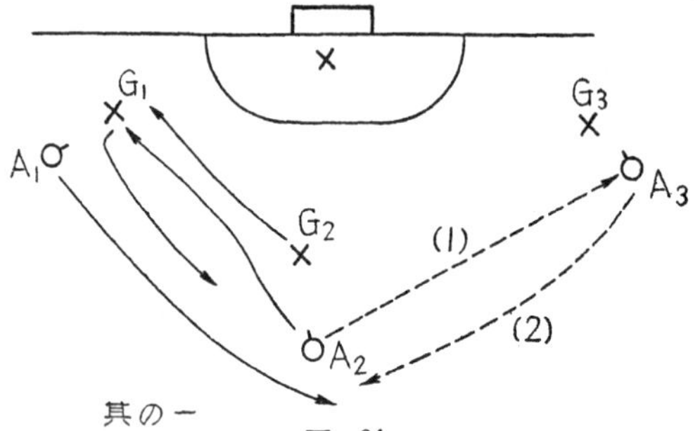

マン・ツー・マン・ディフェンスに対しては，位置交換をしてスクリーンとなり，またゾーン・ディフェンスに対しては大きく展開したり鋭くカット・インしたりして，防禦者を混乱させる。

A　3人による攻め

マン・ツー・マン・ディフェンスに対するスクリーン・プレイ

(a)　中央でのスクリーン・プレイ

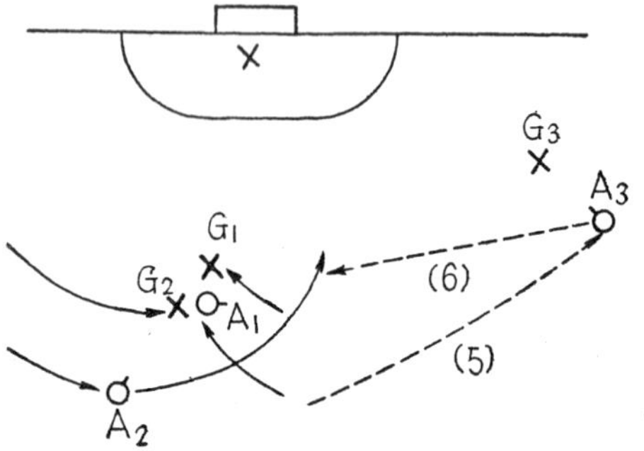

図81で A_2 がボールを持ち A_3 にパスをして A_1 と位置交換，このとき G_1 に向って走る。

中央に来た A_1 は A_3 よりボー

其の一

図　81

図　82

ルを受け，A₂ に渡し，再びボールを受ける。（図82）A₂ は A₁ にパスをすると A₁ に寄ってくる。A₁ は再び A₃ にパスをして，キャッチした時に G₂ をスクリーン（ピック）しに入る。A₂ は A₁ と同時に A₁ の後を廻り込み A₃ よりボールを受ける。

(b) サイドでのスクリーン
　・プレイ

中央で行った方法と同様に導入するが，サイドに交換していった A₂ は中央に寄らずサイドでスクリーンを行う。

また A₂ がボールを持ってスクリーン後のドリブル・インをしてもよい。

(b) クロース・プレイの一
　例

中央で A₂ がボールを持ち，A₃ にパスの後，カット・インする。A₁ はその後ろを廻り込むようにして入リボールを受ける。

(c) ポスト・プレイ（その1）

A₂ が中央でボールを持ち A₁ にパスをする。A₃ はゴール・エリアに沿おて走りながら，A₁ のキャッチを見てボールを迎える様に飛出す。A₁ はこれにスピード・パスをすると同時に A₁，A₂ は交叉して A₃ をも挟むように走り，A₃ はどちらかにパスをする。

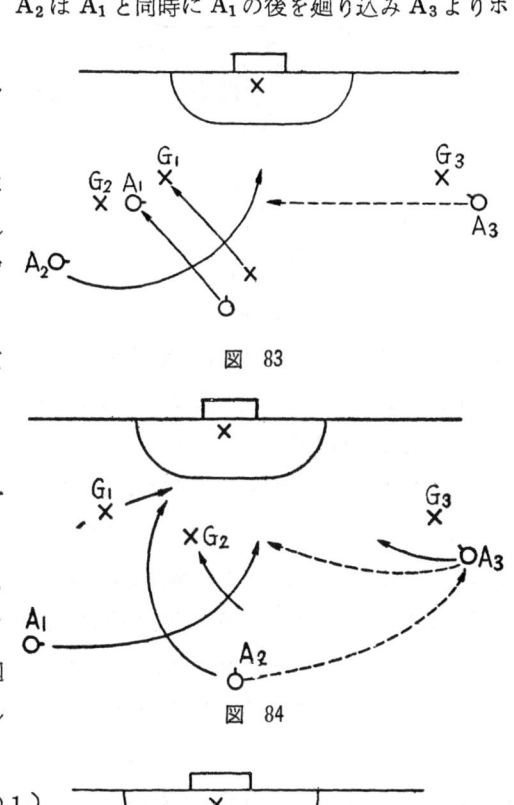

図 83

図 84

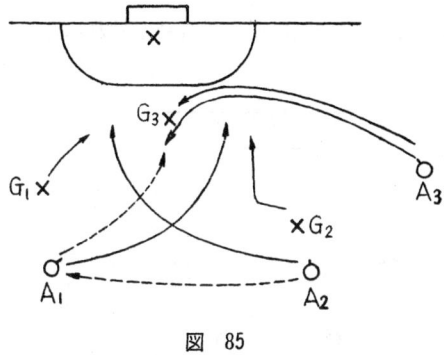

図 85

(d) ポスト・プレイ（その２）

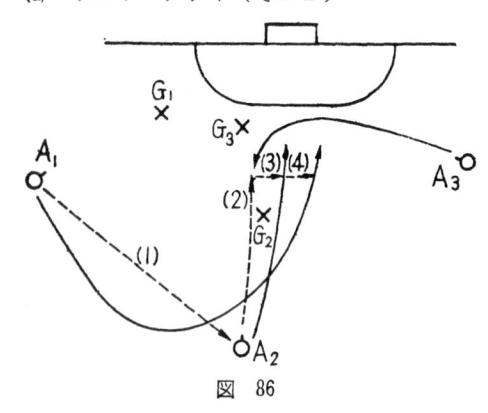

図 86

中央で A_2 がボールを持ち A_1 にパスをする。この間に A^3 はゴール・エリア・ラインに沿うて走る。 A_1は再び A_2 にボールをもどし，ボールにフォローするように大きく廻る。 A_2 がボールをキャッチすると A_3 は迎えるように飛出してボールを受ける。 A_2 はパスと同時にカット・イン， A_3 よりボールを受け，シュート態勢に入るが不可能ならば， A_2 より遅れるように入って来た A_1 にパスをする。

B　全員で攻めるには

　全員で攻めるといっても，所詮は２人による攻撃，或は３人による攻撃の組合せである。また攻撃の不成功が直ちに相手のボールとなることなく，もう一度攻撃を繰返すことである。攻撃は２人の相手に対して３人，３人の相手に対しては４人の方が有利である。そして全員で攻め，全員で守る。

　こうなるとお互のコースを約束してフォーメーションを作る。こうすれば相手はこのように動いてくるとして，得点までの経過をすべて予測するのである。しかも表裏１組の場面を予測しなければならない。実際ゲーム中には，攻撃も相手の防禦に従って行わなければならない。そこで全員のフォーメーシ

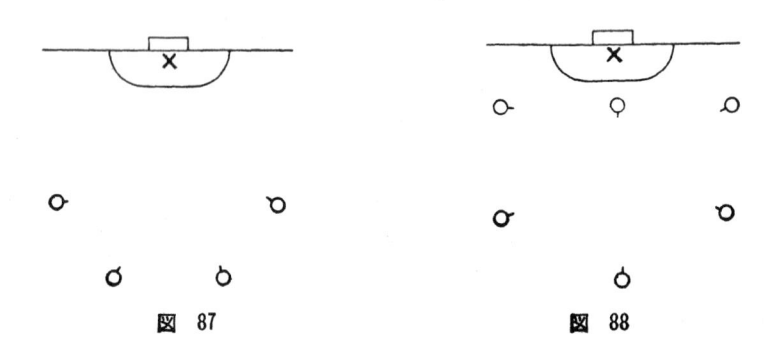

図 87　　　　　　　　　　　　　　図 88

ンとは，各個人のプレーの上になり立つものである。自分達の能力と，相手の技術の程度によって，攻めの技術の組合せを復雑にするか，簡単にするかがきまるので，最初の位置を示してみるだけにする。

そして自分を知り，相手を知るもののみがよいフォーメーションを作り得るものである。

C　特殊場面の攻め

(a)　ゴール・エリア近くでのフリー・スロー

防禦側の反則がゴール・エリアから3m以内で起きたときには，ゴール・エリアから3m離れて攻撃側がフリー・スローを行う。この際防禦側はゴール・エリア・ラインに沿うて正面にならぶことが出来る。フリー・スローは直接シュート出来るが，相手が3m離れているとはいえ，片足を地につけたままで投げる制限があるので，直接にシュートせずに走ってくる味方にクィック・パスを送ってシュートをするのが有利である。これは直接得点に結びつくので判定が難しい。

① 防禦側は3m離れるということ。

② 攻撃側はゴール・エリア・ラインから3m離れるということ。

結局フリー・スローは審判の笛から3秒以内に投げられるが，上の条件の位置にいなければならないのは，いつまでだろうか。攻撃側についてみれば，審判の笛でプレー再開であるから，投げることが許される。しかし投げ終るまで上の制限を受けるから，防禦側についても，審判の笛で近寄ることが許されるのでなく，審判の笛によって制限が始まったことになる。

従って上記の関係はフリー・スローが終るまで続き，フリー・スローが終ったとは，ボールが手から離れた瞬間を云う。

攻撃側のゴール・エリア近くでのフリー・スローは，直接シュート出来るから，防禦側はこれを阻止すべく正面に立ってゴールを防ぐ。ゴール

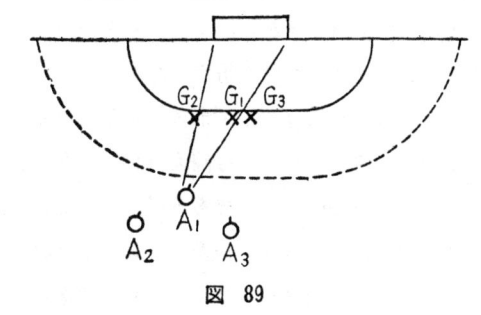

図　89

・キーパーは，シュートする人が見えなくてはかえって不利になるので，ゴール・キーパーにボールを持っている人を見せるために，中央をあける。そしてシュートで最も狙われるコーナーを防禦するように立つ。

　A_1がボールをもって，フリー・スローをする場合に，G_1，G_2はゴール・ポストとA_1を結んだ線上に立つから，A_2とA_3は助走を生かし，A_1よりクィック・パスを受けてシュートをするために，後方に位置する。このときA_2は左，A_3には右のコーナーが空いているので各々それに向うコースをとる。A_1のフェイント・パスに合せてシュートするが，ボールを受けてみると，前に進んだため防禦者の間から，反対側コーナーが見える。したがって走るコースにとったゴールの，反対にシュートする。しかしこの方向は原則であって，走っている方向に投げていけないことはない。

　(b)　サイドでのフリー・スローは，中央よりシュートした方が有利であるが，フリー・スローをする人に対して2人が立つときは，他の攻撃者は防禦者の中間を狙って真すぐに突込む。

　このときのパスは，すばやく廻す必要がある。

　(c)　コーナー・スロー

　相手は3m以内に近寄ることが出来ないから，スローアーの制限をとくために，近くで受けることが有利な場合と，直接に遠方の安全なところへ投げる場合がある。直接シュートが出来るとはいえ，より正確な所からシュートすることがよい。

　(d)　7mスロー

　粗暴なプレイや，明らかにゴールのチャンスのときに反則されたときは，ゴールの正面7mの所から，ゴール・キーパーと1対1で得点を争う。このとき他のプレイヤーはもはや得点したかのように，中央に引上げるのがしばしば見られる。ボールはゴール・ポストから跳返ることもあるので，安全に得点出来るまでは他のプレイヤーも備える必要がある。

　シュートの要領は同じであるが，3秒間持っていられるのであるから，有効に使ったらよいだろう。一般のシュートは動いているが，停止のシュートだけにモーションが大きくなりやすいものである。モーションを大きくするならば

思い切り大きくした方がよいし，小さければ出来るだけ小さい方がよく，普通
に投げるのはよくない。

(e)　ゴール・キーパーの攻撃への参加

　ゴール・キーパーはゴール・エリアから出て，他のプレイヤーと同様に攻撃
に参加することが出来るが，そのときは他のプレイヤーと同様の制限を受ける
ようになる。しかし実際の場合は相手がゴール・エリアのライン・クロースを
犯したときのフリー・スローは，ゴール・キーパーが行ってもよい。ゴール・
キーパーのフリー・スローに失敗すれば，問題なく得点をされてしまうから，
ゴール・キーパーのゴールを離れることは慎重でありたい。

（3）　学習活動

第1時限

A　チーム別に準備運動と復習

B　ゲーム

　攻撃活動に注意する。特殊攻撃もゲームに含めるとよいが，そのためには反
則を厳しく取る必要がある。

第2時限

同　上

第3時限

同　上

単元Ⅳ　ゲームをしよう

（1）　主なねらい

①　ゲームを通して味方チームの利益ばかりでなく，相手チームと共に良い
　ゲームをするようにする。

②　良いゲームをするために相手チームを研究しよう。

③　協力することによって集団の力を知ろう。

④　正式なハンドボールについて知ろう。

（2）　指導の資料

ゲームは自分を試すことである。そしてまた新しい目標をたてて，練習に，試合に頑張るのである。

ここに参考までに単元を終了するときの，学生の反省文の一例をあげる。

「ハンドボール競技について」

某私立大学　　奥　用　恵　二

急に以上のような難問を出されても，数時間の見学，それと去年の乏しい経験のためにいくら考え合せても，これといって思いあたるようなことが少いので一日中考えあぐむ。た〻僕にせいぜいわかることは，このゲームは他のゲームに比してテクニックのしめる位置が大きいということである。何んとなればその名が示すごとく“ハンドボール”。

ハンドとは人間をもっとも人間らしくするところの重要な要因だからである。象や犬でもフットボールのまねなら出来ようが，ハンドボールは出来そうもない。だから人間がもっとも意志のままに運動させられる手をもってなされるスポーツがもっともテクニカルになるのは理の当然である。

このようにもっとも正確に働く手をもってなされる運動に対して，次に大切になってくるのは各プレイヤーの配置である。手は足とちがい，ほとんどその意のおもむくところに球を投げることが出来るが，もしその投げた先にそれを受けとめるべきプレイヤーがタイムリーに配置されていなければハンドのテクニックも台なしである。こまかいことは別として，攻撃の時の作戦の根本理屈はここにあるのではないかと思う。つまりプレイヤーの配置が如何に『粗』であるか『密』であるかによって，また如何にこの二者を組合せるかによって作戦は決定されるように思われる。攻撃に熱中するあまりに，多くのプレイヤーがボールに突進しすぎれば一度敵にボールがわたり，長投されたらそれ切りである。また反対にあまりにも粗になれば敵の攻撃を上手にディフェンスする事は難しくなる。つまりこれはどのスポーツでも同じことには違いなかろうが，グループ全体が一つの有機的なはたらきを持ち，次にどんな事態が起るかを予知してその裏をかき，又その裏をかく。どうような極めて敏速で深い洞察力を

充分な体力と共にもつことが，ベスト・ポリシィになりそうである。僕にはハンド・ボールの一つのアスペクトをとらえて，ディスカッションすることが出来ないことは白状しなければならないが，実際問題として以上僕が書いたようなことを，意識してゲームしているプレイヤーは多くはいないように思われる。この問題が出されてから色々な人々に会って意見を求めたのであるが，大いていの人は"さあね，ただやってるだけで，考えてみたこともないなァ"というような答えをするのである。もっとも彼等の大部分は，僕のように"洞察力"だとか，何んだとか，野暮ったいことを言わないでも，半ば無意識的に必要な体制を整えることが出来るのかも知れないが。……そうなると問題が少しちがう。頭で考えて作戦するよりも，もっと先に頭で考えるよりも，体が動くようになれというのが，少くても僕に関してはベスト・ポリシィになりそうである。そのベスト・ポリシィを得るのが体育上ばかりではなく，すべての（矛盾するかも知れないが，頭脳に関する問題をも含む）悩みなのである。

（原文のまま）

（3）　学習活動

第1時限

（A）　テストの場合

(a)　準備運動

(b)　テスト

(c)　時間があまったとき，ゲーム

（B）　ゲームの場合

(a)　準備運動

(b)　ゲーム

第2時限

同上，ゲームの場合は単元のまとめが必要である。

第3時限

A　準備運動

B　ゲーム

C　単元のまとめ

Ⅴ　評　　　価

　体育活動を行う場合に一つの目標に向って努力さえしていれば，必ず上達するものであるとか，当然認められるべき結果が得られるものだと信じやすい。また体育活動を指導する場合にも，必ず結果は認められ，進歩や結果の必然性を信じすぎて，如何にして過程をたどったか，又期待した結果が得られたかを忘れがちである。

　一つの目標を立て，それに向って努力をしたとき，「我々はどれだけ延びたか」或は「果して進歩したのか，しているのか」を振返り，目標をみつめなおす必要がある。

　ハンドボールの単元が終ったとはいえ，目標にかかげた身体的発達を助成したり，社会性の発展，生活の合理化などに対して，「どれだけ得たか」とか，「どのようになった」とは明確にいえない。ただ「どのようなことが出来るようになった」という技術的発達の段階のみを測定評価する現状である。

　そこで，ハンドボールの単元を終っての評価として，技術的評価にのみついて述べる。

　ハンドボールの競技中の目標に対する目安としては，次のものをあげるのが適当であろう。

① 積極的に授業に参加しているか。
② （熱心に）研究し発表するか。
③ 種々な攻めや守りの方法を活用しようとしているか。
④ 楽しんでゲームや練習をするか。
⑤ 自分や他人の安全について注意するか。
⑥ 自分や他人，相手・味方に対して正しい態度がとれるか。
⑦ よく反省し，研究するか。
⑧ 校内競技会に参加するか。

　技術面として，

パ　ス　① 相手に受けやすいように投げるか。

　　　　② ボールをいつも身体の正面でキャッチするか。

ドリブル　① ボールが手につくようになったか。

　　　　② 高いドリブルと低いドリブルを使いわけているか。

シュート　① 強いシュートが出来るようになったか。

　　　　② 走るコースの反対側に強く投げられるようになったか。

ゲ　ー　ム　① よくフォローをしているか。

　　　　② ボールを受けた反対方向にパス出来るか（パスを反行させること）。

　　　　③ 自分を生かしているか。

　　　　④ 何人かのコンビネーション・プレーが出来るようになったか。

　　　　⑤ 審判が出来るようになったか。

　　ハンドボールのスキル・テスト

1. ハンドボール投げ

　端適にいえば，これはスキル・テストではなく基礎運動能力としての投げの能力テストであろう。テストに際しては投球者に制限を加えることであって，

　(1)　両足を地に接したまま。

　(2)　フリー・スローのように片足を地面につけたまま。

　(3)　ステップをせずに投げればよい。

　(4)　3歩のステップで投げる。

とかがきめられる。Ａコースの過程では3歩の助歩か，ステップをしないが前足を上げてモーションを起し，投げ終ってから後足が離れてよい。Ｂコースではステップせずに投げ，或は片足を地上につけたままがよい。Ｃコースの過程では片足を地面に接したまま，或は両足の固定がよい。記録は 0.5ｍまで読み，1〜3回行うのがよい。

　3. ハンドボールの正確投げ

　ゴールを1ｍ4方に区切り，その手前にゴールと平行に1ｍの地域をとる。中央が4点，その周囲が3点，手前の地面とゴール・ポストとバーが2点，そ

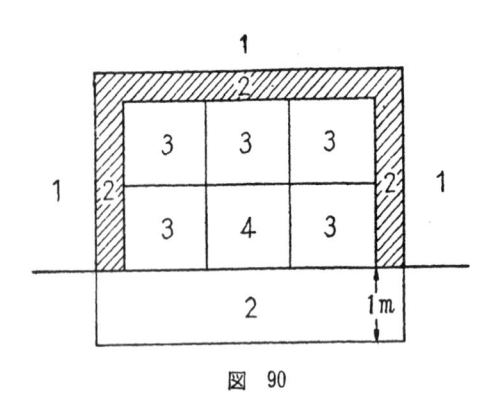

図　90

れ以外を1点とする。

　女子はすべて9m，中学男子は11m，高校男子は13m離れて投げる。

　正確投げのテストは，ゲームの場面よりも的を狙うので余計な時間がかかる。そこでテストには時間的考慮を払い，また生徒相互間でボールのスピード，投げのタイミング，フォームなどを5段階法などによって評価させる。そのために生徒には筆記用具を持たせ，自分の記録なども記入させるとよい。

　他の方法としては，壁に的を作って投げる。そしてリバウンドのボールを投げた位置におき，ある地点まで走って来て，またボールを投げる。この二投間の時間を測定する。しかし時間を計測することは余分な時間を使わないようにしたもので，それ自身には特別の価値を認めないが，被験者には正確投げと，時間測定の両方を知らせることがよい。「どちらが大切ですか」などの質問が出ることがあるので，正確投げと混同しないように注意することと，また助走のステップなどの制限も必要である。

　椅子の上にボールを乗せて，それに当てることもよいだろう。中学生及び女子は6m，男子高校生は7mから投げる。

　3.　パッシング・テスト

　壁にボールを投げつけ跳ね返ったボールを捕え，また投げるのであるが，30秒間に何回出来るかをテストする。壁には地上1mくらいの所に80〜100cmの四角い目標をつくることボールは一度地上に落ちて跳ね返えるように距離をとる。その距離は大体女子6m，男子7mがよい。

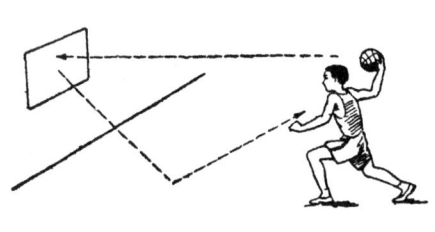

図　91

4. シューティング・テスト

Aコースの過程では図92のよう
にゴールに対して右側からシュー
ト，BCコースの過程では左側か
らがよい。シュートはフリー・ス
ロー・ラインから行う。その手前
3mにボールをおき，そこから5
m離れたところに1m四方の地域
を作る。(T点）T点から8mのと
ころを出発点Sとする。

S から走り出し，T地域に両足
を両肘につけ方向転換，U点でボ
ールを拾ってシュートを行うが，
シュートは走るコースの反対側に
する。5回行って何回入ったかを
記録する。このときもS点からゴ
ールまでの時間を計るとよいが，

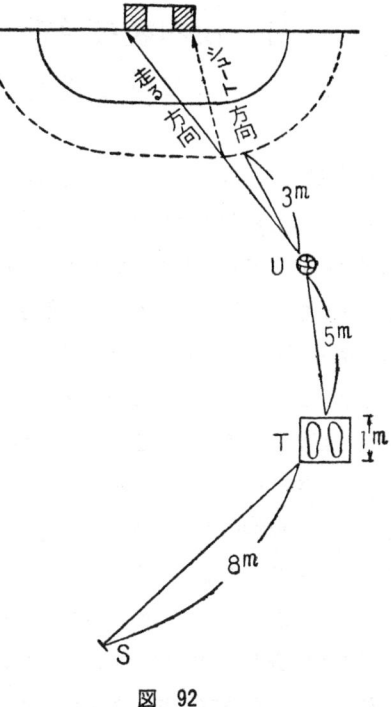

図 92

差は余り出ない。シュートはステップ・シュート，ジャンプ・シュートと型を
一定にしておく必要がある。ジャンプ・シュートは早いように思うが，ジャン
プしてからの時間がかかるので，案外時間がかかるものである。しかし比較的
正確に投げられる。左側はこの反対を行う。

5. ドリブリング・テスト

椅子とかハードルのような
障害物を3m間隔に置いて，
ジグザグ・ドリブルをしてか
える。その時間を測定する。

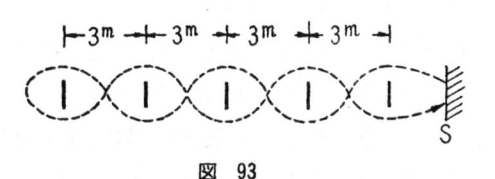

図 93

正確投げばかりでなく，生徒にフォームやボールのスピード，タイミングな
どについて相互評価をさせることによって，被験者以外のものに観察させてテ
ストに参加するようにする。テスト時間の管理も大切なことである。

Ⅵ 校内競技及びクラブ活動との関連における留意点

　校内競技は正課体育の拡充であり，全く目的，目標を同一にするものである。それは必修時だけでは，満足出来ない欲求を満足させることが出来るし，又試合中に生じた問題が必修時の指導の糸口となることもある。又立案や実施などを自主的に行い，他クラスや他学年との親睦を計るだけでなく，クラス担任の選手として，また応援としての参加は校友のみの親睦や理解にとどまらないなど，必修時に見られないよさが数々認められる。

　校内競技の計画は，必修時の体育指導計画をもとに考えられなければならない。もしも二つのコースが出来るとなると，統一ある体育の指導が困難となる。従って組織運営は生徒の自主的活動を尊重はするが，指導者の助成と助言を必要とすることはいうまでもない。

　校内競技が必修時の発展であり，必修時に関係した計画のもとになされるならば，当然全生徒の参加のもとに行われることが望ましい。競技会の内容や期間のうえからも考慮され，なるべく多勢が参加できるように心掛け，たとえば出場しない人でも，「我々意識」をもって，進んで応援として参加すべきである。

　ルールには，必ずしも正式のルールによらなくてもよく，運営委員会などでチーム選出の単位，つまり学級単位，学年単位，地区単位（部落単位）を考慮の上できめられればよいわけである。

　時期については校内競技会として，各種目が平行に行われるときは別としても，各種目別に行う場合には，単元が終了してから行うのがよいだろう。しかし他学級，他学年などの関連や，校内競技の年間計画との関係で，その学校の特殊事情によってきめられるものであろう。

　校内競技は対抗試合だけでなく，練習の期間を設けて十分に行れるのがよい。練習に際しては，その場所，安全の問題，そしてルールの問題も関係して来る。これらに加えて用具施設の問題も生じてくるであろうし，勝敗への態度

の問題が生ずるものである。

　施設用具は必修時のものを利用するわけで，役員の手によって用意され，整備されるだけでなく，練習時こそ，用具の使い方や，手入れの方法などを指導するように心懸けるべきである。

　クラブ活動におけるハンドボールは，正課体育とは全く関係のないものである。ということは少くとも正課時の学習計画の上でのことであって，学校という場の中で，学ぶ者が行う身体活動は，正課体育外といってもその目的，目標を異にするものではない。ただ単に運動をするのではなく，身体活動を通して学ぼうとするものである。

　クラブ活動のあり方として，ハンドボールだけでなく，スポーツに無限の価値を認め，その価値を追求し，努力することによって人間の価値が高められるものとして見る人達，一方スポーツを人間生活の趣味，娯楽として，自己の生活を緊張と解放によって充実させ，学ぶことの能率増進の手段として見る人達。それぞれの価値観によって見方は異るが，身体活動としてのスポーツから学ぶことを，学ぶ者の立場から取扱うときには，体育以外の何者でもない。

　クラブ活動は自発的な人々の集りであり，目的を同じくして集るものである。そして学校生活を通じて長い期間に互って行われる。クラブの組織運営を通して自主的活動を学び，また年令の異った人々，3ケ年に5年代の人と交ることが出来るので，それらの人々との人間関係を学ぶのによい場である。参加は自主的なものとはいえ指導者の立場からいえば，より多数の人々に，より多くの利益を受けさせることにあることはいうまでもない。

　クラブ活動の目標は，とかく対外試合になりやすいものである。対外試合が多くなればハンドボールのためや，一部の強い生徒のためにはなるが，より多くの生徒のためになるとは考えられない。対外試合はそれ自身のよさはあるがそれだけに終始することは，害あって益なしということになる。

　競技会に勝ちさえすればハンドボールが盛んになったとか，実績があがったとは限らないし，また反対に対外試合に負けたからといって，そのクラブ活動が盛んでないとか，実績があがらないとは限らない。スポーツが華かなものであるだけに特にこの点には留意すべきである。

Ⅶ 用 具・施 設

日本ハンドボール協会は，国際ハンドボール競技規則を採用している。
次にその用具，施設の標準を示し，参考とする。

7人制の場合

(1) コートは長さ30〜50m，幅15〜25mに区画された短形で，少くとも40m×20mが望ましい。横はゴール・ライン，縦はサイド・ラインという。

(2) 各ゴール・ラインの中央にゴールがある。ゴールの内側の幅は3m，高さ2m，ゴール・ポストは規定の高さでクロース・バーで固定される。ゴール・ポスト及びクロース・バーは8cmの角材で出来ている。

   背影からはっきり浮び上ってみえるように白〜黒，白〜赤，黄〜黒の二色で塗る。

   ゴールの奥行の長さは上方で80cm，下方で1mである。

(3) ゴールの前方6mの距離にゴール・ラインと平行に3mの長さの線を引きこの線はゴール・ポストの後内側を中心として，半径6mの四分の一円孤でゴール・ラインと結びつけられる。このように引かれた線をゴール・エリア・ラインという。

(4) ゴール・エリア・ラインの外側でゴール・エリア・ラインと平行に3mの距離にフリースロー・ラインが引かれる。（15cmおきの点線）

(5) ゴールの中央から7mの距離にゴール・ラインと平行に長さ1mの線，即ち7mラインが引かれる。

(6) サイド・ラインの中央にセンター・ラインを引く。

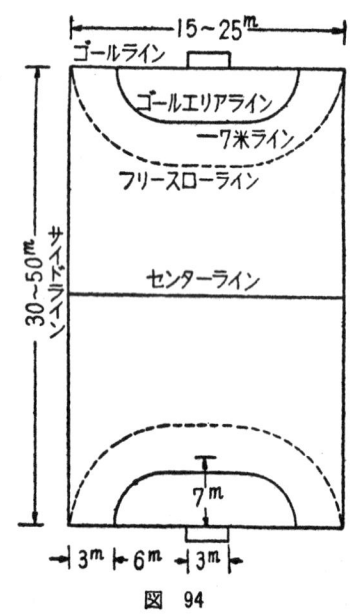

図 94

(7)　すべての線の幅は5㎝，ゴール・ラインはポストの間で8㎝である。

(8)　ボールはゴム嚢を入れた単色の革で出来ている。成人及び青年用は競技開始当初に周囲は58～60㎝，重量は425～475g，女子及び少年用は56～58㎝，375～425gでなければならない。^(註)

（註）高校男子は青年用，中学男子は少年用である。一般に女子用，男子用の名で公認球が市販されている。

ハンドボール競技によるスポーツ傷害

　ハンドボールの外傷及び外傷性疾患は，突指（骨折，捻挫，脱臼）が一番多く，次いで足関節捻挫とアキレス腱斬裂であり，膝，肩，腰部の挫傷が主なものである。籠球，排球，野球，テニスなどは同様の傾向にある。ただ最後の傷の所で野球は野球肩とか，野球肘といわれるもの，テニスではテニス肘といわれるものが多く，籠球では腕関節挫傷が，排球では腕関節挫傷と肘部挫傷が目立っている。ハンドボールは例数の少いこともさることながら，腕関節挫傷は見られず，また肘部挫傷も少なくなっている。ハンドボールに一番近い傾向は籠球であるが，これとの差異は，ボールの重さ（籠球567〜624 g に対して，ハンドボール375〜475 g ）と，その形（籠球72cm〜74cmに対しハンドボール56cm〜60cm）が原因と思われる。

　しかし損傷例数の少いということは損傷が起らないということではなく，ゲーム数の差も原因していると思われる。指導者は特に安全については，十分留意すべきである。因みに1950年度の突指の例数をあげると野球564件，排球116件，籠球37件に対してハンドボールは15件であった。

　（註）「スポーツに因る外傷と外傷性疾患」体力科学（vol No. 6）水町四郎による。

サ ッ カ ー

東京大学教養学部講師 竹 腰 重 丸

東京教育大学講師
日本体育大学講師 多 和 健 雄

I　サッカーの歴史と特徴

1　サッカーの歴史

(イ)　サッカーは，2000年以上も前から行われていたと推定される古い伝統をもっている。東洋では，前漢時代すなわち西歴紀元前200年のころから，すでにゴール・シューティングに類する競技が行われており，西洋でも，ギリシァで行われたエピスキロス（Episkyros）やローマのハルパスツウム（Harpastum）などは，サッカーの発生につながりがあるといわれている。

(ロ)　現在のサッカーのルールは，1863年にイギリスの「フットボール協会」（The Football Association）で決定されたものが土台となっている。このルール統一の機運は，パブリックスクールの教育先駆者達によって促進された。すなわち，サッカーの教育的効果に注目した，イートン，ハーロー，ウィンチェスターなどの学校では，生徒に規律ある生活をさせるため，サッカーを教育的手段として取扱おうとしたが，中世紀の乱暴で無秩序なままのフットボールを導入することはできないので，それぞれ一定の規則をつくった。現在のルールはそれらをさらに統一したものである。

「ウォーター・ローの戦勝をもたらしたものはイートン校の校庭である」といい，「紳士は校庭に於て育成される」というイギリスの伝統は，このようにして培われたものである。

日本では，明治10年ごろ「体操伝習所」で教科の一部として取り入れられ，その後，明治30年代にはいって，東京高等師範学校（現東京教育大学）および同付属中学校で行われるようになり，文部省でもサッカーを教材としてとり上げている。

2　サッカーの現状

高校に於ては，高体連の下に全国高校選手権大会，国民体育大会が行われており，その他，都道府県に於ける選手権大会が盛んである。

中学に於ても，中体連指導の下に地域大会が行われており，中学・高校を通

じてサッカーのクラブ活動をしている学校の比率は42パーセントである。（文部省初等中等教育局昭和31年8月の調査による。）

　学校指導要領保健体育科編では，サッカーを団体的種目 として 取上げており，サッカーを体育的な素材として指導することによって，体育のねらいを達成する上に貢献させようとしている。

　3　サッカーの特徴

　(イ)　サッカーは，技術・体力の優劣に大きく左右される競技で，ゲームの内容は無限に広いが，初心者でも熱中できる。

　サッカーは手を用いないで行うゲームであるから，他のスポーツにくらべて技術的な困難さは大きく，その技術の幅は，ボールが重荷で動きのとれない初心者から，手と同様に巧みにボールを扱う国際選手に至るまで，実に広い。また，大学級の90分間を走り廻るための強靱な体力がなければゲームが楽しめないかというと，小学生がテニス用のゴムボールで行う10分間ゲームでも，サッカー・ゲームは楽しんで行える。

　(ロ)　チーム・ゲームである。チーム・ゲームの特色として，とくに組織力が重要な要素となっている。

　(ハ)　国際競技である。現在，世界蹴球連盟に加盟している国は86を数え，オリンピック種目であり，かつ，世界サッカー選手権大会が持たれている。特に，日本，北米を除けば殆んどの国のナショナル・スポーツは「サッカー」であり，世界のいたるところで行われている。

I　サッカーの性格と指導目標

1　サッカーの性格

サッカーはボールを媒介として行うチーム・スポーツであるという点から，次のような性格をもっている。

①　ボールを媒介として行われるものであること。

②　団体（チーム）で行われるものであること。

③　彼我チームが互に攻め合い，守り合って得点を競うものであること。

そしてさらに，①　のボールを媒介とする方法が，手を使用しないで足でボールを取扱うという点に，他の球技と区分される特長をもっている。

第一のボールを中間に存在させてゲームが行われるということは，スポーツの内容に変化をもたせることであり，特に足でプレイすることは巧緻性を必要とすることを意味する。自己の身体を支配することだけでもなかなか思うように出来ないものであるが，更にボールを足で扱い，自己の相手や，自己のチーム・メートなどを考え合せ，瞬時に判断して行動することが必要とされる。サッカーに於ては，巧緻性，器用性，敏捷性，正確な判断などが必要なことは勿論である。

第二の団体（チーム）を作ることは，協同を必要とすることを意味している。よいチームとなるためには，その成員の人格がすぐれていなければならない。個々の人格が相互に助け合い，協力し合うところにはじめてチーム全体の目的が実現される。ここにチーム・ワークが生れるのである。

第三の彼我チームが互に攻め合い守り合うことは，各人が心身の全能力を一の目的に集中し活用して相手の能力と比較してみることである。とくにサッカーでは，競争する場合に彼我入り乱れて行動し，身体的な接触がおこるが，この身体接触プレイはゲームに活動性を与え，さらに，プレイヤーに速度や力や勇気や高度の調整力を要求する。

以上述べた三つの性格は，サッカーを構成している要素であって，これらの性格をいかしながら指導した場合，種々の体育的効果が得られるのである。

2 指 導 目 標

サッカーを体育の教材として取扱う場合には，次のようなねらいで指導することが望ましい。

（1） 身体的発達に関連して

① 走・跳・投を含む全身的な活動によって大筋群の発達をうながし，筋力・持久力を強める。

② 筋神経や神経中枢，内臓諸器官の発達をうながす。

③ よい体格をつくる。

（2） 技能的発達に関連して

① サッカーに必要な技能を伸ばす。

② 正しい練習法を身につける。

③ 技能の要点を評価できる。

（3） 社会的目標に関連して

① 他人の立場を尊重して，礼儀正しく行動する。

② 正しい権威に従い，規則を守る。

③ 勝敗に対して正しい態度をとる。

④ グループの一員としての役割をもち，協力して責任を果す。

⑤ リーダーの能力を身につける。

⑥ チーム・ワークを評価できる。

（4） 健康安全に関連して

① 正しい練習法を身につける。

② 自分や他人の健康や安全に注意する。

（5） 生活化に関連して

① レクリエーションとして活用する。

② 競技会を計画し，運営し，参加する。

③ 規則をつくり，運用する。

Ⅲ　指導計画の立て方

1　年間学習指導計画の中にサッカーをどのようにとり入れるか。

（1）　サッカーを教材単元として取上げる。

　サッカーは既成のスポーツ活動である。従って，教材単元として取上げるのに便利である。ただ，体育でサッカーを教材としてとり上げる理由は，単にサッカーの技術を学ぶだけではなく，サッカーを素材として取扱い，サッカーという教材を通じて，上述のさまざまな目標を達成させることにある。

（2）　季節を考慮する。

　サッカーは秋から冬にかけてのスポーツである。

（3）　学　年　配　当

　サッカーは，小学校高学年から大学に到る迄の各年齢に応ずる好適のスポーツとして知られている。従って，どの学年に配当してもよい。

（4）　時　間　配　当

　単元学習（一つの目的をもち，問題をもって，生徒の学習活動が発展してゆくようなまとまりをなした学習）を行うためには，一定期間継続して10乃至15時間の学習時間が配当されなければならない。

　また，サッカーを真にスポーツとして楽しみ，十分な技術やルールの理解に到達させるためには，中学校から高等学校の期間を通じて，少くとも3単元，すなわち，第1単元　Aコース（初心者……中学初級程度），第2単元　Bコース（やや経験あるもの……中学校上級または高校初級程度）および，第3単元　Cコース（経験者……高校上級程度）が計画されなければならない。

（5）　校内競技と関連させる。

　単元学習の終りに継続させたり，単元の中途に校内競技会を並行して行わせることによって，学習効果を上げることを考慮する。

2　一単元（コース）の全体計画の立て方

（1）　技能の系統的発達を考えて展開する。

さきにも述べたように，サッカーを教材単元として取扱う場合，サッカーを素材として取扱い，サッカーという素材を通じて体育的なねらいを実現しようとしているが，サッカーという素材そのものには発展的な技能系列があり，生徒の能力に最も適した段階の技能による活動を与えなければ，素材そのものとしての価値を発揮し得ないのである。

従って，自校の生徒の能力を調査し，適当な教材と妥当な技能の到達目標を決定した上で単元の展開を行うことが必要である。

参考までに述べると，第1単元　Aコース（初心者……中学初級程度）に於ては，主としてリードアップ・ゲームの系列を展開させ，サッカーを構成する技能については，ゲーム中の必要感からしらずしらずの中に学習意慾を持つように指導する。

第2単元　Bコース（やや経験あるもの……中学上級または高校初級程度）に於ては，やはり，リードアップ・ゲームが中心となるが，計画的にドリルによって，サッカーを構成する技能の基本的なやり方を修得することも加えて学習させる。そして，高度の作戦やそれに伴う高度の技能は期待し得ないにしても，正規に近いルールによる試合が一応行えるようになることをねらいとする。

第3単元　Cコース（経験者……高校上級程度）に於ては，試合と基礎技術のドリルとが並行して行われ，かなり意識的，目的的に試合の内容を豊富にするための学習をねらいとしている。

（別表の技術学習指導計画案を参照のこと）

（2）　その学校の施設や用具，環境を考慮する。

望ましい形のリードアップ・ゲームやドリルが上げられ，これを配列して単元の展開を計画しようとしても，これを行う施設や用具が伴わなければ実行には移せない。指導計画の立案にあたっては，その学校の施設・用具の実情を考慮し，それらが十分活用できるように工夫すべきであるし，また，地域の環境にあった計画をたてるべきである。

施設・用具の基準については，中学校は文部省調査局統計課，高校については文部省初等中学教育局中等教育課に於て作成された次のような基準が示されている。

校地面積基準案にもとづく学級数別屋外運動場面積一覧表

（単位　m²）

区　　分	3 cl 150人	6 cl 300人	9 cl 450人	12 cl 600人	15 cl 750人	18 cl 900人	21 cl 1050人	24 cl 1200人	27 cl 1350人	30 cl 1500人
中 学 校	4,800	6,600	8,400	9,300	10,200	11,100	12,000	12,900	13,800	14,700
高等学校	8,400	8,400	10,050	11,700	13,350	15,000	16,650	18,300	19,950	21,600

（註）　校地面積基準案

屋 外 運 動 場

中 学 校 {
　3学級以下……4,800m²
　3〜9学級……4,800m²＋600m²（学級数−1）
　9学級以上……8,400m²＋300m²（学級数−9）

高 　校 {
　6学級以下……8,400m²
　〃　　以上……8,400m²＋550m²（学級数−6）

　以上の基準によると，9学級以下の中学校と6学級以下の高等学校では正規のサッカー場を設けることはできないが，少年用サッカー場または8人制用のサッカー場を設けて行うことが望ましい。

体育科用器具基準

	5 学 級 以 下		6〜17学級		18学級以上		備　　　考
	中学校	高等学校	中学	高校	中学	高校	
サッカー・ボール	2	5	4	10	6	10	
サッカー・ハンドボール用ネット	1	1	1	1	1	1	（組）
〃　　ゴール	1	1	1	1	1	1	（組）

　上記の基準によると，サッカー場一面に対して，ゴール並びにネットは各1組であるが，竹などを利用して一面に2組のゴールをタッチ・ラインに設けるように工夫して同時に2つのゲームが行われるようにする。

3　計画を学習活動に移す。

（1）　学習内容を考慮する

　さきに述べたように，この単元では，サッカーという身体活動の場におい

て，健康で活力に富む民主的社会の成員を育てることを目標としている。この学習を個人的角度から見ると，運動技能の発達と関連する身体的機能（形態的発達を含む）の向上，運動欲求の満足と情緒の安定等が考えられ，集団的角度から見ると，社会的発達が期待せられ，さらに現在及び将来の生活と関連させて考えるならば，健康で協力的に職業生活を営み，かつ自由時間を健全に用い得る社会人の形成に貢献しようとする。

　つまり，サッカーという体育運動を行いながら，その学習している内容は単にサッカーの技術なり試合なりの上達のみにあるのではなく（勿論それらが生徒の現実の目標なのであるが），その他の多くの体育のねらいを学習内容 としているわけである。

　それでは，サッカーの単元学習に於て，学習させるべき学習内容を体育の目標から導き出してみよう。

(イ)　技能とルールに関して

①　サッカーを経験する。

②　サッカーの基礎的技能およびゲームに上達する。

③　正確さ，速さ，力強さなどにより技能をテストする。

④　基礎的技能の応用，チーム・ワーク，作戦などを工夫する。

⑤　主審，線審などの審判ができる。

⑥　ボールその他の用具の正しい使用や，グラウンドの整備ができる。

(ロ)　安全と健康に関して

①　基礎的技能や簡易ゲームを十分練習する。

②　ルールを守り，乱暴な動作をしない。

③　サッカーに適した準備・調整運動を行う。

④　グラウンド・用具の状態をよく調べ，危険を予防する。

⑤　軽装となり，運動靴をはいて練習する。

⑥　運動後，身体を清潔にする。

⑦　発達に応じてゲームの時間を加減し，適宜休養をとる。

(ハ)　知識と理解に関して

①　チーム・ゲームの楽しさを経験する。

②　基礎技術やフォーメーションの要領を理解する。

③　速さ，正確さ，力強さなどにより，自分や他人の技能を評価する。

④　サッカーのルールを知り，自分たちに適したルールをつくる。

⑤　能力に応じた練習計画を立てる。

⑥　サッカーを行うことによって得られる体育的効果や，練習法を理解する。

⑦　サッカーの歴史や現状を知る。

㈡　人間関係に関して

　　助け合って練習し，特にチーム・ワークをうまく行う。

①　グループをつくり，役割（リーダー，審判，記録，用具係など）をきめて能率的な練習をする。

②　競技会の計画運営ができる。

③　競技の際には審判の判定に従う。

④　技能の要領，チーム・ワーク，作戦，審判，グループ活動の進め方などについて先生の指示を受けそれに従う。

⑤　集合解散，移動，用具の出し入れ，グラウンドの整備などを規律正しく敏速に行う。

⑥　よい技能やチームワークを賞讃し，よい応援をする。

⑦　グラウンドや用具を公平に使用する。

（3）　学習指導の形態

　では，これらの学習内容をもっとも効果的に学習するには，どのような学習指導の形態がとられるべきであろうか。

　学習指導の形態として挙げられるものは，学級全体を一つのグループとして扱う一斉学習や，グループを解体して行う個別学習や，これらの一斉学習や個別学習に対比して考えられるグループ学習などがある。

　グループ学習は，一つの学級をいくつかのグループ（分団）に分けて学習指導を行う方法であるが，単にグループに分けて学習させるだけのものをグループ学習といっているのではない。真の意味のグループ学習というのは，学習指導における社会的形態（グループ）を重んずるところから考えられる学習の形

態であって，先ず教育目的としての社会的人間の形成，あるいは社会性の発達を目指すものであるが，同時にグループ内の協力関係を促進することによって学習の場（集団の雰囲気）を民主化し，のびのびと学習させることによって一人一人の生徒を伸ばそうとする。さらに，グループ学習は教師の直接的指導より間接的指導の形をとる故に，身近な学習目標につながる活溌な学習活動において自主性の伸張が期待せられる。また，学級人員が過大というべき今日の実情においては，個人差に応じ，学習活動を豊かにすることによって，学習の能率を高めることもできる。このような形態とねらいとをもって指導される学習指導の方法を，グループ学習というのである。

　では次に，サッカーの単元学習にグループ学習の形態を適用することの利害について考えてみよう。先ず効果については，①　サッカーの学習活動は集団的に（学級よりももっと小さな例えばチームという分団を主体に）行われることが非常に多いから，グループ学習の形態をとることが自然である。②　学級人員が多い割に施設・用具の貧弱な現状においては，グループ学習を活用することが学習指導の能率を高めるために効果的である。③　サッカーに関する知識や技能は正課時よりもむしろ教科外に習得されることが多いから，それらを活用することが効果的であり，自主的な学習活動が活溌となる。④　教科外の学習活動（例えば校内大会）は殆ど自主的且つ集団的に行われるから，教科外活動への関連のためにはグループ活動が最もすぐれている。⑤　学習内容の範囲が拡がり，したがって学習効果が大きい，などの点が挙げられる。

　反面，グループ学習に対する次のような批判にも耳を傾けなければならない。すなわち，①　計画の段階や話し合いで無駄が多く，かえって非能率的である。②　少数の優秀者がグループを引ずり，かえってボスがつくられる。③　基礎的能力（技能）が軽視される。④　自主性尊重の美名にかくれて教師の位置が不明確であり，放任になり易い。等である。

　けれども，これらの批判は学習指導法の未熟なために起るものであって，グループ学習を次のように理解する限りそのような批判は消滅するであろう。

　①　グループ学習は，教師の計画的指導のもとに，グループの自主性と成員の協力を重んずる学習の形態である。教師の放任ということはあり得ない。

②　グループの形態を重んずるけれども，一斉学習（学級単位の学習）や個別学習の必要を否定するものではない。目的に応じて，もっとも能率的な方法をとることを奨励する。

③　個人的（身体的）目標のみを，あるいは人間関係の目標のみを強調することのいずれも抽象的な考方である。現実の学習の場はこの二つの側面をもっており，体育というかぎり身体的目標（技能的目標）が軽視されることはあり得ない。

(3)　グループの作り方

Aコースのように，リードアップ・ゲームが中心教材となって学習が進められる場合は，ゲーム毎にチームのメンバー数が変る。グループのメンバーを単元の全期間を通じて固定することは困難である。また，各人の能力がはっきり判らないので，各グループの力が平均になるように異質グループを作ることが難しい。そこでこの期間は，次期の妥当なグルーピングのための資料を集める期間とし，リードアップ・ゲーム毎にメンバーを多少づつ入れかえることも止むを得ないであろう。

Aコースに於ては，グループのメンバーは固定されないが，編成されたグループでは，助け合いによる技能の上達を中心の狙いにした学習活動が常に行われるように意識的に指導されなければならない。

Bコースの後半からは，ドリルと試合に重点がおかれるので，チームを単位としたグループがつくられ，役割が決定せられ，主として話し合いによって教師の指導計画がグループの学習計画に移され，グループの自主性と成員の協力によって学習効果をあげるように指導する。

Cコースでは，単元のはじめから，全期間を通じてグループのメンバーを固定し，各グループに自分達の計画をもたせる。そのためには，計画の段階を設け，教師の計画を学級の計画に移し，学習目標と学習内容を把握させた後，各グループの計画を立てさせる。

一般的に，グルーピングの資料としては，経験や技能，体力テストの結果，社会測定（ソシオメトリー）の結果などが用いられ，各グループの成員は異質のメンバーによって構成され，各グループの力がほぼ均等になるようにするこ

とが望ましい。

4　学習指導の展開例（日案)

段　階	生 徒 の 活 動	指 導 上 の 留 意 点	備　　考
準 備（はじめ)	1.　集　　　　合 2.　話　し　合　い 3.　準　備　運　動	服装，健康観察 本時学習の計画 補償運動を含めて	10 分
主 運 動（なかか)	1.　主　教　材 2.　話　し　合　い 3.　基礎技術の把握 　　と練習	なるべくゲーム（リ ードアップ・ゲーム） を中心に行うが，ねら いとする技術を引出す ように指導する。 　グループ毎の作戦や ゲームに含まれている 基礎技術についての話 し合い。練習法の改善 などについて。 　主教材に入る前に一 斉学習の形式で行った り，話し合いの結果， 必要と思われる技術に ついて特に練習を行 う。	30 分
整 理（おわり)	1.　整　理　運　動 2.　反　省　と　評　価 3.　あ　と　し　ま　つ	矯正運動もかねて行 う。 　メンバー各自の自己 反省，メンバーの相互 批判，グループの成 功・失敗点，成員間の チーム・ワーク，役割 分担，計画設定の可否 について。 　次時の予告，用具， 身体，衣服整理	10 分

年間学習指導計画案

1. Aコース（初心者……中学初級程度）

単元	主教材	10時間配当	15時間配当	指導の着眼点
導入	a. ライン・サッカー b. フリー・フットボール	1	1 1	もっとも素朴な形のサッカー・ゲームを与え、興味をもたせて学習させて行く過程に、ルールの組織化や必要な技術についての動機づけを行う。
キッキング	a. キック・ドッジボール（円形） b. タワー・ドッジボール（方形） c. タワー・ボール d. フット・ベースボール	1 1 1	1 1 1 1	足を備めないで、ボールをける基本について学ばせる。それには、インステップ・キック、サイド・キックの正しい方法をリードをして、ゲームの間に身につけさせる。巨離・正確さはまだ要求しない。
トラッピング	a. トラッピング・リレー b. トラップ・アンド・キック・リレー	1	1	痛くないように、またあまり遠くにはねかえらせないように、ボールを胸・腹・足でとめる方法をリレー形式で学習させる。
ドリブル	b. ドリブル・リレー			ドリブルしてはあまり遠くにいけ出さないで、大体ボールと共に早く走ることができることをねらう。
ヘディング	b. ヘディング・リレー	1	1	ヘディングでは目を閉じないで、ひたいにボールをあてることができることをねらう。スロー・インはルールに定められたフォームを投げられることをねらう。
スロー・イン	c. スロー・イン・ドッジボール			
試合	a. 波状攻撃 b. チェンジ・フットボール c. 両面サッカー d. ツウ・ボール・サッカー e. 正式サッカー・ゲーム	1 1 3	1 1 4	高度のパスやコンビネーションは要求しない。大体ルールを理解してゲームが行えることをねらいとする。

2. Bコース（やや経験ある者……中学上級または高校初級程度）

単元	主教材	10時間配当	15時間配当	指導の着眼点
キッキング	a. 正面キック・パス・ドリル b. 三角パス・キック・ドリル c. ボレイ・キック・ドリル d. フットボール・ラウンダーズ	1 1 1	2 1 1	インステップ・キック、インサイド・キックに習熟する。とくに動いているボールのキックを重点にして指導する。また、ボールを上げたり、高いボールをとめないでける方法について学習させる。
トラッピング	a. トラッピング・シュート・ドリル b. シュート・アンド・トラッピング	1	2	トラッピングにつづいて、キックやボールをドリブルがスムーズに行えることをねらいとする。
ドリブル	a. フットボール・ホイール b. ヘディング・スカウト	1	2	ボールの向きをかえるドリブルができるようにすることをねらう。コントロールできるようにヘディングのできるようにヘディングをねらいとする。
パス	a. パス・シュート・ドリル b. センタリング・シュート・ドリル	1	2	簡単なパスの中で、2人のパスと、キックのボールをとめないでシュートする技術をねらいとして指導する。
試合	a. ファイブ・ア・サイド b. 8人制サッカー c. ウォーミング・サッカー・ゲーム d. 正式サッカー・ゲーム	1 1 2	1 2 3	高度の技術、複雑なパスは未だ伴わないが、断片的にでもパスが通り、意図的に攻撃が行われるように指導する。

3. Ｃコース（経験者……高校上級程度）

このコースは，チームを単位とするグループ毎の自主的学習をねらいとする。そして，学習は，試合と基礎技術の練習を並行させる方法を行う。

試合の計画は，例えばクラスを4グループに分けてリーグ戦を行う場合には，全体を通じて6試合，各グループは3回ずつの試合が行われる。同一の相手と2回ずつ顔を合わせる場合には全体を通じて12試合が行われる。もし1時間に1試合ずつ試合を行う場合のケジュールは次の表のようになる。

組合せ	チーム	a	b	c	d	15時間計画	10時間計画
第一回	a—b	○	○			第4時	第5時
	c—d			○	○	〃5〃	〃6〃
	a—c	○		○		〃6〃	〃7〃
	b—d		○		○	〃7〃	〃8〃
	b—c		○	○		〃8〃	〃9〃
	a—d	○			○	〃9〃	〃10〃
第二回	a—b	○	○			〃10〃	
	c—d			○	○	〃11〃	
	a—c	○		○		〃12〃	
	b—d		○		○	〃13〃	
	b—c		○	○		〃14〃	
	a—d	○			○	〃15〃	

基礎技術の練習の計画は，試合に入る準備として，まず最初の3〜4時間を各グループ毎のシュートとコンビネーションのための練習にあてる。即ち，各グループの間で，場所及び時間・交代方法等を協定して，次の a，b の練習を行う。

a. シュートの練習（ゴールを1面使用）
ドリル5. 横からのボールをとめないでシュート
ドリル6. 後からのボールをとめないでシュート
ドリル7. ボレイ・キックでシュート
ドリル8. センタリングのボールをシュート
ドリル15. 防禦者を抜いてシュート

b. コンビネーションの練習（競技場を半面使用）
ドリル19. キック・オフからの攻撃
ドリル20. 相手ゴール・キックからの攻撃
ドリル21. 味方ゴール・キックからの逆襲

試合と並行して行う基礎技術の練習を次のように行う。

まず，試合に入る前のシュート及びコンビネーションの練習と，試合の時間を除いた，各グループの純粋に基礎技術のために用いられる時間は，次のように，4時間ないし5時間である。
　　〔註〕10時間—3時間（最初のシュートならびにコンビネーションの練習時間）—3時間（試合時間）＝4時間，または，15時間—4時間—6時間＝5時間である。

従って，試合を行っていないグループは，次の練習計画によって学習を進める。
　第1時間
ドリル1. むきあってノー・ストップでけりあう。
ドリル9. 正面からのトラッピング
ドリル11. 向きをかえるヘディング
ドリル13. 障碍物の間をぬうドリブル
　第2時間
ドリル2. 4分の1円周上を行ききしてパスする。
ドリル9. 正面からのトラッピング
ドリル14. 人の間をぬうトラッピング
ドリル16. 2人の間のジグザグ・パス
　第3時間
ドリル3. 円をつくり，ぐるぐる廻りながらパスする。
ドリル10. 後方からのボールをトラッピングする。
ドリル12. 円をつくり落さないでヘディングする。
ドリル16. 2人の間のジグザグ・パス
　第4時間
ドリル4. 4角をつくり横からのボールをとめないでパスする。
ドリル10. 後方からのボールをトラッピングする。
ドリル17. 3人のジグザグ・パス
ドリル18. 2対1
　第5時間
ドリル3. 円をつくりぐるぐる廻りながらパスする。
ドリル16. 2人の間のジグザグ・パス
ドリル17. 3人のジグザグ・パス
ドリル18. 2対1

5　準備運動・補償運動・矯正運動・整理運動

　サッカーは，膝の伸筋・屈筋，腰の伸筋・屈筋を一番よく使用する。また，股関節，膝関節，足関節の柔軟性・可動性が必要とされる。反面，上肢は余り使用しない(ゴール・キーパーや，ハーフ・サイドのスロー・インは別として)。また，ヘディングは相当強度な頸部の筋肉運動である。

　以上のことを考えて，次のような一連の体操を考案した。これを，練習前の準備運動や練習後の矯正・整理運動として実施すると共に，特に第11運動から第13運動までを補償運動（強化運動）として回数を増して行うことが必要である。

第1運動　膝を屈げ伸ばして，腕を前と上に振る運動（8呼間2回）

○　腕と脚の動作のタイミングが合うように行う。

○　伸ばした時には踵・膝がよくのび，振り上げた腕の肘が後方に折れないようにする。

図1　第1運動

第2運動　腕を側に開き，つづいて上に振り上げる運動（8呼間2回）

○　腕を肩の高さに挙げ水平に開く。

○　上に振りあげる時は耳のそばを通して振り上げる。

図2　第2運動

第3運動　片足を前に出しながら胸をそらす運動（8呼間2回）

○　出した脚に体重をのせる。

○　あごを軽くひく。

第4運動　腕と脚を側に振る運動（8呼間2回）

○　爪先や膝を伸ばし，側に高く振る。

○　腕は斜上まで振り上げる。

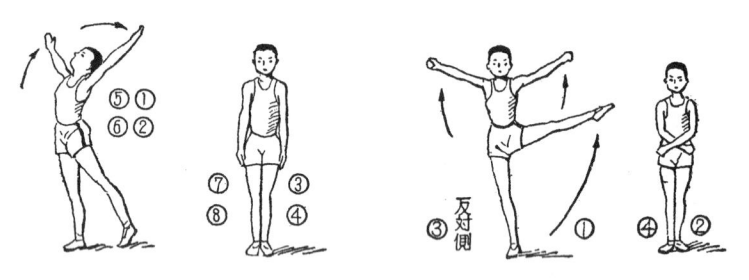

図3　第3運動　　　　図4　第4運動

第5運動　片腕を側にひらきながら体を側に捻る運動（6呼間4回）

図5　第5運動

第6運動　腕を交叉して側にふり，体側をかるく打ってから調子をつけて側

に屈げる運動（8呼間2回）

〇　屈げる時には頭も一緒にまげる。

図6　第6運動

第7運動　腕を振り体を前後に深くまげる運動（10呼間2回）

〇　後屈の時には後方の地平線をみるようにする。

図7　第7運動

第8運動　上体を脱力してぐるぐるまわす運動（8呼間2回）

〇　脱力した両腕が最大の円を腰のまわりに画くようにする。

〇　4呼間で1回まわす。

図8　第8運動

第9運動　頭上と体前で拍手しながら体をそらせ，脚を前に振る運動（8呼

間 4 回)

○　体を大きくのばし軽く拍手する。

○　脚を前にふる時，体を前屈したり，両脚の膝をまげないようにする。

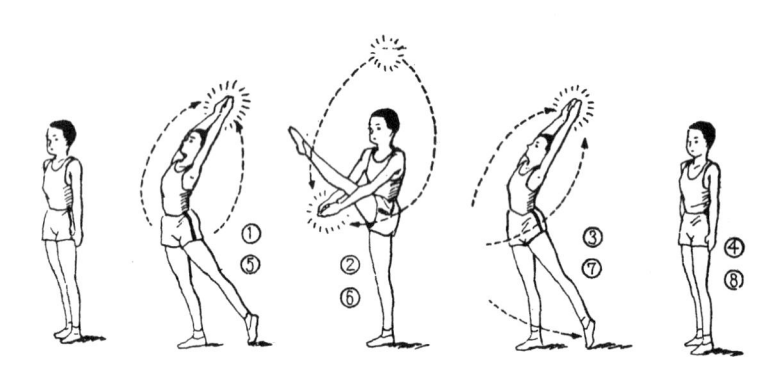

図9　　第 9 運動

第10運動　跳躍運動（小跳躍，大跳躍 8 呼間 2 回）

○　腕を上にふり上げて上方に大きく跳びあがる。2 回ずつ繰返して跳ぶ。

　第11運動　膝を伸ばす運動（10～20回）

○　足先を持ったまま膝を十分伸ばす。

○　足底は地面に平らにつけたまま。

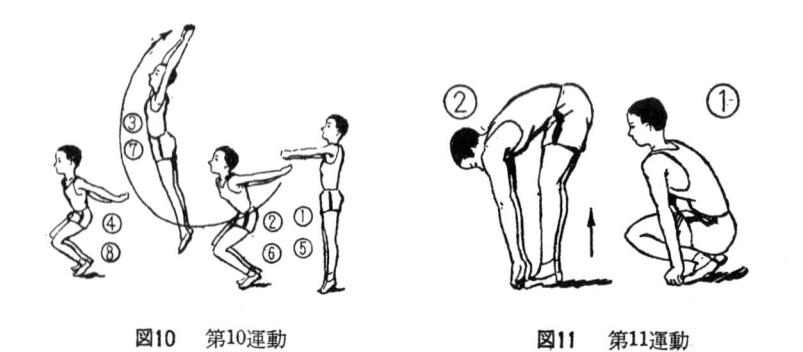

図10　　第10運動　　　　　　　　図11　　第11運動

第12運動　腕立て姿勢で片足の交叉跳び運動（1 秒に交代し，15～30回）

図12　第12運動

第13運動　両脚を伸展させる運動（4呼間ずつ5交代行う）

○　両脚は前後に大きく開き，手は腰にとる。

○　上体を垂直に上下に振動させる。

図13　第13運動

Ⅳ 単元の展開とその方法（附表参照）

1 Ａコース（初心者……中学初級程度）

単元 Ⅰ 導 入

（1） この単元のねらい

　サッカーの歴史が示すように，中世紀までのサッカーは，村対村，教区対教区間の対抗ゲームで，はっきりした競技規則も定めず，ボールを蹴ったり持って走ったり，また街路といわず，原野でも川でも，あるいは家の中でも，とにかくいかなる方法によっても，敵方ゴールに達するのに最適のところを通過して行われる最も乱暴なゲームであったことが知られている。そして，このような乱暴な，単純なゲームであったにもかかわらず，また，国王による再三の禁止令にもかかわらず，遂に滅亡するに至らなかった事実は，このような無組織のゲームでも，充分に若者達の情熱を投入する価値のあるスポーツであったことがうかがえよう。

　今を去る約150余年前，このスポーツを教育的目的のために利用することを思いたったイートン，ハーローなどの教育先駆者達が，教育の手段としてのスポーツとして改良し，乱暴さをとり除いたルールを作成したが，そのルールとても，手を使わないでボールを蹴り運んで，相手の陣に入れるという，今日の対列蹴球のルールと相違はないものであった。

　ルールは，ゲームする間に，プレイヤー自身の要求から生れてくるものである。今日のルールは一夕にして作られたものではない。われわれも，ルールがただあるものだから守るというものではなく，技術の発達に伴うルールの発展の過程をも併せて学びとるようにしなければならない。

　この単元では，もっとも簡単なルール（これ以上譲歩すれば，それはもうサッカー型のゲームではない程度）を与え，先ずゲームに親しみ，その中から自分達で技術やルールの必要を感じとるように指導することをねらいとする。

（2）　主教材の解説

A　ライン・サッカー

　（a）　競技場（図14）

　（b）　施設・用具

　ボール1〜2個

　（c）　競技人員

　30〜60名

　（d）　競技目的

　ボールをけって，相手のゴール・ライン
を越す。

　（e）　人員配置

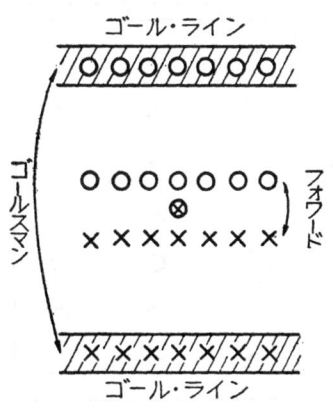

図14　ライン・サッカー

　全員を2つのチームに分け，それぞれのチームをさらに2分して，フォワードとゴールス・マンにきめる。

　ゴールス・マンは，自分のゴール地域の中に散らばる。

　フォワードは，グラウンドの真中に，向き合って横に並ぶ。

　（f）　競技方法

　トスに勝った側がボールをけり出して試合をはじめる。フォワードは，ボールをけって相手のゴール・ラインを越せば得点になる。ボールを手で扱ってはいけない。

　ゴールス・マンは，手を使ってボールを摑んでもよい。とったボールは味方のフォワードに投げてやる。

　得点された側は，ボールを中央にかえして試合をつづける。

　ボールを同時に2箇使用すると，スピーディに行える。

　（g）　罰　則

　乱暴なことをしたり，手でボールをわざと停めたときは，相手側がその場所にボールを置いてける。

B　フリー・フットボール

　（a）　競技場（図15）

　（b）　施設・用具

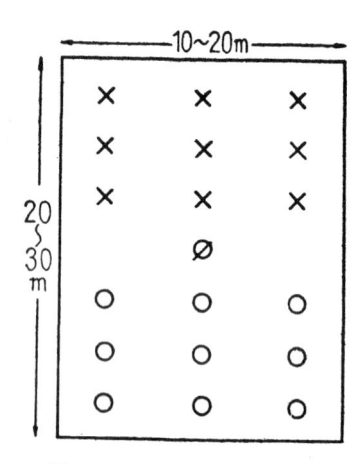

ボール1個

（c） 競技人員

18～60名

（d） 競技目的

ボールを相手ゴール・ラインの後ろに持ちこむ（手を使わないで）。

（e） 人員配置

全員を2つのチームに分け，それぞれのチームをさらに3つに分け，フォワード群とハーフ群と，バック群にする。

図15　フリー・フットボール　（f） 競技方法

トスに勝った側がボールをけり出して試合をはじめる。相手のゴール・ラインを越せば得点になる。誰も手を使用してはならない。

得点後はボールを中央に返して，反対側がけりはじめて，試合をつづける。

（g） 罰則

乱暴な行為や，故意にボールを手で扱ったときは，その場所で，相手側にフリーキックを与える。

（3） 教材の取扱い方

① いきなり，1時間に1つの教材をつづけて経験させてもよい。

② ゲーム終了後，必ず反省のための話し合いを持たせ，技術，ルールについての動機づけを行う。

単元 Ⅱ キッキング

（1） この単元のねらい

この単元では，足を痛めないでボールをける方法を，主としてリードアップ・ゲームの形式によって学習させる。それには，インステップ・キック，サイド・キックの正しい方法の型を中心に指導する。距離，正確さは，高度なものを期待してはならない。ミスしないで，ボールが足に当ればよい。

（2）技 術 の 設 説

（この教材の主教材となっているキッキングのリードアップ・ゲームに入る前に，次のような一斉指導の形式で，説明と動作を一致させながら，けり方の基礎を指導しておくとよい。）

A　インステップ・キックのけり方

　生徒をボールの数に応じて，図16のように配置する。（ボールは，5人に1個は欲しい。）

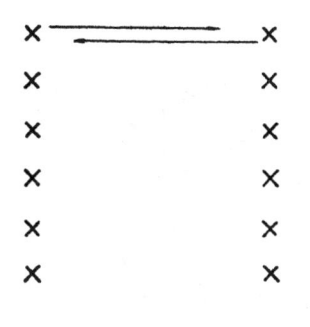

図16

　①　「ボールを足もとにおきなさい。」

　②　「右足の甲が，ボールのふくらみに，真横から，垂直にピタリとふれるように，工夫してみなさい。」（図17参照）

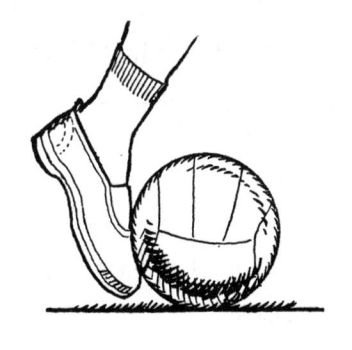

図17　インステップ・キック

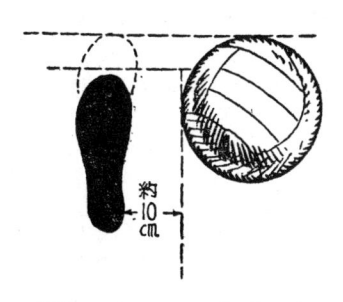

図18　インステップ・キック

　③　「正しく姿勢がとれたときの，左足の位置は，ボールの横にある筈です。」（図18参照）

　④　「右膝はボールの上にかぶさるようになっている筈です。」（図19参照）

　⑤　「これが，ボールをける瞬間の姿勢なのです。」

　⑥　「では，左足をそのままにして，右足を一歩うしろに引いた姿勢から，右足を前に振ってボールのふくらみにあてて止める動作をくりかえしなさい。」

（右足先がのびて，ボールに垂直にあたるようになるまでくりかえさせる。交代して行わせるが，ボールのない者は，地上に円を描かせて，ボールがあるつもりで行わせる。）

⑦　「次は，左足も一歩退って，ボールに正対して立ちなさい。その姿勢から左足をボールの横にふみこみ，右足をボールにあてなさい。さき程の姿勢になるかどうか確かめながらやりなさい。」

⑧　「形が定まったら，右足をとめないで前に振り出してみなさい。ボールは前にまっすぐ転る筈です。」

⑨　「次は，2，3歩うしろから，ゆっくりと走ってきて，試みてごらんなさい。」

⑩　「これが，インステップ・キックです。足の甲のことを英語でインステップということからこの名前がつけられました。」

図19　インステップ・キック

（次に，前からボールをころがしてけらせたり，置いたボールを爪先で前について，動いているうちにけらせる。）

B　インサイド・キックのけり方

（インステップ・キックと同じ体形や方式で行う。）

①　「ボールを右足のくるぶしを中心にした部分で，直角に押し出すように，姿勢をとってみなさい。右足のかかとを前にひねり出すようにしないと，足の内側がボールと直角になりません。」（図20参照）

図20　インサイド・キック

②　「ボールから一歩退って，両足先を前に向けて立ちなさい。この姿勢か
ら左足を先ほどの位置にふみこみ，右足をふり出してボールにあててみなさい。
右足のかかとをひねり出すようにしないと，直角になりません。」

③　「では，右足をとめないで前に押し出しなさい。ボールは前に転る筈で
す。」

④　「次に，2，3歩助走してやりなさい。注意してほしいのは，カニのよ
うに横向きに走らぬことです。ける一歩前迄は足先を前に向けて走り，右足を
ふり出す途中にかかとをひねり出して行くのが正しいのです。」

⑤　「これが，足の内側のキック，すなわち足のインサイドのキック，略し
てインサイド・キックというけり方です。」

（以上ができたら，前からころがしたボールをけらせる。）

（3）　主教材の解説

　A　円形キック・ドッジボール

（a）　競技場（図21）

（b）　施設・用具

ボール　1～2個

（c）　競技人員

30～60名

（d）　競技目的

ボールをけって，相手プレイヤーにあてる。

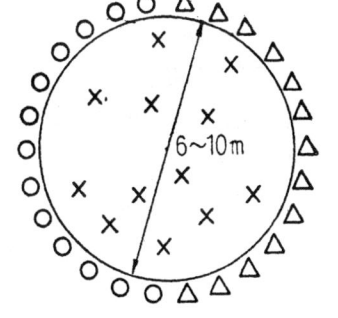

（e）　人員配置

図21　円形キック・ドッジボール

全員を，2，3，又は4つのチームに分ける。1チームが円内に入り，他のチ
ームは円をかこむ。

（f）　競技方法

合図と共に，円外のプレイヤーは，キックで円内のチームのプレイヤーにあ
てる。円内のプレイヤーは，ジャンプしたり，身をすくめたりしてボールを避
ける。3分間にどれだけあてられたかが，そのチームの失点になる。そして，
次々に各チームが中に入り，最後に失点をくらべて，勝敗を決する。

ボールが円内に止まったとき，中に入ってとってもよいが，一度円外の者にパスしてからゲームを続ける。

（g）　指導上の注意

①　なるべくボールを上げないようにさせる。

②　ボールがけられたら，円の反対側の者はミスせぬように注意をすること。

③　円にふみこんでけらせないこと。

④　ボールを2個にすると，スピードが出る。

B　方形キック・ドッジボール

（a）　競技場（図 22）

（b）　施設・用具

ボール　1〜2個

（c）　競技人員

30〜60名

（d）　競技目的

両端から真中のプレイ
ヤーに，キックでボール
をあてる。

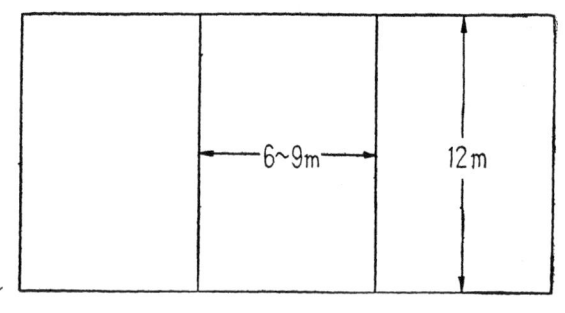

図22　方形キック・ドッジボール

（e）　人員配置

全員を3つのチームに分ける。それぞれのチームは各コートに独立して入る。

（f）　競技方法

両端のチームは共同で，真中のチームをキックで攻める。2分乃至3分ずつで交代をして，最後に失点をくらべて勝敗を決する。

区域外のボールは一度中にパスしてからける。ボールを同時に2個使用してもよい。

C　タワー・ボール

（a）　競技場（図 23）

（b）　施設・用具

ボール1～2個。長さ20cm位の棒3本。細紐15cm。（3本を1括して円の中心に立てる。）

（c）　競技人員

11～20名

（d）　競技目的

円外から，キックで円内の三脚柱を倒し，その後は鬼ごっこになる。

（e）　人員配置

円内に4人のプレイヤーが入り，他は円をとりかこむ。

（f）　競技方法

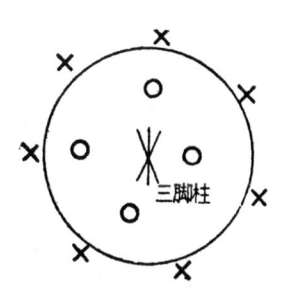

図23　タワー・ボール

円外のプレイヤーはキックで，円内の三脚柱にあてようとする。円内の4人はこれを防ぐ。防ぎ方は，手，足，体でボールを停めてもよいが，けってはいけない。

柱が倒れたら，予め「あの立木を廻る」とか「あの壁にさわってくる」とか，あらかじめ定めておいた目標に向って攻撃者は逃げる。円内の防禦者はこれを追う。円に帰りつく迄に捕えられた者は，交代して円内に入る。

ボールを2個にしてスピード化してもよい。

（g）　指導上の注意

①　円内にふみこんでけらせないこと。

②　できるだけ，ボールをとめないでけるように指導する。

D　フット・ベースボール

（a）　競技場（図 24）

（b）　施設・用具

ボール1個，ベース4個。

（d）　競技人員

18～30名

（d）　競技目的

ボールをけり，ベースを廻って本塁を陥れて得点する。

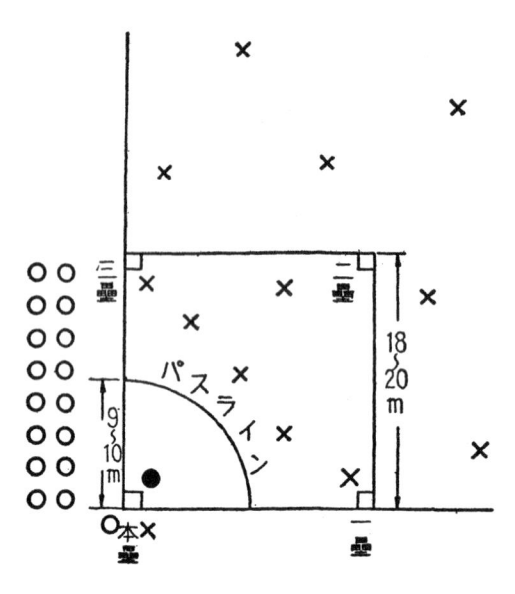

図24　フット・ベースボール

（e）人配員置

　1チームの人員9〜15名の2チームの対抗とする。守備チームの配置は野球に準ずる。

（f）競技方法

　防禦側のキャッチャーはボールをホームベース上に置く。攻撃側は順次にこれをけり，1，2，3，本塁を進んで得点する。

　アウトになるのは，野球のルールに準ずる外，進塁の途中にボールを投げ当てられた場合もアウトになる。

　少し馴れたら，置いたボールをけらないで，ピッチャーがホームに向ってゴロを転し，これをけるようにしてもよい。

（4）　教材の取扱い方

　①　1時間に1つの教材を与えても，1時間に2つの教材を与えてもよい。

　②　けり方の基本は，教材に入る迄に一斉指導の形で指導してもよいし，教材の学習活動の途中で問題解決の形で与えてもよい。

　③　1時間に1つの教材を与える時は，けり方の基本について，20分間位のドリル形式の練習を課した方がよい。

単元　Ⅲ　トラッピング

（1）　この単元のねらい

　この単元では，痛みを感じないで，ボールを胸，腹で止める方法，及び，余り遠くにはね返さないで，近くに足でボールをとめる方法についての基本的な

やり方を主として主教材のリードアップ・ゲームの中で学習させる。横や，後ろなどからのボールを停める方法は期待しない。前方からのボールをやりすごさないで，身近にころがすことができればよい。

（2）技術の解説

A 足のうらのトラッピング

（ボールを5，6人に1箇用意する。5〜6人ずつグループになり，図25のように配置する。

一斉指導の形式で次のように説明しながら，動作と並行して指導する。

① 「リーダーは，ボールを手に持ちなさい。」

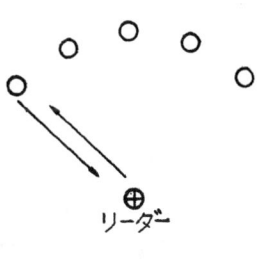

図25

② 「他の人は，リーダーの方を向いて，左足で立ち，右足の爪先を上に向けて，地面と足うらの間にボールがはさまるようにしなさい。」（図26参照）

③ 「リーダーは，ゆるいゴロのボールを，地面と足うらの足にころがしてやりなさい。ボールは自然にとまるでしょう。」

図26 足うらのトラッピング

④ 「だんだんボールを強くころがしなさい。」

⑤ 「こんどは，フライのボールで，目の前でバウンドするように投げなさい。このときは，ボールのはねかえる瞬間をとらえて，足をボールの上にかざすようにしないとミスしてしまいます。」

B 足のインサイドのトラッピング

（生徒の配列は同様）

① 「左足で立ち，右足のインサイドを正面に向けた姿勢をとりなさい。ちょうど，インサイド・キックの形です。」

図27 足うらのトラッピング

②　「リーダーは，右足のインサイドにあたるように，ゆるいゴロのボール
をころがしてやりなさい。ボールは少しはねかえりますが，それでもとまるで
しょう。」

③　「ボールを少し強くころがしてごらんなさい。こんどは，はねかえっ
て，仕末にこまるようになる人ができましたね。」

④　「それでは，ボールがインサイドに
触れたら，ボールの速さと同じくらいの速
さで，ちょっとうしろに足を引きなさい。
そうすると，野球のボールを受けるとき，
グローブをうしろに引くのと同じように，
ボールの力が殺されて，はねかえらずに足
下にとめることができます。」（図28参照）

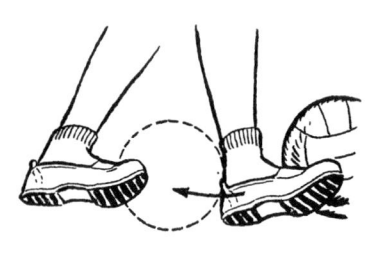

図28　インサイドのトラッピング
（生徒の配列は同様）

C　胸・腹のトラッピング

①　「足をわずかに前後に，両手を肩の高さに上げて，胸をはり，上体を少
し前に傾けなさい。」（図29参照）

②　「リーダーは，胸に当るように，ゆるいボ
ールを投げなさい。なるべく直線になるように投
げなさい。」

ボールは胸にあたって下に落ちる筈です。

③　「このようにゆるいボールは，下にはねか
えって，しぜんにとまりますが，もっと強いボー
ルでは，胸が痛いし，下にはねかえらないで前に

図29　胸のトラッピング

はねかえってしまうことがあります。だから，強いボールに対しては，ボール
が当るしゅんかんに，わずかに胸を引いてみましょう。肩をすくめるようにす
れば胸は凹みます。」

④　「同様に腹に対してもやってみましょう。腹の時は，腹に力を入れてや
って下さい。」（図 30 参照）

（1）　主教材の解説

A　トラッピング・リレー

（a）　競技場

グラウンド

（b）　施設・用具

ボール　2～6個

（c）　競技人員

10～60名

（d）　競技目的

図30　腹のトラッピング

ボールをトラップし，ドリブルして，次々にリレーする。

（e）　人員配置（図31）

（f）　競技方法

チームのキャプテンはボールを先頭に投げる。（予め定めた方法，例えば，ゴロ，フライという風に。1番はこれをトラップしたらキャプテンのところまでドリブルし，ボールをキャプテンにパスして，列の後尾にもどる。2番，3番と同様に行って，早く終了した列が勝者となる。

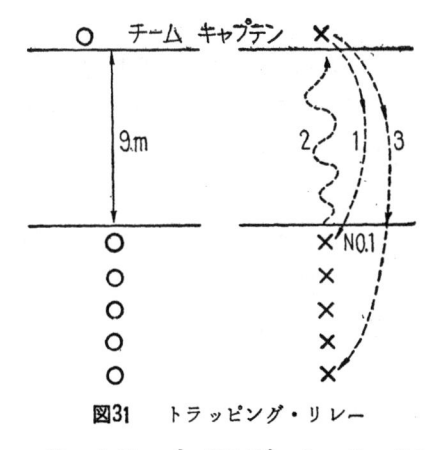

図31　トラッピング・リレー

B　トラップ・アンド・キック・リレー

〔要　領〕

トラッピング・リレーと同様であるが，ドリブルしないで，キャプテンにけりかえす。（図 32 参照）

（4）　教材の取扱い方

この教材は，レリー形式に行うが，ほとんどドリルといってもよいもので，したがって技術の説明に引続いて行うとよい。技術の説明と，a，bの教材と

図32　トラップ・アンド・キック・リレー

で，約1時間を配当する。

単元　Ⅳ　ドリブル，ヘディング，スロー・イン

（1）単元のねらい

　この単元では，ドリブル，ヘディングの基本と，スロー・インの正しい方法を学習させる。ドリブルでは，ボールをあまり遠くにけり出さないで，（1～2米ぐらい前にけり出しながら）フルスピードで，ボールと一緒に走ることができるようにする。

　ヘディングでは，ボールをひたいにあてること，ボールをひたいにあてた瞬間に目をとじないことをねらいとする。距離，正確さは期待しない。

　スロー・インは，ルールに定められた方法，すなわち，両手で，頭上より，両足を地面につけたまま投げられるようにする。

（2）技術の解説

　A　ドリブル

　どんな方法でもよいから，ボールを前に押すか，または，つつくようにして前に進ませる。注意する点は次の2点である。1は，ボールが足下から一時遠ざかる時があるが，できるだけ早くボールの後を追って接近することである。第2は，いたずらに，両足で小さくチョコチョコとボールにふれないで，自分の走る速さに応じて，1～2米ぐらい前に出しながら，スピードのあるドリブルをすることである。

B　ヘディング

次のような順序で説明しながら，要領を会得させる。

①　「ボールを上に投げ上げて，落ちてくるボールを，ひたいの毛の生えぎわに当てなさい。注意することは次の2点です。目を閉じないことと，ボールを必ずひたいに当てることです。頭の頂天にあてるのではありません。」

（思い思いにやらせてみる。これができれば次の段階に移る。それには，リーダーを中心にして，他は扇形に広がった隊形が便利である。）（図33参照）

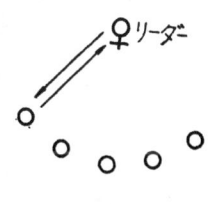

図 33

②　「リーダーの方を向いて，次のような姿勢をとりなさい。足を前後に開いて，上体をわずかにうしろに反らしなさい。手は自然に前にあげましょう。」（図34参照）

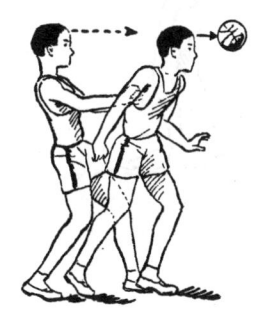

図34　ヘディング

③　「リーダーは，この姿勢をとっている人のひたいに，ゆるいボールを，両手で下手投げで投げてやりなさい。強いボールは駄目です。よく狙ってやりなさい。」

④　「ボールが目の前にきたら，首を前に振るように，上体を起して，さきほどやったように，ひたいにボールをあてなさい。」（図35参照）

C　スロー・イン

①　「ボールを両掌で，図のように持ちなさい。決して片手にばかり多く力を入れてはいけません。」（図36参照）

②　「足は，横に開いてもよいし，前後にしても構いません。」

③　「自分の前に横線を引いて，その線のうしろから，一度投げてみましょう。からだを反らせて，頭の上から投げましょう。」（図37参照）

図35　ヘディング

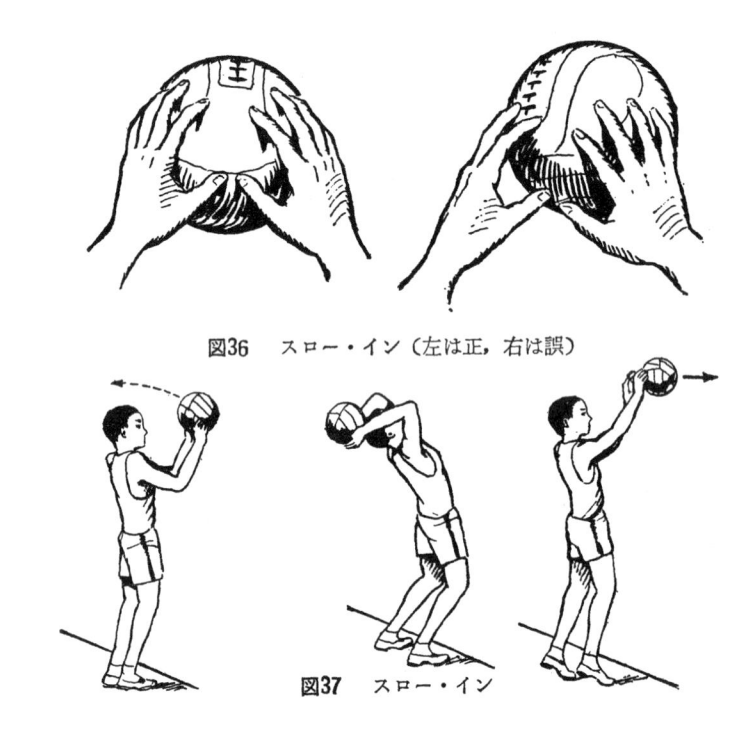

図36 スロー・イン（左は正，右は誤）

図37 スロー・イン

（3） 主教材の解説

A ドリブル・リレー

（a） 施設用具

ボール 5〜10個（50名に対して）

旗 5〜10本（旗竿とも）

（b） 競技目的

ボールをドリブルして，早く目標に到達して帰るリレー。

（c） 人員配置（図 38）

（d） 競技方法

先頭から，合図でドリブルを始め目標物を廻ってくる。スタート・ラインで次の者にパスをする。

人1	옷1	△1
人2	옷2	△2
人3	옷3	△3
人4	옷4	△4
人5	옷5	△5
人6	옷6	△6

図38 ドリブル・リレー

B　ヘディング・リレー

（a）施設用具

ボール　5〜10個（50名に対して）

（b）競技目的

投げられたボールを，ヘディングでもとにかえ
し，チームの全員が早く終ることを競争する。

（c）人員配置（図39）

（d）競技方法

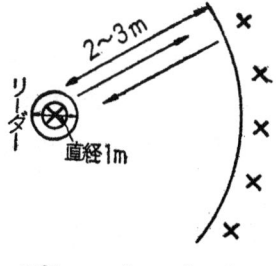

図39　ヘディング・リレー

合図で，リーダーは円内より列生にボールを投げる。列生はボールをヘディ
ングでリーダーにかえす。リーダーは必らずボールを円内より投げる。列生は
線より前に出てはいけない。次々に行って早く終了した組を勝にする。

C　スロー・イン・ドッジボール

（a）競技場（図40）

図40　スロー・イン・ドッジボール

（b）施設用具

ボール　1〜2個

（c）競技人員

30〜60名

（d）競技目的

スロー・インの方法で，相手チームの者にボールをあてる。

（e）人員配置

全員を3等分して，それぞれの区域に1チームずつ入る。

（f）競技方法

　最初両端のチームが協同して真中のチームを攻める。攻め方は，ボールを頭上から両手で投げて，相手にあてる方法で，2分から3分の間に何回あてられたかがそのチームの失点になる。一定時間の後，真中のチームは交代する。全チームの交代が終ったとき，それぞれのチームの失点を比べて勝敗を決する。ボールを2個にすると，スピーディに行える。

（4）　教材の取扱い方

　本単元では，3つの技術を同時に取扱う。

　技術の解説をしたら，直ちにリードアップ・ゲームに入れるように，予め競技場のラインを引いておくことが必要である。

単元　Ⅴ　ゲーム

（1）　この単元のねらい

　この単元では，既習の技術をゲームの中で有効に使用することと同時に，正規のゲームに必要な規則を，技術の程度に応じて順次に理解させて行くことをねらいとする。ゲーム中のパスやコンビネーション，または戦術などは期待できない。ただチームのそれぞれのポジションを理解して，ボールは，バックからハーフへ，ハーフからフォワードへ，そしてフォワードはウィングから中央にボールを送って攻めるものだというサッカー攻撃の定型に従って，人に向ってというよりは，ポジションに向ってパスが送られることが必要である。

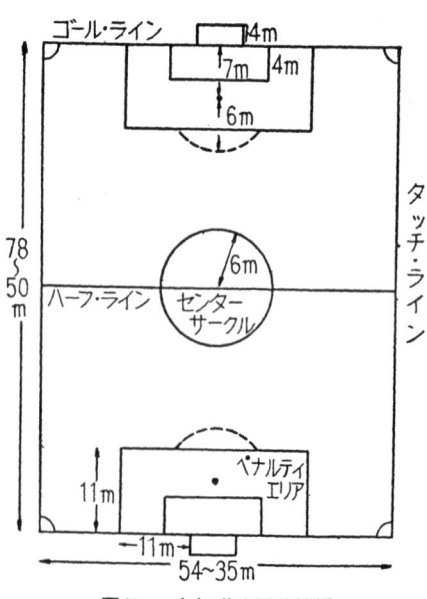

図41　少年蹴球用競技場

　キック・オフ，スロー・イン，

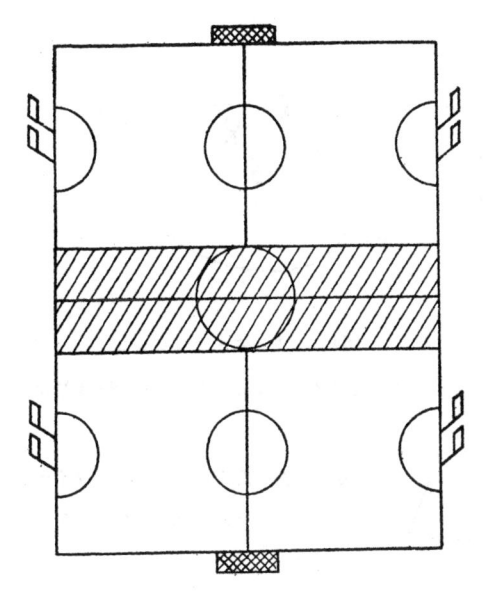

図42　両面コート

ゴール・キック，コーナー・キック，フリー・キックの方法をまず理解させ，校内大会と連続するために必要であれば，ペナルティ・キックやオフサイドのルールを理解させる。

（2）　ゲームのやり方とルールの解説

A　競技場

（a）　少年用競技場規格（図 41）

（b）　成人用競技場を2分して使用する場合（図 42）

B　プレイヤーの配置（図 43）

C　キック・オフの方法

①　ボールがキック・オフされるまでは，競技者はハーフ・ウエイ・ラインを越えて相手方に入ることを許されない。また相手方プレイヤーは円をふみ越えてはいけない。

②　キック・オフした人が続いてボールに触れてはいけない。一度他の人に触れてからならよい。

D　ゴール・キックの方法

①　ボールの出た側のゴール・エリアの半分内においてける。

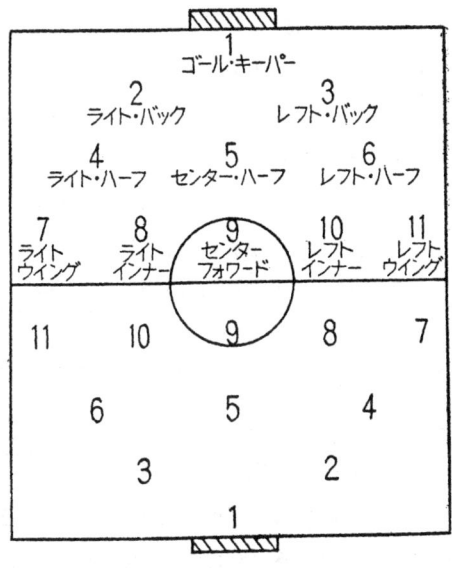

図43　プレイヤーの配置

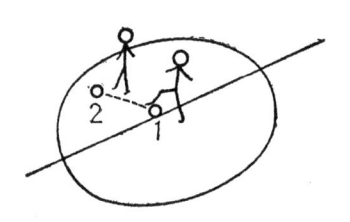

図44 キック・オフの反則   図45 キック・オフの反則

② ボールはペナルティ・エリア外にけり出されてはじめてゲームがはじめられる。

③ それまでは，相手プレイヤーはペナルティ・エリア内に入ってはいけない。

E コーナー・キックの方法

① コーナーの円内にボールを入れてける。

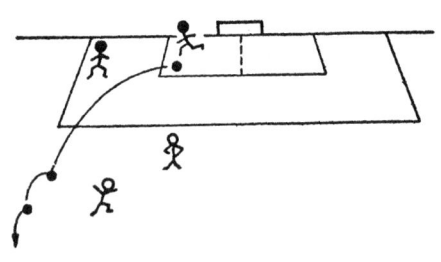

図46 ゴール・キック

② 相手側は，9m以内に近づいてはいけない。

③ コーナー・キックをする人が，つづけてボールに触れてはいけない。必ず，一度他の人にふれてからならよい。

F フリー・キックになる場合とその方法

① 次のような場合には，その反則の起った場所にボールを置いて，反則した反対の側にけらせる。（Aコースで予想される反則についてのみ。）

(イ) 思わず手が出てボールを止めたとき。ただし，近くで相

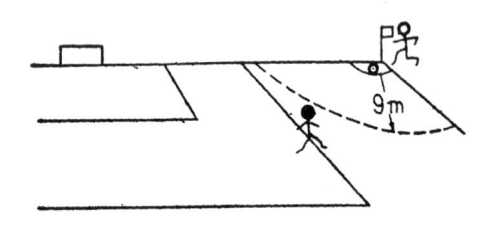

図47 コーナー・キック

手がボールをけるような時，顔をそむけたら，ボールが手にあたったというような場合は「ハンド」の反則ではない。

図48　故意の"ハンド"　　　　図49　"ハンド"ではない。

(ロ)　相手を押したり，相手をつかまえたとき。

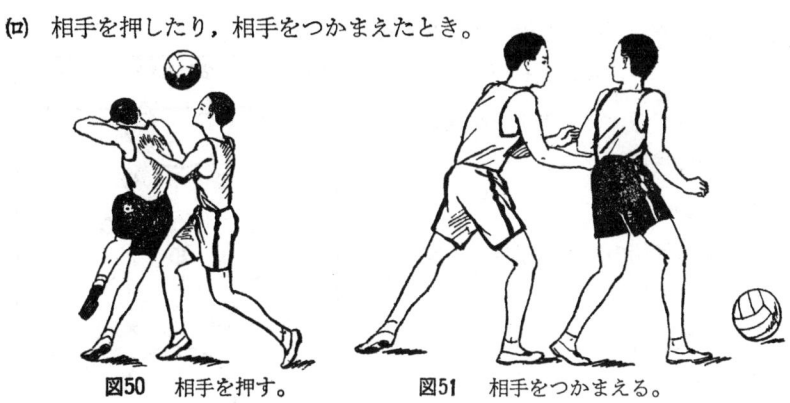

図50　相手を押す。　　　　図51　相手をつかまえる。

②　フリー・キックの時，ける方の反対側は 9m 以上はなれる。

（3）　主教材の解説

A　波状攻撃

（a）　競技場

グラウンド半分

（b）　施設用具

ゴール　一面，ボール　3〜5個。

（c）　競技人員

50〜60名

（d）　競技目的

フォワードの左右のポジション関係と，キック・オフの方法及び，単純な戦

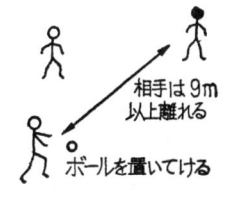

相手は9m
以上離れる

ボールを置いてける

図52　フリー・キック

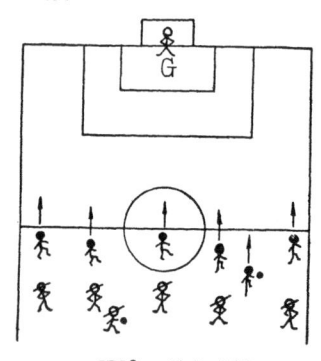

図53　波状攻撃

法でボールを相手ゴールに入れることを学
ぶ。

（e）　人員配置（図 53）

（f）　競技方法

　先頭の 6 人の組からキック・オフをはじ
め，相手ゴールを攻める。サイド・ライン
を出たらスロー・インで続行する。ボール
がゴールに入るか，ゴール・ラインを越し
たら，グラウンドの外を廻って，列の後方に並ぶ。

　ゴール・キーパーは入れない。

　B　チエンジ・フットボール（5人制）

（a）　競技場（図 54）

（b）　施設用具

　ゴールの代用のための旗竿　4本。

　ボール　2個

（c）　競技人員

　30〜60名

（d）　競技目的

　サッカーのルールに準じて，相手のゴー

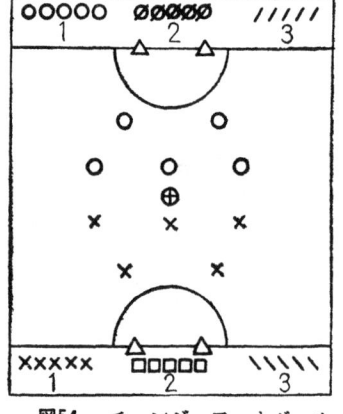

図54　チエンジ・フットボール

ルにボールを入れる。（ゴール・キーパーはいれない。）次々に，メンバーを交
代してゲームできる。

（e）　人員配置

　全員を 2 分して紅白に分け，それぞれの組をさらに，5〜6 名ずつのチーム
に分け，それぞれのチームに番号をつけておく。

　紅白チームは，それぞれ自分のゴール・ラインの後方に，チーム毎に待機し
ている。

（f）　競技方法

　教師は先ず一個のボールをグラウンドの中央に置き，あるチームの番号を呼
ぶ。例えば「2組」と呼んだときは，紅白からそれぞれ「2組」が中央に走り

出る。

　早くボールに到達した方が，ボールをけり始め，後はサッカーのルールに準じてゲームを行う。

　ゴール・エリアの中には誰も入れない。

　5〜10分間行った後，教師は別のボールを中央に置き，別のチーム，例えば「4組」と呼ぶ。「4組」は走り出てゲームをはじめる。

　ゲームをもっとスピード化するためには，ボールがサイド・ラインやゴール・ラインから出たら，教師のかかえている予備球を渡すようにすればよい。

　全部の組が終ったとき，（2回ずつでもよい。）紅，白両組の各チームの得点を合計して，勝敗をきめる。

　C　両面サッカー

（a）　競技場（図 55）

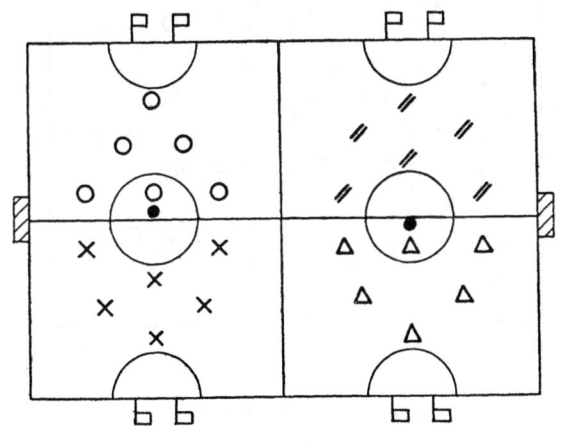

図55　両面サッカー

（b）　施設用具

コーナー・フラッグ　4本，ボール　2個

（c）　競技人員

20〜40名

（e）　競技目的

サッカーに準じて，相手ゴール（ゴール・キーパーを入れない。）にボールを

入れる。

（f）　人員配置

1チーム5〜10名の4チームを，左右のグラウンドに配置する。

（g）　競技方法

ゴール・エリア内には，攻撃防禦チームとも立入ってはいけない。違反すれ
ばフリー・キックを与える。他は正式サッカーに準じて行うが，オフ・サイド
のルールは用いない。

　D　ツウ・ボール・サッカー

（a）　競技場（図56）

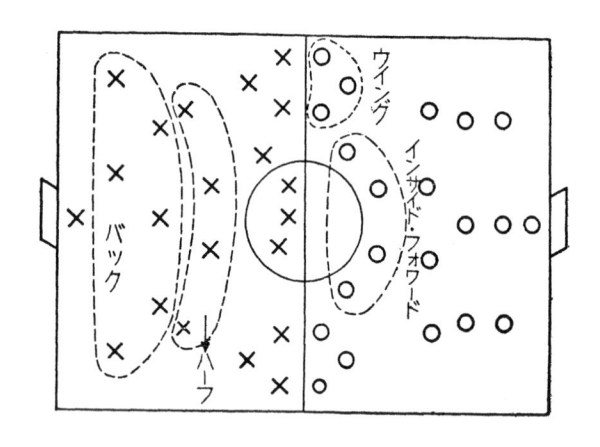

図56　　ツウ・ボール・サッカー

（b）　施設用具

ボール　2個

（c）　競技人員

40〜60名

（d）　競技目的

1つの競技場で，同時に，2個のボールを使用してゲームを行う。

（e）　人員配置

それぞれのチームは，ゴール・キーパー1名と防禦のグループと，ハーフの
グループと，フォワードのグループ（その中をさらにウィングのグループとイ
ンサイドのグループに分ける。）に大別する。

（f）　競技方法

最初から敵味方とも，入りまじっていてよい。

試合は，ボールをそれぞれのゴールから同時にゴールキックすることによっ
て開始される。その後のルールは正規のサッカーに準ずる。但し，オフサイド
のルールは用いない。

審判は，2人必要である。

E　正式サッカー・ゲーム

できれば，正規のメンバー11名で，ゲームを行わせる。

（4）　教材の取扱い方

各教材を独立して，1時間1教材を学習させたり，本教材と，既習単元の教
材の中で，技術の特に不足と思われるものとを組み合わせてもよい。

正式ゲームは，ゲームを行っている者以外の者の取扱いが大切である。リー
グ形式でゲームを行わせて，他のチームのゲームに関心を持たせたり，基本技
術の練習を行わせたりして，学習から遊離しないように気をつける。

　　　2　Bコース（やや経験ある者……中学上級・高校初級程度）

単元　Ⅰ　キッキング　Kicking

（1）　この単元のねらい

すでに，Aコースで，インステップ・キック　Instep Kick や，インサイ
ド・キック Inside Kick の基本について一応の経験をしているので，この単
元では，これらのキックに習熟することをねらいとする。とくに，動いている
ボールを，より正確に，より遠くにけることをねらいとする。

新らしい教材としては，ボールを上げて，遠くにけるために，インステップ
のインサイドを使うキック，Inside of Instep Kick や空中のボールをとめ

ないでける，ボレイ・キック Volley Kick の要領などを学習させる。

（2）技術の解説

A　インステップのインサイドを使うキック　Inside of Instep Kick

コーナー・キックやゴール・キックのとき，ボールを上げてけりたいときは，ボールを斜めにすくい上げるように，足の甲の内側の親指を中心にした部分で，ボールをける方法が用いられる。インステップ・キックの一種であるが，ボールに対して斜めから助走してけることと，足をまっすぐに振らないで，弧を描くようにけることが特徴である。以下その要領を説明する。

①　右足でボールをけるときは，ボールに向って，15〜30度左の方から助走を始める。

②　先ず，ボールの一歩後方，しかもけろうとする方向に対して，15〜30度左に立つ。

③　左足をボールの横にふみこむ。その方法は，必ず足先をこれからけろうとする方向に向けること，及びインステップ・キックのときよりもボールから離してふみこむことである。

図57　インサイド・オブ・
　　　インステップ・キック

④　左足をふみこんだら，右足を振り出し，右足の甲の内側の親指を中心にした部分が，ボールの中心よりやや下を斜めに打ってみる。（ふり出してしまわないで，ボールに当てて停めてみる。）（図57参照）

⑤　そのとき，右足とボールのあたり工合が悪ければ，左足の位置を変えながらやってみる。左足がボールに近すぎれば，右足の後部にあたるし，遠すぎれば，右足の爪先が届く程度になるであろう。うまく右足で，ボールをすくい上げられるようにする。

⑥　左足のふみこみと，右足のボールにふれる部分の関係が判ったら，5〜6歩助走して，実際にけってみる。このとき右足のフォロー・スルーの足は，体の前に交叉するようにけり上げられるのが正しい。

B　ボレイ・キック　Volley kick

ボレイ・キックというのは，ボールを空中でける方法である。ふつう，足の甲，すなわち，インステップ・キックで行うが，近くにける時には，足の内側，すなわち，インサイド・キックで行うことが多い。地面に近いボールと違って，高いボールを足の甲，または，足のインサイドにあてるためには，腿を上げ，膝を上げて，ちょうどボールに足があたるようにしなければならない点が，インステップ・キックやインサイド・キックと異る点で，本質的に，ける方法が全然別のものなのではない。だから，既習のインステップ・キックやインサイド・キックの練習に加えて，高いボールをける機会を与えながら練習させればそれでよい。

(3)　主教材の解説

A　正面キック・パス・ドリル

（a）目　的

インサイド・キックやインステップ・キックで，ころがってくるボールを，正確にまっすぐ前にけることを練習する。

（b）用　具

8〜10人のグループに対して，1個のボール

（c）人員配置（図 58）

（d）方　法

6〜10人ずつのグループに分け，それぞれのグループにリーダーを置いて，図58のように並ばせる。

リーダーは，先頭にボールを送る。（リーダーが未熟のうちは，手でころがす。）

図58　正面キック・パス・ドリル

先頭は，これをリーダーに向ってけりかえして，列の後方につく。

インサイド・キックのときは，リーダーと列の間を $3\sim 4$ m に，インステップ・キックのときは，$5\sim 6$ m にする。

B　三角パス・キック・ドリル

（a）目　的

動いているボールを，インサイド・キックで，少し向きをかえてける練習をする。

（b）用　具

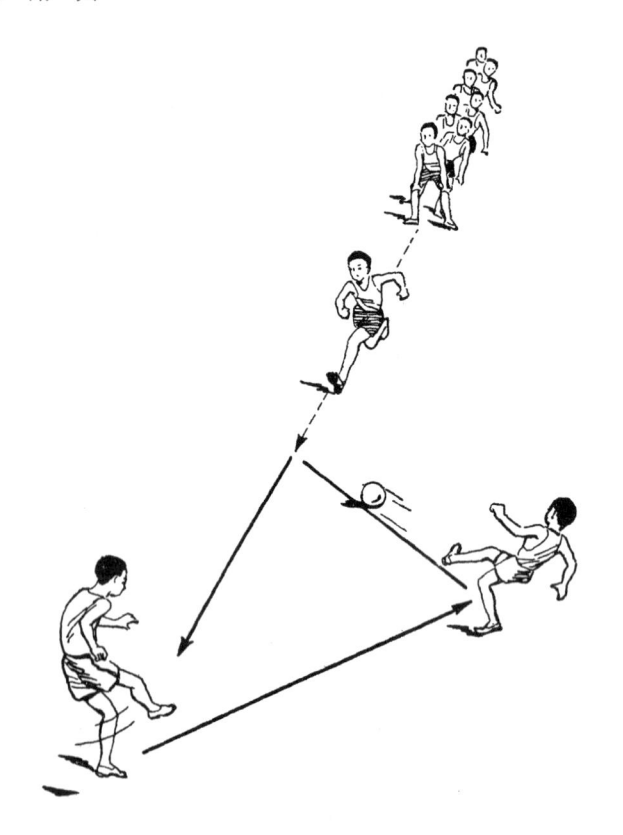

図59　三角パス・キック・ドリル

8〜10名のグループに対して，ボール1個ずつ。

（c）　人員配置（図 59）

（d）　方　法

先ず，Aは矢印の方向に，インサイド・キックでパスをころがす。列生は先頭から走って，このボールをBにインサイド・キックでパスする。Bはこのボールをとめないで，Aにパスする。

次に，Aのボールに対して，列生の2番目が出てパスする。終った列生は，列の後方に帰る。

一定回数の後，Aが左方よりパスを出す。

C　ボレイ・キック・ドリル

（a）　目　的

ボレイ・キックの初歩として，足のインサイドで，空中のボールを近くにとめないでパスする練習をする。

（b）　用　具

8〜12名のグループに対して
ボール1個。

（c）　人員配置（図 60）

（d）　方　法

2人並んで走る。1人はボールを手で相手の進行方向の膝の

図60　　ボレイ・キック・ドリル

高さに落ちる位のボールを投げてやる。このボールを，足のインサイドにあてて，もとの人の胸の高さにかえしてやる。

D　ロング・ボール　Long Ball

（a）　競技場（図 61）

（b）　施設用具

ボール　1個

（c）　競技人員

10〜30名

（d）　人員配置

プレイヤーを2つのチームに分ける。攻撃チームは横に一列になり，番号を
つける。

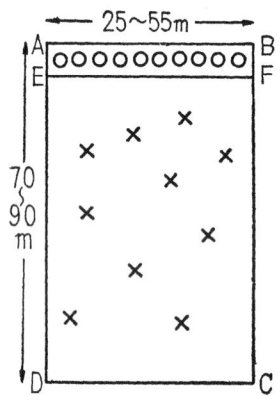

防禦側のチームは，EFCDの区域内にちら
ばる。

（e）　競技目的

攻撃側は，EFのラインからスタートして，
DCラインに到達し，再びEFのスタート・ラ
インに帰ってくることによって得点する。

ランナーは，DCラインで一時待って，チャ
ンスをつかんで走り帰ってもよい。

（f）　競技方法

図61　ロング・ボール　　　　①　防禦側の中のある者が，ピッチャーにな
り，けりやすいボールを下手投げでころがしてやる。攻撃側の者は，そのボー
ルをけってDCラインに向って走らなければならない。

②　ランナーがアウトになる場合は，次の通りである。

（i）　ボールを落さないで，防禦側が2度つづけてヘディングした場合。

（ii）　走っているランナーに，ボールを投げつけて当てた場合。

③　攻撃，防禦チームが交代するのは次の場合である。

（i）　ヘディング，または，ボールを投げつけたりタッチしたりして，3回
　　殺された場合。

（ii）　攻撃側プレイヤーが，ノーバウンドでエンド・ライン，または，サイ
　　ド・ラインの外にボールをけり出した場合。（ゴロで出たのはよい。）

（iii）　攻撃側のプレイヤーがサイド・ラインを出たり，自分の順番迄にDC
　　ラインから帰れなかった場合。

④　守備のプレイヤーは，ボールを持って1歩以上歩いたり，ボールを5秒
以上持っていてはいけない。これを犯して，ランナーにボールを当てても，カ
ウントされない。

⑤　守備プレイヤーが，ランナーにボールを投げて，当らなかった時は，そ
のランナーは悠々とゴールに帰ることができて，1点を得られる。

⑥　交代を迅速にするために，次のような約束をする。

攻撃側がチェンジになった時は，防禦側はその場にボールを置いてゴールラインに向って走り，早く整列する。攻撃側も早くフィールドの中に入り，ボールをとったら，ゆっくりゴールに向って走っている今までの防禦側のプレイヤーに投げつけてよい。もしEFの線に入る迄にボールがあてられたら，ワンアウトが与えられる。

E　フットボール・ラウンダース　Football Rounders

（a）　競技場（図62）

（b）　施設・用具

ベース　4箇，旗及旗竿6本，ボール　2個。

（c）　競技人員

14〜30名

（d）　人員配置

プレイヤーを2つのチームに分ける。）1チームは，7，8，乃至15名位迄がよい）

攻撃チームは順番に，ゴールライン後方に並ぶ。

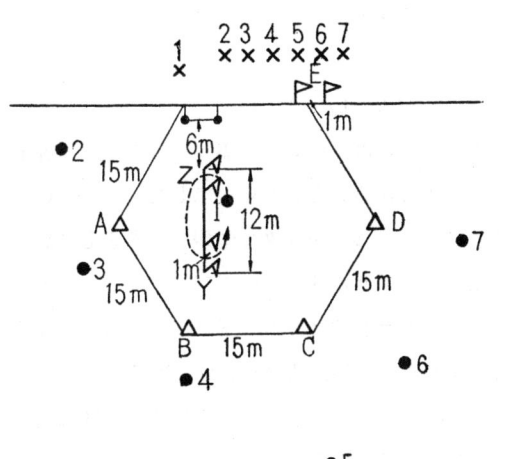

図62　フットボール・ラウンダース

防禦チームは，フィールドに散らばり，その内の1番は，Z，Yの旗門の近くに待機する。

（e）　競技目的

この競技は，英国のラウンダース（野球によく似たゲーム）を模倣した，キックとドリブルのリードアップ・ゲームである。

（f）　競技方法

攻撃，防禦側とも，番号をつける。攻撃側Xの1番はボールを置いてけり，別のボールをドリブルして，A—B—C—Dを廻り，Eのゴールにボールを持ち帰る。

　防禦側は，けられたボールをＺ，Ｙの辺で待機している，・の１番にパスする。・の１番は，ＺとＹの旗門をぐるぐると廻り，Ｘの１番がＥのゴールにボールを持ちこんだ時に，何回ゴールをくぐったかを記録する。

　同様に２，３番と攻撃側の最後のプレイヤーが終る迄続け，最後に防禦側の記録したゴールの総計を記録する。

　次に，攻撃と防禦が交代をしてプレイを行い，両方のゴール回数を比べて優劣を決する。なお，Ｄのベースを越えたら，ボールをＥに向ってけり入れてもよいことにする。

（４）　教材の取扱い方

　この単元では，動いているボールを近くに正確に，またはなるべく遠くにけることができることをねらいにしている。同時に，既習のヘディングやドリブルと結合した形でキックを学習しようとしている。

　教材は，ドリル３，リードアップ・ゲーム２である。

　２時間の計画では，リードアップ・ゲームをそれぞれの時間に一種目ずつと，ドリルを毎時，または分けて行うようにすればよい。

　３時間の計画では，ドリルを最初の時間に行い，後の２時間をリードアップ・ゲームにあてる。

単元　Ⅱ　トラッピング　Trapping

（１）　単元のねらい

　Ａコースで，トラッピングの基本を学習したが，この単元では，トラッピングにつづいてスムースにキックが行えるようにコントロールのあるトラッピングが行えることと，強いボールを停める能力を養う。

（２）　技術の解説

　①　トラッピングは単にボールを止めるというだけの動作ではない。次の動作に移るためのボールのコントロールである。

　②　ボールをコントロールする第一の条件は，ボールの変化に応じて身体を

自由に柔らかく動かせるような態勢におくことである。

③　ボールのとんでくる経路，ボールの回転，高低などに注意して，正確にボールの通過地点や落下地点を判断し，判断と共に敏捷にポジションを移し，常にボールよりも先に好位置をとり，望ましい体勢でボールにふれること。

④　トラッピングしようとするボールは，ゲーム中，実にいろいろな性質でとんでくるから，身体のあらゆる部分を用いて，正確にトラッピングする。特に，足以外の身体でとめるトラッピングでは，常に身体の中央でとめるように心掛けること。

⑤　トラッピングしたら，すぐ次の動作に移れるように心掛ける。このためには，立ち足の膝の関節を柔かくしていることが大切で，決して伸ばして立ったままの姿勢でいてはならない。

⑥　ボールと身体との接触は柔く，ボールを引くように足下に落す。その場合の接触する際の身体を引く感触は経験を多く積むことによって体得されるものである。

（3）　主教材の解説

A　トラッピング・シュート・ドリル　Trapping Shoot Drill

（a）目　的

いろいろな状態のボールをコントロールよくトラッピングして，スムースに次のキックが行える。キックに目標をおくため，ゴールにシュートさせる。

（b）施設用具

ゴール　1～2面，ネット　1～2張，ボール　4～10個

（c）人員配置（図 63）

（d）方　法

足のトラッピング数回宛，胸のトラッピング数回宛という風に数回ずつくりかえして，同じような性質のボールを投げてやる。一応全員ができるようになったところで，交代をして行う。

ボールの投げ役，ボール集め役，ボール送り役を予め定めて，ボールを迅速に投げてやれるようにする。

図63　トラッピング・シュート・ドリル

B　シュート・アンド・トラッピング　Shoot and Trapping

（a）　競技場（図 64）

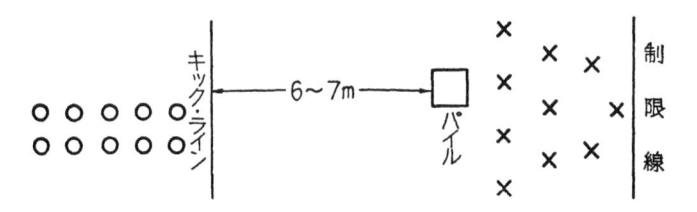

図64　シュート・アンド・トラッピング

（b）　施設用具

高さ60cm 位に木れん瓦を積んだもの，またはその代用品（ボールが当れば倒れて，又容易に積み直しのできるものがよい。）

（c）　競技人員

20〜30名

（d）　競技目的

目標のパイルにボールをあてる正確蹴と，守備側のトラッピングのリードアップ・ゲーム。

（e）　人員配置

競技者を2つのチームに分ける。攻撃側はキック・ラインの後方に並び，防禦側はパイルと制限線の間に散る。

（f）　競技方法

攻撃側のプレイヤーは，キック・ラインより目標に向ってキックする。もし

ボールが目標を外れて，しかも防禦側に停められないで制限線を越したら，防禦側は１点を失う。攻撃側のキックが目標を逸しても，ボールが防禦側に停められたならば，"ワン　ダウン"となる。攻撃は"スリー　ダウン"で交代する。

　目標が倒された時は，キックした者は早く目標に走り寄り積み直す。一方守備側は，キックでこのプレイヤーにボールをあてれば，そのプレイヤーをアウトにすることができる。守備側があてないで，首尾よく目標を元のように積み重ねて，キック・ラインに帰ってきた時は一挙に３点が与えられ，しかも，さらに５回アウトになる迄攻撃が続行できる。

（4）　教材の取扱い方

　トラッピング・シュート・ドリルとシューティング・アンド・ストッピングとを１時間の教材に行っても，くりかえして２時間に行ってもよい。

　トラッピング・シュート・ドリルはゴールを二面使用すると能率が上る。

単元　Ⅲ　ドリブルとヘディング　Dribbling and Heading

（1）　この単元のねらい

　この単元では，ボールの向きをかえるドリブルと，ややコントロールのあるヘディングを学習させる。

　ボールの向きをかえるドリブルでは，右または左にボールの進行をかえることが主眼であるから，円周上をまるくカーブしながらドリブルすることから始める。

　ヘディングは，一応Ａコースで基本を学んでいるから，これをゲーム化して，自然にコントロールの必要さを学ばせるようにする。

（2）　技術の解説

Ａ　ドリブル

　直線ドリブルで，いわゆるボールと共に走ることに加えて，ボールの進路をかえるためには，足のアウトサイドでボールを扱うことができなければならな

い。例えば，ボールを左へ，左へとドリブルするときは，右足のインサイドと左足のアウトサイドで左へ左へとボールを寄せながらドリブルする方法が用いられる。（図65参照）

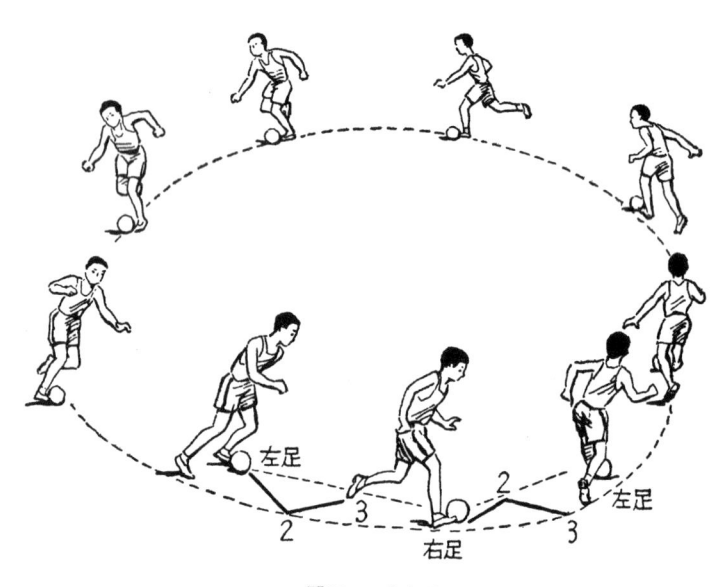

図65　ドリブル

B　ヘディング

　立ったままのヘディングの基本は，すでにAコースで学習したが，実際にはジャンプして行うヘディングが多く用いられる。ジャンプして行うヘディングも基本の姿勢はスタンディングの場合と同じであるが，とび上るタイミング

図66　ジャンプ・ヘディング

と，ジャンプして空中での姿勢のバランスを崩さぬこと，及び空中でのボール
を打つスイングが問題である。この技術を練習するには図のようにロープを張
り，助走してとび上り，ロープの上に首を出してヘディングさせる方法がよ
い。（66図参照）

（3）主教材の解説

A　フットボール　ホィール Football Wheel

（a）目的

まるくカーブしながらドリブルする技術をリレー競技の方法で学習する。

（b）用具

ボール　20〜28名に1個

（c）人員配置（図 67）

（d）方法

合図によって，各組の1番はボールをドリブ
ルしはじめる。円の外をドリブルしてボールを
2番に渡す。終った者は次々に列の内側に入
る。列の最後の者がボールを1番に渡して，最
初のポジションに早くかえった組が勝者となる。

右廻り，左廻りを実施する。

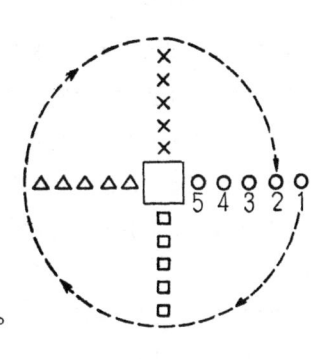

図67　フットボール・ホィール

B　ヘディング・スカウト　Heading Scout

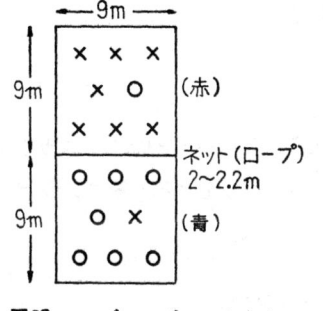

図68　ヘディング・スカウト

（a）競技場（図 68）

（b）施設・用具

長さ　9〜10mのネット，又は，ロープ。

高さ　2mの竹竿　2本，

ボール　1個

（c）競技人員

16〜20名

（d）競技目的

味方同志，ボールを落さないでヘディングを続ける。

（e）　人員配置

　赤組のコートの中に，青のスカウトが1名，青組のコートの中に，赤のスカウトが1名混る。

　両チームのメンバーの数が8名より多い時は，相手のコートに入るスカウトの数を2名以上にする。

（f）　競技方法

　先ず，青チームのプレイヤー　○　が，自分のコートの後ろのベース・ラインから，ネットを越して赤コートの中の青のスカウトにボールを投げてパスする。赤の者は妨害してよい。そして青のスカウトがボールを得たら，そのスカウトは自由に，ネットを越して，自分のチームにヘディングしやすいボールを投げる権利ができる。

　青チームの者は，スカウトから投げられたボールをヘディングで，落さないように続けて3回パスする。（2回でも，4回でもよい。）3回パスに成功したときは，そのチームに1点がカウントされ，続いて反対コートにいるスカウトにサーブを続けることができる。

　もし，スカウトがボールを摑めないときは，ボールのサーブ権は相手に移る。

　一方のチームが，ヘディングでポイントを重ねている限り，そのチームはサーブ権を失うことはない。

　このゲームは，スカウトの能力が重要である。スカウトはよく動き廻り，相手の穴を見つけてボールを受けなければならない。

（4）　教材の取扱い方

　この単元は，A，Bの教材を1時間で取扱う。Bのヘディング・スカウトに入る前に，ネットまたはロープを利用して，ジャンプして行うヘディングのドリルを行うとよい。

単元　Ⅳ　パス　Passing

（1）　単元のねらい

この単元では，ゲーム中に用いられるパスの中，2人で行うショート・パスと，ウィングからのセンタリング・パスを学習させる。これらのパスは，得点と直結しているパスであるから，中級のコースに於てマスターされなければならない技術である。

（2）技術の解説

A　2人のショート・パス　Short Pass

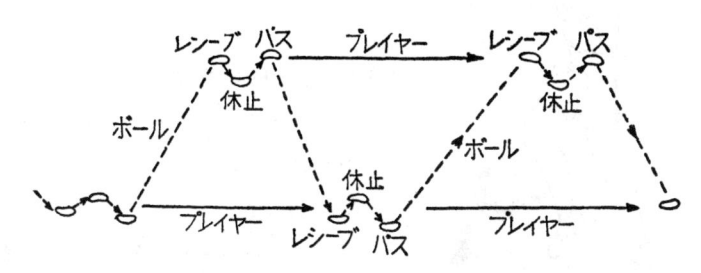

図6ʒ　ショート・パス

図 69 のように2人並行して走りながら，外側の足のインサイドでトラッピングして，次に同じ足のインサイド・キックでパスすることをくりかえす。

　上達すれば，トラッピングを内側の足のアウトサイドで行うこともできる。

　このパスで注意することは，トラッピングの際，ボールを自分の進行方向にコントロールよく押し出すことと，パートナーの進路に，パートナーのスピードに合わせてボールを出すことである。

B　センタリング・パス　Centering Pass

　ボールをフォワードの翼　Wing から中央に上げてけるパスのことをセンタリング・パスという。

　ボールをタッチ・ラインに沿って相手の陣深く持ちこみ，敵の注意をボール近くに引き寄せておいて，その背後のしかもゴールに一番近いところにボールを送つて味方に突込ませるこの方法は，得点に至る定石として戦法の第一にあげられるものである。

　センタリングのキックは，ボールを，インステップの内側の親指の辺を中心にした部分で，ななめにすくい上げるようにするけり方である。このキックで

注意しなければならぬ点は，ボールが前に転っている状態でけるため，ややもするとふみこみ足が浅すぎて，けり足が充分にボールにひっかからないことがある点と，ふみこみ足の爪先をゴールの方向に向け難いため，ボールが進行方向に対して直角にとばない点である。従って，ふみこみ足を深く前方にふみこみ，爪先は目標に向け，けり足でボールを充分にひっかけるようにしなければならない。（図70参照）

図70　センタリング

（3）　主教材の解説

　A　パス・シュート・ドリル　Pass Shoot Drill

（a）目　的

　2人のショート・パスとシュートの能力を高める。

（b）用　具

ボール　4〜8個

（c）人員配置

　一方のゴールに8名ずつの3組を配置する。1組はゴール後方でボールを拾う。

（d）方　法

　最初A，B組が実施，C組はボール拾いになる。一定時間後，順送りに交代する。シュート後，列の後方に帰る時，外を廻って次の組の妨害にならぬようにする。

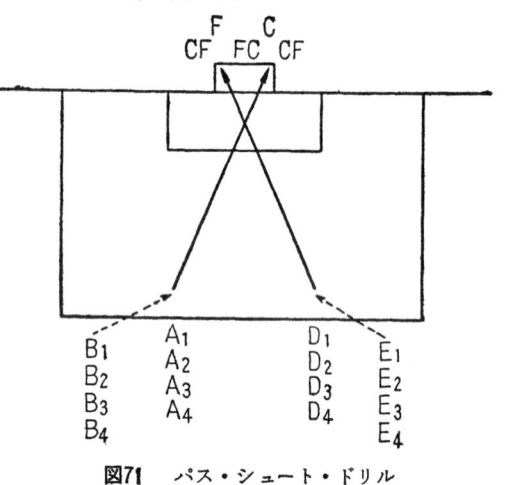

図71　パス・シュート・ドリル

　B　センタリング・シュート・ドリル　Centering Shoot Drill

（a）目　的

ウィングからボールをゴール前に送るセンタリングの能力と，センタリングのボールをゴールに向ってシュートする能力を養う。

（ｂ）用　具

ボール　6〜12個

（ｃ）人員配置（図 72）

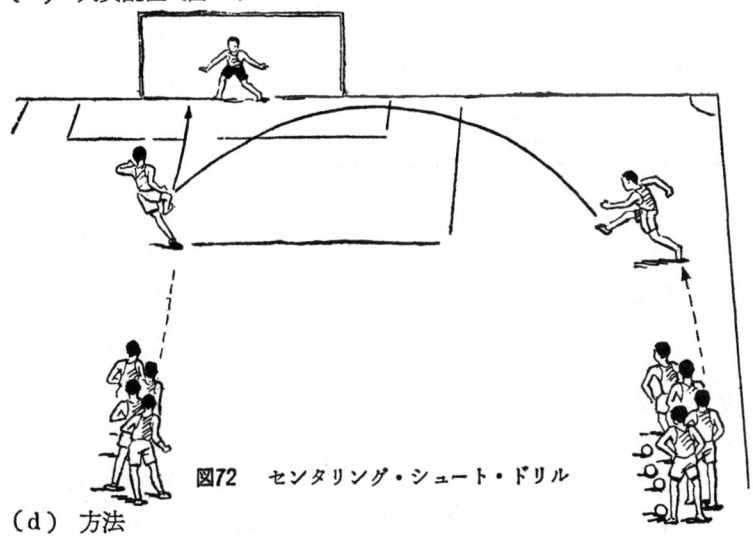

図72　センタリング・シュート・ドリル

（ｄ）方法

ウィングの列の先頭よりボールをドリブルして進み，センタリングをする。中央の列はこのボールをできるだけ停めないでゴールにけり入れる。

　センタリングの技術が高度すぎて成功しないときは，コーナーフラッグに向ってドリブルしないで，ゴールの方向に向ってドリブルし，ペナルティ・エリア近くからパスを送るようにすればよい。

（4）　教材の取扱い方

　本単元の教材はドリルを主としている。ドリルでは，何回もくりかえして行うことが上達の早道であるから，できるだけボールを遊ばせぬように回転を早くさせる留意が必要である。

　教材に充てる時間は，Ａ，Ｂ教材を1時間に行い，2時間に行うときは反復して行うのがよい。

単元 Ⅴ　ゲ　ー　ム

（1）　単元のねらい

　高度の技術は未だ伴わないが，正式のルールに従ったゲームが一応できるようになることをねらいとする。従って，リードアップ・ゲームは最少限にとどめ，11人で行うゲームを中心にして学習を進める。そのためには，グループ学習の形態を推進する。グループ学習によって，チームの作戦や，自分のチームの実状に応じた技術の練習や，さらにルールの研究を行わせる。

図73　キック・オフ

（2）　技術の解説

　A　キック・オフの例

　ボールをインナーにキック・オフしたら，一度ハーフサイドにバック・パスをすると，フォワード全員が前方に出る時間的余裕ができ，そのフォワードに向ってパスを送ると，チャンスが生れる場合が多い。

（図73参照）

　B　スロウ・インの例

　スロウ・インのとき，相手がピタリとマークしていると，ボールを投げても味方のボールにならない場合が多い。従って，相手のマークをはずして，自由なところでボールを受けるようにすると有利である。そのためには，図61のように，それぞれ反対の方向に走って相手のマークを外すようにするとよい。

　C　オフ・サイド **Off Side** の解説

　サッカーに限らず，相手のゴールを陥れて得点する形式のスポーツでは，相

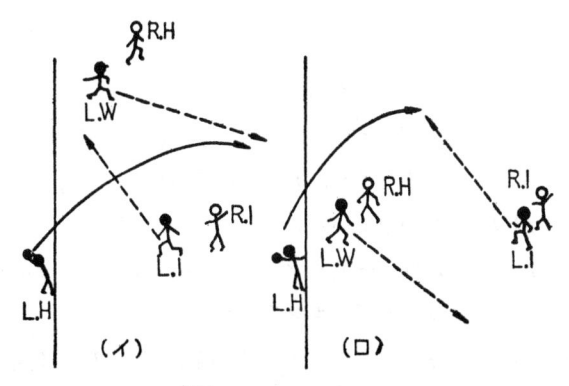

図61　スロー・イン

手のゴール近くで待ち受けて容易に得点するような方法を制限するルールを設けている。これは，試合が単調になることを防ぐために，攻撃方法に制限を加えたもので，サッカーではオフ・サイドのルールがそれである。このルールが犯された場合には，その結果容易に得点に到ることが多いので充分にこのルールを理解しておく必要がある。

　蹴球競技規則によれば，

「ボールがプレーされた瞬間に，そのボールより相手側ゴール・ラインに近い位置にいる競技者は次の場合を除き，オフ・サイドである。

　①　その競技者がハーフウェイ・ラインより味方の側にいるとき。

　②　その競技者と相手側のゴール・ラインとの間に相手方の競技者が2人以上いるとき。

　③　ボールは最後に触れたものが相手方の競技者であるか，もしくは自分自身がプレーしたものであるとき。

　④　ゴール・キック，コーナー・キック，スロー・インからのボール，もしくは主審が落下したボールを直接受けようとするとき。

　罰則。本条の反則にたいしては，反則のあった場所で，相手方へ間接フリー・キックが与えられる。」

となっている。

　つまり，あるプレイヤーがオフ・サイドにならないためには，ボールが味方のプレイヤーによって最後にけられる瞬間に，次のような立場に居ればよいわ

けである。

① ボールよりも先に出ていない。

② ボールが相手側のプレイヤーに触れたとき。

③ 自分より相手ゴールラインに近く，相手が2人以上居る。

④ 自分の側のハーフの中にいる。

⑤ 直接に，自分で，スロー・イン，コーナー・キック，ゴール・キック，またはレフリーのドロップ・ボールを受ける。

次に，試合中に予想されるオフ・サイドの場面を図示して解説してみよう。

① ゴールとボールの間にいるプレイヤー。（図75参照）

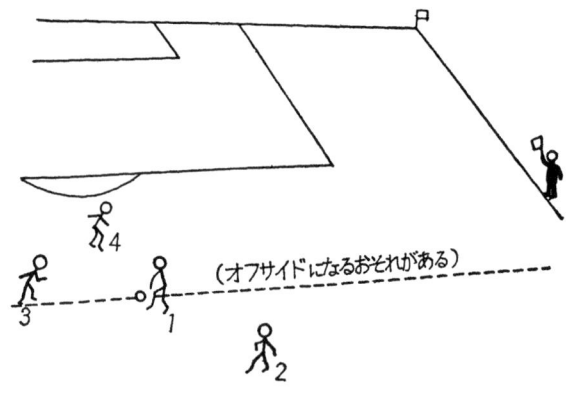

（オフサイドになるおそれがある）

図75　オフ・サイド

1はボールをけろうとしている。ボールを横切ってゴール・ラインに並行な点線を仮想した場合，この線がオフ・サイドか否かの限界線となる。

2はいかなる場合にもオフ・サイドになることはない。ボールと同一線上の3もオフ・サイドにならない。しかし4はオフ・サイドになる可能性がある。

② 防禦者が2名以上いなければならない。（図 76 参照）

攻撃側2，3，4はボールより相手側ゴール・ラインに近い。1がボールをける瞬間，2はオフ・サイドではない。しかし，2人の防禦者の手前のプレイヤーと並んでいる3　，4とはオフ・サイドである。何故なら，1がボールをけるとき前方の味方のプレイヤーと相手のゴール・ラインとの間に，相手のプレイヤーが2人以上居ないからである。

③　ボールが相手のプレイヤーに触れた場合。(図 77 参照)

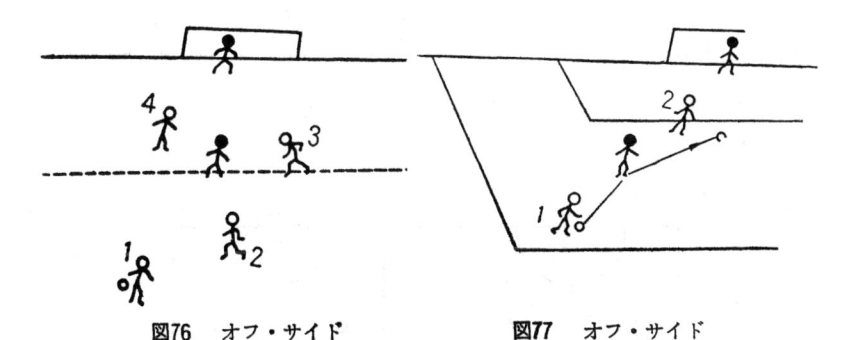

　　　　図76　オフ・サイド　　　　　　図77　オフ・サイド

　1 がボールをキックしたとき，2 は明らかにオフ・サイドである。ラインズ・マンが之を認めて旗を上げる前に，ボールが相手のプレイヤーに当つたときは，2 のオフ・サイドは取消される。もっとも，相手に当る前に，審判が笛を吹いて 2 のオフ・サイドを宣告したときはその決定に従わなければならない。

(3)　主教材の解説

　A　ファイブ(またはセブン)・ア・サイド Five (or Seven) a Side

　(a)　競技場 (図 78)

　(b)　施設用具

　20名または28名にボール

1〜2個

　(c)　競技人員

20〜28名

　(d)　競技目的

　サッカーに準じてゲーム

を行うが，人数が少いため

パスが容易に通ることと，

交代が迅速に行えるためゲ

　　　　図78　ファイブ・ア・サイド

ームの基礎を学習するのに能率があげられる。

　(e)　人員配置

　1組4〜7名のチームを4チームつくり，2組はコート外に待機させる。チームのメンバーの中，1名をゴール・キーパーにする。

（f）　競技方法

10分間ずつゲームを行って交代する。

　B　　8人制サッカー

（a）　競技場（図79）

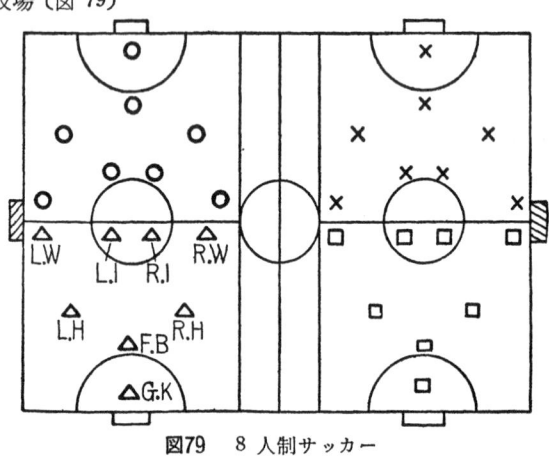

図79　　8人制サッカー

（b）　施設用具

ゴール代用の旗　　4本，または　　高跳用スタンド　　4個。ボール2個。

（c）　競技人員

32〜40名

（d）　競技目的

　正規のゲームに準じて行うが，少い人数でスピーディにゲームができる。さらに，2面でゲームを行うため，1面で11名ずつのゲームを行うより能率があげられる。

（e）　人員配置

　8人の中，1人はゴール・キーパーになる。4人はフォワード，2人がハーフバック，1人がフルバックになる。

（f）　競技方法

　正規のサッカーのルールに準じて行うが，ゴール・キーパーがボールを受け

とめたら，ハーフ・ラインまでボールをはずませて持ち運んでよい。そこから味方に手で投げてパスする。

C　ウォーキング・サッカー　Walking Soccer

〔要領〕正規のサッカーに準じて行うが，すべて動作を歩いて行う。この違反に対しては，フリー・キックで罰する。

この方法で行うと，ドリブルで相手を抜くよりも，パスで抜く方がよりよい方法であることを自覚するようになる。

グラウンドを小さくして（例えばグラウンドを2分して），1チームのプレイヤーを，6，7，8名程度で行うとよい。時間は10〜20分間。

（4）　教材の取扱い方

この単元には，5〜7時間が配当されているので，どちらのプランに於ても最初の3時間を，リードアップ・ゲームにあてる。

残りの時間は，正規のゲームを行うが，リーグ形式で行い，できれば，校内大会に継続するように計画する。

3　Cコース（経験者……高校上級程度）

（1）　このコースの指導方針

このコースでは，10時間乃至15時間，チームを固定し，本当に「われわれのチームを育てる」という意識で，それぞれのチーム毎に独自のグループ学習が活潑に行えるよう指導する。

授業の進め方としては，クラスを数チームに分け（各チームの実力がなるべく均等になるように配慮する），各チーム毎にキャプテン，マネジャー，用具施設係，記録係等の役割をきめさせ，チーム内の話し合いによって練習計画をたて，チーム毎の代表者間で試合方式，順序，練習のためのグラウンドの配分等をきめさせる。

しかし，練習の計画をグループの討議によって作るといっても，資料がなくては手がかりが得られない。今までのグループ討議で失敗しているのはこの点

であって，教師はこの点にこそ指導の重点を向けるべきであろう。従って，生徒が具体的に毎時の練習計画をたてられるように，教師は資料を提供してやることが必要である。

そして，学習を始めるにあたり，このようにして10〜15時間にわたる毎時の練習計画が決定されたならば，これを各チームの記録にとどめ，爾後はその計画に従って，各チーム毎に自主的な技術の習熟を狙いとしたドリルを中心とするグループ学習が進められ，一方では次々にグループの間の試合が行われる。爾後の学習活動に於ても教師の指導がなされなければならないのは勿論であって，グループ学習だから教師は放任でよいというような考え方は誤った考え方である。ただ，できるだけ生徒の自主的活動，グループ内の自由討議を助長するという点から，教師の指導は問題提起，資料提供の形で行われるのがよい。もっとも，技術のフォームのように早く正しいモデルを示した方が能率的な学習である場合には，全員を集めて，一斉指導を行うことは，何らグループ学習の本質を損うものではない。

（2）施 設・用 具

A　競技場

１面のみのグラウンドで，試合が行われている間は他のグループが何らの活動もできないような運動場では，グラウンドを２分して，試合を２面で同時に２試合行えるようにしたり，１面を試合用にし他を技術練習用にするようにしないとどのチームも満足できるように活動ができない。

そのために，グラウンドが狭くなってもゲームの本質を損うもの で は な いし，メンバーを８〜９人制で行うようにすれば，かえってボールのパスがよく通り，シーソー・ゲームが展開されて面白いものである。

ゴールは竹でも丸太棒でもよく，横木の代りに，ロープを代用してもよい。

B　用　具

ボール　各グループ（チーム）に２〜３個（なお，特にボールを多く要するドリルのためには，試合を行っているグループの試合に使用していない残っているボールを充てるようにすればよい。）

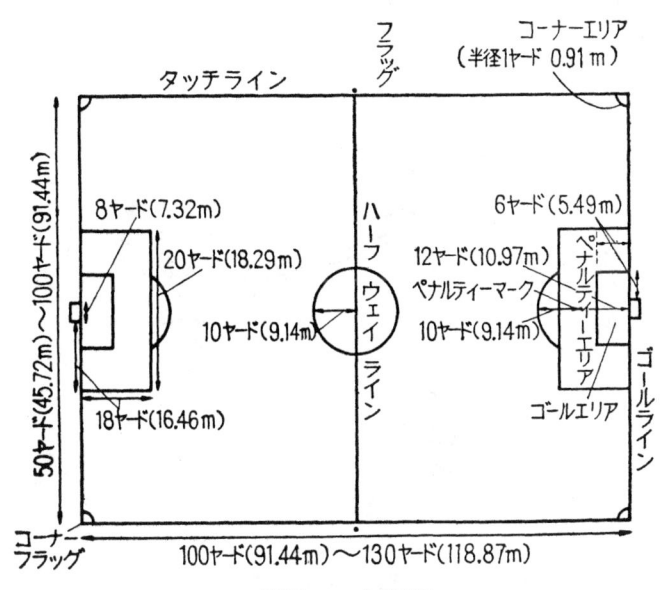

図80　正式競技場

チームの色別のためのタスキ 2 色22本。

審判用笛

ラインズ・マン用旗　4本（同時に 2 組の試合を行う時のために）

（3）教 材 の 解 説

（以下は，学習の頭初に方り，練習計画をたてる際の資料となるものである）

　A　キックのためのドリル

ドリル　1　向き合ってボールを停めないでサイド・キックでけり合う練習。
2 人で行っても，5〜6 人で円をつくってけり合ってもよい。

図81　ドリル　1

ドリル　2　4分の1円上を走り，中心に向ってサイド・キックでボールを
パスする練習。

図82　ドリル　2

ドリル　3　円をつくり，ぐるぐる廻りながらサイド・キックでパスし合う。

図83　ドリル　3

ドリル　4　四角をつくり，横からのボールをとめないでパスする。

図84　ドリル　4

ドリル　5　横からのボールをとめないでゴールに向ってシュートする練習。

図85　ドリル　5

ドリル　6　後ろからのボールをとめないで，ゴールに向ってシュートする練習。

図86　ドリル　6

ドリル　7　ボレイ・キックでボールをゴールに向ってシュートする練習。

図87　ドリル　7

ドリル　8　センタリングとシュートを結合した練習。

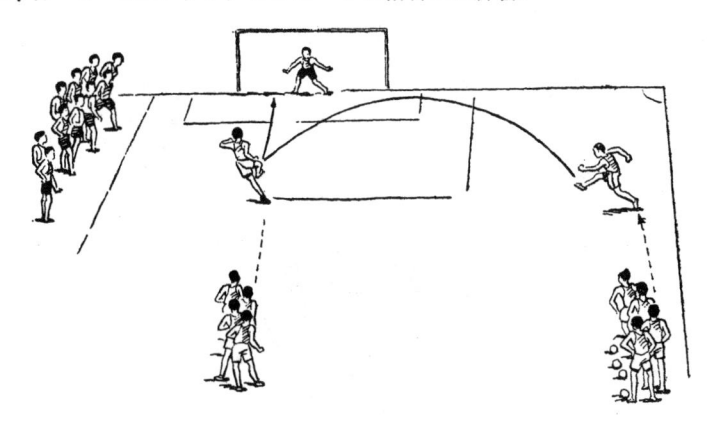

図88　ドリル　8

B　トラッピングのためのドリル

ドリル　9　正面からのボールをトラップする練習。(ゴロ，バウンド，胸)

図89　ドリル　9

ドリル　10　後方からのボールをトラップしてむきなおる練習。

図90　ドリル　10

C　ヘディングのためのドリル

ドリル　11　向きをかえるヘディングの練習。

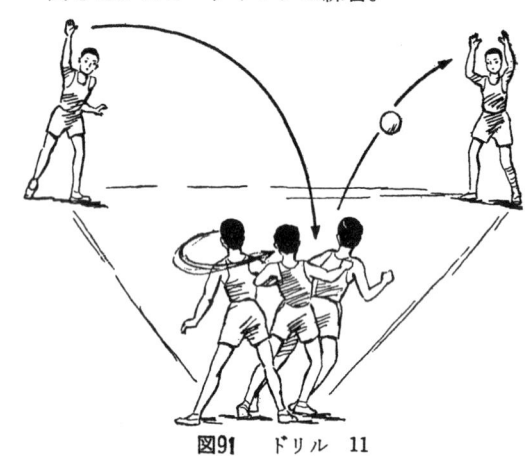

図91　ドリル　11

ドリル　12　円をつくり，落さないで続けてヘディングする練習。

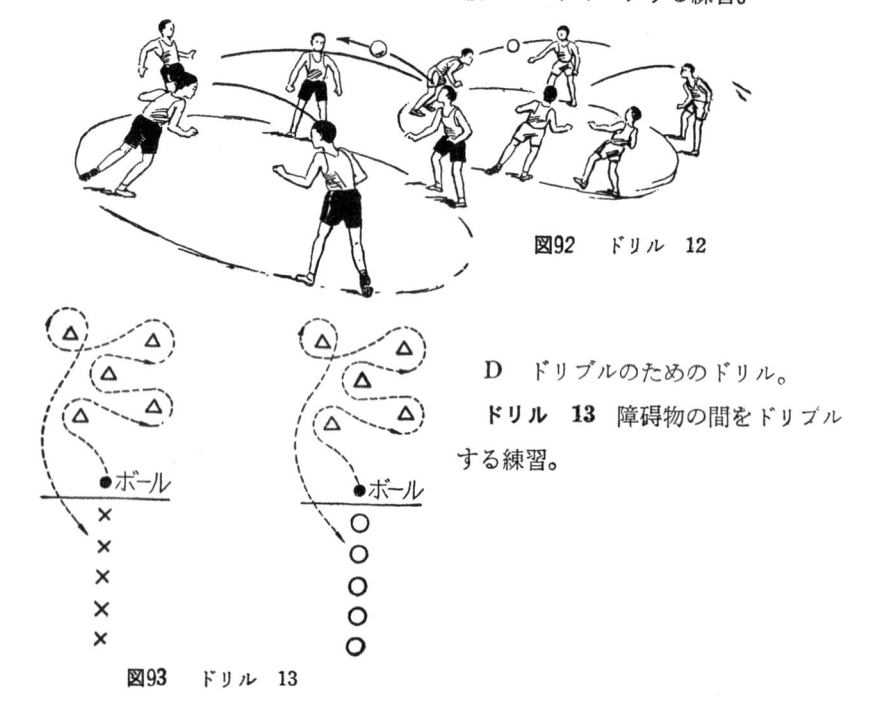

図92　ドリル　12

D　ドリブルのためのドリル。

　ドリル　13　障碍物の間をドリブルする練習。

図93　ドリル　13

ドリル 14 人の間を縫ってドリブルする練習。

図94 ドリル 14

ドリル 15 防禦者を抜いてシュートする練習。（併せてタックルの練習を行う。

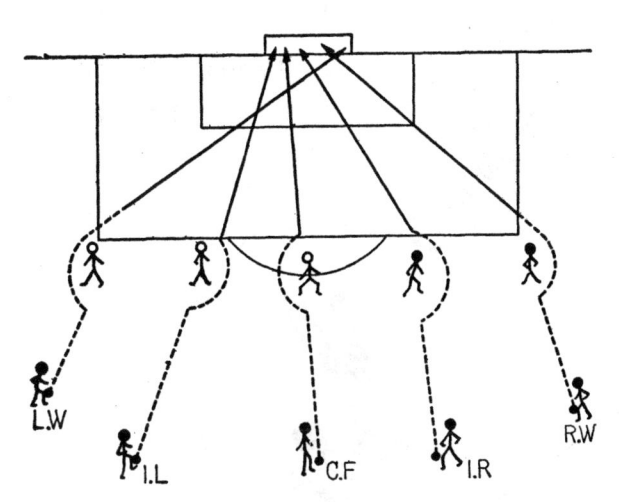

図95 ドリル 15

E パスのためのドリル

ドリル 16 2人のジグザグ・パスの練習。

ドリル 17 3人のジグザグ・パスの練習。

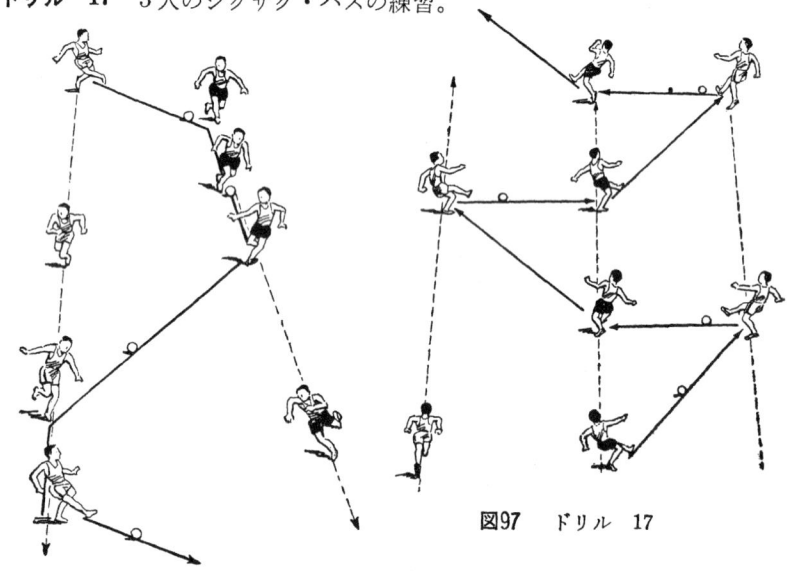

図96　ドリル　16

図97　ドリル　17

ドリル18 2対1のパス練習。相手の
タックルを外して，味方にフリーなパス
を送る。

図98　ドリル　18

F　コンビネーションのためのドリル

　ドリル 19　グラウンドを半分使用して，キック・オフから攻撃する練習。

　ドリル 20　グラウンドを半分使用して，相手のゴール・キックを受けたという想定で攻撃を始めるコンビネーションの練習。

　ドリル 21　グラウンド全面を使用して，味方のゴール・キックから攻撃に移る場合のコンビネーションの練習。

4　技術指導上の留意点

（1）　キック指導において注意すべきこと

　①　インステップ・キックはすべてのキックの基本となる技術であるから，先ず最初に指導する。

　②　インステップ・キックの指導で，ボールを上げないことを第一の主眼としている指導者があるが，試合中にはボールを上げねばならぬ場合もあることであるから，ただ「よくない」という指導でなく，「なぜそうなるか」を理解させて使い分けができるように導く。

　③　インステップ・キック上達の早道は，いつもボールを見ながらけることである。

　④　足のインサイドのキックは，プッシュ・キックともいって，押し出すようにけるパス・キックであるが，足のボールに当る面と足を振る方向が一致するように初歩のうちにくせをつけておかなければならない。

　⑤　インステップのインサイドでボールをななめにすくい上げるようにけるキックは，ボールに面して斜から助走してけるので，練習のときは特に助走の入り方をインステップ・キックのそれと区別して行い，インステップ・キックとインサイド・キックの区別をはっきりさせておかなければならない。

　⑥　ボレイ・キックは相当高度の技術であるから練習の条件を簡単にして行うようにする。例えば，近くから手でゆるいフライのボールを投げて，ゴールにけり入れさせるという練習がよい。

　⑦　どのキックの練習に於ても，比較的自分の方に向ってくるボール（バウンドのないゆるボール）はけり易い。静止したボール，遠ざかるボール，角度

のあるボール，バウンドのボール，フライのボールと困難さが増す。

⑧　どのキックでも，足首と膝，股関節の柔軟性と強靱性が大切であるから，補償運動（強化運動）は忘れぬように行う。

（2）　トラッピング指導において注意すべきこと

①　練習はどうしても，ゆっくりしたボールを投げて行うため，いざ試合になると，ボールのスピードに恐れをなして試みようとしない場合ができる。従って練習の時でも，ゆるいボールからだんだん強いボールに馴れさせるように変化のある練習をさせることが必要である。

②　本能的にボールを手で停めようとするが，トラッピングの基本姿勢をしっかりと把握すれば突嗟の場合でも手を使うようなことはなくなるであろう。例えば，胸のトラッピングでは腕を正しく肩の高さに上げることを要求するなどはそのためである。

（3）　ヘディング指導において注意すべきこと

①　どうしても目を閉じてヘディングする者に対しては，はじめから，ゆるいボールをひたいにあてて目を閉じない練習をくり返させる。

②　ひたいでヘディングしないで，頭の頂天でヘディングしようとする者は，上体を反らす基本姿勢が出来ていないのと，恐怖心から目を閉じるための弊害である。やはり，くりかえしてゆるいボールに馴れることが上達の早道である。

③　練習の方法として，ボールを紐で吊して，一人でひたいに当てる練習をするのは効果的である。

（4）　ドリブル指導において注意すべきこと。

①　ドリブルという技術には，ボールと共に走ること，相手を抜くことの2つの要素がある。相手を抜くためには，スワービング，ドッジング，フェイント，チェンジ・オブ・ペースなど高度の技術が必要である。学校におけるサッカーでは，ボールと共に走ることをねらいとして指導すればよい。

②　むやみに細いタッチでチョコチョコとボールを押し進めるドリブルを奨励しないで，なるべくスピードのあるドリブルを指導する。そのためには，少々大きくボールをけり出して走ってもよい。要は，けりたい時にボールをける

ことができるようなドリブルができればよいのである。

（5）　パス指導において注意すべきこと

①　パスの技術は，単にキックのやりとりであるから，これはキックのところで練習すればよい。従って，パスには戦術的な要素が考えられなければならない。何処にければ味方を有利に走らせられるか，また上手に相手を抜けるかということがパスのねらいである。

②　パスの戦術的なねらいを学ぶためには，先ず2人の間のパスで相手の1人を抜くことから始めればよい。

（6）　コンビネーション指導において注意すべきこと。

①　ただ，ポジションだけを定めておいても，ポジションの動きが判らなければ，ゲームが進むにつれて混乱状態になるおそれがある。そこでポジションの動きを知るためには，いくつかの定型を練習して型にはめられたプレイを行ってみることが必要である。

②　コンビネーションの練習で最初から防禦者に守らせて行うのはよくない。双方の申し合わせで積極的にボールを奪らない場合はよいが，未だ要求されたパス・キックが充分でないときは，攻撃のみの簡易なフォーメーションを反復すべきである。

（7）　練習試合の中での指導についての注意

①　ときどきプレイを中断して指示をすることは，その問題を明確に認識することができて効果的である。但し，余り頻繁に行うのはよくない。

②　ゲーム中に，ある特定の者に対して，サイドコーチをして，「どちらにパスを出す」とか，「どこに動く」とか指示することも行われてよい。

Ⅴ 評　　価

1　技 能 の 評 価

（1）　サッカー技術の熟練度の検査（松田岩男著：体育の検査と測定 p.204 引用）

　（この検査によっては，ゲームをする能力について有効かつ判然とした区別を
することはできないが，しかし，生徒をざっと組分けするに必要な学習効果の
程度やスキルの短所などをかなり明かに知ることができる）

〔第1テスト〕——ドリブル

　準備——サッカー用ボール。ボールが入り込まないような腰掛（若くは他の
適当な物）。ストップ・ウォッチ。

　出発線を引き，そこから5mの地点に第1腰掛をおく。他の第2，第3腰掛
は3mずつ離しておく。3つの腰掛は互に一直線をなし，出発線に垂直になる
ようにおく。（図99参照）

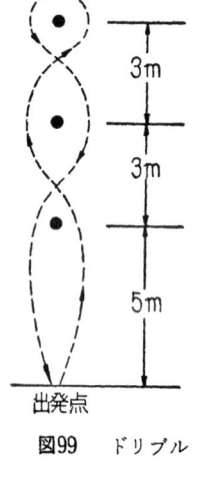

図99　ドリブル

　要領——ボールを出発線におき，被験者はその後ろに
立つ。合図と共にドリブルし，第一腰掛を右側から第二
腰掛を左から次々と交互に廻りながら出発線に帰る。
（図99点線参照）その帰りつく時は，被験者はボールと一
緒に出発線を横切らなくてはならない。若しそうでなか
ったら無効となる。試技二回。

　採点——ボールをけり始めてから再び出発点に帰りつ
くまでの秒時を以って評価する。

原　点	尺度点
9——15	5
16——23	4
24——34	3
35——42	2
43——49	1

〔第2テスト〕——スロー・イン

準備――サッカー・ボール。

グラウンドに標的をかく，その中心からサイド・ラインまでの距離は 6 m。標的の直径は60cm。その標的と中心を同じくして（即ち同心円）直径120cmの標的をかく。（図100参照）

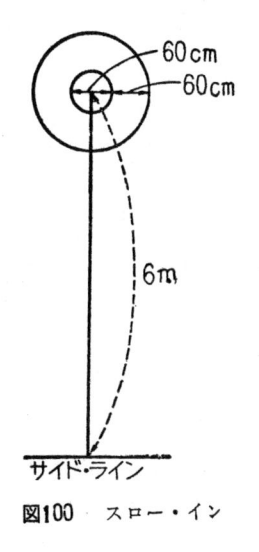

要領――被験者はボールをもってサイド・ラインに立つ。頭上から両手で標的に向ってスロー・インする。試技10回。正規のルールに従ってスロー・インさせる。

採点――内側の円内に投入されたら 2 点，内側円の円周上若しくは外側の円内には入ったら 1 点。外側の円周上及びそれ以外は 0 点。

原　点	尺度点
17――20	5
13――16	4
7――12	3
4―― 6	2
1―― 3	1

図100　スロー・イン

〔第3テスト〕――ゴール・シュート（プレイス・キック）

準備――サッカー・ボール。サッカー・ゴール。そのゴールを 3 等分する。3 等分は棒を立てるか，若しくは石灰で線を引いてもよい。

要領――被験者はペナルティ・キック・マークにおいてあるボールをゴールに蹴り込む。試技10回。ゴール・キーパーは不用。

採点――外側の部分に蹴り込んだら 2 点。真中の部分に蹴り込んだら 1 点。ゴール・ポストに当ってゴール内に入っても勿論得点に数える。

原　点	尺度点
17――20	5
13――16	4
7――12	3
4―― 6	2

1――3　　　　1

〔第4テスト〕――ゴール・シュート（ローリング・ボール）

準備――サッカー・ボール。図101に示すようなサークルをゴール前にかく。

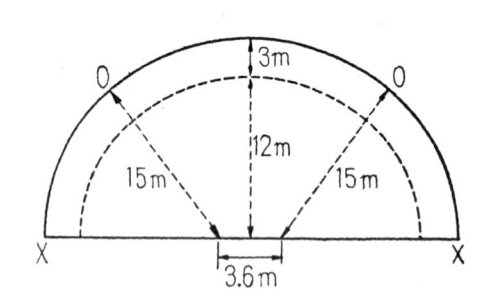

図101　ゴール・シュート

要領――教師はサークルとエンド・ラインの交叉せる地点（図中の×印）にボールを持って立つ。被験者はサークル上に教師と対角的な位置（図中の〇印）に立つ。教師は加減よくボールを被験者の方に転がす。被験者はボールに近接し，ゴール目がけて蹴り込む。ボールがゴールの中心からペナルティ・キック・マークまでの線を越さないうちに蹴らなければならない。教師は左側から5回，右側から5回計10回ボールを転がす。

採点――ゴールに入ったら2点，ゴールに入らなくてもサークルの範囲内でエンド・ラインを越したら1点。

原　点	尺度点
17――20	5
13――16	4
7――12	3
4―― 6	2
1―― 3	1

（2）　サッカー技術の質の評価（ゲームの中でどのように技術を生かしているかの評価）

①　コントロールしてボールをけることができるか。

②　ボールをけり，パスする為の各種の方法，その使用時期を知ったか。

③　ボールをうまくトラップできるか。

④　恐がらずにヘディングするか。

⑤　正しくヘディングできるか。

⑥　目的の方向にコントロールできるか。

⑦　ドリブルをしすぎると不利であること及び，ドリブルからシュートやパスに移る時機が判っているか。

⑧　コントロールのあるドリブルができるか。

⑨　シュートの技術が上手になったか。

⑩　状況に応じて適切なシュートが素早くできるか。

⑪　キック・オフ，スロー・イン，フリー・キック，コーナー・キックなどのルールを理解してフォーメーションにかなった動きをしているか。

⑫　フォワード間のパスが正確になされているか。

⑬　相手の次の動きを予知することが大切なことを知ったか。

⑭　何処でセンタリングすべきかを知ったか。

⑮　パスのタイミングはよいか。

⑯　ハーフやバックはボールにつられず，よく相手をマークしているか。

2　社会性・安全性・生活の合理化の評価。

これらの指導目標についての評価は，体育の学習全般を通じて行われるもので，そのためには個々の生徒の継続した「学習過程観察表」が作られなければならぬ。

サッカーの学習に於て，特に現れる観察の要点として次のような場面がある。

①　ゲームを通じて，相手を傷つけたり，恥かしめたりするような批評がましい言辞を口にしてはいないか。

②　ファウルを犯したとき，直ちにボールより正規の距離に遠ざかり，相手のフリー・キックのさまたげをしないでいるか。

③　スロー・インのボールを相手に拾ってやったり，また拾ってもらった者は，その相手がプレイの位置につき終るまで投げ入れるのを控えているか。

④　いかなる時でも自分の激情をおさえてプレイしているか。特にタックルをされて転った後，仕返しなどをしようと企ててはいないか。

⑤　相手にとびかかるような危険なプレイをしていないか。

⑥　相手がヘディングしようとしているボールをけるような危険なプレイをしていないか。

⑦　ゴール・キーパーの持っているボール，または，ゴール・キーパーのからだを蹴ろうとするような乱暴な行為をしようとしていないか。

3　集団的自己評価

　グループ学習で大切なことは話し合いによる協力学習である。集団的自己評価によってグループ全体としての成功や失敗点，並びに成員間のチーム・ワークや役割分担，学習計画設定の可否などについて，その原因や条件を分析考察してみる機会をもつことが必要である。この話し合いは，学習の終末において，あるいは必要によっては学習の途中に休止して行われる。そして，リーダーの司会の下に秩序的な討議によって進められなければならない。

Ⅵ 校内競技及びクラブ活動との関連
における留意点

1 サッカー単元の終結を校内競技会と継続させること。

年間10乃至15時間のサッカー指導では，十分に試合の経験を持つことができないので，学習の継続として校内競技会を計画する。また，サッカーの学習内容がどの程度身につけられているかを評価する ため の最適の場面が提供される。

さらに，単元の目標を「自分達でサッカー競技会が行える」というふうに計画して行うこともできる。

2 校内競技会でのルールは，能力に応じたものを考えること。

単元の指導計画に於て，それぞれのコースに応じた到達目標を立てたので，単元の終結期に於ては，一応計画された到達目標の範囲に於てゲームがスムーズに行えるものであると考えられる。また，評価の点に於ても，学習内容がどのように効果的にゲームに現れるかを知りたいので，校内競技会のルールは，能力に応じたものを与えることが望ましい。

例えば，Ａコースでは「オフサイド・ルール」は除外し，ペナルティ・エリアや従ってペナルティ・キックもなくして行う。

競技場や，競技時間も適宜短縮して行ってよいし，学校の実情に応じて正規のグラウンドがとれなければ，半分のグラウンドで8人制のサッカー競技会を行っても充分に目的は達成できる。

3 クラブ員を助手に使うこと。

技術学習に於ては，正しい「わざ」をモデルによって示すことがもっとも効果的な学習法とされている。「わざ」そのものには共通の基本的なある「フォーム」があるので，その「フォーム」を模倣する こと が上達の早道なのである。ところが，教師みずからこの「フォーム」を示すことが困難な場合がある。また，「フォーム」を16ミリやスライドによって示すことも恵まれた環境でなければ不可能である。

そのような時には，クラブ員をモデルに使って「フォーム」を示して説明することが効果的である。

　4　クラブ員にグループの中でコーチの役割をさせること。

　学級にクラブ員が何名かいるような場合には，グルーピングの折それぞれのグループにクラブ員を配属して，計画に従って学習して行く過程に於て，その者の能力に応じて，グループの他の者を助けてやるように役割を与えるとよい。

　5　クラブ員を校内競技会の役員として活躍させること。

　審判や競技会の運営ができることは学習内容として挙げられており，生徒各人が経験しなければならぬことであるが，クラブ員がその「要領」を示し，クラブ員の協力の下に行うように計画する。

索 引 （五十音順）

監修・編集・執筆者紹介　（五十音順）

青井水月（編集・執筆）
　大正8年生　　東京教育大学卒
　現　在　東京大学教養学部教官
　　　　　日本バスケットボール協会
　　　　　規則委員
　現住所　東京都北区滝ノ川5の25

池田光政（執筆）
　大正2年生　　東京教育大学卒
　現　在　東京都立桜町高等学校教諭
　　　　　日本バレーボール協会理事
　　　　　全国高等学校体育連盟バレ
　　　　　ーボール専門部副部長
　現住所　東京都世田谷区若林町651

石井喜八（執筆）
　昭和5年生　　日本体育大学卒
　現　在　東京大学教育学部研究生
　現住所　東京都世田谷区大蔵町87

竹腰重丸（執筆）
　明治39年生　　東京大学卒
　現　在　東京大学教養学部講師
　　　　　日本蹴球協会理事
　　　　　全日本代表選手団監督
　現住所　東京都文京区駒込曙町10

多和健雄（執筆）
　大正7年生　　東京教育大学卒
　現　在　東京教育大学講師
　　　　　日本体育大学講師
　　　　　日本蹴球協会技術委員
　現住所　東京練馬区立野町894

西尾實一（編集）
　大正6年生　　東京大学卒
　現　在　東京大学教養学部助教授
　現住所　東京都墨田区太平町1の13

加藤橘夫（監修）
　明治40年生　　東京大学卒
　現　在　東京大学教養学部教授
　　　　　同　大学院人文科学研究科
　　　　　併任
　　　　　日本体育学会常任理事
　現住所　東京都世田谷区代田1の380

高島洌（執筆）
　大正11年生　　日本体育大学卒
　現　在　東京大学教養学部教官
　　　　　日本ハンドボール協会理事
　　　　　長
　現住所　東京都世田谷区深沢町2の
　　　　　55

滝沢英夫（編集・執筆）
　大正11年生　　東京大学卒
　現　在　東京大学教養学部教官
　現住所　千葉県市川市須和田町2の
　　　　　310

前川峯雄（監修・執筆）
　明治39年生　　東京教育大学卒
　現　在　東京教育大学教授
　現住所　千葉県市川市真間町3の885

中学校 高等学校 スポーツ指導叢書 I　チーム・スポーツ　￥800

1957年11月10日印刷
1957年11月15日発行

監　修　　加　藤　橘　夫
　　　　　前　川　峯　雄

東京都千代田区神田神保町1〜62
発行者　　木　村　　　誠

東京都文京区音羽町3〜19
印刷所　　豊国印刷株式会社

発行所　株式会社　世　界　書　院　東京都千代田区神田神保町1〜62
電話東京 29)4027番・振替東京42777番

乱丁本・落丁本はお取替えいたします。

中学校・高等学校 スポーツ指導叢書
Ⅰ　チーム・スポーツ解説

日本体育大学助教　祖　山　　桜
日本体育大学教授　石　井　隆　憲

　昭和22（1947）年6月22日、文部省が戦前の教授要目に代わるものとして発行した『学校体育指導要綱』では、学校目標の1つに「レクリエーション的目標」が掲げられ、これは身体の発達のための体育ではなく、生活のための体育、すなわち「生活体育」を志向したものであったとされている[1]。

　その後、昭和24（1949）年9月12日には『学習指導要領 小学校体育編（試案）』が出され、昭和26（1951）年7月25日には小学校編とほぼ同じ内容の『中学校・高等学校 学習指導要領 保健体育科体育編（試案）』が公表された。その後、これら体育編は改定がおこなわれるが、昭和33（1958）年には現在のような大臣告示の形として学習指導要領が発表されることで、国家の保障のもとでの教育の普及と機会均等が担保されるようになった。

　文部省が種目別の学習内容を示したのは、昭和31（1956）年1月10日に発行された『高等学校 学習指導要領 保健体育科編』においてである。同要領では、「これは、高等学校の保健体育科の指導を計画し、実施する際の基準を示すもの」であると明記され、はじめて教育課程の基準性を強調した学習指導要領となった。

　ここでは運動の内容について、様々な運動を体育の3つの主要な目標（身体的目標、社会的目標、レクリエーション的目標）との関連を図り、「個人的種目」、「団体的種目」、「レクリエーション的種目」に類別している。具体的な種目は以下a、b、cのように、3つの運動群にまとめられている。

　a　個人的種目
　　　徒手体操・巧技・陸上競技・柔道（男）・剣道またはしない競技（男）・

　　すもう（男）

　b　団体的種目
　　バレーボール・バスケットボール・ハンドボール・サッカー（男）・
　　ラグビー（男）

　c　レクリエーション的種目
　　水泳・スキー・スケート・テニス・卓球・バドミントン・ソフトボー
　　ルまたは軟式野球・ダンス

（注）個人的種目のなかに格技系統の運動種目も含めた。

　同学習指導要領では、具体的な運動種目、各運動種目に含まれる技能的内
容が示されているが、運動の内容の項目において「技能的内容は、各運動種
目ごとにいくつかに分類して示したが、これは内容を示す便宜のためであり、
指導の順序を示すものではない」と述べているように、実際に指導する際の
導入や、授業をどう展開していくかといった指導計画は示されていない[2]。

　このような問題を解決するべく、翌年の昭和32（1957）年11月15日、中学校・
高等学校向けの体育授業の指導書として『中学校・高等学校 スポーツ指導
叢書 Ｉ チーム・スポーツ』が発行された。本書は東京大学教授で、日本体
育学会の創設に携わった加藤橘夫、また東京教育大学教授で、戦後の新体育
論提唱の代表者であった前川峯雄の監修のもと、8名の体育教員によって編
集・執筆されたものであった。この内容の特徴は、学習指導要領に示されて
いる「団体的種目」の中からバレーボール、バスケットボール、ハンドボー
ル、サッカーの4種目を採択し、初級、中級、上級別に進度を示した指導計
画であった点である。

　昭和31年の学習指導要領では、体育の目標によって「個人的種目」、「団
体的種目」、「レクリエーション的種目」に類別しているが、本書ではこのよ
うな目標による種目分類法を行なっていない。それは加藤、前川らが、「運
動種目をこのように一義的に目標と関連させることには、かなりの困難があ
り、この指導要領の分類基準についても相当異論がある」ということと、「運
動が、個人を単位として行われるか、集団を単位として行われるかによって、
個人的種目および団体的種目に大別することができる」と考えたからである[3]。

　また、本書では「はしがき」において、学校の体育授業で支配的地位を占めていた体操が後退し、スポーツが新しく主役として登場したことは体育の大きな変革である。理念から言えば、身体の教育から身体を通しての教育への発展拡大であり、方法から言えば、教師中心の訓練主義から生徒中心の開発主義への移行であると述べた上で、「スポーツ指導の基本となるものは、生徒の自発的興味であろう。興味をおこさせないような指導ならば、むしろ体操を指導した方がもっと効果がある」と指摘している。そのため、この本において特に重点を置いたのは初級に関する項目としており、生徒の興味を引きつけるため、最初に素朴なリードアップ・ゲームをおいている。本書では、生徒がこのゲームを通じてスポーツの1つの基本技術を習得すると言った具合で授業を展開できるように、詳細な指導計画案とその解説を試みている。当時、各種のスポーツ技術解説書は数多く出版されており、体育の指導に関する全般的な解説書も発刊されてはいたが、個々のスポーツごとに具体的な指導法が記述されたものは見当たらなかったことから、本書はスポーツ指導書として初めての試みとなった[4]。

　また前述したように、同書が初級、中級、上級別に進度を示した指導計画であったが、ここでは学年や学校段階によって学習者の能力が高まっていくとの前提に立って、種目の入門的なものを対象とするものをAコースとし、かなりすすんだもので、ことによると、クラブ活動においても学習できるようなものをCコースとし、中間のものをBコースに置くといった、能力別のコースが設定されている。それぞれのコースを学校種別によって配当してみると、Aコースは中学校で、全くの初心者のために用意したものであり、Bコースは中学校の後期、高等学校の前期に当たり、Cコースはそれらよりもやや高い水準を狙ったものであって、多くの場合高校期に相当するものとして設定されている。しかし、高校では著しい能力差があることから、同時にB、Cの両コースを並行して行わなければならない場合も想定されることから、各コースの内容は自由に利用できるように、執筆者は定められた時間内でできる限り効率よく学習が可能な配列を提示しているため、そのまま利用しても差し支えないような形が取られている[5]。

　教材の内容については、バレーボールとサッカーにおいては下記の項目が

示されている。

1. 種目の歴史と特徴
2. 種目の性格と指導目標
3. 指導計画
4. 単元の展開とその方法
5. 評価
6. 校内競技及びクラブ活動との関連における留意点

　バスケットボール、ハンドボールにおいては上記6つの項目に加え、「7.用具・施設」の基準について参考となるものが記載されている。配当時間は、各種目とも学習指導要領に示されている望ましい指導時間数を参考にしている。

表1　指導時間数配当表

種目 ＼ 技能段階	Aコース（初級）	Bコース（中級）	Cコース（上級）
バレーボール	10、15	10、15	10、15
バスケットボール	10、15	10、15	10、15
ハンドボール	10、15	10、15	10、15
サッカー	10、15	10、15	10、15

　バレーボールの場合、3年間を通じて27〜30時間くらいが適当であるとし、各コースそれぞれに10時間、15時間の両方の指導計画が考えられている。バスケットボールにおいても、各コース10時間、15時間配当の6コースが案として提示され、生徒の技能レベルに応じ、組み合わせて実施できるようになっている。ハンドボール、サッカーにおいても、バレーボール、バスケットボール同様、単元学習を行うためには一定期間継続して10〜15時間の学習時間が配当されなければならないとして、各コース10時間、15時間配当の指導計画案が示されている。

　　　　　　　　　　　　　　　（そやま　さくら、いしい　たかのり）

引用参考文献

1．前川峯雄編集責任『戦後学校体育の研究』不昧堂出版，1973年，p.104.

2．戦後教育改革資料研究会編「高等学校 学習指導要領 保健体育科編」『文部省 学習指導要領 全21巻 14保健体育科編(2)』日本図書センター，1980年，p.12.

3．加藤橘夫・前川峯雄監修『中学校・高等学校 スポーツ指導叢書 Ⅰ チーム・スポーツ』世界書院，1957年，p.6.

4．同上，はしがき pp.1-2.

5．同上，pp.14-15.

中学校・高等学校
スポーツ指導叢書
① **チーム・スポーツ**

2018年8月25日　発行

解　説	祖山　桜・石井　隆憲
協　力	民和文庫研究会
発行者	椛沢　英二
発行所	株式会社 クレス出版

東京都中央区日本橋小伝馬町14-5-704
☎03-3808-1821　FAX03-3808-1822

印刷所	富士リプロ 株式会社
製本所	東和製本 株式会社

落丁・乱丁本はお取り替えいたします。
ISBN 978-4-86670-033-5　C3337　￥17000E